邁向共善

諾貝爾經濟學獎得主永續建言，
如何實現人類最大多數的幸福！

讓・梯若爾 著
Jean Tirole

郁保林 譯

Économie
du bien
commun

目次

導讀	一個優雅又謙遜的經濟學家告白／林明仁	7
致謝		13
前言	共同利益哪裡去了？	15

第一部分　經濟學與社會

第 一 章　**你喜歡經濟學嗎？**　30
　　第一節　是什麼因素妨礙我們理解經濟學？　30
　　第二節　市場與稀缺物管理的其他模式　37
　　第三節　以更好的方式分享經濟學　42

第 二 章　**市場的道德界線**　52
　　第一節　市場的道德限制還是市場失靈？　55
　　第二節　非商品與崇高價值　59
　　第三節　市場是否對社會凝聚力造成威脅？　66
　　第四節　不平等　69

第二部分　經濟學研究者的專業

第 三 章　**公民社會中的經濟學家**　88
　　第一節　身為公共知識分子的經濟學家　89
　　第二節　參與公共事務的危險　93
　　第三節　必要的互動與幾項防範措施　99

第四節	從理論到經濟政策	102

第 四 章　日常研究　　　　　　　　　　　　　　　105

第一節	理論與實證證據之間的來回	106
第二節	經濟學學術圈的微觀世界	116
第三節	經濟學家：狐狸還是刺蝟？	126
第四節	數學的功用	129
第五節	賽局理論與資訊理論	133
第六節	方法論的貢獻	141

第 五 章　變動中的經濟學　　　　　　　　　　　　149

第一節	並非始終理性的行為者：心理人	150
第二節	社會人	164
第三節	誘因人：獎勵的反作用	168
第四節	法律人：法律與社會規範	173
第五節	更多嶄新的發展方向	175

第三部分　經濟的制度框架

第 六 章　邁向現代政府　　　　　　　　　　　　　188

第一節	市場存在諸多缺陷，必須加以糾正	190
第二節	市場與政府的互補性及自由主義的基礎	194
第三節	政治優先還是獨立機構優先？	197
第四節	政府改革	204

第 七 章	企業及其治理與社會責任	213
第一節	可行的組織形式有許多種……但只有少數獲採用	214
第二節	企業在這一切當中的社會責任為何？	225

第四部分　總體經濟的大難題

第 八 章	氣候挑戰	236
第一節	氣候的問題	236
第二節	停滯的原因	240
第三節	談判未能符合氣候問題的需求	247
第四節	對抗全球暖化：須令各方承擔責任	252
第五節	碳定價與不平等	261
第六節	國際協議是否可信？	266
第七節	結論：讓談判重返正軌	268

第 九 章	戰勝失業	276
第一節	法國的現況	277
第二節	勞動契約的經濟分析	284
第三節	制度的不一致	288
第四節	改革能夠帶來什麼？如何成功改革？	295
第五節	與就業相關的其他重大議題	299
第六節	緊迫性	305

第 十 章	歐洲何去何從？	313
第一節	歐洲的建構：從期待變持疑	313

	第二節	歐元危機的根源	315
	第三節	希臘案例：雙方都苦	329
	第四節	歐洲今後的抉擇	336

第十一章　金融的功用何在？　345
　　第一節　金融的功用何在？　345
　　第二節　如何將有用的產品變成有害的產品？　347
　　第三節　市場有效率嗎？　355
　　第四節　那麼，為何實施監理？　369

第十二章　2008 年金融危機　379
　　第一節　金融危機　380
　　第二節　金融危機後的新環境　387
　　第三節　該歸咎誰？經濟學家與危機預防　402

第五部分　產業面臨的挑戰

第十三章　競爭政策與產業政策　412
　　第一節　為什麼要有競爭？　414
　　第二節　產業政策在這其中的角色　422

第十四章　當數位化改變了價值鏈　439
　　第一節　平臺做為數位經濟的守護者　440
　　第二節　雙邊市場　444
　　第三節　一種不同的經濟模式：平臺開始監管　450

第四節	雙邊市場面對競爭政策的挑戰	453

第十五章　**數位經濟：社會所面對的難題**　465

第一節	信任	466
第二節	數據的所有權	469
第三節	醫療保險以及互助精神	472
第四節	二十一世紀新形態的就業	478
第五節	數位經濟與就業	486
第六節	稅務問題	490

第十六章　**創新與智慧財產權**　496

第一節	創新刻不容緩	496
第二節	智慧財產權制度背景	497
第三節	管理疊加之專利權利金	501
第四節	創新機構	510
第五節	合作發展與自由軟體	514
第六節	其他諸多議題	520

第十七章　**產業管制**　525

第一節	四重改革及其合理性	526
第二節	誘因性的管制	530
第三節	受管制企業的收費標準	536
第四節	管制網路接取	541
第五節	競爭與公共服務	548

| 導讀 |

一個優雅又謙遜的經濟學家告白

林明仁　台大經濟系特聘教授

　　經濟學曾是一門很入世的學科：從早期亞當斯密對自由貿易的提倡與李嘉圖強烈反對禁止低價穀物進口英國的穀物法（Corn Law），再到近代凱因斯對大蕭條的擴張性貨幣與財政政策的主張，都是在直觀的推理之後，給出一個相對明確的解方。而這些建議，似乎有不少也在當時的時空背景下，達成了一定的成效。然而自 1950 年代起，在保羅‧薩繆森（Paul Samuelson）、肯尼斯‧阿羅（Kenneth Arrow）、傑拉德‧德布魯（Gerard Debreu）等人的推動之下，嚴謹複雜的經濟學模型成為主流。本書作者梯若爾（Jean Tirole），就是箇中翹楚。

　　梯若爾出身自有數學與機率紮實訓練傳統的法國經濟學界。原本就讀於巴黎的國立橋樑與道路高等工程學校（École nationale des ponts et chaussées），這是全世界第一所工程學校，後來轉行至麻省理工學院獲得經濟學博士，目前任教於土魯斯經濟學院（Toulouse School of Economics），每年也會有固定時間回 MIT 開課。他寫的《產業組織》（*Industrial Organization*）、《賽局理論》（*Game Theory*，與朱‧弗登博格〔Drew Fudenberg〕合著）、《公司財務》（*The Theory of Corporate Finance*）等經典教科書，數十年來都是全球經濟學教授與博士班學生書架上的必備讀（毒？）物。諾貝爾獎委員會在 2014 年則是因其「對市場力量與管制的研究（for his analysis of market power and regulation）」，

而頒發給他經濟學獎。一直到得獎之前,他的寫作對象主要都是專業的經濟學者,Google scholar 上也列出了梯若爾的數百篇論文與超過 20 萬次的引用。有評論者開玩笑說:「他一年寫的論文,就已經超過我一輩子能理解的量!(he writes more in one year than I can understand in a lifetime)」

然而,經濟學家也是會對誘因結構做出反應的。「同儕的批評、研究的品質,教學品質都是最主要的事。而讓經濟學更平易近人,反倒會讓他們從本業分心」,梯若爾在一次訪談中說到。那麼問題來了,他花時間寫這本書的動機為何?

「成為諾貝爾經濟學獎得主之後,一位學者某種程度上就變成大眾知識分子了。我經常在路上被陌生人攔下,詢問我對某些議題的意見,不論我的專業與這個議題的距離有多遠。」將艱澀難懂的數理模型轉譯或簡化成可與公眾溝通的語言,本來就非常困難。但梯若爾也認知到,特別是在 2008 年金融海嘯之後,社會大眾對經濟學的理解與信任都開始下降,陷入所謂「雙重赤字」的窘境。而這都是我們(經濟學家)自找的。我們如果不更努力,讓更多人理解經濟學,那我們認為的好政策,就難以被政治人物推動。「因為政治人物跟一般人一樣,也是會對誘因結構做出反應的,而選舉就是他們的誘因。」這段話,對照此序言寫作的當下,川普無視於經濟學家的反對,對全世界課徵高額關稅,的確是有滿滿的既視感。因此,除了一般讀者,本書也是寫給經濟學家看的:要能為經濟學辯護,重拾大眾對經濟學的信任,構建一個褪去菁英色彩,更能與大眾溝通,並與心理學、人類學、歷史學、政治學及社會學等社會科學重新建立連結的經濟學,至關重要。

本書的第一部分討論經濟學與社會的關係,特別著重在經濟學如何與社會大眾互動,以及市場的道德邊界。第二部分討論經濟學家這個職業,包括我們的日常工作,以及做為一個公共知識分子,參與政策討論時應注意的事項。第三部分則從管制與市場力量的制度框架來討論市場的優劣,

以及企業的社會責任。第四及第五部分針對目前人類社會面臨的重大問題，從氣候變遷到失業，數位經濟到創新和智慧產權，提供他的看法。

本書企圖宏大，討論的政策主題也很多，更包含經濟學者對研究與政策介入的自省。我認為，閱讀全書、反覆咀嚼並形成自己（不管是同意或不同意他）的看法，才是重點。導讀不應該也無法剝奪這種樂趣。不過，我還是在此提出兩點，與讀者分享我的心得。

首先，是經濟學數學化與政策建議之間的關係。在社會科學和人文學科中，經濟學是最依賴數學工具的，因此我們也常收到過於抽象與形式化的批評，但這卻是一個必經的過程。許多創新的觀點一開始都是模糊的，如果沒有數學，我們很難將政策推動中各類的因果關係及未預料到的後果（unintended consequences）表達清楚。這需要透過將重要的變數內生化到模型中來完成。

許多人也對利用模型來表達問題的做法有所疑慮。的確，模型一定得簡化現實，所有理論都建立在不完全真實的假設上。但這個過程逼迫經濟學家明確地說出其假設到底有哪些，在推理過程中創造一定的透明度，讓其他人理解並且判斷這些假設是否合理。模型一開始可以非常簡單，但隨著對行為人的描述變得複雜（內生化更多變數），我們可以更細緻地了解改變的各個面向是如何發生。更重要的是，數學是目前已知檢查論證邏輯的最佳工具，有助我們避免被自己的直覺與文字誤導。哈佛大學的經濟學者丹尼・羅德里克（Dani Rodrik）說得好：「經濟學家運用數學，不是因為他們聰明，而是因為他們不夠聰明。」

另外，模型也可以引導實證研究，提供一個直覺與資料對話的指南。我們可以從現實資料中估計出模型的各個參數，再推導出當新的情況發生時，結果會是什麼（即所謂的反事實分析，counterfactual analysis）。重點應該是模型與現實世界的對話有多真實，而不是模型的數學美感有多優雅。許多經濟學家也同意，我們有時太注重數學，而忘記本來要分析的

問題本質。就如同作者在書中強調的:「論文除非構成一種方法論上的進步,從而對研究的應用有所貢獻,否則巧妙但內容膚淺的論文很快就會遭人遺忘。」

舉例來說,本次(2025年)川普對全世界展開的關稅大戰,直觀來看,是透過提高關稅來降低貿易逆差。貿易代表署所使用的公式如下:

$$\Delta \tau_i = \frac{X^i - m^i}{\varepsilon \times \phi \times m^i}$$

其中,ε(貿易彈性:1% 進口品價格上升所導致的進口量減少百分比)與 ϕ(關稅轉嫁率:關稅上升一元導致的價格上升比率)分別設定在 4 與 0.25,即是經濟學模型估計出來的結果(雖然論文作者——哈佛大學的阿爾貝托・卡瓦洛〔Alberto Cavallo〕立馬出來打臉說他們估出來的關稅轉嫁率是 1,而不是 0.25)。貿易代表署的說明中又提到匯率反映與一般均衡效果可以忽略(offsetting exchange rate and general equilibrium effects are small enough to be ignored),但是這麼大幅度的關稅提高後,經濟的其他部門(如匯率)的反應恐怕也不會太小,直接假設可以忽略效果,就是屬於錯誤使用模型與估計參數的最好例子。

另一個我想在此討論的,是書中有關勞動法的章節。法國一直有強大的勞運與工會傳統,而這其中,法國政府為了保障勞工權益,積極介入(作者使用了 micromanage 這個字眼)公司與勞工契約的制定與執行,並認為這樣就可以提供保障,但是法國的失業率仍然居高不下(2025 年第一季仍有 7.5%)。梯若爾認為,新創動力不足,幾乎不可能開除員工的法律讓公司對雇用員工卻步,才是法國目前勞動政策的根本問題。從員工的角度來說,即便你想要辭職,最好也是等到被解雇,因為這樣還可

以領到離職金與失業保險。因此，即便是合意解除雇傭關係（termination by mutual consent），勞雇雙方也經常需要花費高昂的交易成本以處理如何做才能符合法律規定。另外，法國的《勞動法》是針對工廠的受僱工人設計的，因此它對固定期限契約的著墨非常有限，更遑論考量到遠距工作者、自營業者和自由工作者，這也導致該法令無法應對現在的新勞動型態。

　　梯若爾認為，人民希望政府可以保護他們的工作，這本無可厚非。但隨著技術與外在市場環境的快速變化，工作內容與勞動力也得要重新調整，才能夠跟上效率的腳步。「我支持福利國家，但不完全支持法國現在的做法。我希望勞工受到保護，而不是工作受到保護。」他認為法國總統馬克宏當年推出的勞動法令，更鼓勵新創大膽冒險，是對的方向，因為「我們需要創新的刺激，也需要創業者。如果歐洲大陸無法成功留住人才，那麼我們就無法在這裡創造工作，不平等情況就會增加。」保障「勞工」，而不是「勞工現在的這個工作」此一概念也非常值得台灣參考。

　　整體來說，這是一本梯若爾對於經濟學（家）在政府、企業以及個人決策中該扮演什麼角色、能做到什麼，以及更重要的，不能做到什麼的說明。本書不會提供取巧快捷、18分鐘 TED talk 式的解答，也不會聲嘶力竭地指引正義的唯一道路，而是詳細地把事情可能發生的前因後果、推論背後的假設和可能的政策結果，清楚地向讀者說明。書中最難能可貴，也是我希望讀者可以親身感受到的，是他優雅、博學但又謙遜、有耐心的筆調。讀者甚至可能會訝異於他多次直接說：「我不知道。」這世界宣稱自己知道些什麼的經濟學家（或其他專家）真的還不少，但真正好的經濟學家卻不多。閱讀本書的經驗，應可以做為讀者後續判斷其他公共知識分子評論的最佳參考點。

| 致謝 |

這本書得益於許多建議和意見。我特別要感謝弗雷德里克‧切爾博尼耶（Frédéric Cherbonnier）、馬蒂亞斯‧德瓦特里蓬特（Mathias Dewatripont）、奧古斯坦‧蘭迪埃（Augustin Landier）、派翠克‧雷（Patrick Rey）、保羅‧西布賴特（Paul Seabright）、娜塔莉‧第侯勒（Nathalie Tirole）、菲力浦‧特雷納爾（Philippe Trainar）和艾蒂安‧瓦斯梅爾（Étienne Wasmer），因為他們閱讀了這本書早期版本的部分或全部內容。菲力浦‧阿吉翁（Philippe Aghion）、羅蘭‧貝納布（Roland Bénabou）、奧利維爾‧布蘭查爾（Olivier Blanchard）、克里斯托夫‧比西埃（Christophe Bisière）、保羅‧尚普索爾（Paul Champsaur）和阿蘭‧基內（Alain Quinet）也提供了寶貴的意見。這些熱心閱讀本書的人士貢獻極大，然而書中若有任何錯誤或不足之處，概不應歸咎於他們。

《邁向共善》一如所有書籍，深受作者的智識環境所影響。對我而言，這些環境包括我所屬的各個機構，首先當然是土魯斯經濟學院（Toulouse School of Economics，簡稱 TSE）和土魯斯高等研究所（Institute for Advanced Study in Toulouse，簡稱 IAST），後者是一所成立於 2011 年、附屬於於土魯斯第一大學（Université de Toulouse Capitole）的跨學科研究機構。這個智識環境也因讓－賈克‧拉豐（Jean-Jacques Laffont）而備受推崇，因為他不但是經濟學家的模範，也是浸淫共同利益（譯註1）研究的體現。與我合作的夥伴，其智識影響幾乎貫穿本書的每一行文字；不過書中若有任何缺失，當然同樣不能責怪他們。

我很高興能與法國大學出版社（Presses Universitaires de France）的團隊合作，尤其是編輯部主任莫妮克・拉布呂納（Monique Labrune），她以其才華和愉快心情參與了本書細緻編修的過程。

　　最後，我要感謝那些鼓勵我寫作本書的人。要感謝的人不少，其中有些我並無緣認識。但他們讓我察覺到，自己有責任在不犧牲嚴謹態度的前提下，將我的學科知識傳遞給決策圈之外更廣泛的群眾。

譯註1　bien commun（公共利益）和bien public（公共財）的定義不同：公共利益指的是某個社群或群體共同擁有、管理，並為其成員帶來利益的資源或財產，例如：乾淨的空氣、水資源、知識、民主制度等。這些資源通常需要集體協作來維護，避免過度使用或破壞；公共財指的是所有人都可以使用，且個人使用不會減少他人可用份額的財產或服務，通常由政府提供或管理，例如：國防、公共安全、街道照明等。公共財具有「非競爭性」（consommation non rivale）和「非排他性」（non-exclusion），意即無法排除任何人使用，也不會因某人使用而減少其他人的可用性。

| 前言 |

共同利益哪裡去了？

　　自從計畫經濟在經濟、文化、社會和環境方面徹底失敗以來，自從柏林圍牆倒塌和中國經濟轉型以來，市場經濟已經成為我們社會主導、甚至唯一的組織模式。即使在「自由世界」（monde libre），政治權力也已經失去了影響力，轉而讓位給市場和新的參與者。私有化、開放競爭、全球化，以及在公共採購中更為系統性地使用拍賣（mises aux enchères）機制，在在限制了公共決策的空間。也因此，司法體系和獨立管制機構等不受政治力主導的機構，已成為不可或缺的關鍵角色。

　　然而，市場經濟的成功仍是毀譽參半，因為它未教世人心悅誠服。我們的同胞中只有少數人相信市場優於一切，而大多數人則以逆來順受的心情勉強接納，其中更有一些人心懷憤慨。普遍的反對聲浪多譴責以下現象：經濟戰勝了人文主義的價值觀；世界不見憐憫或同情心、唯個人利益是圖；事關人類尊嚴的社會關係及價值觀瓦解；政治與公共服務衰落；以及我們的環境缺乏永續性。有句不分國界的流行口號提醒我們：「世界不是商品。」在當前金融危機、失業和不平等加劇的背景下，在執政者面對氣候變遷時無計可施、歐洲建構搖搖欲墜、地緣政治不穩定與其所導致的移民危機及世界各地民粹主義勃興等背景下，上述問題尤其顯得尖銳。

　　追求共同利益的目標到哪裡去了？經濟學能如何為實現這一目標做出貢獻？

　　要定義共同利益（bien commun）此一大家期盼社會所擁有的東西，多少需要價值判斷。這一判斷可以反映我們的偏好、掌握資訊的程度，以

及我們在社會中的位置。就算我們都同意這些目標值得追求，但是我們對公平、購買力、環境、工作或私人生活的重視程度可能有所不同。更不用說，在道德價值、宗教或精神生活等其他面向的看法，可能會有深刻的分歧。

不過，還是可以在界定共同利益的過程中減少一些主觀隨意性。以下的思想經驗為這一主題提供了一個很好的切入點。設想你尚未出生，因此不知道自己在社會中將被賦予什麼位置，也不知道自己的基因以及家庭、社會、種族、宗教、國家等環境將會如何，這時你問自己：「如果我可能生而為男或女，身體健康或有疾病，家庭富裕或貧困，接受良好教育或文化水準不高，信神或不信神，成長在巴黎市中心或洛澤爾省（Lozère，譯註2），想在工作上實現自我或選擇其他生活方式等等，那麼我打算活在什麼樣的社會裡呢？」

這種站在「無知之幕」（voile d'ignorance，譯註3）後面，忽略自己在社會中地位和屬性的提問方式，其實源於悠久的知識傳統。該傳統始於十七世紀的英國，由湯瑪斯・霍布斯（Thomas Hobbes）和約翰・洛克（John Locke）創立；十八世紀由歐陸的伊曼紐爾・康德（Emmanuel Kant）和讓－賈克・盧梭（Jean-Jacques Rousseau）及其「社會契約說」（contrat social）繼續發揚光大；而最近在美國，則由哲學家約翰・羅爾斯（John Rawls, 1971）提出的「正義論」（théorie de la justice）和經濟學家約翰・夏仙義（John Harsanyi, 1955）提出的「個體間的福利比較理論」（comparaison interpersonnelle des bien-être）踵事增華。

譯註2　法國南部奧克西塔尼大區（Occitanie）所轄的省份，全境多山，人口僅七萬餘人。
譯註3　一種思想實驗，用以探討共生社會下的道德問題。其概念在1955年由經濟學家約翰・夏仙義（John Harsanyi）提出，並由政治哲學家約翰・羅爾斯（John Rawls）在1971年於著作《正義論》（A Theory of Justice）中正式以「無知之幕」或「原初狀態（original position）」稱呼該情境。羅爾斯設想公民若處在「無知之幕」下，將對自身所擁有的技能、品味、和地位於當社會的情況一概不知，此情境會促使公民基於一定的原則分配權力、地位和社會資源予他人。

為了限制選項數量，並防止你以不著邊際的回答加以敷衍，且讓我來稍微重新表述問題：「你想活在什麼樣的社會組織中？」事實上，問題的關鍵不是我們想活在什麼樣的理想社會中，比如活在一個公民、工人、經濟界決策者、政治負責人和政府會自動自發優先考慮公共利益而非個人利益的社會中。正如我們將在下文所見，人類並不總是只追求物質利益，然而卻會傾向於將自身利益置於公共利益之前。於是，忽視一些顯而易見的誘因與可預見的行為模式（例如對「新人類」〔譯註4〕的理想化），曾在歷史上導致某些社會組織走上極端，壓抑了人性，甚至使整個社會陷入貧困。

　　因此，本書乃從以下原則出發：無論我們是政治家、企業家、員工、失業者、自營業者、高級公務員、農民、研究人員，無論我們在社會中的位置如何，我們都會對自己所面對的誘因措施做出反應。這些誘因措施（無論是物質的還是社會的）和我們的偏好結合起來，型塑了我們的行為模式；然而，這類行為卻可能違背集體利益。因此，要實現共同利益，必須在很大程度上建立能夠盡量調和個人利益與公共利益的機構制度。

　　從這個角度看，市場經濟本身絕不是目的，它充其量只是一個工具。而且，如果我們考慮到個人、社會群體和政府在私人利益與共同利益之間可能存在的分歧，市場經濟仍是一個頗不完美的工具。儘管我們在社會中的特定位置已然影響我們（註1），因此很難重新置身於「無知之幕」後面，不過這一思想實驗能夠更可靠地引導我們走向共識。

　　我可能會消耗過多的水或造成汙染，並不是因為我從中享受什麼樂趣，而是因為這滿足了我的物質利益：我能藉此生產更多蔬菜或節省隔熱成本，或者免去了購買環保車輛的需求。而你們這些受我行為影響的人，

譯註4　「新人類」的概念在歷史上曾在一些極權政權中推行，用以塑造符合特定意識形態的理想公民。例如：蘇聯的「蘇維埃人」、中國的「無產階級新人」、柬埔寨紅色高棉的「新社會人」等。

將會反對這種行為。但是，如果我們從社會組織的角度來思考，便可假設沒有人知道自己究竟是受益者還是受害者，並針對我的行為是否可取這個問題，達成一致看法。也就是說，受害者的痛苦是否超過了受益者的獲益。當我的自由意志與你的利益衝突時，個人利益和公共利益就會產生分歧；但在「無知之幕」後，兩者多少能趨於一致。

「無知之幕」這一抽象的推理工具所帶來的另一個好處是，權利獲得了理性的基礎，不再只是簡單的口號。例如：健康權（le droit à la santé）是一種針對不良基因遺傳的保障；教育機會平等權應該確保我們免受出生和成長環境的差異所擺布；而人權和自由旨在保護個人對抗政府的專斷作為等等。權利不再是一些抽象、由社會決定是否給予的概念。相反，它們變得更加具體和可操作，因為在實踐過程中，這些權利可以在不同層次上被授予，且可能彼此衝突（例如，一個人的自由可能會在另一個人的自由範圍內受到限制）。

共同利益所依憑的標準即是我們在「無知之幕」後面的福祉。它不預設任何解決方案，也沒有集體福祉以外的標準。它允許私人使用財貨以促進個人福祉（註2），但前提是此舉不得損及他人利益。以共有財為例，基於公平，這些資源（地球、水、空氣、生物多樣性、遺產、美麗風景……）在「無知之幕」下，應該歸屬於社群，但最終仍將由個人消費、使用。無論是誰都可以消費，只要我的消費不會排斥你的消費（例如知識、公共道路照明、國防或空氣〔註3〕）。然而，如果物資數量有限，或者集體想要限制其使用（如碳排放），那麼這種使用就必然會以某種方式加以私有化。也因此，水、碳或無線電頻道的訂價將其消費私有化，然後授予經濟個體獨占使用權，前提是他們必須支付集體所要求的費用。而私有化的目的正是為了追求共同利益：公權力希望避免水資源的浪費，希望經濟個體為自己的碳排放負責，並希望將稀缺資源（如無線電頻道）分配給能有效利用的經營者。

這些評論在很大程度上預示了第二個問題的答案，即經濟學對於追求共同利益的貢獻。經濟學和其他人文與社會科學一樣，並非想要代替社會來定義何謂共同利益。不過，它可以用兩種方式做出貢獻。一方面，它可以將辯論引導到共同利益概念的具體目標上，並將目標與實現這些目標的工具區分開來。因為，我們將會看到，這些工具——不論為某一機構制度（例如市場）、某一「權利」或是某一經濟政策，經常發展到與其一開始設立的初衷獨立出來，從而違背其最初服務共同利益的目的。另一方面，更重要的是，共同利益視為必要的前提，經濟學可以發展出相應的工具來為其做出貢獻。

　　經濟學既不服務於私有財產和個人利益，也不服務於那些想利用政府來強加自身價值觀或優先考慮自身利益的人。它拒絕全面採取市場或全面採取政府的觀點。經濟學是為共同利益服務的，其目的在使世界更臻完善。為此，它的任務是識別能促進共同利益的制度與政策。在研究社會福祉的過程中，經濟學涵蓋了個人和群體兩個面向。它分析個人利益與群體福祉相容的情況，但也研究個人利益妨礙集體福祉的情況。

路線

　　我與讀者分享的這條公共利益經濟學之路雖然充滿挑戰，但我衷心期盼讀者從中受益。本書既非一堂正式講座，也不是一系列標準化答案，而倒像研究那樣，是一種提問的工具。它傳達了我個人對經濟科學的看法，以及對如何構建這門科學及其所涉內容的理解。這是一種基於理論與實踐對話的研究觀點，同時也是一種既認識到市場優點又承認其為必受管制之社會組織的觀點。因此，讀者可能會不同意其中一些甚至大多數的結論，但我希望，即使在這種情況下，讀者也能在本書的論述中找到思考的材料。我堅信讀者有興趣更深入理解身邊的經濟環境，並相信好奇心會引導

他們探索事物的另一面。

　　本書旨在分享我們對經濟學這門學科的熱情，因為這是一扇通向世界的視窗。我直到二十一或二十二歲時才上了第一堂經濟學課，在此之前，除了透過媒體披露，並未接觸過這門學科。我當時一心嘗試理解社會，喜歡數學或物理的嚴謹特性，同時也對人文社會科學、哲學、歷史、心理學等充滿熱情。我立刻被經濟學吸引住了，因為它結合量化方法以及對個人與集體行為的研究。隨後我察覺到，經濟學為我打開了一扇窗，讓我明白自己所不了解的世界，並為我提供了雙重機會：一是面對具有挑戰性且令人振奮的智識問題，二是為公部門和私部門的決策貢獻力量。經濟學不僅記錄和分析個人與集體行為，還藉由提出經濟政策的建議，以期達到使世界更臻完善的目標。

　　本書圍繞五大主題開展。第一個主題探討社會與做為一門學科和典範之經濟學兩者的關係。第二個主題專注於經濟學家的職業，從日常研究到他們在社會中的參與。第三個主題聚焦於我們的制度，即政府和市場，將兩者置於經濟面中進行考察。第四個主題探討了四大總體經濟的難題，而這些難題都是當前我們關注的核心：氣候、失業、歐元和金融。第五個主題涉及一組個體經濟問題，雖說這些問題在公共辯論中可能較少被觸及，但對我們的日常生活和社會的未來至關重要。我將這些問題統稱為「產業議題」，包括競爭政策和產業政策、數位革命及其新經濟模式和社會挑戰、創新，以及行業管制。

社會與經濟學的關係

　　本書前兩部分討論經濟學在我們社會中所扮演的角色、經濟學家的定位、該學科研究者的日常工作、他們與其他社會科學的關係，以及對市場道德基礎的質疑。我一度很猶豫是否要將這些章節收錄進來，擔心它們

會助長評論者將經濟學家加以「名人化」的熱潮，同時轉移讀者對書中真正有關經濟學內容的注意力。最終，我決定冒這個險。在高中、大學以及這些知識領域之外的討論場合中，我越來越清楚感受到經濟學在人們心中激發的好奇。大家提出的問題總是相同的：經濟學研究者究竟在做什麼？經濟學算不算一門科學？是否存在一種奠基於「個人主義方法論」（individualisme méthodologique）的經濟學學科，即集體現象源於個人行為，並反過來影響個人行為？我們能否假設行為具有一種理性形式？如果可以，那是什麼樣的理性？市場是否存在道德？經濟學家有什麼用處？他們沒有預測到 2008 年的金融危機嗎？

經濟學既嚴謹又平易近人。說它嚴謹，是因為正如第一章所述，我們的直覺經常欺騙我們。我們每個人都易受擺布，易受某些啟發法（heuristiques，譯註 5）和信念的影響。當我們思考經濟問題時，最先浮現腦海的答案往往並不正確。我們的思維經常停留在表象上，停留在我們一廂情願的信念，以及自己感受到的情緒。經濟學的目標是超越表象。它像一個鏡頭，塑造我們看待世界的方式，讓我們能夠看到鏡面之後的真相。好消息是，一旦避開這些陷阱，經濟學是一門易於親近的學問。理解經濟學不需要特殊的教育背景或高於常人的智商，它可以來自知識上的好奇心，以及對直覺所設下的各種自然陷阱的理解。我將在每一章中用具體例子來說明理論，並引導讀者改善直覺。

為呼應上文提到的那種普遍的不安感受，許多著作都在探討市場的道德面向，並強調需要在商品（marchand）和非商品（non marchand）（譯註 6）的領域之間劃出明確的界限。本書第二章談到，針對市場的某些道

譯註5　個體根據過去相似問題之解決經驗，對事物進行判斷與決策的思考模式。
譯註6　商品（bien marchand）：指可以在市場上交易、買賣的商品或服務，通常具有明確的市場價格。例如，日用品、電器、食品等都屬於這一類；而非商品（bien non marchand）則指通常不在市場上進行交易的商品或服務，或者其價格無法通過市場機制來確定，通常是由公共部門或非營利組織提供，例如教育、醫療、公共安全等服務。

德批評實際上只是「市場失靈」（défaillance de marché）這概念的重新表述，但這些問題需要公共行動來解決，且不特別涉及倫理問題。其他批評則更加深入。我將努力理解為何一些市場交易，例如器官買賣、代理孕母或者賣淫，會讓我們感到不安。我會強調如下觀點：雖然憤慨情緒可能點出個人行為或我們社會組織中的偏差，但它也可能不是一個可靠的指標。考諸歷史，憤慨常導致個人偏好凌駕於他人自由之上，此外它也往往缺乏深入思考。最後，本章也將分析我們對市場經濟中社會連結的日益疏離，以及不平等加劇的擔憂。

經濟學家的職業

本書第二部分討論經濟學家的職業，先從第三章經濟學家在社會中的參與切入。經濟學在社會科學中占有特殊地位，因為它比任何其他學科都更具吸引力和爭議性。經濟學家的角色並非決策者，而是識別經濟結構中的規律，並分享當前經濟科學的研究成果。他們面臨兩種略有矛盾的批評：一方面，有人認為經濟學家毫無用處；另一方面，則有人認為他們極具影響力，但他們的研究卻使得不利於公共利益的政策變得名正言順。我將聚焦討論第二種批評，並用整本書的內容回應第一種批評。

思考經濟學家的社會角色是一個理所當然的議題。經濟學研究人員像其他科學學科的同儕一樣，通常由政府資助。他們藉由直接參與社會生活，或透過研究與教學，間接影響我們的法規和經濟系統的各個層面。他們像所有科學家一樣都容易犯錯，但這並不應抹殺他們必須負責提供意見的事實。大學裡經濟學家的生活就算再如何吸引人，他們在整體上仍應對社會有所貢獻。研究人員在社會中的參與能以多種方式呈現：與公部門和私部門互動，或參與公共、媒體或政治辯論活動。每種有組織的互動對社會都有助益，但也可能潛藏風險或不良後果。第三章以經濟學為例（但視

角擴及大學整體的研究工作），回顧了可能影響研究及其傳播的因素，同時提出一些我個人的見解，探討機構制度如何能夠減少金錢、群黨關係、渴望獲得認可或名聲等因素，對研究人員在研究室內外之行為的影響風險。

第四章描述一名經濟學研究人員的日常樣貌。在一篇歷史學家湯瑪斯・卡萊爾（Thomas Carlyle）於 1849 年倡議恢復奴隸制的宣傳品中，經濟學被稱為「陰鬱科學」（science lugubre），我反而要解釋為什麼這門學科是引人入勝的；為何一個高中生或大學生在思考其未來職業時，可能會考慮成為經濟學家。

我將探討理論與實證工作之間的互補關係以及彼此間來回的影響，也要探討數學在其中所扮演的角色、知識的驗證、經濟學家之間的共識與分歧以及他們認知推理的風格。最後，我還會以直觀的方式介紹賽局理論和資訊理論的發展，因為這兩套理論在過去 40 年來，顛覆了我們對經濟制度的理解。

人類學家、經濟學家、歷史學家、法學家、政治學家、心理學家和社會學家，都對相同的個人、群體和社會感興趣。第五章則將經濟學重新置於人文社會科學之中，畢竟這些學科直到十九世紀末都是相互整合的。到了二十世紀，經濟學以虛構的「經濟人」（homo œconomicus）概念為基礎，發展成一門自主學科。而所謂的「經濟人」簡言之即假設做決定的人（消費者、政治人物、企業等）都依理性行事，並根據所擁有的資訊擴大自己的利益（不過經濟學強調，這些資訊有可能是片面的或受到操控）。實際上，我們在思考和決策過程中都存在偏見，也都有超越物質利益的目標，而且我們並非系統性地追求這些目標。過去二十年來，經濟學研究越來越常接納其他社會與人文科學的貢獻，以求更深入理解個人和群體的行為、政治決策的形成方式及法律形塑的過程。本章將會證明，如果能將拖延（procrastination）、信念形成過程中的謬誤或情境效應（effets contextuels，譯註 7）等因素一併考慮進去，將使有關行為和經濟科學的描述更加豐富。本章重新思考了我們的道德及其脆弱面，也提到了內在動機（motivation intrinsèque）與外在動機（motivation extrinsèque）之間的關係，以及社會規範對我們行為的影響。

我們的制度

接下來的兩章分別探討我們經濟生活中的兩大主要角色：政府和企業。共同利益的議題讓我在第六章能重新審視政府的職能。我們對社會制度的選擇，並非如干預主義者（interventionnistes）和自由放任主義者所欲說服我們的，只能在政府和市場之間擇一。政府和市場是互補的，而不是互斥的。市場需要管制，而政府需要競爭和誘因。

政府過去負責提供公部門的就業機會、供應公營企業所生產的物資和服務，如今其角色已轉變為管制者。其新角色在於制定遊戲規則，並在市場失靈時出手干預，而非取代市場。政府在市場效率不足之處承擔所有責任，以確保良性競爭，同時管制獨占事業、監督金融系統、培養國民對環境負責的心態、保護我們免受健康和職業風險的威脅、創造真正平等的機會，並藉由稅收進行重分配。這一章將分析獨立機構的角色和重要性，以及政治的優先地位，並探討政府改革所面臨的棘手問題，強調在政府財政狀況對我們社會體系持續構成威脅的情況下，改革的必要性與方向。

第七章談到企業，並以一個謎題開場：為什麼資本主義這種特殊的管理方式，會如此普遍存在於世界上大多數國家？這種模式賦予股東決策權，並且在債務未償還時，賦予債權人必要的權利。然而，企業還涉及到

譯註7　係指在特定情境或環境下，外部因素如何影響個體的行為、判斷或決策。這些情境因素可以包括社會環境、文化背景、時間壓力等，並可能改變人們的反應或選擇。

許多其他利益關係方：雇員、外包廠商、客戶、地方政府、企業所在國家，以及可能受其影響的居民。因此，我們可以設想多種組織形式，其中利益關係人能在各種不同的組合中共同行使權力。我們往往忽略了其他模式，如工人自治企業（entreprise autogérée）或合作社，在自由企業（libre entreprise）的範疇中都是可行的。分析這些替代方案的可行性，可以討論企業治理之優缺點。我還會分析企業社會責任和社會責任投資（investissement socialement responsable）的概念：這些概念究竟涵蓋什麼？它們是否與市場經濟不相容，抑或反而是市場經濟的自然表現？

一扇展望世界的窗

關於處理重要經濟議題的各章（第八至第十七章），此處無需太多解釋，因為我們已對這些主題相當熟悉。書中的這一部分將引領讀者經歷一趟旅程，探討我們做為個人，未能完全掌握，卻確實影響到日常生活的幾個議題，例如：氣候暖化、失業、歐洲處境、金融、競爭與產業政策、數位化的影響、創新與產業管制等。在每個議題上，我會分析公私部門行為者之間的互動，並思考哪些制度能促進個人利益和公共利益之間的融合，簡言之，即思考共同利益的問題。

我提供的資訊是樂觀的，它解釋為何我們社會的問題並非宿命，並指出失業、氣候暖化及歐洲整合的延滯等問題，皆有解決方案。本書還說明如何應對產業挑戰，如何確保產品和服務有利於公眾，而非僅著眼於股東或企業員工的收益。我將展示如何藉由管制金融、大型獨占企業、市場及政府本身，來調控經濟機器，使其不致脫軌，同時我也不否認政府在社會組織中的角色。

本書所討論的經濟主題，都經由篩選而來。我優先考慮那些自己曾在科學期刊上發表過的研究成果，並略過一些其他經濟學家可能比我更具專

業知識的議題。至於像全球化或不平等這類主題，我只會在現有章節中稍加著墨，以便與其他討論的主題形成互相補充或對照的效果。

主軸

雖然本書是圍繞著大家熟悉的一系列主題所編寫，但其中做為主軸的資訊理論（théorie de l'information），對許多讀者而言，或許是個相對陌生的概念。這套理論是過去 40 年來經濟學中的一項重要進展，建立在這一明顯事實之上：經濟行為者（家庭、企業、政府）的決策受其所掌握之有限資訊所約束。這些資訊的局限性，其後果是無處不在的，例如：公民難以理解和評估政府所推行的政策；政府難以管制銀行或重要企業、保護環境或管理創新過程；投資人難以控制其所資助之企業對資金的運用；企業內部的組織模式亦深受影響；人際關係如此，甚至我們與自身的關係亦然，例如構建自我身分認同，或一廂情願相信自己想相信的事物。

下文中我將論述，公共政策與現有資訊必須相互兼容，這對就業、環境保護、產業等政策，以及對部門和銀行管制的設計，都有著至關重要的影響。在民間部門裡，資訊不對稱（譯註 8）成為公司治理和融資模式中不言而喻的一環。資訊問題無處不在，是構建制度和經濟政策選擇的核心，也是共同利益經濟學的核心。

譯註8　所謂資訊不對稱，通常是一方（例如企業的管理層、賣方或貸方）擁有更多或更好的資訊，而另一方（例如股東、買方或借款人）則缺乏這些資訊。這種不對稱關係會影響決策過程，因為擁有更多資訊的一方可以利用這些資訊來獲取更大利益，甚至可能導致交易失敗或資源配置效率低下。

> **▶ 閱讀指南**
>
> 本書的十七個篇章皆可獨立閱讀，讀者可根據自己有限的時間或特定的興趣，專注於自己喜愛的主題。不過，建議在閱讀第十二章（2008年金融危機）之前先閱讀第十一章（關於金融）。祝您閱讀愉快！

註1　這裡僅以法國人為例，我們想像自己化身為某一位法國同胞的機率為6600萬分之一。其他擁有不同特質的人們對我們提出的批評，可以幫助我們更完善地置身於「無知之幕」後。在理想情況下，我們不應該先入為主地認定自己會是法國人而非其他國家的公民。此外，如果我們也將不同世代納入考量，情況將變得更加複雜，但這對於思考諸如政府債務或者對抗氣候暖化的政策等實際問題是不可或缺的。

註2　這與亞里斯多德對於柏拉圖所發展之公共利益概念的批判有關。亞里斯多德強調，在柏拉圖所想像的理想社會中，財產共用所造成的問題，可能和解決的問題一樣多。

註3　前提當然是不能汙染這片空氣。某甲和某乙使用此類資產並不會造成競爭關係，這在經濟學中即稱為「公共財」（bien public）。在「公共財」的定義中，有時會加入無法排除某些使用者的情況，例如：電視上的體育賽事、公共空間、線上課程或取得專利發明，都屬於非競爭性資產，但與空氣不同，其使用可能會受到限制。

第 一 部 分

經濟學與社會

| 第一章 |

你喜歡經濟學嗎？

除非是經濟學專業出身或從事相關職業，否則你或許對經濟學感到好奇（不然你也不會閱讀本書），但要說喜歡經濟學可能還為時過早。你或許覺得經濟討論晦澀難懂，甚至違反直覺。在這一章裡，我希望解釋造成此現象的原因，並描述一些認知偏差，因為有時候當我們面對經濟問題時，這些偏差會讓我們心生誤解。此外，我還將指出能夠促進對經濟學普及理解的幾條途徑。

雖然經濟學與我們的日常生活息息相關，卻非專家們的專利。只要願意撇開表面現象向下探究，經濟學其實不難理解。一旦我們認清並跨越最初的障礙，經濟學將會變得非常有趣。

第一節

是什麼因素妨礙我們理解經濟學？

心理學家和哲學家一直在探討構成我們信念的推動力。許多認知偏差雖然對我們有幫助（這也許就是它們存在的原因），卻也同時妨礙我們。本書將從頭到尾說明這些偏差，畢竟它們會左右我們對經濟現象的理解，以及對社會的看法。簡言之，我們所看到的、或想要看到的，可能與現實

有所出入。

我們相信自己想要相信的，看到自己想要看到的

　　我們通常相信自己想要相信的，而不是根據證據才相信。正如柏拉圖、亞當·斯密及十九世紀美國偉大的心理學家威廉·詹姆斯（William James）所強調的，我們信念的形成和修正，都是為了堅定我們想要擁有的自我形象或周遭世界的形象。這些信念一旦匯聚在國家層級，便決定了經濟、社會、科學或地緣政治的政策。

　　我們不僅受到認知偏差的影響，而且還會經常刻意尋求這些偏差。我們根據自己的信念解釋事實、閱讀報紙、尋找與我們信念一致的人，因此無論這些信念是否正確，我們都固執不變。耶魯大學法學教授丹·卡漢（Dan Kahan）觀察到，面對人為因素造成氣候暖化的科學證據時，美國民主黨的選民更加堅定認為應該採取行動對抗氣候暖化；而許多共和黨人在面對同樣數據時，常堅持自己氣候暖化懷疑論的立場（註1）。更令人驚訝的是，這不是教育或智力問題——統計數據顯示，在受過高等教育的共和黨人中，其拒絕面對現實的程度至少與教育程度較低的共和黨人相當！因此，沒有人能自外於這種現象的影響。

　　世人渴望對未來感到安心，這點在理解經濟現象（以及更普遍的科學現象）中也起了重要的作用。我們不願面對「對抗氣候變遷會很昂貴」的事實，這就是為什麼「綠色成長」（croissance verte）這個概念在政治語言中如此受歡迎，因為這個名稱暗示環境政策會是「百利而無一害」。但如果它真像暗示的那樣不花什麼成本，為什麼到現在還沒有全面普及呢？

　　同樣，我們一廂情願相信意外事故和疾病只會發生在別人身上，而不是我們自己或親人的身上（如此可能導致不良行為，例如開車時降低警覺或忽視醫療預防。不過，在某些情況下，這種無憂無慮的態度卻也有增

進生活品質的好處。）同樣，我們不願正視公共債務或社會保障體系急遽膨脹可能對社會體系的長期穩定造成威脅，或者寧願相信「別人會來埋單」。

我們都夢想活在理想世界，在那裡，行為者不需要法律強制便會自發行善、清理汙染或者自行繳納稅款，即使在不受監督的情況下也能謹慎行事。這也是為什麼電影導演（不僅是好萊塢的）會安排符合我們期望的結局，因為這些美好的結局能使我們堅信自己活在一個公平正義的世界，其中美德終將戰勝邪惡（如同社會學家梅爾文・勒納〔Melvin Lerner〕所描述之「相信世界是公正的」〔註2〕）。

然而，右派和左派的民粹主義政黨都在利用這種不知節制的經濟幻想；而那些打破此一童話和太過天真信念的資訊，往往被視為負面，說得客氣些是引發焦慮，說得難聽則是支持全球氣候暖化理論的狂徒，是摀節政策的走狗或人類公敵。這也是經濟學常被戲稱為「陰鬱科學」的其中一個原因。

所見與所未見：初步印象與啟發法

經濟學教學通常依賴於「理性選擇論」（théorie du choix rationnel），即假設經濟行為者（agent économique）的行為總是基於將自己利益最大化的目標。不論個人是出於自私、無私、追求利潤還是尋求社會認可，或是其他動機，通常都認為他會試圖最大化自己的利益。然而，這種假設有時過於武斷，因為個人並不總能掌握足夠資訊來做出最正確的選擇。同時，由於認知偏差的影響，個人在評估達成目標的方式時也可能出現錯誤。這些推理或感知上的偏差屢見不鮮。儘管如此，這些偏差並未否定「理性選擇論」做為標準選擇模式的價值（即個人應該做出以自身最大利益為導向的選擇），而只是解釋了為什麼我們的選擇不一定總是符合理

性的最佳行動。

我們採用的「啟發法」一詞，是 2002 年獲得諾貝爾經濟學獎的心理學家丹尼爾・康納曼（Daniel Kahneman，註 3）所重視的概念。啟發法是指提供問題答案的一種簡化的推理形式。這些啟發法經常十分有用，能讓我們迅速做出決定（突然碰上老虎時，我們並不總有時間來評估最佳的回應方式……），但也可能遭到誤導。情緒可以成為這些啟發法的動力，有時是可靠的依賴，但有時也很不明智。

讓我們以一個典型的啟發法為例：在面臨決策或單純在做評估時，我們記憶中會浮現一些情境。「電話總是在我們正忙碌或洗澡的時候響起」，這顯然是記憶對我們開的玩笑；我們比較容易記住那些因活動被打斷而感到懊惱的情況，而對於那些電話未造成任何干擾的情況，我們就不記得那麼清楚了。同樣，我們都害怕飛機失事和恐怖攻擊，只因媒體經常大篇幅報導，而我們卻忘記了，普通的車禍和「普通」的謀殺案實際上導致的死亡人數遠遠多於這些相對罕見的情況。自 2001 年 9 月 11 日以來，美國發生了 20 萬起謀殺案，其中只有 50 起是由美籍伊斯蘭恐怖分子所為（註 4）。然而，恐怖攻擊仍然深深印在所有人的腦海中。

康納曼和特沃斯基（Tversky）研究的主要貢獻，是指出這些啟發法經常使我們誤入歧途。這兩位心理學家舉了許多類似現象為例，其中一個特別具有說服力：哈佛大學的醫學生在計算某些症狀惡化成癌症的機率時犯了嚴重的錯誤（註 5）。這裡我們面對的是美國最優秀的學生。同樣，這又是一個例子，說明即使是非常聰明的頭腦和高水準的教育（註 6）也未能糾正扭曲的信念。

在經濟學中，第一印象以及專注於最明顯的事物也會蒙蔽我們。我們只看到經濟政策的直接效果，這點容易理解，可是我們就止步於此了。大多數情況下，我們並未意識到市場運作中存在的一些內在現象，例如誘因機制、替代效應或延遲效應等，以至於無法全面理解問題。然而，政策存

在副作用，這些副作用可能輕易使一項善意的政策變得有害。

在本書中，我們將看到許多這樣的例子，但現在且讓我們先舉一個刻意引人深思的例子（註7）。之所以選擇這個例子，是因為它能立即顯示出哪種認知偏差會導致對公共決策效果的誤解。假設一個非政府組織從走私者手中沒收象牙，它可以選擇立即銷毀象牙，或祕密地將其重新投入市場。大多數讀者的第一反應會認為第二種做法應該徹底加以譴責。我也不例外，不過且讓我們仔細思考這個例子。

非政府組織除了可將銷售象牙的所得投入其崇高的志業（如增強偵測和調查能力、購買更多的車輛以遏止象牙的非法買賣），象牙銷售還會帶來一個直接的結果：壓低象牙的價格（如果銷售量少，價格下降不多，如果銷售量大，價格下降就較可觀〔註8〕）。走私者和其他許多人一樣都是理性的：他們會權衡其非法活動的金錢收益，以及被捕入獄或與執法部門交戰的風險；價格下降多多少少能阻止其中一些人獵殺更多的大象。

在這種情況下，非政府組織銷售象牙是否不道德？也許是，因為非政府組織身為一個受人尊敬的組織，公開銷售象牙可能使買家覺得象牙貿易是正當的，從而降低購買象牙的內疚感。但至少在譴責該非政府組織的行為之前，我們應該三思。尤其是此舉並不妨礙公權力履行其固有的職責，亦即追捕偷獵者以及販賣象牙或犀牛角的人，同時可搭配宣導來改變人們的行為。

1997年的《京都議定書》（le protocole de Kyoto）有志在對抗全球暖化的道路上邁出關鍵一步，可是卻以失敗收場，而上述的虛構情境有助於理解其失敗的一個根本原因。我們來解釋一下。在環境保護的領域中，「轉移效應」（Les effets de report）在經濟學術語中稱為「洩漏問題」（problème des fuites）。這是一種機制，即世界某一地區雖然減少溫室氣體排放，但可能對全球汙染問題沒有或只有很少的影響。例如，假設法國減少化石能源（如石油、煤炭）的消耗。這一努力固然值得稱許，而且專

家也一致認定，全球必須付出更多努力才能將溫度的升高限制在合理範圍內（1.5 到 2°C）。然而，當我們節省一噸煤或一桶汽油時，將會降低煤炭或石油的價格，進而刺激世界其他地方的人增加其消費量。

同樣，如果歐洲要求其投身國際競爭的企業為自己所排放的溫室氣體付費，那麼這些企業的高排放生產活動就會轉移到對排放要求較低的國家。如此一來，在一定程度上會全部或部分抵消歐洲減少溫室氣體排放量的努力，且能產生的生態效果極其有限。任何對抗氣候暖化的嚴肅解決方案都必須著眼於全球。

在經濟問題上，即使出於善意的行為或意圖，如果執行不當或未考慮後果，最終仍可能導致負面結果。

「可識別之受害者」的偏見

我們的同情心自然會傾向灌注於在地理上、種族上、文化上與我們接近的人。此一天生傾向乃源於演化的因素（註 9），使得我們同情社群中窮人的程度自然高於同情非洲飢餓孩童的程度，即使我們知道後者其實更需要幫助。一般來說，如果我們能識別受害者是誰，便容易產生感同身受的情愫。心理學家長期以來也在研究這種趨勢，亦即我們往往對可具體認知其身分的人比對無法辨識其身分的人更能付出關懷（註 10）。這種「可識別之受害者」的偏見，雖是人之常情，也會影響公共政策。有句名言說道（一般認為是約瑟夫・史達林〔Joseph Staline〕所言，但其出處仍有爭議）：「死一個人是悲劇，但死一百萬人不過是統計數字。」例如，一張敘利亞三歲兒童艾蘭（Aylan）被人發現死在土耳其海灘上的悲慘照片，迫使我們正視一個自己本想忽視的現象。這張照片對歐洲人意識的衝擊，比之前成千上萬偷渡客在地中海溺水身亡的統計數據都更為強烈。艾蘭的照片對歐洲移民議題的影響，就像 1972 年越南戰爭中遭燒夷彈波及的小

女孩潘氏金福（Kim Phúc）在路上裸奔的照片那樣，對越戰的影響不可小覷。一個可識別的受害者遠比成千上萬匿名的受害者更能讓我們深深記在腦海。同樣，在反對酒駕的宣導活動中，展示某個路人撞在擋風玻璃上的照片，要比僅僅公布每年受害者人數更加有效（就算後者能提供更豐富的資訊來說明問題的嚴重性）。

「可識別之受害者」的偏見也影響了我們的就業政策。媒體報導即將失業之無固定期限契約工（CDI）的抗爭，而他們的遭遇在一個很難再找到這類工作的國家裡顯得更加現實。我們看得到這些受害者真實的臉孔，卻看不到那些在失業期、待業補貼期或固定期限契約（CDD）之間掙扎、數目更多的人的面孔，因為他們都只是一個統計數據而已。然而，正如第九章將討論的，他們往往才是制度的受害者。這些制度包括為保護無固定期限契約工所創立的制度，結果使得企業傾向於提供不穩定的就業機會以及靠公共資金補貼的契約，而不願創造穩定的就業機會。為什麼我們花費這麼多公共資金和社會保險費用（cotisations sociales），結果不僅削弱企業競爭力，從而影響就業，還犧牲了本可用於教育或醫療的錢，得到的成效如此糟糕？部分原因在於我們關注的只是裁員計畫，卻忘記了那些被排除在勞動力市場之外的人，而兩者實際上是同件事的一體兩面。

這裡經濟學和醫學的對比十分搶眼：醫學與「陰鬱科學」相反，它被公眾視為一門致力於人類福祉的專業（英語中的「caring profession」〔照護職業〕一詞用在這裡特別合適）。然而，經濟學與醫學的目標其實相似：經濟學家和腫瘤學家都會進行診斷，必要時根據自己的知識能力（必然未臻完美）提出最理想的療法；但如果不需治療，則同樣會據實以告。

這種印象上差異的原因很簡單。在醫學上，副作用的受害者與接受治療的人是同一群體（流行病學領域除外，例如抗生素的耐藥性或未能接種疫苗所導致的後果）；因此，醫生只需恪遵希波克拉底（Hippocrate）的誓言，推薦自己認為對患者有利的療法。然而在經濟學中，副作用的受害

者往往與接受治療的人不同，這一點在勞動力市場的例子中表現得尤為明顯。經濟學家必須考慮到那些不可見的受害者，因此有時會遭人指責，說他們對可見之受害者的痛苦無動於衷。

第二節
市場與稀缺物管理的其他模式

雖然我們享受空氣、溪水或風景，並不妨礙他人同樣加以享受，不過大多數的資源仍是稀缺的。一個人的消費會排斥另一個人的消費。對於我們的社會組織來說，如何管理稀缺資源，即我們都想消費或者擁有的物品和服務，是一個關鍵問題。我們租來或買下的公寓，去麵包店買的麵包，應用於金屬合金、染料或是綠色技術的稀土，凡此種種都屬稀缺資源。如果社會能藉由提高生產效率、創新或貿易來降低稀缺性，它也必須及時在日常基礎上進行管理，這一點社會有時做得較好，有時則不盡如人意。

在歷史上，前人曾以多種方式管理稀缺物資：排隊（食物或汽油等必需品短缺時）；抽籤（美國發放綠卡、演唱會入場券一票難求或器官移植時）；藉由行政手段分配物資（確定哪些群體優先）或者將物資價格定得低於供需均衡的水準；貪汙以及裙帶關係；暴力以及戰爭；而最後的市場方法也不容小覷，這也是管理稀缺物資的一種方法。雖然今天市場占據主導地位，在企業之間（B2B）、企業與個人之間（零售貿易），以及個人與個人之間（如 eBay）分配資源，但以往情況並非始終如此。

市場之外的其他方法都暗含了比市場價格更低的定價，因此買家會追求這些低價所帶來的意外收益（經濟學中稱之為租值〔rente〕）。假設有

一群買家，每個人都願意出價 1,000 歐元來購買一種供應量有限的商品，而買家的人數卻多於商品的數量。這時，市場價格會調整到一個能讓供需達到均衡的水準。商品定價如果高於 1,000 歐元，商品無人問津；若是低於 1,000 歐元，即會求過於供。因此，市場價格為 1,000 歐元。

現在假設國家將該商品價格定為 400 歐元，並禁止以更高價格出售，結果讓更多的買家對該商品產生興趣，甚至願意花費 600 歐元購入。如果有機會透過其他方式（如時間、金錢或人際關係等）獲得稀缺資源，他們也願意這麼做。以排隊方式管理稀缺物資為例，這種方法曾經在蘇聯諸國普遍採用（如今在我們的社會中，一些大型體育賽事的門票仍採用這種方法出售）。消費者提前幾小時到場並站著排隊，有時還要受寒挨凍（註 11），以便獲得日常消費用品。如再降低價格，他們還會更早到場。這樣一來，價格過低不僅造成不良影響（我們稍後再來討論），而所謂的「低價政策受益者」實際上並未受益。在這種情況下，市場並非透過價格手段取得均衡，而是採用另外一種「貨幣」（在此例中等於虛擲時間），結果導致社會福祉蒙受巨大損失。在上述例子中，每一次購買就相當於浪費了 600 歐元：資源所有者（無論是公是私）損失了 600 歐元，而買家並未因此得到任何好處，因為他們實際上必須透過其他途徑付出額外成本來獲取所需資源，而這種額外成本可視為他們所失去的租值。

某些分配資源的方法，例如貪汙、裙帶關係、暴力及戰爭不僅極其不公不義，而且從效率角度來看也是低下的，因為參與者雖然一心想在無須付出代價的情況下奪得資源，實際上卻為獲取租值而耗費成本或者額外增加負擔。我們不必再詳細討論這些資源分配方法的不足。就此打住。

排隊、抽籤或以行政辦法分配有限資源或加以定價等解決方案，如不涉及貪汙或裙帶關係，相較之下要公平得多。但這樣可能會導致三種問題。首先，在前面的例子中已經說明過：價格過低會因為追求租值（例如排隊行為）而造成浪費。其次，在前述例子中，資源數量是固定的，但是

情況通常不是這樣；顯然，如果價格訂在 1,000 歐元而非 400 歐元，賣家必然生產更多商品。長期下來，價格過低最終只會造成資源短缺。這正是我們在房租凍漲期間所觀察到的現象：屋況良好之住房的供給量逐漸減少，導致資源稀缺，並最終殃及所謂的受益者。最後，某些機制可能導致數量固定之資源的分配不當，例如，利用抽籤方式來分配體育賽事的門票不一定能將門票分配給最渴望觀賽的人（黃牛票的市場另當別論）；又或在排隊的例子中，機制可能將資源分配給當天有空排隊或者比較不怕冷的人，而不是分配給最期待該資源的人。

資源配置不當係指資源不一定會流向最有需要的人。透過行政手段分配出去的必需品，可能落入那些已經擁有這些物品或者更喜歡其他物品的人手中。同樣，隨機分配住房的做法也是不可思議的。你獲分配的住房在位置、面積或其他屬性方面很可能不是你想要的。除非這些住房存在二級市場以供買賣，否則無法自由交換。但若如此，我們又回到了市場的概念。

無線電頻道資源的例子在這裡尤具說服力。頻道是一種公共資源，但與空氣不同，其容量有限：某個經濟個體的使用會妨礙其他也想使用的經濟個體。實際上，頻道對電信或媒體都有很高的價值。1934 年美國通過一項法律，要求通訊管制機構（即「聯邦通訊委員會」〔Federal Communications Commission〕，簡稱 FCC）基於公共利益（intérêt public）來分配頻道。聯邦通訊委員過去經常召集申請頻道許可證者出席，透過公開的聽證會審查候選人的資格，然後核發許可證。然而，這些聽證會消耗大量時間和資源；此外，是否真正選出合適的候選人也無從知曉，因為資格並不等同於好的營運計畫或管理計畫。該委員會還透過抽籤的方式來分配頻道許可證。

在這兩種情況下，美國政府無償將公共資源授予私人（如同法國將計程車執照這種高價物資授予私人）。然而，獲得這種特權的個人或企業能

否以最佳方式加以利用？誰也說不準。抽籤的情況顯然如此，基於申請者能力進行分配也可能如此。因此，為了重拾效率，當局允許在二級市場上出售許可證……一旦可以轉讓，市場便再度出現，唯一不同的是，在此過程，稀缺資源的租值進入私人口袋，而不是回到其原本歸屬的集體。

過去 20 年來，美國也和大多數國家一樣，開始以拍賣方式分配許可證。經驗表明，招標是一種有效的方式，可以確保將許可證授予那些最重視頻道的競標者，同時也能將其價值回收給全體社會。例如，自 1994 年來，美國的無線電頻道拍賣已為美國財政部賺進約 600 億美元，而這筆錢原本會毫無緣由地流入私人的口袋。經濟學家參與這些拍賣機制的設計，為政府財政做出很大的貢獻。

你會問，討論稀缺資源管理機制，與前面提到的認知偏見有什麼關聯？當國家決定以 400 歐元而非市場價格 1,000 歐元來出售一種稀缺物資時，它所表達的意圖是可貴的，亦即讓這種物資變得較易於負擔，可是它忽略了間接的效應：短期來看，將出現排隊或其他因競相爭取資源而導致的浪費；長期來看，過低的價格會導致短缺。當政府試圖將無線電頻道免費分配給那些它認為最適合加以運用的人時，它往往混淆了想做的事和能做的事，忘記自己並未掌握所需的資訊。資訊是資源配置的核心，是從市場機制透露出來的。我們無從知道哪些公司擁有最好的創意或是最低的無線電頻道營運成本，但無線電頻道的拍賣揭示了這一點：那些願意出最高價的公司便是（註 12）。

一般來講，國家很少擁有做出最佳分配決策所需的完整資訊。然而，這並不代表國家毫無作為的空間，恰恰相反，只是它必須謙卑承認自身局限。我們將在本書中看到，過度自信（過度認定自己有能力精巧做出經濟政策上的選擇）可能出於想保持控制權並藉此分配恩惠的念頭，反而導致國家制定有害的環保和就業政策。在一個以市場這種匿名實體為主導的世界裡，選民是焦慮的，所以希望看到能保護自己的幾張面孔。然而選民

也必須承認，我們的執政者並非超人。雖然選民在執政者未能落實可行和有用的措施時應拿出嚴正的態度，但也不可因為他們沒能端出神奇的解決方案就咬定他們無能或「被收買了」。實際上，選民對那些表現出謙遜態度的執政者並非總是寬容以待，正如法國總理里昂內爾‧若斯潘（Lionel Jospin）所經歷的。他曾在 1999 年 9 月 14 日針對米其林公司裁員一事說過：「國家不能包攬一切。」而這句話在 2002 年那場最終以落敗收場的競選活動中令他備受抨擊。

全世界民粹主義的興起

如今右翼或左翼的民粹主義已在全球興起。民粹主義難以定義，因為其形式多樣，不過仍具備一個共同點：利用選民的偏見、恐懼或無知。對移民的敵意、對自由貿易的不信任以及排斥外國人的情緒，都是推動民粹主義的助力。民粹主義的興起在不同國家有不同的原因，但是普遍的共同起因無疑是對技術變革以及就業、金融危機、經濟成長放緩、債務增加與不平等加劇等的擔憂。從純粹的經濟角度來看，引人側目的是民粹主義綱領對基本經濟機制甚至單純對政府會計的蔑視（例如，科呂什〔Coluche，法國喜劇演員〕在 1981 年參與的總統競選時以戲謔的口吻承諾：「明天大家免費刮鬍子」）。

經濟學家及整個科學界需要思考自身影響力的問題。以 2016 年 6 月 23 日關於脫歐公投為例，很難估計英國乃至國際最優秀的經濟學家以及著名機構（如財政研究所〔Institute for Fiscal Studies〕、國際貨幣基金組織〔FMI〕、經濟合作暨發展組織〔OECD〕、英格蘭銀行〔Banque d'Angleterre〕等）口徑幾乎一致的觀點，對該公投結果所造成的影響。這些專家和機構認為，英國經濟在脫歐後既無所獲，又可能大失盈利（註 13）。當然，選舉結果似乎更大部分受到其他層面（特別是移民問題）的

影響,而這些同樣受到民粹主義的扭曲。然而,英國選民似乎不在意專家們的看法,認為專家的意見「向來莫衷一是」。

第三節
以更好的方式分享經濟學

經濟學如同所有文化形式,如音樂、文學或體育。只要我們能加以理解,就能深入欣賞其價值。如何讓公民更容易接觸到經濟文化?

動員身為知識傳播者的經濟學家

首先,經濟學家可以在傳播自身知識方面發揮更大作用。

研究科學的人和其他所有人一樣,會根據自己所面臨的誘因做出反應。在任何科學領域內,學術生涯的評價標準是研究成果和所培養的學生數量,而不是為接觸更廣泛的公眾而開展的活動。必須承認,待在大學這個舒適圈裡是很愜意的。正如我們在第三章將看到的,從學術辯論轉向公眾溝通並非那麼簡單。創造力最強的研究者往往在公共辯論裡缺席。他們的使命在於創造知識,並將其傳授給學生。除非這些研究者精力過人,否則很難將這一使命與向公眾傳播思想的舉措結合起來。我們無法要求亞當‧斯密(Adam Smith)預測未來、撰寫報告、上電視說話、經營部落格並撰寫推廣手冊。雖然這些新的社會要求天經地義,但有時會在知識創造者和知識傳播者之間造成鴻溝。

此外,經濟學家即便履行了其嚴格意義上的使命,也並非再無可以挑

剔之處。他們應該投入更多心血，構建一種務實且直觀的教學法，而且這套教學法應該植基於市場、企業和公共決策等當今議題上，同時倚靠在經過驗證及簡化的、用於教學目的概念框架上，並依循實證觀察。如果教學內容是過時的經濟思想及古代經濟學家間的辯論，方法有欠嚴謹或過度講求數學，這樣並不能滿足中學生與大學生的需求。絕大多數學生不會成為專業經濟學家，更別說成為經濟學研究者了。他們需要一種同時兼具直觀性、嚴謹性且務實的入門經濟學。

這些觀察同樣適用於高等專科學校（譯註1）、大學、國立行政學院（ENA）以及高中的 ES 與 STMG 課程（註14）。儘管中學教師努力付出，而且高中畢業會考的課程及測驗最近亦有改進，但高中教育仍未能充分幫助學生理解經濟現象，進而在公民生活和職涯中加以應用（註15）。即使某些高中已努力加強 ES 課程中的數學教學，但該科目知識量不足仍是一個障礙。ES 班數學課程的內容貧乏，與 S 班（譯註2）數學課程的內容豐富形成鮮明對比，但選讀後者的學生可能傾向於延後學習經濟學、社會學或管理學，而且不一定對物理或生物感到興趣。這點反映了法國教育體系不合宜的一面，因為該體系過早讓學生走上專業化的道路，並在課程的選擇方面留給他們的操作空間有限。

譯註1　Grandes écoles：法國教育部定義為「通過入學考試錄取學生並確保優質教學的高等院校」，入學考試在兩年的高等專科學校預科班學習之後進行，與只需法國高中文憑即有資格入學的公立綜合性大學是兩套不同的高等教育體系，中文有時也譯為「專業學院」、「高等專業學院」。相對於綜合性大學而言，高等專科學校規模小、專業性更強，更重視教學與實踐的結合，以培養高級專業人才而出名，在法國就業市場上得到了很高的認可，被稱為法國的菁英教育。高等專科學校按領域可分為以下幾類：工程師學院（École d'ingénieurs）、高等商學院（École de commerce）、高等師範學院（École normale supérieure）、高等美術學院（École des beaux-arts）及其他領域的高等學院。

譯註2　S為Scientifique的縮寫，指法國教育系統中的科學課程，這是高中階段的一條學術路徑，側重於數學、物理、化學和生物學等科學教育。

且讓我們改革高等教育體系

　　絕大多數接受高等教育的法國人，在取得高中文憑後就直攻專業。這當然很荒謬：你才 18 歲，如果不曾或很少接觸過那些學科，如何能決定將來成為經濟學家、社會學家、律師或醫生呢？更不用說一個人的志業可能要很晚才能確立。學生過早專業化導致很少有人專攻經濟學課程。無論哪個學科的學生都應該修習經濟學課程，就算以後不再深入這個領域也一樣。當然，高等專科學校的學生與綜合性大學的同齡人不同，因為前者有機會延遲做出選擇，不過他們人數只占高等教育的一小部分，且對於包括經濟學在內之新領域的投入通常來得較晚。

改革公共決策

　　法國的公共和準公共部門以前曾應用經濟學的概念和工具分析和解決實際的問題，這點普遍引起了國外的欽佩。從儒勒・杜皮（Jules Dupuit）、馬塞爾・博伊特（Marcel Boiteux）到皮埃爾・馬塞（Pierre Massé）這一專業傳承（後兩者為法國國家電力公司〔EDF〕徹底改變了管理和定價的觀念）以及法國其他的「經濟工程師」（ingénieurs économistes）長期以來一起促進了經濟分析工具在法國行政部門中的推廣。然而，這些更常是個別傑出人物的貢獻，而非制度上的一種選擇。此一工作可以上溯到幾十年前，主要集中在公共經濟的領域。然而，當前許多重大經濟問題都涉及企業和市場，如下僅是幾個例子：國際競爭、競爭法（droit de la concurrence）、市場管制、勞動力市場、投資組合管理（gestion de portefeuille）、退休制度改革、自然獨占（譯註 3）的管制、公共和民間組織的治理、公私部門協力（partenariats public-privé）、企業社會責任、永續發展、創新推廣、智慧財產權的處理，以及金融仲介機構

償付能力的監理。

　　法國長期以來存在政府干預政策的傳統，而且多少有些自我封閉。過去，一家強大公司的執行長在遇到競爭法的問題時，不需要對產業經濟學有太多了解，更重要的是他能否透過關係上達部長，打個電話解決問題。同樣地，一家享有獨占地位保護的公司，往往毋須思考企業策略的演進與發展。

　　即使在政府行政系統內部，若與其他國家相比，法國在經濟知識的制度設計、傳播與實際運用方面，仍顯得相當落後。誠然，法國經濟財政部（ministère de l'Économie et des Finances）內部有由「國家統計與經濟研究所」（Insee）和現已併入國庫署（Trésor）的「預測局」（Direction de la prévision）所體現的經濟學傳統；經濟學的文化即使在擁有相關經濟研究和分析部門的部會（例如永續發展部或預算局）內部，也未見真正的散播和普及。

　　反觀其他國家，它們都創立了「首席經濟學家」（chefs économistes）一職，由知名大學休假中的研究人員出任，以便他們直接與各部會和獨立機構的最高決策者溝通合作。這些國家會毫不猶豫任用經濟學研究人員擔任經濟財政部部長或中央銀行行長，而法國在這方面始終搖擺不定。

讓我們積極參與吧

　　我們對經濟的理解，如同我們對科學或地緣政治理解，在在影響政府所做的選擇。大家常說：「在民主制度中，我們選出的政治人物，正是自

譯註3　monopoles naturels：自然獨占是指一個產業領域中的壟斷通常具有基礎設施成本和進入門檻較高的特點。在產業中最大的供應商，通常是市場上的優先供應商，相對於潛在競爭對手具有壓倒性優勢。

己配得上的。」也許如此。就連哲學家安德列・孔特－斯蓬維爾（André Comte-Sponville）也說，與其不斷批評政策，不如加以支持（註16）。而我確信，我們擁有自己配得上的經濟政策，然而如果大眾缺乏基本的經濟知識，要做出正確的政策選擇，往往需要相當大的政治勇氣。

政治家確實會猶豫是否採取不受歡迎的政策，因為他們擔心這在隨之而來的選舉中會對自己不利。因此，對經濟機制的良好理解，本身就是一種公共財：我們都希望其他人投入心力和時間（即「智識投資」）去理解經濟機制，藉此推動政策制定者做出更合理的決策，但自己卻不願意付出努力。由於缺乏智識的好奇心，我們採取了「搭便車」（free rider）的態度，不願投入心力來理解經濟機制。能成功將艱深經濟學概念予以普及化的例子為數不多，其中一位是頂尖經濟學家、諾貝爾獎得主保羅・克魯曼（Paul Krugman）。他如此分析：

討論經濟學有三種方式：科學模式、新聞模式和航空模式。科學模式講究形式化、理論化和數學化，是大學學術界的專屬領域。就像其他所有科學學科一樣，經濟學也不得不面對一些江湖騙子，也就是用複雜術語掩蓋自己平庸思想的人；當然也有一些真正的研究人員，他們運用專業語言精確表達自己的觀點。不幸的是，即使是最好的科學文獻，對於未曾在經濟學領域進行深入學習的人來說，也是難以理解的。《村聲》（Village Voice）雜誌的一位記者不幸看到我的一些科學作品，曾評論：「文字晦澀難懂，即使中世紀的經院哲學著作與之相比也顯得容易理解、甚至令人愉快。」

新聞模式是雜誌經濟版面和多數電視經濟新聞所呈現的方式。它主要關注最新消息和最新統計資料：「根據最新發布的報告，房地產的投資再度增加，這是經濟強勁復甦的明顯訊號。這一消息也引發了債券市場走弱⋯⋯」這種經濟學被認為特別無聊，此一說法很大程度上是有其道理的。當然，有些人在這種報導中可以表現出色，有些人能靈光迸發做出短

期經濟預測。然而遺憾的是，大多數人認為經濟學等於新聞裡這些東拼西湊的玩意。

最後，航空模式指的是機場書店暢銷的經濟類書籍，且主要鎖定等待延誤航班的商務旅客。書籍內容大多預測災難：下一次大蕭條、日本跨國公司掏空我們的經濟、貨幣體系即將崩潰。少數書籍則相反表現出盲目的樂觀：技術進步或供給面經濟學（譯註4）即將帶來前所未有的經濟成長時代。這類經濟作品無論樂觀還是悲觀，總能提供消遣，不過少有完善論證，而且態度從不嚴肅。（註17）

我們對於經濟現象之所以理解有限，那是因為我們只願意相信自己想相信的東西，以及求知方面相對懶惰還有認知偏見所導致的，因此我們對此負有責任。根據我的觀察，我們都有能力理解經濟，推理錯誤遠不能用智商和教育水準來解釋。

我們就承認吧，看電影或讀一本好的偵探小說比讀一本經濟學書籍要容易得多（這不是批評，說到其他科學領域，我個人也常有同樣感受）。而當我們下定決心讀一本經濟學著作時，卻希望該書只闡述一個簡單論點，正如保羅・克魯曼對於機場販售之經濟類書籍所做的極端比喻那樣。就像所有科學領域，我們需要付出更多努力、更多理解決心且減少先入為主，如此方能超越表象。

未來展望

法國擁有豐富的人力資本和眾多有才華的經濟學家。大多數高等專科

譯註4　économie de l'offre：一種總體經濟思想，認為透過降低生產（供應）商品和服務的障礙來有效創造經濟成長。該學派認為，因為生產者以更低的價格提供更多的商品和服務，消費者便能從中受益，並且，投資和業務擴張會增加對雇員的需求從而創造就業。其具代表性的主張是降低邊際稅率和放鬆管制。

學校的學生（如法國綜合理工學院〔X〕和法國高等師範學校〔ENS〕）都接受了特別優良的栽培；某些大學現在也提供高品質的經濟學課程。以下是一則具象徵性且引人注目的趣聞：國際貨幣基金組織在 2014 年選出了 25 位 45 歲以下有影響力的經濟學家。其中令人矚目的是在列的有 7 名法國人，只不過全都是在英語系國家完成博士學位（其中 4 人畢業於麻省理工學院）。另外有個事實尤其值得注意：除了國際貨幣基金組織的這份名單外，有許多其他才華洋溢的法國年輕人由於各種原因（包括研究課題性質）未能入選，畢竟上述名單固然很好，不過可以理解，它較傾向於總體經濟學和應用經濟學。我並不認同許多人心目中認定的「法國特色」。實際上，他們只是接受了非常優良的量化技術栽培，然後在知名大學（主要是美國）進一步接觸到當代經濟學。

法國經濟學家的素質並非近年才提升起來的。與前幾代相比，其流動性的變化是前所未見的。在國際貨幣基金組織選出的 7 人中，有 5 人住在美國，1 人（海倫・雷〔Hélène Rey〕）住在英國，只有 1 人（湯瑪斯・皮凱蒂〔Thomas Piketty〕）住在法國。這是一個足堪擔憂的問題，雖說我認可法國教育的品質，然而對於法國來說，這也是人力資本的重大損失。許多由國家花大錢栽培出來、最具活力的研究人員，最終選擇出國。在如今全球化的世界裡，他們是世界公民，我們不應責怪他們，反而應該為他們提供與主要研究國家相當的研究條件。我們能否立足於二十一世紀經濟世界中，將取決於各研究中心（包括經濟學和其他科學領域）的吸引力。

此外，我們有理由相信經濟文化將會逐步改善，因為大家對這個領域已表現出濃厚的興趣。如今，一家企業必須在經濟層面，而非政治層面上，捍衛其擬定的收購行為或既有措施的合理性。法國的高級官員必須在歐盟執委會、國際貨幣基金組織、世界銀行、世界衛生組織、世界貿易組織、歐洲中央銀行及其他眾多國際機構中與外國代表進行辯論，而這些辯

論主要是經濟性質的。如果沒有強大的經濟文化，法國將越來越難以發出自己的聲音。在這方面，有一個好消息值得強調：這種轉變展現在年輕一代身上，他們對從務實角度理解經濟學的興趣正逐漸提高。

註 1　參見卡漢發表於 2013 年《判斷與決策》（*Judgment and Decision Making*）第 8 期、第 407-424 頁的〈意識形態、動機推理和認知反思〉（"Ideology, Motivated Reasoning, and Cognitive Reflection"）。具體來說，卡漢認為，計算能力和反思分析能力並未提高人為因素造成氣候暖化的信念。回顧 2010 年，僅有 38% 的共和黨人接受氣候自前工業化時代以來不斷暖化的概念，而且只有 18% 認為這是人為因素導致的。

註 2　參見他的著作《相信世界公平：徹底幻想》（*Belief in a Just World: A Fundamental Delusion*），New York, Plenum Press, 1982.

註 3　Daniel Kahneman, *Système 1/Système 2. Les deux vitesses de la pensée*, Paris, Flammarion, « Essais », 2012. 亦請參考該作者與 Amos Tversky 的合著，尤其是他們與 Paul Slovic 合著的 *Judgment Under Uncertainty. Heuristics and Biases*, New York, Cambridge University Press, 1982. 關於啟發論的不同觀點，可以參考 Gerd Gigenrenzer, *Simple Heuristics That Make Us Smart*, Oxford, Oxford University Press, 1999.

註 4　該項數據係由北卡羅來納大學的社會學家查爾斯‧庫爾茲曼（Charles Kurzman）所收集，並在 2015 年 11 月 21 日的《金融時報》（*Financial Times*）中被西蒙‧庫珀（Simon Kuper）引用。當然，這個數字不包括 911 事件的受害者，但它提供了對於認知能力這一問題的了解。庫爾茲曼也在 2015 年 12 月 17 日對《赫芬頓郵報》（*Huffington Post*）表示：「今年，每百萬名美國穆斯林中有一人因其信仰遭到仇殺，而相較之下，每 1700 萬名其他美國人中只有一人遭穆斯林激進分子殺害。」

註 5　在他們的例子中，一半學生將一種疾病的機率估計為 95%，而實際機率卻只有 2%。有關這一實驗的詳細描述請參見第五章。

註 6　在美國，高中畢業生還不能直接進醫學院，而是修完其他學科四年的大學課程後方能申請入讀。

註 7　參見 Michael Kremer et Charles Morcom dans〈Elephants〉, *American Economic Review*, 2000, vol. 90, n° 1, p. 212-234.

註 8　在這種推論中,重要的是要知道重新銷售的行動(無論其影響的規模和程度如何)是否朝著正確的方向進行。

註 9　歷史上,我們的存活一直依賴於小型社會群體內有力的互惠規範。從演化的角度來看,最近的歷史中出現一個新現象:我們學會與自己不同的族群進行和平互動。請參見 Paul Seabright, *La Société des inconnus. Histoire naturelle de la collectivité humaine*, trad. fr. Julien Randon-Furlang, Genève, Markus Haller, 2011.

註 10　美國心理學家 Paul Slovic 論述了一張馬利一名飢餓兒童的照片如何能比飢荒的統計數據(例如數百萬兒童營養不良)激發更大的惻隱之情。這種反應差異顯然沒有邏輯意義,但充分證明了我們的感知和情緒如何支配我們的行為。

註 11　有人可能會認為,不妨為排隊的人提供座位以及有暖氣設備的等候室,如此多少可以避免這些成本。然而,這只是一種錯覺:顧客會更早來排隊(例如前一天),因此無論如何,低於市場價格的租值將會消失。

註 12　前提當然是企業並未面臨融資的限制,研究人員曾分析拍賣應如何在這種情況下進行調整。

註 13　經過一連串的談判,英國過去對歐洲預算的貢獻非常少。同樣,宣稱布魯塞爾的法規非常嚴格的論點也令人覺得好笑,因為從根本上而言,這些法規大多數對國際貿易而言是必要而且有益的。然而,脫歐可能導致投資停滯,因為人們對該國未來的不確定性感到擔憂,外國直接投資可能會減少,同時也令英國減少進入歐洲市場的機會。英國與歐洲的貿易占其出口的 45% 和進口的 53%。世界貿易組織(WTO)的制度乃是國際貿易的預設協定。雖然世界貿易組織實質性地降低了關稅壁壘,但今天貿易的主要障礙並非關稅性質,反而是各種標準、法規、原產地證明、銀行執照(例如瑞士就沒有)等。這些壁壘在脫歐後很可能會變得重要,因為歐洲幾乎沒有動力去談判一項新的貿易協定,以免為其他國家的脫歐創造先例,或某些政黨可能會在其他國家推廣脫歐。對於英國脫歐經濟成本的估計各式各樣,但都指向同一個方向。

註 14　ES:經濟與社會學科;STMG:管理與技術科學學科。

註 15　2008 年,法國高等研究院(Collège de France)教授羅傑・蓋斯內希(Roger Guesnerie)主持了一個評估高中經濟和社會科學教學的委員會。該委員會指出,課程中過度偏重知識史,缺乏實證資料以及跨國比較,並且傾向使用照片、繪圖和見證,而非分析性方法。委員會也批評總體經濟學的主導地位,認為總體經濟學是一個複雜的經濟領域,存在較多爭議,且對公民理解日常生活的幫助較小。反過來看,課程中涉及組織社會學(sociologie des organisations)的內容較少,企業問題當時僅局限於高二課程,且幾乎沒有涉及會計、市場策略或企

業融資等問題的資訊。自那以後，實證資料和跨國比較的學習都已有所進步。

註 16　RTL 電視台，2014 年 3 月 29 日。

註 17　見於如下一文的前言：*L'Âge des rendements décroissants*, Paris, Economica, 2000.

| 第二章 |

市場的道德界線

> 在凡事講求目的的世界中，一切事物都有其價格或尊嚴。凡是有價格的東西都可以用同等價值的其他東西來替代；相對地，那些高於一切價格、不可被替代的東西，則是尊嚴。
> ——伊曼努埃・康德（註1）

> 如果你給孩子一美元讓他讀一本書，就像有些學校曾經嘗試過的那樣，不僅會讓孩子期待閱讀能賺錢，還可能永遠剝奪他從閱讀中獲益的機會。市場並非無害。
> ——邁可・桑德爾（Michael Sandel）（註2）

> 我們需要市場經濟，但不需要市場社會。
> ——里昂內爾・喬斯班（註3）

世界各地公民對「自由企業和市場經濟之優點」的信念差異很大。2005年，全球有61%的人認為市場經濟是建構未來的最佳體系（註4）。但是，雖然65%的德國人、71%的美國人和74%的中國人持有這種觀點，卻只有43%的俄羅斯人、42%的阿根廷人和36%的法國人信任市場。這些信念反過來影響了各國所選擇的經濟模式。

如果市場具有足夠的競爭力，它可以藉由降低價格、推出降低生產成本之誘因措施、促進創新並開放國際貿易來增加家庭的購買力。其他措施或許不那麼明顯，但市場也可以藉此保護公民免受獨佔、遊說以及裙帶關係的影響，而這些在更為集中的資源配置機制中十分常見（這也是造成法

國大革命爆發的原因，期間曾於 1789 年廢除特權，並於 1791 年廢除行會〔譯註 1〕；二十世紀末計畫經濟的崩潰也肇因於此）。由於這些緣故，市場在經濟生活中發揮至關重要的作用（註 5）。

但正如本書所指出，享受市場優點的同時，往往也需要避免完全的自由放任。事實上，經濟學家將大量研究精力投入於市場失靈的識別以及藉由公共政策加以糾正的方法上，例如競爭法、由各產業的審慎管理機關（autorités sectorielles et prudentielles）進行管制、對於環境汙染或交通阻塞之外部性（譯註 2）加以課稅、貨幣政策以及金融穩定、教育和健康等受保障資源（biens tutélaires）的供應機制、重分配原則等。有了這些限制，絕大多數的經濟學家基於上述原因都會支持市場經濟，並將市場視為一種工具，而非目的本身。

其他社會科學專家（如哲學家、心理學家、社會學家、法學家和政治學家）、一大部分的公民社會以及大多數的宗教，對市場則有不同的看法。儘管他們承認市場的優點，但也常常批評經濟學家沒能充分考慮倫理問題，或者沒能考慮在商品與非商品領域之間劃出明確界線的必要性。

哈佛大學哲學教授邁可・桑德爾（Michael Sandel）的著作《錢買不到的東西》（*What Money Can't Buy*），暢銷全球便是這種看法大受歡迎的指標（註 6）。桑德爾指出，諸如領養孩子、代孕、性交易、毒品、兵役、選舉權、汙染或器官移植等一系列的商品和服務，不應被市場商品化。一如友誼、名校入學許可或諾貝爾獎不應該拿來販賣，基因以及與生命有關的事物也不應該納入專利（註 7）。社會普遍對市場抱持一種不安的情緒，而這種情緒很充分由「世界不是商品」此一耳熟能詳的口號反映出來。

譯註1　國民制憲議會在法國大革命時期的1791年6月14日，通過勒沙普里埃法（*Loi Le Chapelier*）。這部法律禁止同業公會和手工業行會，並收回了工人罷工的權力。
譯註2　指個體經濟單位的行為對社會或者其他人造成影響。

本章分析人們對市場的反感情緒、商品領域和神聖領域之間的區別、情感和義憤在我們選擇社會時所發揮的作用、市場對社會關係與平等構成的威脅，同時站在科學的立場探討我們道德觀的基礎，但這不代表非得對一些十分複雜的問題給出答案不可，這連我自己也往往辦不到。從科學的角度思考這類的主題會動搖我們固有的信念（我自己就是這樣）。不過我認為這種思維的轉折對於審視公共政策的理念至關重要，就算經過推理之後，我們最終仍回頭強化自己最初的信念也無妨。

　　首先，我們認定的道德標準會隨時間而變化，經濟領域也包括在內。從前，人們認為購買身故保險或者賺取儲蓄利息是不道德的；儘管公眾輿論在過去 30 年中有所改變，但是至今仍有人認為許多經濟學家為了解決失業或氣候暖化問題所提出的方案（即讓行為者對其行為後果負責〔註 8〕）是不道德的。

　　其次，道德可能具有非常個人化的面向。有人可能高舉道德的義憤之旗，進而強化自己的價值判斷，並限制他人自由。長期以來，在大多數社會中，大部分公民認為同性戀或跨種族的性行為是不道德的。回應這些道德斷言的方法不一定是提出另一番道德斷言（我的道德對抗你的道德，造成對峙後問題更難解決），而可能是著手推理，從簡單的問題開始：受害者在哪裡？你的信念基礎是什麼？你只因為義憤填膺便侵犯他人自由，你該如何自我辯護？我的觀點就是：義憤常有助於揭示社會功能失調或不當行為，然而我們不能止步於此，有必要進一步理解其根源。

　　本章首先說明，對某些市場進行管制或禁止之所以必要，是因為它可能有助於解決資訊不對稱的問題。這種情況下的核心概念在於，當某種商品被貨幣化時，可能會改變其本身的意涵，進而損害其原有價值。此外，管制或禁止可以應對外部性的問題，也就是說，當一項交易對第三方產生額外成本時，透過管制可以減少這些未預期的負面影響。再者，管制或禁止還可以解決所謂的內部性問題，亦即當個人做出對自己不利的行為時，

管制可以防止他們自身的利益受到損害。綜合而言，無論是資訊不對稱、外部性或內部性，這三種情況下的管制或禁止措施都是為了解決市場本身無法自行修正的失靈問題。在這些情境中，單純從道德角度切入對於分析或得出結論的實際幫助不大，因為道德考量並未說明哪些市場應適用於這類管制或禁止措施，也無法提供比市場機制更符合我們道德目標的具體解決方案。

接著我要討論其他引起我們所有人在倫理上莫衷一是的議題：器官捐贈的報酬、代孕母親、賣淫……這裡的目並不是質疑現有的規範和禁令，而是思考它們的基礎。一方面，出於我之前提到的原因，推理論證能夠幫助我們更深入理解自己在這一領域的政策何以如此。另一方面，思考這些原因可以幫助改進現有這行規範和禁令。因此，我將描述經濟學家是如何在不引發重大倫理爭議的情況下，藉由促進器官捐贈的方法來拯救生命。

本章最後的兩部分將討論對於市場的其他疑慮：社會連結的鬆弛與不平等，重點關注經濟學在這些方面能帶來的貢獻。這裡的中心思想是：公共政策的指導原則，必須是為了實現既定目標而採取行動，而非僅為了吸引注意或營造良好印象。因為後者有時反而會事與願違，甚至浪費公帑。

第一節

市場的道德限制還是市場失靈？

為了聚焦討論問題實際的癥結所在，且讓我們先排除一些邁可・桑德爾所提出的例子，因為這些例子僅能反映對經濟學家研究工作的誤解，而那些研究都屬於經濟學的標準領域，比如資訊經濟學和外部性經濟學

（註9）。還有過去10到20年間在歐洲和美國進行的跨學科研究；這些理論性和實驗性的研究（田野調查、實驗室研究或神經經濟學領域〔譯註3〕）都將道德和倫理、社會規範、身分認同、由誘因措施所引起的信任或排斥現象等多種主題涵蓋進去。我們將透過一系列例子來說明市場失靈和市場道德限制之間的混淆。

資訊

買賣某些事物（例如友誼、大學錄取資格或科學獎項）的做法，與資訊不對稱（asymétries d'information）的基本理論相衝突：一旦這些「商品」可以買賣，就會失去所有價值！因為我們將無法確定友誼是否真實、大學錄取資格是否體現才能，以及科學獎項是否實至名歸。在這種情況下，學位將成為財富象徵而非能力標誌，完全無法說服雇主。從這個角度來看，美國一些大學（特別是常春藤盟校）會因某位家長捐贈大筆款項而錄取本不該錄取的學生，這一現象尤其令人震驚。當然，絕大多數對大學的捐贈並非出於這樣的私心，而且這種現象也相對較少，不至於令社會質疑學生的平均素質；但這正是癥結所在：一些非常富裕的家長願意花大錢「購買」入學機會，讓自己的孩子融入一群傑出的學生，並最終獲取一個極具聲望的學位。

外部性和內部性

另一方面，如果存有一個收養兒童的市場，那麼其中的「買方」（養

譯註3　神經經濟學是透過神經科學的研究方式，觀察人類進行經濟決策的行為模式，進而預測人類經濟行為的學科。

父母）就會以金錢向「賣方」（生父母、收養機構）換來孩子，然而此舉並未包括一個關係至鉅的第三方：孩子本身。孩子可能成為此項交易的受害者，並遭受嚴重之外部性的影響。另一個由市場創造出來的外部性例子，則是將鑽石交易所獲得之金錢用於資助內戰。顯然，如果允許武裝派系販賣鑽石，將對受戰爭影響的平民人口造成巨大危害。至於汙染問題，經驗表明，經濟學家的建議（藉由碳排放稅的開徵或碳排放權的交易來為汙染物定價）顯著降低了環境保護政策的成本，從而有助於改善我們的環境。不過有些人仍然認為，企業透過支付金錢獲得排放汙染物權利是不道德的。然而，這一論點的基礎很薄弱。如今，企業為碳排放所支付的金額與其所造成的風險相比微不足道：這樣真的比較道德嗎？我們最終還是必須減少汙染，然而不幸的是，既然我們無法完全消除汙染，所以必須保證那些能夠以低成本減少汙染的人的確會這樣做；這正是碳定價所實現的目標。

　　至於毒品問題，除了具強烈危害性之硬毒品帶來的暴力或公共衛生問題外，它還引發了自律不足和成癮的問題，而這些問題的當事人便是主要受害者。因此，毒品問題不是道德問題，而是如何保護公民免受他人（外部性）以及自身（內部性）危害的問題。

　　這些考量當然會交互重疊，如體育運動中的禁藥問題。管制禁藥之所以合理，一方面是出於內部性考量──運動員可能為了追求認可、榮譽或金錢而犧牲健康；另一方面則因外部性──禁藥使用不僅損害運動項目的形象，也可能引發社會對其他運動員的負面觀感。

　　再舉一例：在一個國家裡，如果投票權可以按市場價格進行交易，那麼這個國家制定的政策，很可能不符合我們在「無知之幕」下所支持的理想。我們期望的政策，應該不會是允許投票權自由買賣的社會所制定的。最富裕的家庭可能以賄賂的手段達成獲選目的，並透過法律推動對自己有利的政策。根據此一觀點，當局也常限制個人對選舉活動的捐款，或者禁

止用公共資金部分資助此類活動。更有甚者，直接買票比付錢資助選舉活動的危害更大，畢竟後者只是藉由間接方式「買票」，以提高候選人的能見度而已。

因此，正如大家所見，市場失靈的範圍相對較廣，而經濟學家也一直將其置於最重要的位置。

誘因措施的效應適得其反

經濟學強調個體目標與集體目標必須保持一致。這意味著要透過誘因措施使個人與社會利益相符，尤其要抑制有害社會的行為（例如汙染），同時鼓勵有益社會的舉措。然而，其他社會科學多少不同意這一原則；它們認為外部動機（亦即誘因措施）可能會排擠內在動機，使誘因措施的結果事與願違。

在本章開頭的引文中，邁可・桑德爾指責市場，但實際上他批評的是誘因措施本身。確實，一項旨在獎勵兒童閱讀的政策可能來自於國家或者多邊組織，而市場只是創造出一種特定形式的誘因措施罷了。

桑德爾引用了心理學家一項由來已久、對經濟學提出的假設性批評，亦即提高商品價格可增加其供應量。雖然這項假設在許多經濟生活的領域中獲得實際驗證，但也存在一些例外。孩子讀一本書或是通過考試就給報酬，此一做法確實可能敦促孩子讀書或認真準備考試；然而這種短期內的積極效果可能會被隨後的負面影響抵消，因為一旦取消獎勵，孩子的學習欲望可能隨之減弱。這種措施的效果因此適得其反。

眾所周知，在捐血這個情境中，支付報酬給捐血人並不一定能增加捐血量。雖然有些人會對這種誘因措施做出正向反應，但另一些人反而會因此失去動機。正如本書將在第五章探討的，我們希望展現自我形象，亦即向自己或他人展示良好形象，因此可能導致誘因措施弄巧反拙，尤其捐血

屬於公開的行動，特別是公開在我們希望獲得其尊重的人面前，並且會被他人記住。人們常視捐血為有益社會的行為，然而一旦納入報酬機制，我們便會擔心，自己的貢獻是否會被解讀為貪婪而非慷慨，導致我們向他人或自己發送的善舉訊號被模糊掉。這種情況與經濟學的一個基本原則相悖：金錢獎勵可能反而減少人們做出相關的行為，而且多項實證研究都肯定了這一假設。

第二節
非商品與崇高價值

前面舉的幾個例子都屬於古典經濟學的範疇。然而，面對某些市場或某些形式的誘因措施，我們都會產生道德或倫理上的抗拒。例如器官捐贈、代孕、與生命有關的選擇或決策、賣淫或付錢逃避兵役等。為什麼呢？

生命無價

在本章開頭引用的名言中，康德呼籲明確區分可標價物和有尊嚴物。我們對市場的態度或許也源自於我們拒絕將金錢與某些事物進行對比。例如，金錢考量尤其與我們對人類生命神聖性的看法相互牴觸。我們都知道生命是無價的。有關生與死的禁忌，也就是涂爾幹所珍視的、「不可比量的」事物，對社會和個人都會產生重大的影響或後果。果斷地在與健康和生命相關的議題上做出取捨（如醫院預算和醫學研究預算的分配或安全標準的選擇）常會引發激烈爭論，但是我們如果不對這些選項的治療效果及

其可挽救的生命數量加以比較，就可能導致決策不夠有效或不合理，進而增加死亡的案例。例如，花費一筆大錢可以挽回一條生命，而同樣金額用於其他地方卻能挽救幾十條生命，那麼前者是否不合理呢（註10）？但社會並不願意接受這種會計式的精打細算和看似冷峻的考量。

哲學家長期以來一直在思考我們在面對此類功利主義時所表現出的猶豫不決（註11）。在這方面，最著名的哲學困境便是所謂的「電車難題」（dilemme du tramway）：我們願不願意將一個人推下電車軌道，以使電車脫軌，從而避免電車撞死軌道前方的五個人（大多數受訪者表示不願意這麼做）？或者，一個外科醫生是否願意犧牲一個健康的人以拯救五個瀕臨死亡、急需器官移植的人？又或者，如果有人要求我們在拯救自己溺水的孩子和拯救五個其他溺水兒童之間做出選擇（而且只能擇一為之），我們會怎麼做？這些只是純理論問題嗎？並非如此，實際案例不勝枚舉。

政府在處理人質事件時也面臨類似困境：是否應支付贖金以避免犧牲一條性命（但這樣做可能導致將來更多國民被擄為人質）？這裡要注意的是，我們再度看到第一章中所討論的「受害者可識別」現象：在人質事件中，人質是有明確面孔的，但是支付贖金將造成未來更多人淪為人質，而我們尚未能看見那些人的面孔。這種選擇有失公允，這也是為什麼國家應從全面著眼，擬定政策，而不是逐案處理。

再舉一個例子：未來幾年我們的道路上將出現無人駕駛汽車。這是一件非常好的事情。交通事故可能因此減少90%，我們的街道和道路將更加安全，然而社會將不得不面對一些道德上棘手的選擇（註12）。有一種罕見情況：假設我是汽車裡唯一的乘客，且面臨汽車無法避免即將發生事故的時刻。這時選項只有兩個：要麼犧牲自己，讓車衝進大溝；要麼撞死路上五名行人。今天，這樣的決定是由駕駛人在幾秒鐘內做出的；明天，將由汽車內建程式的演算法冷靜應對情況並做出決策。如果有人問我，我比較喜歡哪種類型的汽車：是犧牲乘客的，還是輾過五名行人的？

直覺上，我可能認為第一輛汽車更「道德」；但對於自己來說，我會選擇哪一輛汽車呢？在「無知之幕」背後，我成為五名行人之一的機率是成為汽車乘客的五倍，因此我會考慮儘量將傷害降至最低的汽車。然而在實際選擇汽車時，情況就完全不同了。因此，如果我們願意明確做出這種道德選擇（我認為應該這樣做），需要先行規範。面對這一問題，許多公民仍然拒絕讓政府來決定這個選擇。

　　普遍來講，我們面對與生命有關的選擇時常感到不安。舉一個與前面那個例子相比稍微不那麼極端的情況：兩位美國女研究員（註13）指出，美國的殯葬市場照理競爭應該非常激烈，但實際上利潤卻呈現近乎獨占的態勢，這是因為人們在親人去世時不願意在金錢上斤斤計較。然而，有必要探討這些禁忌的來源，問問它們在社會上是否合理，並評估其對公共政策的影響。事實上，我們都默默賦予生命一種價值，例如醫院在選擇設備時會權衡病患的生命價值，或者我們在選擇汽車或安排假期時會考慮孩子，都是從生命價值出發做決策。但我們從不願意承認自己做出這類選擇，因為我們認為這些選擇在道德或情感上難以接受。這些禁忌是否源於我們擔心一旦自己明確做出這類選擇就會失去尊嚴（註14）？還是因為害怕社會走上「滑坡謬誤」（pente glissante，譯註4）？

器官捐贈

　　讓我們繼續討論一個引發激烈爭論的話題：器官捐贈的報酬問題。芝加哥大學教授蓋瑞・貝克（Gary Becker）是一位支持透過經濟學視角研究社會行為（家庭、毒品等）的著名學者。他指出，禁止個人出售自己

譯註4　指一種邏輯或推理情境，認為一旦某個行為或決策被接受，就可能導致一連串不可控制或無法避免的後果，最終滑向更極端或不良的結果。

的一顆腎臟，會限制器官捐贈（目前主要在家庭成員或親人之間進行）風氣，每年僅在美國就有成千上萬的人因找不到捐贈者而喪命。貝克得出結論，這個問題很複雜，反對器官市場的人不應僅依據資料，自認道德優越。儘管貝克的論點有其道理，但我們仍然反對捐贈器官換取報酬。然而，鑑於這個問題的重要性，我們應該理解背後原因。

第一個面向幾乎沒有爭議，那就是擔心捐贈者沒有充分了解自身行為的後果。事實上，捐贈一個腎臟對捐贈者的長期影響是不容忽視的。因此，必須嚴格管理捐贈過程，並準確告知捐贈者後果。但這並不是新鮮事，因為在對親人捐贈器官的情況下，這一程序已經實施。

第二個面向是，如果提供報酬，一些人可能會被短期利益吸引（例如為了幫助家人或貧困所迫），但是將來可能會後悔自己的決定。這涉及到我們之前提到的內部性問題，以及對於個體的保護。

第三個面向在於，器官銷售表明，如果有人甘願為了幾百歐元而割捨一顆腎臟，這反映出我們傾向對不平等現象視而不見（註15）。事實上，出售自己腎臟的人多為窮困者，尤其是生活已經無以為繼的人。這個論點的另一種表現形式，體現在我們對「器官移植觀光」（tourisme de transplantation，註16）的嫌惡。顯然，藉由禁止這樣的交易掩蓋實情，並不能解決貧困問題。但這第三面向也強化了第二面向的觀點，因為貧困使人對資源的需求變得非常緊迫，也使人暴露在對自身有害的選擇中。非法交易確實存在，因此當然需要採取措施加以打擊，但同時必須找到解決這一非法交易根源（即那些焦急等待捐贈的人）的方法。因此，必須推廣死者器官捐贈的觀念，並鼓勵落實這一做法，同時支持創新的解決方案，如我將在下文提到的交叉捐贈。

最後，第四個面向在於，捐贈器官可能並非當事人真正自願，而是受黑社會組織脅迫才會出售自己的腎臟。這個論點當然正確，但並不僅限於器官販售：黑社會也可以逼迫個人上繳積蓄，或不斷抽取其收入的一部

分,令其身分形同奴隸。可以說,器官市場的存在增加了敲詐勒索的可能性。

　　有時,我們的反對意見也可能受到其他未必總是那麼明確的考量所影響。例如像綜合格鬥(arts martiaux mixtes,在法國是禁止的)或拳擊這樣極端暴力的運動所呈現的狀況。為了追求福祉,我們期望活在一個非暴力的社會中,因此,看到有人樂於欣賞這種暴力,我們總會感到焦慮。我們所關切的不僅是保護這類運動員免受自身行為的傷害(因為他們對報酬的考量可能優先於對長期健康影響或直接風險的考量),也包括保護我們自己,免受這些令人不安的集體歡慶場面所影響。在法國,從 1939 年到 1981 年廢除死刑為止,也是由於類似原因而禁止公開處決死刑犯(註 17)。

　　另一個令人震驚的例子是拋擲侏儒(編按:侏儒一詞有歧視疑慮,後文以「身材矮小者」描述)的行為(這種舉動因見於《魔戒》〔*The Lord of the Rings*〕和《華爾街之狼》〔*The Wolf of Wall Street*〕等影片而為大眾所知)。過去在多個國家曾有一種奇特的習俗,即付費給完全同意參與的身材矮小者,讓他們同意被人拋擲(通常丟在一塊墊子上,不過他們事先會戴上頭盔,並採取充分的預防措施以確保安全),看看哪位選手可將他們拋得最遠。在法國,國家委員會(Conseil d'État)在 1995 年對此做出裁決。埃松省(Essonne)的奧爾日河畔莫爾桑市(Morsang-sur-Orge)在 1991 年禁止了一場在夜總會舉辦的拋擲身材矮小者表演。相關的身材矮小者為捍衛自身的就業權而展開法律訴訟,也受凡爾賽行政法院(tribunal administratif de Versailles)的支持,但是國家委員會認為,尊重人類尊嚴是公序良俗的一部分。我們大多數人難以理解為何會有選手喜歡這種活動,但為何我們會對這種被其支持者認定為雙方自願交換的行為感到厭惡呢?這裡有個答案(事實上由一個身材矮小者協會提出):這種行為會對其他身材矮小者產生外部性影響,也就是說,這種活動損及身材矮

小者的集體形象，導致其尊嚴喪失，受害對象不僅限於那些甘願參與活動的身材矮小者（註 18）。

賣淫的議題在一定程度上結合了之前例子中提到的所有面向：內部性、故意漠視不平等的現象（事實上，有時相關政策的目的僅在遮掩問題或者轉移焦點）、外部性（女性形象的貶損），以及皮條客違反賣淫者意願而遂行的暴力和剝削。

我們再來談談器官捐贈。為了彌補器官移植的不足，2012 年諾貝爾獎得主艾文・羅斯（Alvin Roth，註 19）及其合作夥伴發明一種新方法，旨在不導入報酬機制的前提下提高移植的次數。這種方法隨後已被付諸實行：傳統上，活體器官捐贈僅對象限於非常親近的人。然而，捐贈者的器官有時無法成功移植到受捐者身上（尤其在血型不一致時）。該方法的思路如下：在最單純的情況下，A 想將腎臟捐給 B，而 C 想將腎臟捐給 D；可惜的是，A 和 B 彼此不相容，C 和 D 同樣也是。然而，如果 A 與 D 相容、B 與 C 相容，便可以進行交叉配對並同時進行移植手術。這四位當事人經由統籌交換的機制配對成功了。同時使用四間手術室，以便 A 將腎臟捐給 D，C 將腎臟捐給 B。在美國，如果其中一顆腎臟摘自一名死者（註 20），有時涉及交換的人數還會更多。法國 2011 年的《生物倫理法》（loi de bioéthique）允許進行這種「交叉捐贈」（dons croisés）的實驗。還需注意的是，根據 2004 年的法國法律，活人不許將器官捐給朋友或陌生人，捐贈對象僅限於家庭成員或至少同居兩年以上的人（註 21）。

交換並不一定涉及金錢。經濟學更普遍研究供給和需求的配合。經濟學家可以構建更好的資源分配機制以促進公共利益，這一點在艾文・羅斯及更多從事所謂「市場設計」（market design）研究的學者事業中已得到證明。

遺憾的是，用憤慨感受來指導道德有時只是下策。除了前述那些道德

困境的例子外，我們還需記住，禁忌是會隨不同的時間和空間的而改變。正如我在本章開頭所指出的，只需回顧社會譴責身故保險和支付債務利息的立場便能明白，因為這兩種做法曾普遍被視為不道德。在經濟領域中，可買賣的碳排放權曾在20年前普遍激起反感，不過後來有一部分人理解到此舉能推動環保事業，這種情緒便逐漸消失了。

即使我們像里昂內爾‧喬斯班一樣，可能擔心市場經濟在非商品領域的擴展，但經濟政策的制定不能任意用二分法簡單區分非商品領域和商品領域便完事，或者借康德的概念來說，不能簡單區分與商品相關的事物以及與崇高層次考量相關的事物。政策的制定不能只是基於道德立場上的退讓。

我們目睹不公正的事情或對人類漠不關心的行為，便會感到憤慨。憤慨情緒和道德規範在指出個人行為偏差或社會組織偏差方面，能發揮作用，不過道德規範或許太過嚴格規定應該採取哪些行為，又應該禁止哪些行為。話說回來，憤慨情緒也可能是個糟糕的顧問，因為它可能在肯定個人偏好之餘卻犧牲了他人的自由，有時缺乏深思熟慮，只是個倉促的判斷。

誠如紐約大學心理學教授強納森‧海德特（Jonathan Haidt，註22）所指出，共同道德規範（morale commune）不僅針對外部性，還包括譴責並無明確受害者的行為。回想不到半個世紀以前，主流觀點譴責同性之間的性行為，或（在美國）不同種族之間的性行為，以及未婚女性（但不包括男性）的性行為。那麼，這些行為雖遭嫌惡，但其中的受害者究竟是誰呢？在無法明確識別負面影響的情況下，伸張個人偏好很快容易凌駕他人自由之上。

因此，我們的嫌惡感受其實源於不可靠的倫理動機。這些動機可能引導我們、告訴我們，社會組織或個人行為中有些狀況似乎不太對勁，但其作用應止於此。我們需要質疑這些感受，並在制定公共政策時深思熟慮，

此外還需要更深入理解道德的基礎以及我們對某些領域商品化現象的擔憂。這也是學術界正在努力研究的方向。

第三節

市場是否對社會凝聚力造成威脅？

另一種批評市場經濟的聲音來自於對喪失社會連結的隱約不安。顯然，這種不安還有許多其他原因，例如城市化或是網路的使用代替了面對面的直接溝通（雖說我們藉由社交網路、Skype 或電子郵件便能更頻繁地與遠方的家人和朋友保持聯繫）。儘管如此，社會連結仍可能因為市場的相關現象而變得鬆弛，如全球化、流動性（註 23）⋯⋯我們與中國進行交流，而不與鄰近的鄉鎮往來；我們搬到遠離父母和故鄉的地方居住。人們支持像「買法國貨」或「買美國貨」的呼籲，反映了一份深層的不安，而且這種支持並不一定（或者我們希望不是）基於對法國或美國勞工相較於中國或印度勞工在價值或需求上的評價，更常源於其他更普遍的情緒或社會壓力。

市場將關係匿名化，但這多少算是一種功能：人們認為它能讓某行為者擺脫其他行為者的經濟勢力，換句話說，即限制了市場的勢力（即主導交易條件的勢力），例如防止強勢的公司向形同俘虜的消費者強加質劣而昂貴的產品。確實，正如那些對社會連結鬆弛表示遺憾的人所指出的，這種現象確實可能促進短暫且匿名的交易，而這種交易正好與「贈與以及回贈經濟」（économie du don et du contre-don）的理念相對立。儘管如此，在現代經濟中，聲譽和重複關係（relation répétée）的概念仍然在交易中

發揮至關重要的作用。只不過這些概念難以在契約中精確界定，因此通常會交由契約各方的自由意志來處理。正因如此，像優步、eBay 或 Booking 等網路巨頭便創建了評分系統以及用戶間經驗分享的機制，這也進一步證明了這一點。

但這種鬆弛的社會連結也有其優點。一方面，贈與及回贈經濟創造了一種依賴的關係（註 24）。皮耶・布赫迪厄（Pierre Bourdieu）甚至認為，這種施與者和接受者之間的關係存在一份優越感，其中「沒有算計的慷慨外表下隱藏著暴力」（註 25）。一般而言，社會紐帶雖有很多優點，但也可能令人覺得壓抑及束縛（例如，村民因為不願意得罪村裡的麵包師傅，一輩子都吃劣質的麵包）。另一方面，市場經濟允許人們擴展互動範圍。孟德斯鳩（Montesquieu）曾將商業的本質形容為「溫馨」（doux commerce）；在他看來，市場教會我們如何與陌生人互動並了解他們。曾經和馬丁・路德・金恩（Martin Luther King）合作的美國經濟學家山姆・鮑爾斯（Sam Bowles）信奉後馬克思主義（Post-Marxism，譯註 5），也是將經濟學擴展到其他人文學科與社會科學的先驅之一。在他的著作以及一篇標題引人注目的專欄文章〈市場經濟的文明效應〉（*L'effet civilisateur des économies de marché*）中，鮑爾斯亦持有類似的觀點（註 26）。

那些擔憂市場會對社會連結造成衝擊的人，往往將三種非常不同的擔憂混為一談。

第一種擔憂是：市場會加重其行為者的私心，使他們更難以和他人建立情感連結。畢竟，亞當・斯密（Adam Smith）不也曾說過一句名言：

譯註5　後馬克思主義是一種對傳統馬克思主義的批判與發展，試圖將馬克思主義與現代社會政治現實結合，並超越其經濟決定論和階級鬥爭中心論。它強調語言、文化、身分等非經濟因素在社會結構中的作用，並關注多元視角，如性別、種族等。後馬克思主義認為，社會變革不僅由階級矛盾驅動，也需要考慮其他社會力量之間的交織與動態關係。

我們得以享用晚餐，並非出於屠夫、釀酒師或麵包師的善意，而是出於他們對自身利益的關注。

因此，自私似乎是市場經濟的核心動力。然而，當代最傑出的經濟學家之一、麻省理工學院教授戴倫‧艾塞默魯（Daron Acemoglu）提出一個觀點，與亞當‧斯密的思想相呼應：在市場經濟中，真正重要的或許並不是促成結果的動機本身，而是最終產生的結果。艾塞默魯的觀點如下：

經濟科學的一個深遠而重要的貢獻在於揭示貪婪本身無關善惡。如能引導貪婪，使其為創新、競爭和利潤最大化的行為服務，並在精心設計的法律和規範框架內運作，貪婪即可成為創新和經濟成長的動力。但當貪婪脫離適當的機構和規範控制時，就會演變為唯利是圖、腐敗和犯罪。

第二種擔憂是：市場會使公民遠離如村莊與大家庭等傳統組織，進而削弱他們與周圍社會的連結。

第三種擔憂是：市場允許公民考慮一些原本難以想像的交易，例如出售自己的器官或是提供性服務，進而將某些私密層面置於與普通商業交易同等的地位上。

我的同事、土魯斯高等研究院院長保羅‧西布賴特在其著作《陌生人的社會：人類集體生活的自然史》（*La Société des inconnus. Histoire naturelle de la collectivité humaine*）中，分析了這三種對市場經濟影響的擔憂（註 27）。他觀察到，市場不僅依賴於參與者的私心，還要求他們具備建立信任的重要能力，而純粹的私心是最能腐蝕信任的。他展示了自史前時代以來，人類的社會的性質如何使我們得以擴大經濟和社會交流的範圍。當然，這並不表示我們因此變得非常利他。市場既是競爭的場所，也是合作的場域，二者間的平衡總是微妙的。

市場允許我們選擇交換行為的對象，這確實使我們脫離某些傳統的連結。然而，這更像是將繼承的人脈轉變為自選的人脈，因此不能簡單認定為社會關係的退化。毫無疑問，長期來看，這些關係可能變得不那麼持

久。但社會關係的持久性和繼承性並非本質上的優點。最終，誰會感嘆有史以來最強的社會連結已不復存在？例如懷念奴隸與主人間的關係、女性與霸道丈夫間的關係或者屈從的工人與唯一（monopsoniste，註28）雇主間的關係呢？或者再舉一個輕鬆一點的例子：村民為何一生都要遷就於一個平庸的麵包師呢？至於某些以前被認為隸屬神聖領域的交易商業化，保羅・西布賴特指出，神聖領域的直覺定義在各個時代和文化中都在變動。他說，一個人儘管排斥公開的商業化，但這種商業化仍可能暗中運作：某人即使對買淫或支付伴遊費用的做法感到反感，也可能基於財務安全或害怕孤獨的考量，繼續和自己不再愛的配偶在一起。

在這個領域中，想出結論並不容易，這一觀察也絕不是支持市場合法化（無論我們對其賦予何種意義）或某種特定形式之管制（各國差異很大）的論據。呼應我之前關於不平等的觀察，我所得出的結論是：市場有時只是我們自身虛偽面的代罪羔羊。市場本身既不會強化也不會削弱我們的社會連結，它只是我們靈魂的鏡子，如實映照我們社會的現實或者我們渴望與偏好的某些面向，而這些面向不僅是我們希望對他人遮掩的，也是希望對自己隱藏的。我們可以藉著去除市場來打碎這面鏡子。但這樣做，我們只是暫時停止對個人和集體價值觀的質疑。

第四節

不平等

在分析市場與道德關係的過程中，若未至少扼要提一下不平等，都將是不完整的。市場經濟本身理論上沒有理由創造符合社會期望的收入和財富分配結構。這也是所有國家設立基於重分配精神稅制的原因。

我們可以認為，市場經常被視為是過去 30 年不平等現象加劇（註 29）的一個原因，而某些國家對市場的懷疑可能源自對於不平等現象惡化的反應。然而，事實似乎並非如此。例如，2007 年法國收入最高之 1% 人群的收入只是美國同一層級之人群的一半；同樣，法國稅後整體的不平等現象（註 30）明顯低於美國。然而，正如我先前所述，美國人對市場的信任卻是法國人的兩倍。事實上，沒有理由將對市場的態度與不平等的水準掛鉤；正如斯堪的納維亞國家所示，一個國家可以完全接受市場經濟，同時利用稅收來緩解不平等現象。

許多現代經濟學研究集中在衡量和理解不平等的問題。這個主題本身就值得為它寫一本書。我在此只想針對經濟學在這一討論中能做什麼和不能做什麼給出一些扼要的評論。

經濟學的作用

且讓我們從經濟學能夠做到的事情談起：記錄不平等、理解不平等，並提出有效的政策（即不浪費公共資金）以實現既定之重分配的水準。

衡量不平等

在過去 20 年中，許多統計研究提供了關於不平等的更精確視角。經濟學家特別詳細研究分析最富裕的 1%（即「頂尖 1%」）的財富成長，尤其是湯瑪斯・皮凱蒂（註 31）及合著者對於財富不平等現象所做的詳細分析探討。頂尖 1% 人士收入的增加引起了廣泛關注。例如，在美國，1993 年至 2012 年間，平均收入成長 17.9%，其中高收入群體（頂尖 1%）的收入成長 86.1%，而剩下 99% 人群的收入僅成長 6.6%；頂尖 1% 的收入占比從 1982 年的 10% 上升到 2012 年的 22.5%（註 32）。經濟學家還

從整體角度研究了不平等，因為不平等現象多樣且複雜（註 33）。

他們深入研究大約 20 年前開始在美國出現，且在大多數國家亦可觀察到的兩極分化現象。這種分化表現為高度專業人士的比例增加及其薪酬大幅成長；同時低度專業人士的比例也在增加，但其薪酬水準則停滯不前；此外，中度專業的職位比例減少，甚至趨於消失（註 34）。最後，經濟學家還分析國家之間不平等程度的下降，並研究貧困現象的緩解，尤其是中國和印度經濟市場化所帶來的顯著改善，只不過貧困現象依然十分嚴重。這些衡量不平等現象的研究非常重要，因為它為我們提供了當前情況的全貌，使我們能夠深入思考問題的嚴重程度。

理解不平等

不平等加劇的原因有許多種，且取決於我們所討論的不平等類型：是收入不平等還是財富不平等？還有出問題的是哪個層級（如頂尖 1% 或是更普遍的不平等）？針對頂尖 1% 收入大幅增加的情況，所提出的解釋不一而足。

第一個解釋是技術變革。此一變革肇因於數位經濟的興起，更普遍地源自知識經濟的增強，而這些都有利於高度專業人才的崛起。這在薪酬分配的高端尤為明顯。正如我們將在第十四章中探討的，數位經濟受益於規模效應和網路效果，導致「贏家通吃」的現象：創辦微軟、亞馬遜、谷歌、eBay、優步、Airbnb、Skype 或臉書的企業家及其員工，在為社會創造價值的同時也為自己賺進大筆財富；同樣的情況也發生在新藥或疫苗發明者的身上。

全球化（註 35）使這些企業迅速在世界推廣其商業模式；相反地，在面臨國際競爭且未受保護的產業中，全球化使得低薪資國家的工人與已開發國家的工人競爭，雖然給前者造就了擺脫貧困的機會，卻也對後者的

薪資造成了下滑的壓力。一般人比較不了解的是，在同一國家內，貿易自由化在具備相同技能水準的人士間大幅增加了不平等，同時更有利於有效率廠商（能出口）並進一步削弱無效率廠商（必須面臨進口競爭）（註36）。

　　全球化加劇了對優秀人才的爭奪。企業家可以選擇在何處設立新創公司；頂尖的研究人員、醫生、藝術家或企業高階管理人才越來越傾向於選擇能提供最佳條件的地方。雖然我們可能對此感到遺憾，但在今天國際化的世界中，這是事實。求才若渴的競爭確實增加了相關人員的自主性，但這種競爭可能過於激烈，正如我和普林斯頓大學同事羅蘭・貝納布（Roland Bénabou）在近期關於獎金文化的文章（註37）中所論述，為了吸引或留住頂尖人才，企業提供了非常高的浮動薪酬，但這些薪酬過度依賴短期績效，導致受益的人（尤其是那些比較不拘小節的人）忽視長期利益，甚至採取不道德的行為。

　　企業家、資產、研究人員或公司移往國外，代表著母國的損失，包括原本會在母國創造的就業機會、原本會為母國帶來的稅收、原本會在母國傳遞的知識等。關鍵在於衡量這一現象的規模，但問題是缺乏可靠的資料，且實證研究又很有限，導致各方往往本著成見自由發揮（註38）。

　　我們很快看得出來，研究人員在試圖以事實來冷靜討論此議題時所面臨的困難。延遲效應（人們不會因為不利的政策而立即移民，這些效應需要一段時間才會顯現）使得計量經濟（économétrique）的估算變得複雜，此外，該現象的「非平穩性」（non-stationnarité）又是另一個挑戰（年輕一代比老一代更具國際流動性）。然後，我們不僅關注移民的數量而已（由於文化傳統，法國人整體上移民的比例相對較低）。在企業家、自由職業者和研究人員方面，流失的主要是最優秀的人才；例如，在研究領域，歐洲研究人員的移民數量雖然不多，但這些流失的研究人員中，最具創造力的人才比例非常高，且國外對他們求才若渴（註39）。同樣，失

去像史蒂夫‧賈伯斯（Steve Jobs）或比爾‧蓋茲（Bill Gates）這樣頂尖的人才會對創造就業機會、稅收和創新環境造成重大損失（註40）。

全球化和科技進步對高度專業人才的有利影響，並不是造成頂尖1%階層財富增加的唯一原因（註41）。有些人直指，金融業的薪酬，例如英美國家的大型零售銀行（譯註6），可以高達每年數千萬美元，甚至在未受管制的結構中，例如對沖基金、私募基金或投資銀行，薪酬還會更高。

所有經濟學家都會同意的一個觀點是：不論個人對重分配的態度如何，不同的不平等現象其性質也是相異的。藉由為社會創造價值而獲得的財富，與靠私益壟斷地位取得的財富不可一概而論。例如，許多國家財富不平等加劇的一個重要因素是地租（rente foncière）的成長（註42）。然而，與發明癌症新療法的專家相比，地主並沒有為社會創造價值。這種不平等的加劇其實是可以在一定程度上避免的。一方面，可對房地產增值部分課稅，以減少因房價上漲而帶來的財富差距；另一方面，應避免利用地方都市計畫限制市中心建設，因為這種做法會進一步推高土地價格，讓土地所有者獲得更多不成比例的利益，進一步加深社會不平等。同樣的，這裡引用菲力浦‧阿吉翁（Philippe Aghion）在法蘭西公學院（Collège de France）的就職演講為例：墨西哥億萬富翁卡洛斯‧斯利姆（Carlos Slim）是全球數一數二的首富，然而他的財富建立在保護獨占、排除競爭的基礎上，無法與依靠創新致富的史蒂夫‧賈伯斯或比爾‧蓋茲相提並論。菲力浦‧阿吉翁的結論（註43）是，我們需要重新構建稅制，明確區分價值創造與租值的地位（雖說在實務中，區分這兩者並非易事）。

譯註6　banques de détail：銀行的一種類型，其服務對象是普羅大眾、中小企業及個人戶，服務方式通常是透過銀行分行、自動櫃員機及網上銀行等管道。

建議解決方案及評估

　　經濟學家還可以解釋如何有效落實重分配目標，或評估某項具體的重分配政策是否達到預期目標。幾乎所有經濟學家都主張簡化稅制。法國繁雜的稅制、重疊的稅種以及減稅措施會讓人民滿頭霧水。但歷屆政府卻一再拖延人民期待已久的全面稅制改革，頂多只進行偶爾、局部且往往曇花一現的整頓。時任總理里昂內爾・喬斯班曾推行「就業補貼」（Prime pour l'emploi）政策，由國家向低薪勞動者發放收入補貼，因為經濟學家研究結果顯示，失業者重新投入就業市場後，收入可能減少（跌入貧窮陷阱）（譯註7）。這是由於各種福利和津貼會重疊且領取資格有限；雖然每項措施單獨來看都有其可貴的立意，且能輕易獲得議會支持，但不同的措施之間往往忽略協調，老問題經常反覆出現。撥給最貧窮者的小額補貼，每項單獨看來都稱合理，但綜合起來卻可能造成對社會極為有害的門檻效應。這只是其中一例，在其他的領域也是如此。全面評估和重新審視稅制的兩黨協議將對法國大有裨益。

　　與其他領域一樣，對重分配政策的評估仍有許多不足（註44）。由於缺乏了解或者慣性使然，公共話語有時似乎更重視重分配政策的各種「指標」，而不是其實際能達到基本目標的能力。許多所謂的平等政策，不是對目標受益者產生負面影響，就是僅造成極其有限的效益，卻讓社會付出極高成本，最終威脅到我們所依賴的社會福利體系。關於失業問題，本書第九章將詳細說明，那些被認為理應有益於受薪者的政策（例如透過法律程序解決解雇問題，或寧可提高法定最低薪資而非為在職人員提供收入保障），實際上反而對預期的受益者（尤其是其中最弱勢的）造成負面

譯註7　當一個失業者重新投入職場時，由於薪資收入增加，可能失去某些失業福利或其他社會補助。同時，其新增收入還會被徵稅，導致淨收入不增反減。

影響。以下是一些取自其他領域的例子。

在住房領域中，表面上看，旨在保護拖欠租金租客的政策是一項既慷慨又人道的措施。然而，拖欠租金會導致房東對租客進行嚴格篩選，排除工作契約期限較短的雇員和年輕人，尤其是那些無法由父母出面提供擔保的租客。同樣地，防止租金在租客租賃期間不當上漲的政策雖然合理，但若在兩期租賃契約之間也實施租金控制政策，終將導致物件稀缺且品質差的住房市場，而這首先會影響經濟上最弱勢的群體。

還是來談住房。表面上看似進步的住房政策卻可能反過來對社會上較弱勢的個體產生不利影響。在法國，住房補貼實際上是首要的重分配工具。2013年其金額達到了170億歐元，遠遠超過積極互助收入津貼（Revenu de solidarité active，簡稱RSA，譯註8）和就業補貼的總和（兩項現已合併）。然而，這些補貼導致租金上漲，因為租屋市場的供應量未跟上需求的增加。原因在於，政府保護地產收益，並限制在大城市興建高層建築（這項規定理應廢止）。對於那些因為獲得補貼而收入增加的房東來說，這是一件好事，但顯然不是政策鎖定的目標群體。住房補貼做為一種強大的重分配工具，實際上對受益者幫助不大，而且對政府支出造成高成本，排擠了這些公共資金的其他用途。

另一個矛盾的例子是法國的教育體系。儘管它宣揚平等主義的目標（透過統一課程以及劃分學區），但實際上卻加深了不平等，對弱勢群體尤其不利，而對充分掌握資訊和富裕社區出身的孩子則較有利。法國教育系統的另一矛盾是拒絕舉辦大學入學考試，反而利用大一或大二的期末考試進行篩選。結果，準備不足、未能及格的學生不僅無法獲得學位，還因

譯註8　法國政府提供的一種社會福利，其特點為：一、最低收入補助：確保受助者即使無工作收入，也能維持基本生活；二、就業激勵：受助者找到工作後，仍能暫時領取部分補助，以減少「就業不划算」的情況；三、目標對象：無收入或收入低於法定標準的個人和家庭。

浪費了一至三年的時間而感到灰心喪氣，甚至背負汙名。這種現象對菁英階層的學生影響較少，因為他們通常不會面臨這樣的困境。總體而言，法國教育系統是一個龐大的特權內幕。

同樣地，大學與大多數高等專科學校的免學費政策，主要只惠及富裕階層。解決這個問題並不容易。收取高等教育學費可能帶來一些問題，例如美國部分學生背負的高額學貸；而中產階級可能因無法獲得獎學金而陷入困境。不過，仍可以考慮實施漸進且合理的學費制度，向收入較高的家庭收取學費，並將部分進帳轉換成獎學金，發放給學業成績優異的學生。

最後，從總體經濟角度來看，對於政府財政的控制仍然被視為重分配政策的阻力。然而，若我們繼續對公共開支的控制維持猶豫的態度，將威脅到社會福利體系的永續性，導致大幅削減健康和教育的開支，縮減退休金規模，實際上等同於「共和契約」（pacte républicain，譯註9）的破裂，對最貧困族群的衝擊尤其嚴重。

我們從這些例子及其他諸多例子中再次學到教訓：必須穿透表象看清本質。判斷一項公共政策是否兼顧重分配，不僅需了解其目標群體的社會經濟條件，更需全面評估所有影響。

經濟學的局限性

在理解不平等及分析重分配政策之外，還有一個關乎社會選擇的問題，但在這方面，經濟學家除了以普通公民身分發言，其實難有太多發揮

譯註9　在法國政治與社會語境中經常被提及的概念，用於描述法國共和體制下公民之間及公民與國家之間的基本契約或共識，重點包括：一、核心價值：基於法國共和國的三大原則──自由、平等、博愛；二、社會契約：公民之間互相尊重民主價值、世俗主義（laïcité）和法治的承諾，並期待國家以公平和中立的方式對待所有公民；三、政治共識：不同派別的政黨或團體在某些基本價值上保持一致，例如捍衛共和體制、尊重憲法和民主原則。

空間。一套合理的稅制必然考慮重分配的增加會降低購買力或經濟成長，因此需在兩者間做出妥協（否則，稅制本身就是設計不當，仍須加以改進）。面對這種妥協，做出適當的選擇是個棘手的問題。一方面，這取決於相關人士對重分配的偏好，而這是個人價值判斷的問題。另一方面，我們並沒有關於這種妥協的詳盡資訊。這促使我再回頭扼要探討一下不平等的成因與重分配可取性之間的關聯。直觀上，我們需要知道收入是源於運氣或高層人脈，還是源於努力或投資。在第一種情況下，受益人沒有任何功勞，重分配應當是徹底的（稅率為 100%）。這種觀點普遍受到認可；即使是立場最保守的美國共和黨人也認為身心障礙人士對自身的狀況無需負責，因此社會應該幫助他們。反觀在第二種情況下，保留「誘因性稅率」（taux de taxation incitatif）的理由是叫人信服的。

問題在於，我們對促成財務成功的因素──努力還是運氣──的認識是模糊的。由於資訊不足，不難理解每個人都只相信自己願意相信的事物。在這方面，社會學家和心理學家揭示了一個令人驚訝的現象：29% 的美國人認為窮人陷在貧困陷阱中，30% 的人認為成功源自運氣而非努力或教育；而在歐洲，這兩個比例分別為 60% 和 54%（註 45）。同樣地，面對「窮人是否因懶惰或缺乏意志力才導致貧困」的問題時，有 60% 的美國人（包括一大部分窮人！）以及僅 26% 的歐洲人的答案是肯定的。這顯示了兩種截然不同的世界觀──美國人相信自己活在一個公平的世界，人們都得到自己應得的東西；他們還往往高估自身國家的社會流動性。他們難道不是錯了嗎？相較之下，法國人對社會流動性和「公平競爭」的看法則較悲觀普遍認為社會的成功更多依賴於背景和特權，而非純粹的個人努力。他們舉出的理由包括：多種稅收優惠、封閉的職業圈、有利於富裕階層的教育體系、移民群體難以融入社會、受制於公共決策利益集團而非基於公益分析，以及人脈在獲得實習機會或正式職位時的重要性等等（不過，社會學家馬克・格蘭諾維特〔Mark Granovetter〕的研究表

明，美國也有類似情況〔註46〕）。我不知道是否真是這樣。真實情況是，就經驗看，我們不太了解各國人付出努力與經濟成功兩者間的關係，而這正是問題核心：資訊缺乏使得各種信念得以存在。

但故事並未就此結束。儘管這些信念是脆弱的，但它們相對於國家的稅收和社會體系仍具有一貫性。羅蘭・貝納布和我曾指出，這些信念顯然影響了稅收和社會保障的選擇（由於信念上的差異，歐洲在稅收和社會保障的邏輯上更加進步），而且這些信念在一定程度上是內生的（endogènes，註47）。在社會保障較低的國家，人們更常認為成功主要取決於個人努力，只有堅定的決心才能確保個人享有體面的未來；而在社會保障較高的體系中情況則相反。我們還研究了這兩種信念體系對成本和收益的影響。例如，相信「世間公平」的理念也比較傾向將窮人和依賴社會保障體系的人加以汙名化。它也可能高估了社會的流動性（美國的情況似乎如此），不過也促進了經濟成長，並讓個人的努力與淨收入更緊密地連結起來。即使「世間公平」的理念證明為錯，但除了對窮人之外，仍可能產生有益的效果。

另一個難題涉及如何界定不平等的範圍。為了理解這個問題，只需思考一下以下現象：貿易自由化可能加重富裕經濟體中某些形式的不平等，但也使南半球大量人口擺脫貧困；又或者思考一下我們對移民的反應（我們的同胞並不一定知道移民通常能對東道國經濟帶來諸多好處，前提是勞動力市場不排斥新進者）。這是經濟學家自然會從自身立場探討的倫理判斷，只不過未能提供具體的知識而已。然而，這種倫理判斷深刻地影響我們的重分配政策及更廣泛的經濟政策。阿爾貝托・阿萊西納（Alberto Alesina）、禮薩・巴吉爾（Reza Baqir）和威廉・伊斯特利（William Easterly）的研究表明，一個國家的人口在種族或宗教上的同質性越高，那麼透過地方層級提供公共利益而進行的重分配會更加深入且全面（註48）。即使社群的偏好、國家的偏好以及其他再分配的狹隘偏好形式令人

震驚，但這些都是制定公共政策時所面臨的現實。

不同的人會根據不同的地理條件來評估不平等，同樣，對未來世代的考慮也可能大相逕庭：我們究竟重視子孫後代到什麼程度？儘管我們口口聲聲說支持永續性的政策，但實際上，我們對未來世代並未表現出太多的慷慨。雖然未來的科技進步可能讓後代更加富有、減少疾病和老化的困擾，但我們卻留給他們一個非常不確定的未來。以法國為例（也同樣適用於其他許多國家），年輕人面臨諸多的問題：高失業率（1968年青年失業率為5%，今天〔編按：指本書出版年分2016年，後文同〕卻達到25%）；工作機會減少（1982年新工作中有50%是長期契約，現在卻不到10%）；高密度人口地區住房緊缺的問題（導致租房市場競爭激烈，家庭要負擔高昂的購屋成本）；教育體系不完善；社會流動性下降（無論是高等專科學校層級還是中學層級，皆如「國際學生評估項目」〔PISA，譯註10〕所呈現的）；家庭負擔日益沉重的教育費用。此外，還有未做理財規劃的退休基金、巨額的公共債務、氣候暖化及不平等的問題等。顯然，我們無法誇口自己對後代如何慷慨，因為我們的政策更常受到投票年齡段人群的利益所影響。

最後，雖然不平等通常從財務角度（收入、財富）來衡量，實際上還涵蓋許多其他層面，例如社會融入以及取得健康照護等。一般認定，不同階層在健康照護上的待遇是不平等的。然而，人們比較不了解的是，這些不平等的程度已然大幅加劇（註49）。美國1920年出生的男性中，收入屬於最高的前10%，其預期壽命（註50）會比收入屬於最低的後10%的男性多出6年；女性則多出4.7年。而1950年出生的男性和女性，這個差距分別擴大到了14年和13年。例如，在這兩個群體中，最貧困的男性

譯註10　Programme for International Student Assessment的縮寫，是每三年舉辦一次、由經濟合作暨發展組織主導的一項國際教育評估計畫，其目標是評估各國15歲的學生在閱讀、數學和科學三個核心領域的能力，重點放在他們如何將所學知識應用於實際問題的解決。

其壽命只增加了 3%，而高收入男性則增加了 28%。研究人員現在正嘗試精確量化這種差異的原因，這對於制定公共政策的內容至關重要。首先是因果關係的問題：貧困在多大程度上導致健康惡化？或者反過來說，是健康不佳增加貧困的風險？富人的生活方式是否比較健康（研究人員表示，吸菸等行為已成為美國貧困階層的特徵）？他們是否能夠獲得更好的醫療服務？當然，這些因素都有一定影響，但明確辨識其原因有助於將公共政策導向最具影響力的領域。

對於尊嚴的需求尤其值得關注。絕大多數人都希望對社會有所貢獻，而非成為社會負擔。身心障礙人士合理要求社會支持，但需要的不僅是金錢，他們也渴望獲得工作機會。

同樣，專司勞動的機構決定重分配的政策時，也會面臨倫理問題，例如提高最低薪資與保障最低收入（譯註11）的選擇。法國採取提高最低薪資，直接增加最低薪族群的工作收入，使其水準超過其他多數國家，而非撥付福利津貼。此措施導致的後果是：那些能力資格僅達最低薪資水準或以下的工人失業了。這些失業者非但喪失其人力資本以及部分社交脈絡，而且喪失了一些尊嚴。有些習慣嘲笑「德國式零工」的法國人似乎沒有考慮到此一面向。我們無法迴避這一有關道德與市場的辯論，尤其是數位經濟發展帶來衝擊的今天，這種衝擊將波及幾乎所有職業，而社會顯然尚未做好充分準備。

譯註11　最低薪資適用於受雇工作者，是雇主依法必須支付的薪資底線，適用於所有受雇人員。而最低收入保障則適用於全體社會成員，不論是否有工作，通常針對低收入家庭、失業者或無法工作的群體，以確保他們享有基本的生活資金。

註 1　《道德形而上學的基礎》（1785 年），第二部分。這句引言有時會成為高中畢業會考哲學科目的作文題目。

註 2　哈佛大學哲學教授，《衛報》，2013 年 4 月 27 日，本書作者翻譯。

註 3　1998 年 6 月，當時任職總理。

註 4　《世界價值觀調查》（*World Value Survey*）

註 5　我推薦大家閱讀伯納德・薩拉尼耶（Bernard Salanié）的《無禁忌的經濟》（*L'Économie sans tabou*, Paris, Le Pommier, 2004）和奧古斯丁・蘭迪爾（Augustin Landier）與大衛・特斯瑪爾（David Thesmar）的《大惡市場》（Le Grand Méchant Marché, Paris, Flammarion, 2007）。這些書都由最著名研究人員撰寫，為市場經濟提供容易閱讀的論據。

註 6　Michael Sandel, *Ce que l'argent ne saurait acheter. Les limites morales du marché*, trad. fr. Christian Clerc, Paris, Seuil, 2016.

註 7　相似的論題可以參考普林斯頓大學名譽教授哲學家麥可・沃爾澤（Michael Walzer）的著作《正義的領域：多元主義與平等的辯護》（*Sphères de justice. Une défense du pluralisme et de l'égalité*），fr. Pascal Engel, Paris, Seuil, 2013。如想了解這些問題截然不同的探討，可以參考另一位哲學家史丹佛大學教授德布拉・薩茨（Debra Satz）的著作《為什麼有些東西不該買賣市場的道德界線》（*Why some Things Should not Be for Sale. The Moral Limits of Markets*, Oxford, Oxford University Press, 2010.

註 8　參見本書第八和第九章。

註 9　當一個經濟個體或一組經濟個體的活動免費為他人提供效用或好處，或者造成他人不便或損害時卻不提供補償，即稱為外部性。

註 10　進一步詳細的討論可參閱詹姆斯・哈密特（James Hammitt）的 «*Positive vs. Normative Justifications for Benefit-Cost Analysis. Implications for Interpretation and Policy*», Review of Environmental Economics and Policy, 2013, vol. 7, n° 2, p. 199-218。許多研究顯示我們在保護生命的選擇上所呈現的落差，例如每年只需花費幾百歐元即可救一條命的政策遭到忽視，而每年需要花費幾十億歐元才能救一條命的政策卻獲實施（Tammy Tengs et al., « *Five-Hundred Life-Saving Interventions and Their Cost-Effectiveness* », *Risk Analysis,* 1995, vol. 15, n° 3, p. 369-390）。

註 11　道德哲學中代表功利主義的經典觀點可參考：Peter Singer, *Practical Ethics*, Cambridge, Cambridge University Press, 1993.

註 12　參見：Jean-François Bonnefon, Iyad Rahwan, Azim Shariff, « *Experimental Ethics for Autonomous Vehicles* »，尚未正式發表論文，摘錄於 *MIT Technology Review* 2015.

註 13　參見：Judith Chevalier, Fiona Scott Morton, « *State Casket Sales and Restrictions. A Pointless Undertaking?* », *Journal of Law and Economics*, 2008, vol. 51, n° 1, p. 1-23.

註 14　參見：Roland Bénabou, Jean Tirole, « *Over My Dead Body. Bargaining and the Price of Dignity* », *American Economic Review*, Papers and Proceedings, 2009, vol. 99, n° 2, p. 459-465.

註 15　參見第五章以了解我們道德的脆弱性。

註 16　目前僅有伊朗在法律上允許器官買賣，但在部分新興或發展中國家也存在非法的器官交易市場。

註 17　有關法律在表達和傳達社會價值觀、規範以及道德標準的作用，請參見我與羅蘭·貝納布（Roland Bénabou）合著的文章《Laws and Norms》，尚未正式發表論文。

註 18　還有另一個角度是從非當事侏儒的身分切入：我們單純不希望自己生活在一個有些同儕竟然對這種表演感到興奮的社會中。

註 19　他和洛伊德·沙普利（Lloyd Shapley）一起研究市場的雙邊分配機制。

註 20　相關描述可參見艾文·羅斯的諾貝爾講座「市場設計的理論與實踐」（The Theory and Practice of Market Design）。讀者可上諾貝爾基金會的網站線上查閱。

註 21　器官的匿名捐贈僅適用於捐贈者已死亡的情況。此外，歐洲法律並未規定捐贈者和接受者之間必須有親屬關係，也就是說，活體捐贈不一定需要捐贈者和接受者是親屬或有親密關係。此處討論特指器官捐贈（心臟、肺臟、腎臟、肝臟、胰臟）；對於組織（皮膚、骨骼、角膜、心臟瓣膜、骨髓）的規定則有所不同。

註 22　參見：Jonathan Haidt, *The Righteous Mind. Why Good People are Divided by Politics and Religion*, Londres, Penguin Books, 2012.

註 23　有些人還會提到工作的不安全（précarisation）。無需多言，失業大大影響了社會聯繫的喪失。但正如我在第九章中所指出的，我認為大規模失業源於我們社會做出的選擇，與制度有關，與市場本身無涉。

註 24　我這裡指的是讓－皮埃爾·漢森（Jean-Pierre Hansen）於 2015 年 10 月 5 日在道德與政治科學院（Académie des sciences morales et politiques）的講座，題為《自由經濟的倫理？為什麼？》（Une éthique de l'économie libérale? Pourquoi?）。

註 25　布赫迪厄在 2008 年曾評論馬塞爾·莫斯（Marcel Mauss）《贈與論》（*Essai sur le don*, 1923）的研究。該評論收入由尼古拉·奧利維耶（Nicolas Olivier）出

版、莫斯研究成果的學術會議論文集。

註 26　參見：Samuel Bowles, Macroeconomics. Behavior, Institutions, and Evolution, Princeton, *Princeton University Press*, 2006. 這篇專欄文章於 2002 年發表在《華爾街日報》上。

註 27　參見：Paul Seabright, *La Société des inconnus*, op. cit. 有關性產業的分析，另請參閱他的著作 *Sexonomics*, Paris, Alma Éditions, 2012.

註 28　Monopsoniste 指的是市場中唯一的買家（在這裡是購買員工的勞動力），因此能決定交易條款。

註 29　雖說市場在沒有稅收調節的情況下會造成嚴重不平等，但也必須注意到，在較少依賴市場經濟的國家中，也有其他嚴重的不平等形式正在發展。

註 30　整體不平等是透過指標衡量（此處為「基尼係數」），這些指標考慮了整個的收入分佈曲線，而不僅考慮 1% 最富有者與其他人的比較。

註 31　參見：Thomas Piketty, *Le Capital au xxie siècle*, Paris, Seuil, 2014.

註 32　參見：Facundo Alvaredo, Tony Atkinson, Thomas Piketty, Emmanuel Saez, Gabriel Zucman, *The World Wealth and Income Database*.

註 33　如果觀察最富有的 1% 所占的比例，那麼湯尼·布萊爾（Tony Blair）執政下的英國變得更不平等；但如果只看前 10% 與後 10% 之間的關係，英國則反而變得更平等。簡言之，不一定能得出英國在湯尼·布萊爾執政下變得比較平等的結論，但需要注意的是，整體的收入分配情況是重要的，而不是單一的統計數據。參見倫敦經濟學院約翰·范·黎寧（John Van Reenen）所著的《科爾賓與懷舊政治經濟學》（*Corbyn and the Political Economy of Nostalgia*），而該著作是以加布裡埃勒·祖克曼（Gabriel Zucman）和英國就業與退休金事務部（Department of Work & Pension britannique）的研究成果為基礎。

註 34　參見麻省理工學院教授大衛·奧托爾（David Autor）的研究。在法國也觀察到類似現象：參見席爾萬·凱薩林（Sylvain Catherine）、奧古斯丁·藍迪耶（Augustin Landier）、大衛·戴斯馬（David Thesmar）合著的《勞動市場。大分裂》（*Marché du travail. La grande fracture*），Paris, Institut Montaigne, 2015。本書第十五章還將詳細討論了這一兩極分化的現象。

註 35　回顧過去 50 年，世界經歷了第二波全球化浪潮，而之前的第一波強大的全球化浪潮則發生在第一次世界大戰時結束。今天，國際貿易約占全球國民生產總值的三分之一。

註 36　參見：Elhanan Helpman, « Globalization and Inequality. Jean-Jacques Laffont Lecture », octobre 2015. 也請參考：François Bourguignon, *La Mondialisation* de l'inégalité, Paris, Seuil, 2012 以及 Pauvreté et développement dans un monde globalisé, Paris, Fayard, 2015。這兩本書將目光放在全球的不平等現象上。在最新出版的專書中，可以參考：Anthony Atkinson, Inequality. What Can Be Done?, Cambridge, Harvard University Press, 2015, 以及 Joseph Stiglitz, The Great Divide. Unequal Societies and What We Can Do about Them, New York, Norton, 2015.

註 37　參見：« Bonus culture », Journal of Political Economy, 2016, vol. 124, no 2, p. 305-370.

註 38　關於法國的情況，我們應該注意塞西莉亞·加西亞－佩納洛薩（Cecilia Garcia-Peñalosa）和艾蒂安·瓦斯默（Étienne Wasmer）關於人才流失現象的實用的研究 Préparer la France à la mobilité internationale croissante des talents, Conseil d'analyse économique, 2016, note 31。他們指出，雖然整體人才外流的規模有限，但在「頂尖人才」領域卻相當集中。他們發現，利用社會體系最佳的路徑是：在法國接受教育（由於學費全免），然後去國外發展，最後在需要支付子女教育費用或進行醫療時返回法國。他們建議了一系列公共政策可以採取的措施。

註 39　琳達·範·布威爾（Linda Van Bouwel）和芮恩希爾德·福吉勒（Reinhilde Veugelers）表示，歐洲最優秀的學生（根據其後續事業來衡量）在完成學業後較少回到歐洲，而且如果他們選擇在美國開始第一份工作，之後返回歐洲的比例更少。其他研究也支持了這一觀察，在其他科學領域也有類似的情況（參見：《Are Foreign PhD Students More Likely to Stay in the US? Some Evidence from European Economists》, in Marcel Gérard, Silke Uebelmesser [dir.], The Mobility of Students and the Highly Skilled, CESifo, 2015）。一個關鍵問題是，近期成立的歐洲研究委員會（European Research Council，其目的在於留住歐洲最優秀的研究人才）是否能有效遏制這一現象，還是，更有可能的情況是，該理事會創建必須與大學體系的改革相輔相成，主要將令那些進行這類改革的國家獲益。

註 40　最後，數據資料可能存在遺漏（例如，當一個法國人完成學業後在帕洛阿爾托〔Palo Alto〕或波士頓創辦公司時）又或者難以獲取。

註 41　有人也提到工會組織的衰退。但似乎沒有實證證據可支援這一假設。

註 42　參見：Odran Bonnet, Pierre-Henri Bono, Guillaume Chapelle, Étienne Wasmer,《Does Housing Capital Contribute to Inequality?》對 Thomas Piketty Capital in the 21st Century 的評論，尚未正式發表，2015 年。

註 43　參見：Philippe Aghion, Ufuk Akcigit, Antonin Bergeaud, Richard Blundell, David Hemous, dans « Innovation and Top Income Inequality »，尚未正式發表論文，2015 一書主張：創新雖然增加了前 1% 群體的財富，但並未加劇全球的不平等，並

且反而促進了社會的流動性。

註 44　以下內容摘自與 Étienne Wasmer 合作撰寫並於 2015 年 6 月 8 日發表在《解放報》（*Libération*）的專欄文章。

註 45　『世界價值觀調查』（World Values Survey）. 另外亦可參考：Alberto Alesina, Ed Glaeser, Bruce Sacerdote, « Why Doesn't the United States Have a European-Style Welfare State? », *Brookings Papers on Economic Activity*, 2001, n° 2, p. 187-278.

註 46　參見：Mark Granovetter, *Getting a Job. A Study of Contacts and Careers*, Cambridge, MA, Harvard University Press, 1974. 例如，根據 Granovetter 的研究，在麻塞諸塞州的某城市中，超過 50% 的工作是透過人脈獲得。Granovetter 因其「弱關係力」（force des liens faibles）的理論而廣為人知。這一理論出自他 1973 年發表在《美國社會學雜誌》（*American Journal of Sociology*）上的一篇文章。

註 47　參見：Roland Bénabou, Jean Tirole, « Belief in a Just World and Redistributive Politics », *Quarterly Journal of Economics*, 2006, vol. 121, n° 2, p. 699-746.

註 48　參見：Alberto Alesina, Reza Baqir, William Easterly, « Public Goods and Ethnic Divisions », *Quarterly Journal of Economics*, 1999, vol. 114, n° 4, p. 1243-1284.

註 49　參見：Barry Bosworth, Gary Burtless, Kan Zhang, « Later Retirement, Inequality in Old Age, and the Growing Gap in Longevity between Rich and Poor », *The Brookings Institution*, 2016.

註 50　在這項研究中，前提是受試者 50 歲時仍然在世。

第 二 部 分

經濟學研究者的專業

| 第三章 |

公民社會中的經濟學家

> 騎士時代已經過去。詭辯家、經濟學家和算計者的時代取而代之，歐洲的榮耀已永遠熄滅。
>
> ——艾德蒙・伯克（Edmund Burke，註1）

放眼世界，經濟學這門學科引發了諸多詰問、迷戀和擔憂。經濟學家有時變成超級明星，但也常遭到詆毀和嫉妒。兩個多世紀前，艾德蒙・伯克（一般認為是盎格魯－撒克遜保守主義的創始人之一）便將他們貶低為詭辯家（註2）和算計者（註3），而今天，仍有部分同胞對他們抱持一定的懷疑態度，指責他們看法並無差別。然而，如果在任何問題上都沒能達成共識，經濟學家又有何用？經濟學家在面對外界關注時，既感到受寵若驚，又感到不安。他們要麼躲避到抽象理論中，要麼拒絕這種迂迴辦法，急於提出經濟政策建言；他們或是待在象牙塔中，或是成為權貴的顧問；有人默默工作，有人追求媒體的關注。

經濟學家到底有什麼用？他們想的是否都是同一回事？他們究竟在忙什麼？他們對社會的演變有何影響？這些問題值得專書探討，但由於過於重要，不得不在這裡略加回答。身為實際投身這些議題的人，我的任務就更為複雜了。這一立場使我面臨科學家常見的兩大陷阱：一是傾向盲目從眾、自我滿足或者保護自身利益；二是將聲譽建立在主流理論的基礎上，而面對自己的社群時，又試圖展現獨立自由思想者的面貌。我盡力避免這兩種陷阱，但結果如何，還需讀者來判斷。藉由描述大學裡經濟學家的日

常生活（大眾對此知之甚少），我還想解釋研究與應用之間的複雜關係。

第一節
身為公共知識分子的經濟學家

科學家的職業

無論哪門學科，研究人員都有幸從事一種內在動機發揮核心作用的工作。正如土魯斯經濟學院（École d'économie de Toulouse）創始人讓－賈克・拉豐所言，我絕大多數的同事都是充滿熱情的「研究狂人」。許多科學領域的研究室和實驗室亦復如此。科學界是一個引人入勝的工作環境，與其他許多領域的社群相比一點也不遜色。

研究事業具有一個特點，即需要在較長的時間跨度中進行，這是科學家明確提出的要求。隨著時間的推移，科學家會心生懷疑，類似於作家面對白紙時的焦慮，但這也讓他們真正體驗到智識所觸發的悸動。偉大的法國科學家亨利・龐加萊（Henri Poincaré）曾形容發現新事物或新知識的那種無與倫比的樂趣（這句名言如今刻在法國國家科學研究中心〔CNRS〕的獎章上）：「思維猶如閃電，雖只一瞬掠過長夜，然而實乃一切。」（La pensée n'est qu'un éclair au milieu d'une longue nuit, mais c'est cet éclair qui est tout.）科學研究無疑是一個幸運的職業，它提供了寬廣的自由，也賦予從混沌中突然冒出簡潔清晰的振奮時刻。此外，就像所有教師一樣，研究人員也有幸能傳授知識。

不過，內在動機當然不是我們唯一的驅動力。科學家與其他社會職業

類別的成員沒有什麼不同：他們同樣會對環境及面臨的誘因作出反應。他們安排與執行工作不僅基於內在動機，還基於對同儕和社會認可的渴望、對晉升或權力的追求，或是對經濟利益的期盼。每位研究人員都在意同儕的認可，通常也希望能夠接觸最優秀的學生，減少限制，並提高生活的舒適程度。

然而，科學領域如果越接近具體應用，例如經濟學、電腦科學、生物學、醫學或氣候科學，外在動機可能跟著增加：包括來自公私部門的報酬、維護學術界之外的友誼、追求媒體關注或渴望對政治發揮影響。因此，其動機複雜而且多樣，但最終的關鍵不是動機的來源。一個研究人員可能因為自負、貪婪或與研究室隔壁同儕競爭而發展自己的理論，但重點在於科學的進步以及透過開放批評的過程進行驗證。

科學家與社會

疑慮階段

在過去半個世紀中，納稅公民與研究人員間的隱性契約正受到越來越多的質疑。可以預見，以往有時採取超然甚至無禮態度的研究人員，將越來越需要集體證明自己的研究工作對資助體系的貢獻。我們確實生活在一個公眾對科學專業知識充滿懷疑的時代，尤其是涉及具體領域，如經濟學、醫學、演化論、氣候科學或生物學時。公眾的質疑常借助科學界自身的偏差事件做為佐證。例如 Mediator（譯註 1）藥品的上市和持續販售，或是涉及造假或篡改資料的科學欺詐，都影響了從政治學到生物學等許多領域。而經濟學家則被指責為 2008 年金融危機的罪魁禍首（我將在第十

譯註1　Mediator：苯氟雷司在法國的一種商品名，是一種曾經廣泛使用的藥品，主要用於治療糖尿病和高膽固醇。然而，人們後來發現這種藥物存在嚴重的副作用，會導致心臟病和肺動脈高壓等健康問題。

二章討論這場危機及經濟學家在其中的責任。）

面對這些批評，一種可能的反應是退回到研究員／教師的核心工作。然而，這種「象牙塔」式的舉措在整個科學界中並不可取。國家需要獨立專家參與公共事務，並對決策機構和媒體提供意見。當然，這需要集體的努力，因為部分研究人員對這種參與不感興趣。還有一些人專注於方法論，投身於基礎研究（儘管基礎研究和應用研究間的界線往往相當模糊）。做為研究過程中不可或缺的環節，這類科學家在談及應用時，常常不像那些將知識付諸應用的同儕那麼自在。

科學家與私部門

大學與產業界之間的關係是個爭議不斷的話題。立場較溫和的批評者看來，與產業界的互動有其風險，而立場較嚴格的批評者則視之為思想的腐敗，甚至是與虎謀皮的勾當。不過支持產學合作的人則認為，這種互動能孕育新的研究主題，多少彌補法國研究人員與其他國家研究人員之間的薪酬差距，同時普遍提高大學學界的競爭力。此外，學界與產業以外其他領域的互動，也引發了類似爭論。

如要了解經濟和社會所面臨問題，那麼以現實情況對照可能是數一數二適切的方法，並且有利於開發和資助那些被象牙塔裡的人忽視的原創性研究課題。例如，2007年諾貝爾物理學獎得主艾爾伯・費爾（Albert Fert）在與湯姆森－CSF公司（即今天的泰雷茲〔Thales〕集團）合作製造磁性多層膜（multicouches magnétiques）時，發現巨磁阻效應（magnétorésistance géante，簡稱 GMR），而這項技術後來即被應用於電腦硬碟讀寫頭的製造。1991年諾貝爾物理學獎得主皮耶－吉勒斯・德熱納（Pierre-Gilles de Gennes）也是對產業應用特別敏銳的人。以我個人為例，我見證了這些與公私決策者的互動對自己的研究所發揮的影響。事實

上，瑞典皇家科學院（Académie royale des sciences de Suède）在其 2014 年 10 月的科學報告中所引用，我的許多研究工作都源於全新的課題，而這些課題如果脫離產學合作的框架，就可能無法發展。經濟學家社群確實能在某些「密集研究」的主題上非常深入，亦即對於現有知識加以精煉研究，不過卻常忽略一些應用者有時很容易察覺的基礎課題，這是因為經濟學家群體未能充分發展所謂的「廣泛研究」（recherche extensive），亦即探索新科學領域的研究。

看出這些互動帶著危險並提出警告，此舉有其意義。不過，這些互動具有重要的經濟和社會價值，因此一般都會加以包容，且往往在國外得到更多發展，其中包括科學家能享有優厚報酬的國家。僅舉專利和新創企業為例，便是未來的稅收和就業機會的來源。

科學家與公共事務

科學家的責任在於提升知識。在許多情況下（例如數學、粒子物理學、宇宙起源等），最好的方法可能是不考慮應用，專注於追求真理；應用隨後才會發生，通常都是意外出現。即使在本質上更偏重應用的學科中，單純出於對知識渴望的研究，無論其抽象程度如何，都是必不可少的。但是，科學家也必須聯袂讓世界變得更美好，因此，他們原則上不應該對公共事務漠不關心。以經濟學家為例，他們應致力於改進產業部門、金融、銀行和環境的管制措施以競爭法；應改良貨幣和財政政策；應思考歐洲的建設，探討如何戰勝低度開發國家的貧困，使教育和衛生政策更有效、更公正，並預測不平等現象的演變趨勢等等。他們應參加國會聽證會，與行政部門互動，並參與技術委員會。

研究人員有責任在自己積累專業知識的問題上發表意見，履行社會角色。如同其他所有學科，這對經濟學科的研究人員來說也是一項艱鉅的任

務。某些領域已被充分探索，而另一些則相對稀少。知識不斷發展，今天認為正確的事物，明天可能要重新加以評估；最後，就算存在共識，也從來不是絕對的。經濟學研究人員最多只能聲明在當前知識的前提下，某一選項優於另一選項。顯然，此原則適用於本書提出的所有建議。這種態度並不是經濟學家獨有：氣候學家會指出在測量和氣候暖化原因上的不確定性，但反過來也會非常有用地揭示當前知識所及範圍內最可能的情況；醫學教授會對自己認為治療某種類型癌症或退化性疾病的最佳方法發表意見。因此，科學家必須在必要的謙遜和決心之間拿捏好微妙的平衡，使對話者相信他已掌握的知識如何有用，但是局限又在哪裡；這個並非總是容易，因為已經確定的事實比較容易傳達，而且通常顯得更加可信。

第二節
參與公共事務的危險

科學家參與社會事務的動機既有內在的，也有外在的。內在動機包括他們對提升知識和傳播科學知識的熱忱。然而我們不要忘記，他們也受外在動機的影響，例如經濟報酬或在公眾之間獲得廣泛認可。

只要這些外在動機不改變科學行為，本身並不成問題。但是，它們也可能帶來一些危險。

額外收入

第一種吸引力來自財務方面。在法國，儘管實際上增加外快收入的意願尤其普遍，但一般都將這話題視為禁忌。事實上，擁有法國國家科學

研究中心、法國國家農業研究所（Inra）或大學職位的高級研究人員，薪資往往比在美國、英國或瑞士等科學大國同儕的薪資低得多（有時低至 1/3～1/5）。然而，在這些國家中，儘管薪資水準較高，但科學交流和合作的品質並未因此犧牲（註4）。

一般認為，科學家之所以選擇研究工作並非出於財務考量；確實，許多科學家本可選擇更高薪的職業，後來卻選擇了研究工作，這是出於個人的興趣。然而，這並不代表他們對薪資毫無感受，特別是他們並不一定會為了薪資而犧牲智識上的興趣。實際上，雖然有些研究人員滿足於公部門薪資，但是大多數能發揮國際影響力的研究人員都會藉由各種管道增加外快，這些管道依研究領域以及研究人員的偏好而異，其中包括：偶爾或定期在外國大學授課或擔任永久教職；成立新創公司；持有專利；為民營企業和公共機構提供諮詢；在審計或諮詢公司裡擔任合夥人；撰寫暢銷書籍（如教科書或大眾讀物）；為私部門提供醫療或法律方面的服務；在反托拉斯訴訟中出庭或赴管制機構提供有償證詞；擔任董事會成員；在報刊上收費撰寫專欄；對經濟界的聽眾發表演講等等。

有人戲稱這種做法為「做家事」，並批評各大學、法國國家科學研究中心及其他公家科學和技術機構（如法國國家農業研究所、法國國家健康與醫學研究院「Inserm」等，對這些做法「寬以待之」。根據我在前文交代過的理由，還因為我本人有時也走出日常研究和教學工作之外，我並不認同這種觀點：這些本業之外的活動往往能對社會發揮效能。此外，這也是法國必須付出的代價，以便留住許多頂尖的研究人員，畢竟現今的研究人員與其前輩不同，前者完全國際化並且高度流動。法國希望繼續保持科學大國地位，以應對二十一世紀的經濟挑戰，對此課題的虛偽態度尤其令人擔憂。

不過，如果忽視這些外部活動所造成的兩個風險，同樣也是不負責任的。首先，這些外部活動可能減少研究和教學的時間。只要我們接受獨立

評估（這種做法法國科學界一般並非總能接受，可是在世界其他地方已經普獲認可），這種可能的偏離問題似乎並不嚴重。如果一位研究人員因為參與外部活動而忽視了研究工作，長期沒有在國際頂級期刊上發表文章，那麼他就沒資格享有與那些仍專注於本職的同事相同的待遇（包括薪資、教學負擔以及其他相關的工作條件）。同樣，儘管我們知道學生給教師打分數有其缺陷（例如，教師可能為了獲得更高的評分而做出一些迎合學生的行為，而那些不受歡迎或給分嚴格的優秀教授可能得到差評），不過在我看來，這一制度始終至關重要。可惜的是，那些反對外部活動的人往往也不願意接受獨立評估。

在我看來，比較嚴重的是科學活動遭到「腐化」，或者研究人員被利益所「擄獲」的風險。特別是科學家可能調整言論，並對支付其酬勞或為其提供研究預算的企業或行政機構表現出迎合態度。我們將在下文回頭討論這個問題。

媒體的誘惑

科學家可能因為各種原因而被吸引去參與媒體的活動。在報紙上或電視上看到自己的名字和面孔是能滿足自我的。然而，在一個民主社會中，重要的是，不應僅讓接近知識界的少數菁英獲得專業知識的機會，最好也讓專家公開表達意見。不論是為了滿足自我，還是為了服務公眾利益（結果比動機更重要），許多科學家都經常在媒體上亮相。

然而，媒體畢竟不是科學家的自然棲地。科學家的本質（其「DNA」）就是懷疑，這是他們做研究的動力。科學家在專業文章中、在研討會或課堂上總會呈現正反兩方面的論據，但是決策者未必總能接受，因為他們需要迅速拿定主意。杜魯門（Truman）總統曾說：「給我找個獨臂的經濟學家！」因為他受夠了那些經濟學家說：「從這方面來

看，可能會發生這種情況，但從另一方面來看，也可能發生那種情況。」更重要的是，大多數電視辯論的形式並不適合科學推理。口號、簡短聲明、陳詞濫調比複雜的推理和多重的影響更容易傳播；不良的論點若不加以詳細證明是很難反駁的。要想有效，往往需要像政治家一樣：提出一個簡單甚至過於簡化的訊息，並且堅持下去。請聽我說：科學家不應躲在自己不確定的事物與科學的懷疑態度背後，而應盡可能作出判斷。為此，他必須克服自己的本性，權衡各種因素，相信在特定情況下某些機制會比其他機制更為可行：「根據我們現在掌握的科學知識，本人最好的判斷是建議……」他應像個醫生，決定哪種療法比另一種更可取，即使該問題在科學上仍存在不確定性。

但這涉及另一個問題：既然科學知識不斷演變，那麼改變觀點也是很自然的。參與公共思想辯論的知識分子往往會固守過去的立場，以免別人說他「見風轉舵」。當然，學術界中也存在一旦採取立場便思想僵化的現象，幸好世界各地的研討會和講座都不斷對研究結果提出問題，另外專家也必須在匿名審稿的學術期刊上發表文章（下文還將探討），在在發揚了這種質疑精神。

此外，儘管他們在媒體上的發言會由各種評論、部落格以及其他媒體加以廣泛傳播，但卻少有同行對此發表看法，就算真有，也只像大家圍在咖啡機旁閒聊時那種輕鬆、類似「名人八卦」的氛圍。不幸的是，就像參與有酬活動那樣，科學家有時會在媒體上推廣某些自己在研討會上或是專業期刊上不敢辯護（或很快便加修正）的論點。

最後，參與媒體活動常使科學家接觸到自己並不擅長的話題，而科學家遠非無所不能的專家，即使在自己專精的領域裡也一樣（這種偏離自身領域的傾向有時稱為「諾貝爾獎綜合症」〔syndrome du prix Nobel〕）。說出「我謝絕回答，我對此沒什麼可說的」並不容易。因此，需要找出一種複雜的平衡：如果自己雖然不是該領域的專家，但藉由與其他科學家的

對話或閱讀參考書籍獲得一些答案，或者答案屬於常識範圍，那麼我們該不該回答呢？

政治的吸引力

　　柏拉圖認為，哲學家雖然不太關心公共事務的安排，並被大眾視為無用，但是他們反而是自由的，這與政治家一直被公共事務所吸引的情況不同。法國向來有頌揚「知識分子投身政治」的長久傳統。我不會責怪那些採取政治立場的科學家或者一般知識分子，因為許多人是出於理念而這樣做的，不少人甚至還做得很好。此外，研究人員在參與政治的過程中可能找到探索遭忽視之研究路徑的動力。然而在我看來（不過只是個人立場），「知識分子投身政治」這一概念可能招來一些顧慮，原因有三。

　　第一個風險是，科學家傳達的訊息如果帶有政治色彩，那麼他很快就會被貼上標籤（「左派」、「右派」、「凱恩斯主義」、「新古典主義」、「自由主義」、「反自由主義」），無論有意無意，這些標籤會增強或削弱其言論的說服力。彷彿科學家，無論學門為何，其角色似乎都不在於擺脫一切先入之見，創造知識。聽眾往往會忽略論據的實質，而僅根據自身的政治信念來判斷結論，視科學家為己方或是敵營中的一員，從而支持或反對他下的結論。在這種情況下，科學家參與公共辯論的社會效用便大大降低了。就算自己不情願被捲入政治領域也難避免：例如，一旦某個問題涉及技術性的議題，而這議題在執政黨和反對派之間存在分歧，那麼不管科學家如何回答，外界都會很快解讀為他依某種政治立場論事。如果被大眾依照政治立場貼上標籤，那麼那個人傳達的訊息就難被聽進去，從而無法促成有深度的辯論。

　　第二個風險是，知識分子在參與政治時，可能會失去獨立思考的自由。有個極端但特別顯著的例子如下：許多法國知識分子和藝術家在面對

極權主義（尤其是蘇聯、毛澤東和古巴的極權試驗時）時，不願意接受或承認這些體制真實且明顯的問題。倒不是這些知識分子贊成剝奪自由、種族滅絕、經濟和環境的管理不善以及壓制文化創新。相反地，極權主義包含他們所厭惡的一切，但他們的涉入讓自己失去批判思維及自由。當然，也可以列舉許多未被「進步」迷惑的知識分子，例如阿爾貝・卡繆（Albert Camus）和雷蒙・艾宏（Raymond Aron）以及大多數其他知名的經濟學家，可是法國知識分子在這一悲慘歷史事件中的道德涉入依然令人震驚。今天，顯然很少有知識分子會採取如此極端的立場，但這一教訓依然存在：參與政治有可能使人固守立場，以免讓支持者或媒體受眾失望。

最後一個風險是：雖說許多政治人物對智識多少表現出好奇心，但科學家與政治的關係仍面臨挑戰，就像他們與媒體的關係一樣。科學家的時間安排和工作節奏與政治家並不一樣，且各自面臨的限制也不相同。研究人員的角色是在完全自由且無需立即拿出成果的條件下，分析現狀並提出新理念。政治家則必須應對眼前的問題，承受選票支持或反對的壓力。這些對於時間安排和工作節奏的不同觀念，及所面對的不同誘因機制，不應使大家對政治階層產生根本的懷疑（註5）。然而，儘管科學家應該協助政治家做出決策，提供反思工具，但前者不應該取代後者。

貼標籤的陷阱

回到對研究者貼標籤的問題。經濟學家和其他研究人員一樣，必須依據理論和真相實事求是，不應在知識的追求上受到阻礙。他們私下當然也和其他人一樣是公民，會形成自己的觀點並且積極支持。但是，一旦這些觀點被公開，各種標籤（比如政治立場或經濟學派的歸屬）可能會讓人懷疑研究人員因個人私利（如媒體、政治、意識形態、財務或實驗室內部利益）而犧牲了科學的誠信。

貼標籤的舉措還有不易直接察覺，卻能造成潛在影響的一面：大眾可能因此認為經濟學是一門沒有共識的學科，其所教導的內容就算忽視它也不致產生惡果。這種觀點忽略了一件事：高水準的經濟學家無論個人意見多麼不同，其實在許多問題上還是有共識。雖然他們對應採取的措施，觀點不盡相同，但至少在什麼不該做的方面達成一致。幸好如此。若無此共識，經濟政策對社會的重大影響將難以合理化對經濟研究的資助。反之，學術界在面對較為複雜和尚未完全理解的問題時，內部共識往往比較有限，但這種情況是正常的，也是促使科學進步的一股動力。顯然，隨著學科發展，學術共識也應該且必須不斷演變。

第三節

必要的互動與幾項防範措施

沒有完美的辦法可以規範科學家與學術圈外的互動。不過，有些實際做法可以幫助建構這種關係，同時不削弱合作效果。

個人行為

和其他職業一樣，科學家的個人道德會影響其行為。可能有兩條基本的規則：一、辯論時要就事論事，絕不非議個人（不可人身攻擊）；二、千萬不要說出那些在研討會或會議上當著同儕不敢辯護的言論。倫理公約也可以提醒研究人員遵守一些基本原則，例如透明的數據及採用的方法，並誠實公開潛在的利益衝突。當然，明確說明什麼是利益衝突是很困難的，因為正如我們所見，這些利益衝突各式各樣而且根據具體情況會有極

大差別。同樣，當第三方利用研究成果、卻忽視研究中所提出的限制或警示時，界定研究者的責任範圍並不容易。在這種情況下，科學家應該負責到什麼地步呢？

最後，道德約束無論是白紙黑字寫入職業倫理公約中還是僅為個人自律，始終都很脆弱，因為它們更多仰賴良心而非必然不完善的字面。儘管如此，這些道德準則必須發揮重要作用，並且必須由相關職業堅決捍衛。

與機構的合作關係

研究團隊、實驗室、大學或學院與私人或公共機關簽訂合作契約時也必須遵循一些規則。對於這些研究組織而言，難處在於一方面要保持研究人員完全自由（就算可能面臨私人或公家資助方不再續約的風險也不例外），另一方面也要滿足資助方對研究領域的興趣，這點也是天經地義的要求。世界上最頂尖的大學都面臨這個問題，並且通常能以令人滿意的方式解決（我在職涯初期曾在麻省理工學院工作，可以證明美國大學為研究人員提供了思想自由的極大空間）。這個問題很複雜，不過解決方法有很多種。此處我並不打算涵蓋所有的情況，只描述一些想法（註6）。維持獨立性的六個條件包括：對契約目標及條款的看法一致、長遠視角、合作夥伴的多樣化、有權自由出版、國際頂級期刊的驗證，以及獨立的管理結構。

在契約簽訂之前先釐清雙方的互動模式，有助於從「正向選擇」（sélection positive）中得益，因為接受這些條件的合作夥伴自然願意遵守規則。長遠合作的視角能與研究工作的節奏相符，有助於維護獨立性，在保持可信度上也至關重要：中長期來看，那些寫報告時一味寬容遷就的作者往往會受質疑。與不同的合作夥伴簽訂多樣化的契約，也有助於維護獨立性。這種多樣化較容易抵抗可能的施壓，進而避免採取偏袒立場。反

之，只依賴單一或少數合作夥伴，則會增加屈從於壓力的風險。

研究人員自由出版的權利不需要多做說明。然而，關鍵在於研究工作成果須由國際頂級科學期刊加以驗證，而這點對讀者來說可能較為陌生。科學期刊，尤其是設有「審稿委員會」的期刊都具備同儕審查機制。提交給期刊的文章會由幾位領域內的專家（審稿人）進行評估，他們會向期刊編輯提供評審意見，編輯隨後再將這些匿名評審的意見和決定告知作者。審稿人必須匿名，這點至關重要，因為若將審稿人的身分透露給作者，前者可能因個人利益而過於寬容。

大多數科學領域的期刊都有品質排序（註7）。例如，在經濟學領域，五本最受科學界關注的綜合類期刊（註8），篩選標準不僅最嚴格（文章接受率在5%到10%之間），同時其引用率也是最高的。接下來便是最佳的專業期刊及其他類似刊物。所有這些期刊聘請的審稿人一般來自世界各地。

一方面，國際頂尖期刊的認可提醒研究人員合作關係的重要目標，是對新議題開展創新研究。另一方面，容我重複一次，一個科學家，不論是出於財務、媒體曝光、政治或純粹友誼的因素，可能提出在學術環境中絕不會為其辯護或很快會撤回的論點。鼓勵研究者在最好的科學期刊上發表論文是一項檢驗工具：如果研究者在資料收集、分析處理或在理論上偏袒出資的研究機構，那麼相關的科學期刊很有可能發現。從長遠看，發表論文的義務為知識界發揮維持紀律的作用。

最後，還必須建立外部監督組織，以防止機構因短期的行為而形象受損。比方設置一個獨立的董事會（機構內部的科學家不應負責評判與自己有關的事務，以避免利益衝突，同時確保評判公正）以及一個完全屬於外部的科學委員會，使其發揮與同儕審核互補的作用，以便評判機構在科學上夠不夠嚴謹，並向董事會報告。

第四節
從理論到經濟政策

我希望以一些個人的反思（或許帶有些許主觀色彩）來為本章作結，內容主要探討各種理念在公共政策設計與制定過程中如何傳遞和落實。

凱恩斯如此描述經濟學家的影響：「所有的政治家無意中都應用了早已作古的經濟學家的建議，甚至連他們的名字都不知道。（註9）」這種看法雖然比較悲觀，但並不完全脫離現實。經濟學的研究人員無論其領域是什麼，都可以藉由兩種方式對經濟政策的爭論和企業的選擇發揮影響（沒有哪個模型是萬能的，每個人都根據自己的性格行事）。第一種是親自參與：有些精力充沛的人能同時顧及全職研究並且積極參與辯論，但並不常見。

第二種是間接參與：國際機構、政府部門或企業中的經濟學家閱讀研究成果，然後交付實行。有時，被採用的研究成果是發表在科學期刊上、技術性相當高的文章；有時則出現在寫給大眾看的普及讀物裡。

我和許多參與公共決策反思的研究人員一樣，總是選擇一條折衷路線，讓我能繼續在土魯斯從事研究和教學。我同時參與多個委員會，並自1999年起為經濟分析委員會（Conseil d'analyse économique，一個隸屬於總理的黨派中立機構）工作，也偶爾在多國的中央銀行、負責管制或競爭事務的主管機關，以及在國際機構中發表意見。不過，我們必須強調，熟悉研究成果的實務專家在推廣經濟理念方面功不可沒。

有關競爭政策、銀行審慎管制或網路產業（industries de réseau，譯註2）管制的個體經濟學辯論是具高度技術性的，但這一技術性並不妨礙經

譯註2　指那些依賴大型基礎設施網路來提供服務的行業，其營運通常涉及廣泛的實體或技術網路，不僅需要大量的初期投資，而且往往天然具有獨占特性。

濟理念在經濟決策中的推廣。事實上，人們經常將這些領域的決策權賦予獨立的機構（競爭政策主管當局、中央銀行、產業管制組織等）。這些專責機構在做選擇時，比政府部門受到的限制要少得多，且更容易用技術和經濟上的考量來支持其選擇。因此，自凱恩斯發表上述觀察以來，從理念到付諸行動的過程已經加快了。

註1　《騎士時代已經過去。詭辯家、經濟學家和算計者的時代取而代之，歐洲的榮耀已永遠熄滅》（« L'âge de la chevalerie est révolu. Celui des sophistes, des économistes et des calculateurs l'a remplacé et la gloire de l'Europe s'est éteinte pour toujours »）。伯克於1793年在瑪麗‧安東尼被斬首後寫下了這段話。（本書作者翻譯）

註2　這個詞通常具有「操縱者」的含意，也就是說，詭辯家企圖利用看似連貫合理但實際錯誤的論據來說服其聽眾。

註3　伯克的這引文是模棱兩可的：他所說的「算計者」，是指一群出於利益而進行算計的操縱者，亦即延續了他對詭辯術的指責嗎？還是在抨擊數學家，因為他對數學家的評價可能並不比對經濟學家的評價高？

註4　薪酬遠遠不是法國難以吸引科學家的唯一原因。這種吸引力不足的問題還涉及到其他對研究人員至關重要的各方面：例如不適當的管理結構、尚處於起步階段的評估體系以及複雜的機構和資金來源等。大學的自主權以及將大規模投資與追求卓越的目標結合起來，改善了科研和教育領域的狀況，但仍然需要努力才能取得比較顯著的進展。

註5　關於國家的分析，請參閱本書第六章。

註6　以下討論部分借鑒自1990年起土魯斯經濟學社群的經驗。當年，讓－雅克‧拉豐創立了產業經濟研究所（Institut d'économie industrielle，簡稱IDEI）。為了建立一個國際水準的部門，讓－雅克‧拉豐及其繼任者與民間和公共的經濟參與者（如國家行政機構、國際組織、各類企業等）建立了長期的研究合作夥伴關係。這些合作不僅帶來資金的挹注，還讓研究人員得以開展對企業策略和市場管制政策有意義的原創研究，且這些研究都得到科學界的認可。此外，這些合作關係還舉辦了專注於某個經濟領域的會議，彙聚了學者、公共決策者和專業人士。保持獨立性是一個真正的挑戰。經驗表明，絕大多數資助者都很適切地尊重研究人員的獨立性（當然，也有一些合作機會已進入洽談階段，但最終

因沒能獲得相關保證而未能實現；在個別的情況下，例如合作夥伴變動或策略調整而造成壓力，一些合作關係也會提前結束）。

註7　參見本書第四章。

註8　《美國經濟評論》（*American Economic Review*）、《計量經濟學》（*Econometrica*）、《政治經濟學雜誌》（*Journal of Political Economy*）、《經濟學季刊》（*Quarterly Journal of Economics*）、《經濟研究評論》（*Review of Economic Studies*）。

註9　參見：*Théorie générale de l'emploi, de l'intérêt et de la monnaie* (1936).

| 第四章 |

日常研究

　　大眾對經濟學的研究天地知之甚少。大學經濟學家不在授課時，他們的日常工作是什麼？經濟學知識是如何被創造？如何評價經濟學研究？經濟學研究也受到許多批評，有些言之成理，另一些則不然。經濟學是一門科學嗎？它是否過於抽象、過於理論化、過於數學化？經濟學家對世界的看法是否特定且與其他社會科學脫節？這一學科是否過於單一、過於受英語世界的支配？

　　本章（及下一章）設法回答這些問題。首先描述研究人員的日常生活，經濟學中的模型構建，以及從實證進行驗證的過程。接著提出有關評價研究（évaluation de la recherche）這一程序的優缺點。隨後討論經濟學家的認知特徵：他們與其他學科的專家有何不同？借用哲學家以賽亞‧柏林（Isaiah Berlin）的標準來區分，他們是「狐狸」還是「刺蝟」（前者知道很多事情，後者知道一件大事）？本章還討論了數學工具的運用。最後，介紹在過去40年裡改變了這一學科的革命性工具——賽局理論和資訊理論，並在討論方法學貢獻後告一段落。

第一節
理論與實證證據之間的來回

　　與大多數科學領域一樣，經濟學研究需要理論和實證的結合。理論提供思維框架，同時也是理解數據資料的關鍵：沒有理論，亦即沒有解釋框架，資料只是有趣的觀察，無法說明我們應該從中得出什麼經濟政策的結論。反過來看，理論從實證中汲取養分，實證可以推翻其假設或結論，從而促成理論的改進或揚棄。像所有科學家一樣，經濟學家藉由反覆摸索，透過試驗和犯錯來學習。他們認同哲學家卡爾・波普爾（Karl Popper）的觀點，認為所有科學都植基於對世界的（不完美）觀察，而科學方法則是從這些觀察中得出普遍規律，再進行測試以驗證這些規律是否站得住腳。理論和實證間持續往返的過程，雖然永遠無法帶來絕對的確定性，但能逐步深化世人對現象的理解。

　　經濟理論最初（在亞當・斯密的時代）是不拘一格的，後來才逐漸數學化。回顧歷史，理論在經濟學發展中發揮非常重要的作用。僅舉一些法國讀者熟悉的名字為例，克魯曼（Krugman）、森恩（Sen）和史迪格里茲（Stiglitz）都在理論構建上奠定了職涯，同樣地，許多著名經濟學家後來也成為中央銀行行長或是國際大型機構的首席經濟學家，例如柏南克（Bernanke）、布蘭查德（Blanchard）、費雪（Fischer）、金恩（King）、拉詹（Rajan）、薩默斯（Summers）或葉倫（Yellen）。需要注意的是，除了森恩之外，上述所有專家都是總體經濟學家。我們將會看到，媒體曝光度僅集中於少數領域。過去幾十年中，大多數法國著名經濟學家，例如（註1）格朗蒙（Grandmont）、居斯內里（Guesnerie）、拉豐、拉羅克（Laroque）、羅謝（Rochet）或在他們之前的阿萊（Allais）、博伊特、德布勒（Debreu）、馬林沃（Malinvaud）都是專注個體經濟學

的理論家，因此較少為公眾所熟知。

　　近幾十年來，資料處理在經濟學中占據的地位日益重要，這是理所當然的。這種變化是許多原因促成的：應用於計量經濟學的統計技術進步；類似醫學中隨機對照實驗（expériences aléatoires contrôlées）技術的發展（麻省理工學院的法國教授埃絲特‧杜芙洛〔Esther Duflo〕是該領域的翹楚）；更系統化地進行實驗室實驗和田野實驗，過去不為人知或僅限於少數專家的領域如今在各著名大學已經十分普及；最後，資訊技術的發展不僅促使資料庫得以廣泛而快速地傳播，更能透過高效且價廉的程式簡化統計處理工作，此外，當然還具備比以前強大得多的計算能力。如今，大數據正開始顛覆這一學科。

　　許多非專業人士認為經濟學是一門主要以理論為基礎的科學，但這種觀點實際上與現況相去甚遠。儘管在公共政策的制定中，理論仍然扮演著重要角色，從競爭法到貨幣和金融政策皆如此，但它比以往更重視資料數據。實證研究是目前研究中極為重要的部分。早在1990年代初期，《美國經濟評論》（*American Economic Review*，經濟學界的五大頂級期刊之一）刊出的大多數文章都是實證或應用研究（註2）。毫無疑問，這種情況至今仍然存在。事實上，在年輕一代中，儘管許多美國著名大學的明星學者並未放棄理論研究，但他們同時也轉向應用研究（註3）。

　　經濟學的模型在本質上與工程學的模型相當類似。其出發點是一個具體的問題，可能是已明確識別的，也可能是由公部門或私部門決策者提出，然後進行概念化或理論化處理，提取「精髓」以便集中關注問題的核心。理論模型可稱為特設（ad hoc）模型：目的不在於精確再現現實；其假設是簡化的，其結論永遠無法面面俱到地解釋現實。如果採用理論模型描述行為，那麼需要在細節與實況間尋求平衡，然而更大的挑戰是如何在比較普遍的假設下使用模型進行分析。

例子

　　我們以氣候暖化為例，但無需像第八章的分析那樣深入細節。氣候學家發現我們剩下的「碳預算」（budget carbone，即在地球升溫 1.5 或 2 攝氏度前還可以排放之溫室氣體〔GHG〕的最大量）很少。經濟學家必須依賴氣候學家的共識，並從這一共識出發，拿出對策，論述如何在維持合理成本的前提下，將升溫維持在那個限度下。為此，需要對排放溫室氣體的行為者（即企業、政府和家庭）建立模型。

　　為了達成初步分析，我們假定（不過就是假定）這些行為者會做出以下理性的選擇：如果避免汙染的成本高於政府在發生汙染時對他們徵收的費用，那麼他們寧可選擇汙染；換句話說，他們會根據自己具體利益的最大化來行事。

　　建立模型的下一步在於管制的應然分析。經濟學家會考慮哪些安排可以實現政府期望的結果。這裡我們再度做出一個簡單（甚至過於簡化）的假設，以形成初步的直覺。假設的目標是降低政策的成本，因為昂貴的政策不僅會減少消費者的購買力、影響企業的競爭力以及就業，還會增強反對環保政策遊說團體的影響力。如果管制者了解每家企業的特點，就可以採取「行政方法」（approche administrative），要求企業在汙染成本低於某一水準時仍須採取行動、避免汙染，而這個水準應足以將全球的升溫控制在規定範圍內。比較有可能的情況是：管制者沒能掌握這些資訊，那麼分析表明，對於社會而言，最好的辦法是讓企業自己決定是否汙染，並藉由徵收碳稅或允許排放權的交易（註 4）

來讓它們承擔責任。這種分析最早源自於1920年英國經濟學家皮古（Pigou）的研究，並且在過去30年的環保政策中發揮了重要效用。但這只是一個初步的估計。首先，行為者的實際行為可能與理論不完全一致。他們也許沒能掌握足夠的資訊來做出最佳的經濟決策（例如，不知道20年後因設備的汙染需要支付多少碳價）。他們也可能不單純為了將物質利益最大化而採取行動，例如他們可能具有環保意識，或希望在鄰人或同儕面前表現得更有道德。企業可能希望表現得更有心擔負社會責任（註5）的樣子。第二階段的分析需要納入經濟行為者資訊掌握不完整及其利社會行為等因素，並考慮許多其他相關因素，例如國家承諾的可靠性、氣候科學無法確定的因素、創新、國際談判、地緣政治等。深入的分析還包括測試那些基礎的假設。例如，寧可建議採用經濟手段（如碳稅、可交易的排放權），而非對每個案例逐一施以行政管理，畢竟管制者掌握的資訊可能不完全，或者逐案管理可能導致某些管制者為其朋友或強大遊說團體開了方便之門。根據觀察，雖然這一假設看起來合理，但仍然只是個假設。我們可以直接檢驗這個假設，或者透過研究其帶來的結果來間接驗證其正確性。經濟學家的實證研究表明，根據汙染物的類型，行政管理方法可能會使環保政策的成本增加50%到200%，連帶也證實了管制者資訊不完全的直觀假設。

　　這裡借助物理學中熟悉的概念進行類比可能很有幫助。牛頓的引力理論或理想氣體理論（théorie des gaz parfaits）都建立在一些如今已知為錯的假設基礎上（註6）。然而，這些理論在兩方面都已證實為至關重要：

首先，假設沒有這些理論，後來的理論（如相對論）可能不會出現。理論的簡潔特性有助於理解，並可為進一步的發展奠定基礎。其次，牛頓定律或理想氣體理論在某些情況下（例如，牛頓定律適用於低速，理想氣體理論適用於低壓）仍可給出極佳的近似值，有助於直接應用。在大多數科學領域中，特別是社會科學，近似值的準確度往往遠不及牛頓理論或理想氣體理論，但其實用性依然不容忽視。

因此，我並不奢望將社會科學和人文科學中預測的準確性與牛頓理論相提並論。就某種意義而言，人文和社會科學比自然科學或生命科學更加複雜。有人認為前面兩類太複雜，無法建立模型。實際上，人類受多重動機驅使，有些動機源自於環境，此外人類會犯錯誤，或者在情緒的擺布下，做出一些可認定為不理性的行為。然而，社會科學處於社會組織的核心位置，即使困難重重，也須不斷前行。幸運的是，對社會科學研究人員來說，個體和集體行為中仍能找出規律性，否則他們就沒理由從事研究了。

形成理論

回到「提取精髓」的問題。這個過程有很大一部分的困難在於「提取」；基於可行性的需求，我們不能將所有因素都納入考量。因此，必須區分重要的因素以及那些僅是瑣碎、不太可能改變分析結果的因素。在這個階段，研究者的經驗以及與實際從業者的討論變得非常有用，不過最終仍需要在更深入理解問題後再回頭檢視基本假設，並盡可能進行實證檢驗。因此，模型在最佳情況下能夠準確反映現實，但在最差情況下可能失真或過度簡化現實。

經濟學家在構建模型時，不論是針對企業內部組織、市場競爭還是總體經濟機制，都需要描述決策者的目標並對其行為做出假設。例如，可以

初步假設資本主義企業希望極大化其利潤以滿足股東需求；這當然是一個「跨期折現利潤」（profit intertemporel actualisé，註7），因為持續發展的企業往往需要犧牲短期收益（例如重視員工、供應商或客戶的信任，或是投入設備和維護費用）以獲取長期利潤。如有必要，還可利用大量關於公司治理以及提供高層管理人員及董事會誘因的知識，細緻化這一「追求利潤最大化」的簡單假設，進而理解並納入偏離這一中心分析框架的行為，比如高層管理人員可能會因重視短期利潤而犧牲長期收益。

談到行為模式，初步的假設是決策者會理性行事，即決策者在資訊有限的情況下及研究員認為對決策者而言最合理的目標下，做出最符合自身利益的行動。同樣地，我們也可以利用探討「有限理性行為」（comportements de rationalité limitée，譯註1）的最新研究，進一步完善這一基本分析。最後，還需要為行為者（例如市場競爭者）之間的多種互動建立模型，而這涉及到賽局理論的應用（詳見下文）。

這個簡約甚至大而化之的模型，一方面可預測市場動態或整體經濟變化，另一方面也能為公私部門的決策者提供政策建議，即為經濟政策的制定提供參考。因為經濟學本身具有規範性（normative），這點或許比其他人文社會科學更加明顯；其目標是「改變世界」。分析個體和集體的行為、發現某些規律固然重要，但最終目的在於制定經濟政策。

因此，經濟學會比較不同政策的成本和收益。它可以止步於此，選擇能為社會帶來最大淨收益（收益減去成本）的方案，例如在具備補償機制的情況下，對因政策變動而可能受損的人給予補償。如果沒有這樣的補償措施，分析工作就變得更複雜了，因為公共決策者需權衡各利益相關者的福祉，並挑出優先照顧的對象。

譯註1　經濟學和心理學的概念，指在決策過程中，由於資訊不完全、認知能力有限、時間限制等因素，個體無法做出完全理性、最佳的決策。人們在實際決策中常常依賴簡化的規則或經驗法則，而非透過全面分析所有可能資訊和結果做出最理想的選擇。

儘管這些模型簡約甚至大而化之，本身研究起來仍相當複雜。批評雖然容易，但真正的技巧在於提出可行的替代模型，否則功效有限。因此，雖然在研討會和會議上的爭論激烈，國際科學期刊的匿名審稿人也常不留情面，且科學界普遍認為對理論的質疑是重中之重，但除非具建設性，否則批評不算真正有用。

經濟學中的「方法論個人主義」（individualisme méthodologique）觀點認為，集體現象源於個體行為，並且反過來影響這些行為。方法論個人主義以及對於群體現象的深入理解和分析完全相容（甚至可能有其必要）。經濟行為者會對誘因作出反應，而這些誘因中有些源自於他們所屬的社會群體：他們受社會規範影響，容易順應潮流和風尚，擁有多重身分認同，表現從眾行為，受到與其在社會脈絡中直接或間接連結之個體的影響，並傾向於與其社群成員保持一致的思維方式。（註8）

實證測試

一旦理論被人提出且其含義獲得理解，下一步便是考察其結果相對於假設是否穩固，並在可能的情況下對模型的預測進行檢驗。除了「常識檢驗」（test de bon sens）之外，還可以考慮另外兩種檢驗方式。如果歷史資料的質和量都足夠，即可對模型預測進行計量經濟學的檢驗（計量經濟學就是將統計學應用於經濟學及更廣泛的社會科學領域，以確定多個變數之間關係的可信度）。

不過資料有時可能不足，或世界已經發生變化，以至於不能直接套用過去的資料。例如，1990年代各國政府在決定拍賣無線電頻道（而不是像過去免費分配）時，需要分成兩個階段處理：先從理論上看，如何出售不同地理區塊中的頻道？畢竟電信營運商如果可以獲得一些相鄰的頻段，可能會對特定的某一頻段更感興趣，因為這樣能形成更大的、連續的頻道

區域，有助於提升業務效益。一旦敲定了拍賣方案，又該如何確認競標者都理解拍賣機制，還有經濟學家是否遺漏了一些在實務中可能很重要的細節（例如買家是否有可能操控機制）？因此，經濟學家和政府會進行測試，以驗證理論的內涵，再實際著手頻道拍賣。這些拍賣為公庫賺進大筆收益（自 1994 年以來，僅美國就高達 600 億美元）。

標準計量經濟學之外，另有兩種替代方法：田野實驗和實驗室實驗。在田野實驗中，我們將一個稱為「實驗組」（échantillon de traitement）的人群樣本置於與稱為「對照組」（échantillon de contrôle）的人群樣本不同的環境中，以分析行為和結果的差異。隨機抽樣實驗（expérimentation par échantillonnage aléatoire，註 9）在物理學、社會科學、市場行銷或醫療（如藥物和疫苗的臨床試驗）等領域裡已十分成熟。例如，早在 1882 年，巴斯德（Pasteur）便隨機將五十隻綿羊分成兩組，一組接種疫苗，另一組則無，然後再給所有綿羊注射炭疽菌，以測試炭疽疫苗是否有效。

有時，樣本已經自然分成兩組，稱為「自然實驗」（expérience naturelle），例如一對同卵雙胞胎在出生時即分別被不同家庭養育。如此一來，社會科學研究者便可嘗試將先天因素與後天因素（社會環境）分離。另一個例子則是命運非經個人意願或特質（例如興趣、能力、性格等）決定，而是透過抽籤（例如學生被分配到某學校或者役男被分配到某軍營）（註 10）。

經濟學家運用並發展「隨機實驗」（expériences randomisées）的方法以及分離實驗組和對照組的策略。例如，他們的實驗涵蓋新的電費計價方式、個人援助新辦法、健康保險改革，或者對失業者輔助措施的影響。這些實驗在發展經濟學（économie du développement）領域尤其重要（註 11）。於 1997 年開始在墨西哥實施、旨在對抗貧困的計畫 Progesa 就很著名，其內容在於向母親發放資金，條件是家庭成員需接受醫療追蹤、孩子必須定期上學，家庭預算一部分必須用於食物。該計畫藉由一項隨機實

驗進行評估。儘管許多的這些實驗旨在衡量公共政策或企業策略的有效性，但也有一些是用來測試經濟理論的：例如，參與者是否理解在不同競標機制中應該採取的策略（註12）？

同樣，我們可以在實驗室中重現理論模型所描述的情境，讓受試者（學生、教授、專業人士）「玩玩」相應的遊戲，再觀察其結果。這就是實驗室實驗的方法，該方法為心理學家丹尼爾・康納曼（Daniel Kahneman）和經濟學家維農・史密斯（Vernon Smith）贏得了2002年的諾貝爾獎。維農・史密斯的一項著名實驗分析了類似政府債券或期貨交易這樣的市場。他將參與者分為對等的兩組：賣方（可賣出一個單位）和買方（可買進一個單位）。如果哪個參與者未實現交易，則除了實驗主持人付給的初始金額外什麼也得不到。超過初始金額的交易收益全由實驗主持人設定（這些額外收益在市場各方參與者之間可能有所差別。也就是說，不是每個人都能得到相同收益，而這些收益的分配方式，舉例來說，可能透過隨機抽籤來決定由誰拿到多少）。為了方便讀者理解，這裡舉例如下：假設買方購買商品會得到 10 − p 的收益，其中 p 是他支付的價格，10 則代表他願意支付的最高金額；同樣，假設賣方分配到的成本為 4，因此如果他以價格 p 賣出商品，將獲得 p − 4 的收益。理論上的競爭均衡是價格 p*，此時成本低於 p* 的賣方數量等於願意支付超過 p* 價格的買方數量。一般認為這時市場處於均衡狀態。但是，如果參與的賣方和買方在只知道自己評價（成本或是願付價格）的情況下進行買賣，結果會怎樣呢？市場的組織細節會影響結果，但維農・史密斯得出的經典結論是：買方和賣方的數量若夠多，交易的價格和數量會趨向於理論所預測的競爭均衡（註13）。

與田野實驗相比，實驗室實驗具有隨機性，比較容易複製，也比較能控制參與者的環境，因此，實驗室實驗相當於工程師的風洞實驗。然而，其缺點是環境比田野實驗更多人為因素。不僅經濟學和心理學進行實驗室

實驗和田野實驗，其他社會科學和人文科學也都會採用，特別是政治學，目的在於更深入理解委員會的決策過程。

經濟學算不算科學？

讓我們回到經濟學這門學科的地位問題（註14）。基於以下的意義，經濟學的方法具有科學性：其假設被清楚闡明，因此能受批評，且運用邏輯推理，根據演繹法得出結論及其適用範圍。最後，這些結論再由統計工具進行檢驗。然而，經濟學並不是一門精確科學，因為其預測的精度遠不及天體力學等領域。設法預測例如銀行危機或匯市危機的經濟學家就像研究地震和震波傳播的地震學家，或關注病人可能發生梗塞或癌症的醫生，比較擅長識別有利於現象出現的因素，而非預測其發生的時間點，甚至是否會發生。本書將會多次論及「預測」（prévisions）這一問題，但有必要先強調兩個影響經濟學預測能力的障礙。第一個障礙是數據不足或對現象理解不全，不過其他許多科學也都會碰到這個問題。例如，經濟學家可能僅部分了解銀行真實的資產負債表或銀行管制單位的能力和目標；他也許理解銀行與其他金融機構間的連帶關係可能引發什麼系統危機，但是未必能掌握此類危機複雜的運作機制。

第二個障礙是社會科學和人文科學特有的。在某些情況下，即使經濟學家能掌握所有資訊並完全理解局面，依然可能難以做出預測。因為我的選擇取決於你的選擇，這可能會為外部觀察者帶來「策略的不確定性」（incertitude stratégique，亦即難以預測行為）。我們在這裡處於「自證預言」（prophéties autoréalisatrices，譯註2）和「多重均衡」（équilibres

---

譯註2　指某一預期或信念本身導致行為改變，從而使該預期成為實際現象。簡單來說，由於人們相信某件事情會發生，他們的行為促使這件事情真的發生。例如在金融市場上，如果投資者相信某家公司將破產，他們可能會拋售股票，進一步削弱該公司的財務狀況，最終導致破產。

multiples，譯註 3）的狀態，而本書將會舉例說明（註 15）。回到前面提到的例子，這些現象可能發生在銀行恐慌或貨幣投機攻擊時。這裡我們僅舉以下例子說明：政治經濟學中有個反覆出現的主題，那就是公民可能希望在選擇上彼此協調，以便在政治決策中形成更具影響力的壓力團體。因此，如果只有我單獨打算在機場附近蓋房，這無法阻止將來機場擴建，所以我這麼做的動機便消失了；但如果很多人都計畫在機場附近蓋房，那麼一個強大的遊說團體將能夠阻止機場擴建，如此一來，我自己就會更有動機在那裡蓋房。因此預測集體行為，需要理解參與者之間將如何進行協調。

第二節

經濟學學術圈的微觀世界

知識的驗證和挑戰

在所有科學學科中，研究工作是一個透過與同事、研討會、會議和出版物的辯論，進行共同創作的過程，而且這些辯論總是激烈的。實際上，研究的本質在於關注那些尚未被徹底理解的現象，以及那些意見分歧最為明顯的現象。主流觀點會隨著理論的穩固及經驗的回饋而變化。因此，行為經濟學在 25 或 30 年前還相對少有人知。有些研究中心，例如加州理工學院（Caltech）或卡內基梅隆大學（Carnegie Mellon），正確押注在這一

譯註3　指某一系統中可能存在多個穩定的結果，而這些結果係取決於初始條件、外部影響或個體預期。系統可能因參與者的信念或行為而走向不同的均衡，例如銀行擠兌或貨幣危機中，良性均衡（穩定）和惡性均衡（崩潰）都可能出現，預期在其中扮演關鍵角色。

門遭忽視的學科上。從那時起，行為經濟學成為了主流，並且各大學都有專攻這一研究領域的實驗室和研究人員。

總體經濟學則提供了另一個關於爭論和學科演變的例子（註16）。直到1970年代中期，該領域完全由凱恩斯主義的理論所領導。是一言堂嗎？並不是，因為在美國（主要在中西部地區）的大學興起了反對運動。這個少數派既質疑現有理論的實證效力，也質疑其基本原理。例如，根據凱恩斯理論，藉由增加貨幣供應來促成通膨，可能在短期內產生令人驚奇的效果，進而有利於經濟發展。那麼通膨如何在不同方面產生正面影響呢？其一是降低實質利率，借款人能因此喘一口氣；其二是降低實質薪資，特別是在高失業率和名目薪資（salaires nominaux）僵固（即薪資未與生活成本掛鉤）的經濟體中，有助緩解薪資壓力；其三是透過降低企業的實質債務負擔，因為債務通常以名目價值計算。這些作用相輔相成，能夠共同推動經濟復甦。然而，我們不難理解，系統性地運用通貨膨脹無法長期騙過消費者、債權人或受薪者，因為會逐漸適應；儲戶會降低貨幣的持有並減少不與通貨膨脹掛鉤的資產，或者要求更高的利率；至於受薪者則會要求薪資指數化（indexation des salaires〔譯註4〕，這確實成為全世界許多政府的重大難題）。1970年代經歷的停滯性通膨（stagflation，指經濟停滯與高通膨並存），證明當時的事實難以支持凱恩斯理論的正確性。

最後，在凱恩斯主義的視角中，「預期」僅是所謂的適應性（adaptatives）預期，也就是說，經濟行為者只能根據過去觀察到的趨勢進行推斷，而非前瞻性的預期。以金融泡沫為例，這是某種資產的基本價值被高估的情況（註17）。決定購買被高估之資產的行為者之所以這麼做，是

譯註4　將薪資與某種經濟指標（通常是消費者物價指數CPI）掛鉤，根據該指標的變動自動調整薪資水準的機制。其目的是讓薪資隨著物價上漲（通膨）而上升，維持勞工的實質購買力。

因為他打算將其轉售（且還須「及時」）。因此，他必須考慮其他行為者未來是否會繼續投資於該資產，以及會投資到什麼時候。同樣地，資產管理者在選擇債券投資組合的期限（即所謂「久期」〔duration〕）或決定是否對利率波動進行避險時，必須考慮利率可能的走勢，預測中央銀行將如何對經濟狀況作出反應。或者，一家決定在海外投資或將收益匯回本國的公司，也必須考慮哪些因素會在短期或長期內影響匯率變化。凱恩斯的預期理論缺乏前瞻性的考量，這有些矛盾，因為凱恩斯本人曾提到過「動物精神」（esprits animaux，譯註5），對他來說，這反映了那些可能使經濟不穩定的樂觀預期現象。

反對者為了改進模型，將其動態化，並發展出「時間序列計量經濟學」（économétrie des séries temporelles，譯註6），最終也成為主流。然而，他們的模型本身也有局限，因為就像許多新凱恩斯主義的模型一樣，其中幾乎沒有金融系統的概念，而這可是一個大問題，更何況總體經濟學一直強調利用銀行和金融系統的貨幣傳輸機制（mécanisme de transmission monétaire，譯註7）；另外，此種模型也沒有考慮到資產泡沫和經濟體中資金或現金短缺的情況等。

如今，不論是否服膺凱恩斯主義，總體經濟學家都在努力改進這些仍然非常不完善的模型。他們設法綜合不同學派的優點，以提升我們對總體經濟控制管理的理解（例如，不管從理論和實證上來看，預算政策都是大

譯註5　由法國經濟學家讓－巴蒂斯特．薩伊（Jean-Baptiste Say）提出的概念，用來描述推動市場活動和經濟決策的非理性、直觀或情感驅動的力量。在經濟學中，這個術語用來指商人、投資者或消費者的心理狀態和情緒波動，它們會影響其經濟行為，甚至超越理性計算。薩伊認為，這些「動物精神」能夠激發市場上的投資、消費或生產活動，促進經濟成長和繁榮。

譯註6　計量經濟學的分支，專門研究和分析隨時間變化的經濟數據。時間序列指的是按時間順序排列的數據點，通常用來描述經濟現象的變動趨勢，例如國內生產毛額、失業率、通脹率、股市指數等。

譯註7　該機制展示貨幣政策如何從中央銀行開始，透過各種管道，最終影響經濟中的總需求、通脹、就業等主要經濟變數。

家難以理解的領域）。哈佛大學的法國學者伊曼紐・法爾希（Emmanuel Farhi）是此研究領域中的先鋒。

研究的評估

評估研究成果有助於決定資金的分配、了解研究小組運作的好壞並引導學生選擇自己的研究方向。那麼，如何評估經濟學或其他科學學門的研究品質呢？簡單來說有兩種方法。一種是非常簡約、基於統計數據的方法，另一種則是訴諸同儕審查。

大眾可以透過上海排名（classement de Shanghai）來一窺統計方法。全世界的大學每年都急切地等待上海交通大學團隊公布的排行榜。但這份排名對於判斷世界各大學的水準是否合理呢？事實上，上海的排行榜有其缺陷。例如，在衡量研究發表成果時，科學期刊的品質並未獲得應有的重視。此外，該排名偏好那些擁有諾貝爾獎或菲爾茲獎（médaille Fields，譯註8）得主校友的學校；但如果這些研究者已經離開學校，他們又如何對學校環境做出貢獻呢？

一個健全的文獻計量（bibliométrie，譯註9）在評判時應該考慮哪些標準和分析面向？首先，各個學科都應進行排名，這對於選擇入讀大學的學生或負責擘畫大學校務的校長來說都是最緊要的。上海排名在一定程度上按學科細分，但還不夠。反過來看，尚未選定入讀學科的學生確實需要校級排名，以便比較各種選項。因此，我們需要既按學科又按學校進行的全球排名。

譯註8　在國際數學聯盟的國際數學家大會上頒發的獎項。每四年評選2-4名有卓越貢獻且年齡不超過40歲的數學家。

譯註9　研究和分析學術文獻的量化方法，旨在透過數據分析評估學術研究的影響力、趨勢和結構，主要經由統計和數據發掘來分析出版物（如學術期刊、書籍、會議論文等）的數量、引用次數、合作關係等特徵。

藉由引用次數或文獻計量來衡量研究人員的學術產出是複雜的。一種方法是透過研究人員出版物的數量加以評估。但是出版物的品質有高低之分；在《自然》（Nature）或《科學》（Science）上發表與在不太出名的期刊上發表並不等同。好的研究成果會選在高品質的期刊上發表（利用基於學術引用次數的演算法來評估期刊的影響力，這類似於谷歌搜尋對你最有用之網站的演算法；或是評估負責審稿專家委員會的實力）；當然，如果某位研究人員的論文是與許多其他研究人員合作發表的，那麼所獲得的評分就比較低。然而我們可以看出這種處理方式有其局限。期刊雖然能保障論文的品質，但同一份期刊刊登的論文品質也可能存在顯著差異。而且，文獻計量學重視引用次數的多寡，就算也把期刊的品質考慮進去，也僅是評估研究是否重要的一項粗略指標。例如，1983年的諾貝爾獎得主、美國法國裔的傑拉爾・德布魯（Gérard Debreu）並不是很「多產」，但他每隔三到五年就會發表一篇極具影響力的論文。

第二種衡量研究人員學術產出的方法是計算論文引用次數，並可根據引用來源的重要性增加權重（所謂來源的重要性通常透過引用者的引用次數加以衡量，也就是數學家熟悉的「不動點問題」〔problème de point fixe〕）。在這種方法中，莫里斯　阿萊（Maurice Allais）法國最後一位以法文寫作且首位獲得諾貝爾獎（1987年）的經濟學家，但他的引用指數並不突出。此外，某些領域要比其他領域更容易被人引用。而且被人引用並不一定代表深度：有爭議或媒體關注的主題往往更容易被引用。這裡舉個極端例子：否認大屠殺的歷史學家可能會被廣泛討論和引用，但並不代表他是偉大的學者！文獻概述和綜合性的書籍通常也會被廣泛引用，因為它們能幫助非專家快速掌握一個主題，但通常不意味顯著的科學進展。最後，引用存在時間差的問題，這可能對年輕研究人員不利。

因此，排名存在很多缺陷，這裡不再詳述。然而，儘管我是批評排名制度的急先鋒，仍堅定支持其應用。這樣矛盾嗎？並不全是：在像美國這

樣的國家裡，高等教育和科研資助機構的管理以卓越為導向，採用這些客觀指標的情況仍然有限（但日益重要）。然而，在許多歐洲國家，該指標卻是識別高水準之機構或組織不可或缺的工具。法國與其主要的研究和創新競爭對手不同，它缺乏科學評估的文化，這可能掩蓋了法國各實驗室彼此之間及法國實驗室與世界頂尖實驗室之間在創新能力上的巨大差異。因此，對學生或決策者來說，識別出具創新能力及國際知名度的法國實驗室通常相當困難。在合適資訊匱乏的情況下，排名提供了重要的參考資訊。

這使我想到了同儕審查和大學研究如何良好管理。負責分配研究預算的資助機構應當像歐洲研究委員會（European Research Council，簡稱 ERC）、美國國家科學基金會（National Science Foundation）以及國家衛生研究院（National Institute of Health）那樣，設置由頂尖專家組成的評審團。如要實現這一點，必須能夠聘請那些同時也受各方器重且忙碌的頂尖專家。要實現這一目標，需要設計一套不會占用太多時間的程序，並確保評審團的決定能獲得尊重。

同儕審查在聘任教授的過程中也至關重要。在科學大國中，教授的聘任越來越頻繁採取以下的步驟。首先，無論相關研究人員是否提出申請，校方都會對學校內部和外部的可能人選進行比較。接下來要舉辦多次的激烈辯論（需要保密），並由該校教授全面閱讀合格候選人的主要論文。而且（這點尤為重要）學校的管理部門還要為候選人的品質把關。每個講師級別以上的資深職位（註18）在招聘過程中都要經過大約15次外部專家的比較評估，然後由大學校長或者院長進行分析。外部評審人員會將院系選定的一位或多位研究人員的素質，與校外同領域研究人員比較，為校長和院長（通常非該學科專家）提供補充資訊。因此，該措施的目的在於降低大學行政部門與院系之間資訊不對稱的現象，並使前者得以控制後者所提出之聘用人員的素質。法國若能實踐類似的管理辦法將會大有助益。

科學評估的弱點與濫用

　　科學評估的重心在於同儕審查和驗證過程：科學論文由其他研究人員匿名評審，評審則由有評審委員會制度之期刊的編輯選定。編輯根據評審報告以及親自閱讀，決定是否接受論文。如果接受，論文通常還需修改，免不了在作者和編輯之間往返數回。

　　仔細評審論文，對於研究社群的良好運作及科學知識的積累至關重要：研究人員無法每年閱讀自己專業領域內數千甚至數萬篇論文，更無法逐一詳細檢查。科學期刊的工作在於為如下的面向把關：數據品質與統計方法是否完整、理論焦點及其邏輯是否連貫、貢獻是否具創新性。

　　然而，不應對評審過程抱持太過理想化的看法。這套制度有其弱點：科學家的從眾行為會使某個主題吸引社群的注意，同時導致某些相關的重要主題遭到忽略；出版單位偏愛「引人注目」的內容（科學圈及期刊編輯更看重的往往是首度提出驚人結果的研究，而不是深入探討已發表之論文的實證研究）；對於某些實證結果少有「重複驗證」之舉，也就是其他研究人員無法在類似的實驗或情境中重現結論，即使著名研究成果也不例外（註19）；評審者會有「搭便車」行為（註20），也就是說本應付出時間評估他人研究，並為公共利益做出貢獻，但未能深入思考所評審之研究論文的品質、創新性和適切性。

　　最後，當然在所有科學領域中不可避免都存在無可爭辯的欺詐行為：最常見的是無中生有、捏造資料數據，其他較不常見的還有透過駭客伎倆潛入科學期刊的網站來篡改評審報告，或者有些受稿期刊會要求作者自己推薦審稿人，但這是不對的，因為有些作者會提供假的電子郵寄地址，導致審稿請求被發送給作者的朋友而非應負責審稿的人！面對這些問題，在我看來唯一的解決辦法是充分理解這些伎倆，並且盡可能加以防堵。實際上，這些年來透明度已經有所提高（特別是要求資料公開並列出可能的利

益衝突名單）。可以說，同儕審查制度就像民主政治，是「除了已經嘗試過的其他辦法之外，最糟糕的辦法」。在那些常受測試的替代辦法中，內部評審即為一種，但通常被偏袒護短的心態所破壞。因此，外部評估和同儕審查仍是科學評鑑的基石。

相對共識以及美國在經濟學領域的主導地位

　　經濟學研究常受到一種批評，那便是經濟學家間存在相對較高的共識，這有時讓其他社會科學和人文學科領域的人感到驚訝。這裡指的並非經濟政策上的共識，特別是在格外複雜的總體經濟學方面。此外，經濟學中自然存在很不同的立場，例如麻省理工學院通常比芝加哥大學更具自由派和凱恩斯思想色彩，而後者則更趨保守並偏向貨幣政策理論。然而，在研究方法上卻有共識。正如麻省理工學院的標誌性人物保羅‧薩繆森（Paul Samuelson）所解釋的，他與芝加哥大學的米爾頓‧傅利曼（Milton Friedman）在定義優良研究上幾乎沒有歧見，因為兩人一致認為量化方法（形式化理論以及對其實證檢驗）有其必要，同時一致同意因果關係的重要性以及經濟學理論如何指導實際決策。

　　這種方法上的共識顯然不代表研究都該循序漸進，機械地遵循專業領域的既定軌跡。相反地，正如麻省理工學院的另一位標誌性人物羅伯特‧梭羅（Robert Solow，註 21）所指出，研究人員通常藉由挑戰現有知識並開闢新徑來建立自己的聲譽。因此，當今經濟學常涉及許多分析領域：價格僵固（rigidité des prix，譯註 10）、誘因問題、不完全競爭、錯誤預期、行為偏誤等。容我重申一次，研討會、期刊和會議中的激烈辯論天經

譯註10　指市場中價格無法迅速根據供需變動做出調整的現象。這可能導致資源配置效率降低，影響經濟運行。

地義：思想的碰撞以及同行的批評讓每個人都能不斷進步。

不同方法之間互相借鑒是無比重要的，但這需要一定的流動性。最糟糕的情況莫過於在一個思想流派中，弟子的工作只在闡述他們的「大師」觀點。英美傳統中有一個十分實用的做法，那就是禁止內部任用：學生在完成博士學位後必須離開學校另謀出路，不過並不禁止日後回母校工作。此舉除能促進教授間的良好關係（他們不再爭著把「自己的」學生安插到自己的部門），也能迫使學生去發現新思想，同時促使部門透過引進未被定型的講師來保持開放。

美國的主導地位是另一個受人批評的問題。一般認為，經濟學領域中最知名的 10 所大學都在美國。實際上，前 100 名中的大多數也在美國。對此，我深感遺憾。但與其對這種情況憤憤不平，倒不如捲起袖子努力工作。正如羅伯特・梭羅所言，這種情況並不令人驚訝：美國確實培養了大量經濟學博士。更重要的是，美國學術體系獎勵的是能力而非等級，再加上各大學在吸引教授和學生的行動上競爭激烈，在在造就其優越的研究條件。

經濟學教學對個人行為的影響

經濟學家在實驗室和田野進行實驗以研究其學習者的行為。面對利己與利他的抉擇時，修習經濟學課程的學生（註 22）往往比不修習經濟學的學生表現得較為自私。例如，蘇黎世大學的學生在註冊時，選擇捐出 7 瑞士法郎用於資助學生貸款，或捐出 5 瑞士法郎用於資助就讀該校的外國學生。61.8% 的經濟與商業學科學生和 68.7% 的其他學科學生至少會捐款給其中一個基金（註 23），其他實驗也支持這一結論。一個關鍵的問題在於，這一觀察結果是由於選擇效應（較自私的學生更可能選擇修讀經濟學或商業學），還是由於洗腦效應（學生在學習經濟學後變得比較自

私)。從哪個角度解釋非常重要。在前一種情況下，學習經濟學是無害的（你可以繼續閱讀本書，反正不會傳染）；在後一種情況下，經濟學可能具有「操演性」（performative），即它可能塑造我們看待世界的方式，使我們戴上略帶成見的眼鏡看待世界。

可惜的是，我們在這方面的知識並不完善。蘇黎世的研究也考察了在學習過程中慷慨行為的演變，並得出「洗腦效應」並不存在的結論（至少對經濟學科的學生而言），所以選擇效應顯然是唯一說得通的因素。有些研究支持這一結論，而其他研究卻得出相反的結論。例如（註24），耶魯大學法學院的學生最初是隨機被分配到不同課程。那些被分配到帶有經濟學色彩的課程（如民事責任法）並接觸具經濟學背景教授的學生，在短期內比被分配到「經濟學色彩較淡」的課程（如憲法）並接觸具人文學科背景教授的學生，表現得較為自私。由於分配是隨機的，選擇效應在此情況下不成立。

關於經濟學教育改變個人心態的可能性，必須嚴肅加以看待。我們還需要理解這一心態變化的路徑，以便衡量其後果。有種假設（在現有知識階段僅是一種假設）強調利他心態是脆弱的。正如下一章將詳細討論的，每當我們找到藉口（無論漂不漂亮）「合理化」自私行為時，利他思想就會大幅減少（註25）。在經濟學教育中，學習市場競爭策略，暗示世界本來就是殘酷的；了解到個人自私行為可以在資源分配中帶來社會和諧，暗示自私是合理的；閱讀實證研究，揭示誘因機制不當會導致對社會不利的行為，暗示經濟或政治行為者不總是值得信任。這些藉口雖缺乏充分理據，卻可能讓人認為不道德行為是可以接受的，進而在現實中影響其決策和行為。

就算這一假設證實為真，也應觀察學生日後的職涯或人際關係是否會帶來其他不同但同樣深遠的影響。此外，上述實驗研究的是經濟學課程的立即影響；關於那些在政府、民間部門或大學工作的經濟學家而言，在捐

贈、公共財、汙染、投票等行為上，是否比其他公民表現得更好或更差？我們對此知之甚少。換句話說，未來的研究課題不僅在於更深入理解經濟學教學短期影響的真正原因，還要分析經濟學教育的長遠效應。

第三節
經濟學家：狐狸還是刺蝟？

英國哲學家以賽亞・柏林在論文〈刺蝟與狐狸〉（The Hedgehog and the Fox，註 26）中，以據說是古希臘詩人阿基洛科斯（Archilochus）的一句話開場：「狐狸知道很多事情，而刺蝟只知道一件大事。」

整體上看，四十年前的經濟學家就像刺蝟。大而化之來講（從這角度來看，以下說法可能有失公允），他們對競爭市場模型（modèle des marchés concurrentiels）瞭若指掌，認定那是經濟學中最完美的典範。雖說他們當然知道該模型的局限，也在研究其他方向，但並非總能找到合適的理論框架。競爭模型好比經濟學中的「理想氣體理論」，可應用於各種情況，如市場波動、金融、國際貿易等。

競爭市場模型

競爭市場的典範假設買家和企業規模過於微小，無法影響市場價格（換句話說，不能藉由限制供給來抬高價格，或透過減少需求降低價格；個體行為對市場價格的影響微乎其微）。他們對

當前價格和產品品質了解透徹，並以自由選擇的理性方式行事，因為買家會極大化自己的交易收益，而企業則會極大化自身利潤。儘管不能準確預測未來，他們對未來事件仍有理性的預期。

此模型用以解釋供給和需求如何在不同市場上達到均衡，進而研究「一般均衡」（équilibre général）現象。例如，一個市場的供給變化會影響其他市場，首先透過產品間的互補性或替代性（例如，如果我買一支搭載安卓系統的智慧手機，還會買相容的手機殼和安卓應用程式），其次透過所得效果（effets de revenu，即市場價格變化會影響該產品的消費，也會影響該產品和其他產品的可支配收入，即便這些其他產品與受影響的市場沒有直接關聯。例如，當年輕人為了住房支付更高的租金，就會減少消費該年齡層其他常見消費支出）。

這是經濟理論發展過程中的一個重要步驟，但內在仍存有兩個彼此關聯的缺陷。一方面，其對經濟政策的影響並不明顯：由於假定市場總是存在競爭、資訊對稱、理性等，沒有摩擦，市場因此被認定為具有效率。在此前提下，唯一需要考慮的公共政策便是所得稅的累進稅率，也隱含許多部會、獨立機構和地方政府無須存在！另一方面，這個模型幾乎沒有描繪我在本書中討論的情況。

從那以後，經濟學知識的精細度大大提升了：經濟理論已經學習到如何研究只有少數賣家或買家的不完全競爭市場，並據此得出競爭法的準則；將價格和商品品質資訊的不對稱，甚至對可能的交易夥伴的了解不足也納入考慮，以預測其他的市場失靈並且加以補救；將觀察到的偏離理性

行為現象納入考慮，調整基於理性行為之假設的預測；分析企業內部所有權（屬於投資者）與實際控制權（通常在經理人手中，且其利益可能與投資者的利益不一致）分離所帶來的影響；以及諸如此類的問題。將這些「摩擦」（frictions）引入舊模型是一項長期工作，但能帶來成效。由於涉及更多考量，模型變得不再那麼簡潔，但是可供研究許多對公共政策和企業策略至關重要的新問題。

即使在當今以狐狸為主的世界裡，有些人「更像狐狸」，另一些則「更像刺蝟」。刺蝟一生固定研究一個問題，往往設法說服追隨者也走同樣的路；他們為捍衛一個自己認為重要甚至一體適用的典範而冒險，這點令人欽佩。狐狸則對那些所謂一體適用的理論持懷疑態度，並且基於多種方法，更常進行自我反思；每當他們認為某項研究已出現「收益遞減」（rendements décroissants）的情況，便會轉向另一項研究。兩種風格沒有優劣之分，科學需要狐狸和刺蝟；正如研究在理論和實驗之間來回進行，研究也在狐狸和刺蝟之間反覆切換（我們每個人甚至時而狐狸，時而刺蝟）。實際上，過往經驗似乎表明，學術界對這兩種類型的人都給予認可和獎勵。（註27）

在公共辯論中，究竟是狐狸型經濟學家還是刺蝟型經濟學家較合適？對此我們知之甚少，但賓夕法尼亞大學心理學家菲力浦・泰特洛克（Philip Tetlock）對政治學專家的研究非常引人注目（註28）。簡而言之，泰特洛克對這個問題提出兩種答案。首先有關學者觀點在公共辯論中的接受度。刺蝟只會激怒那些反對他們觀點的人。狐狸則會招致所有人的不滿，因為他們運用多種知識，不會顧及任何人的感受。而且，狐狸考慮更多因素，常在自己的建議中加入保留意見，磨耗大眾渴望聽到確定答案的耐性，因此不易成為電視節目的紅人（事實上，極端的「狐狸」可能會提出過多建議；有時不得不勉強選擇較合理的建議）。而媒體比較喜歡刺蝟。

其次，泰特洛克在近20年裡研究了284位政治學專家所提出約

28,000 項預測，涵蓋關於蘇聯解體、國家分裂的可能性、伊拉克戰爭或強勢政黨的衰落。他根據 14 個指標（註 29）將這些專家分為狐狸型和刺蝟型，此外還根據專家的政治觀點對他們進行分類。這一層面與專家的認知風格是有關連的。不出所料，狐狸型比刺蝟型更有可能處於政治光譜的中間位置，而非兩極。儘管專家們有具體不同的政治觀點，但這些政治立場對他們預測的錯誤率影響並不大。例如，1980 年代左派專家可能因為低估雷根的智力，而做出過度負面的預測，而右派專家則因過於關注蘇聯的威脅而產生過度悲觀的預測。雖然政治立場影響了他們的預測內容，但最終這些錯誤的出現並不是因為政治立場本身，而是因為他們沒有正確地理解或預測當時的實際情況。這表明政治觀點並不會在所有情況下直接影響預測的準確度，所以影響比較有限。更重要的是，相較於政治觀點，專家的認知風格對預測準確性的影響更大。狐狸型專家預測表現明顯優於刺蝟型，因他們更能意識到自己可能犯錯。泰特洛克以馬克思和自由意志主義者（註 30）為例，將他們歸入刺蝟型，因對世界的看法單一，然而其宏大的預測從未實現。想從這項創新研究中得出最終結論並不容易，不過它涵蓋的樣本數量相當龐大。其他領域也應進行類似研究。

第四節

數學的功用

在社會科學和人文學科中，經濟學是最依賴數學工具的；比政治學、法律（包括經濟法）甚至比演化生物學（biologie évolutionniste）都要更多，當然也遠遠超過社會學、心理學、人類學和歷史學。因此，經濟學經常受到過於形式化、過於抽象的批評。

經濟學的數學化起步較晚，儘管在十九世紀，法國的工程師兼經濟學家（安東－奧古斯丁・庫爾諾〔Antoine- Augustin Cournot〕、朱爾・杜比〔Jules Dupuit〕、約瑟・伯特蘭〔Joseph Bertrand〕）以及瑞士洛桑的萊昂・瓦爾拉斯（Léon Walras）和威爾弗雷多・帕雷托（Wilfredo Pareto）、德國的約翰・海因里希・馮・邱念（Johann Heinrich von Thünen）、牛津的法蘭西斯・埃奇沃斯（Francis Edgeworth）以及倫敦大學學院（University College London）的威廉・斯坦利・傑文茲（William Stanley Jevons）等人已經積極將學科加以形式化。二十世紀以降，經濟學逐漸數學化，其趨勢並在 1940 年代和 1950 年代加速。許多當時傑出經濟學家，如肯・阿羅（Ken Arrow）、傑拉爾・德布勒和保羅・薩繆森，其研究工作對經濟學的貢獻就如同布爾巴基（Bourbaki）（註 31）的著作對數學的貢獻。他們藉由形式化來組織經濟學思維。更重要的是，他們形式化並證實（或否定）古典經濟學家（從亞當・斯密到阿爾弗雷德・馬歇爾〔Alfred Marshall〕）提出的模糊但創新的觀點。這是一個必經的階段，其後續研究都是從此基礎上發展起來的。不過隨後還必須向其他方向推進。

正如在物理科學或工程學中一般，數學在經濟學中也發揮了兩個層面的作用：理論建構和實證檢驗。在分析資料數據時，運用計量經濟學（將統計學應用於經濟學）是必不可少的，因為決策的前提之一在於識別因果關係。相關性（corrélation）和因果性（causalité）是兩個不同的概念。正如諧星科呂什說的笑話：「你生病千萬不要進醫院，因為在醫院床上的死亡率比家裡床上高出十倍。」這說法很荒謬，即使將醫院內感染考慮進去也不成立。他這裡說的是相關性，而非因果性（否則就該關閉醫院）。只有基於計量經濟學的實證策略才能識別出因果影響，進而提供經濟決策的建議。

利用模型來表示問題的本質則較具爭議性。正如我之前所提到的，任

何模型都是以簡化的方式來表示現實,有時甚至簡化得過火(雖然後續的研究可能深入探討並彌補某些缺陷)。正如諾貝爾獎得主羅伯特・梭羅在其著名之經濟成長論文開頭所言:

「所有理論都建立在不完全真實的假設上。這正是其做為理論的原因。一個建構理論的好技巧在於做出簡化假設,但要確保最終結果是穩固的。『關鍵』假設是指那些結論據以成立的假設,重要的是這些關鍵假設必須符合現實。如果理論的結果似乎特別依賴於某個關鍵假設,而該假設存有疑點,那麼那些結果也就值得懷疑。」(註32)

我認為數學模型雖有缺陷,但仍不可或缺,且其原因不只一個。首先,它能引導實證研究;若無模型加以檢驗,數據資料不會透露出對經濟政策有用的訊息。模型讓人得以分析福利,因此得以分析經濟政策。其次,因為寫下模型本身即創造了一種思維紀律。它迫使經濟學家明確其假設,在推理過程中創造一定的透明度(其他人可以清楚理解並且判斷這些假設是否合理,是否可以接受,不致因假設不明確而感到困惑或是誤解,這種書寫還可敦促我們檢查論證中的邏輯,畢竟直覺有時可能誤導我們。

哈佛大學經濟學者達尼・羅德里克(Dani Rodrik)(註33)說得好,經濟學家運用數學不是因為他們聰明,而是因為他們不夠聰明:

「我們需要數學來確保邏輯思考,確保結論源自前提,並確保論證並未忽略任何細節。換句話說,我們運用數學不是因為我們夠聰明,而是因為我們不夠聰明⋯⋯我們恰好夠聰明到認識自己不夠聰明。我告訴學生,面對貧窮和開發落後問題時,這種自我認識將使他們有別於抱持強烈成見的人。」

最後,設定和求解模型能讓我們思考其他問題(如果由假設推出的結論有誤,那麼是因為這些假設不合適嗎?或者建構模型的過程中遺漏了什麼?)

然而,數學化並非沒有代價。首先,數學有時很難,而且研究一個

主題的初期嘗試通常是粗略的；因此需有耐心，但人們卻要求經濟學家立即提出經濟政策建議。40 年前，我們很少或幾乎不知道如何對預期（anticipations）、企業間的互動、資訊不對稱建構模型；因此經濟學的許多領域很難形式化。其次，經濟學家有時會有「在路燈下找東西」的偏見（去路燈下尋找失物，因為那裡有光，但不一定是遺失物品的地方）。例如，總體經濟學長期以來偏好「代表性個人」的說法（換句話說，假設所有消費者都是均質的），只是因為這樣更容易分析模型；時至今日，這一假設常被揚棄，因為消費者在許多面向上都不同（例如品味、財富、收入、借貸限制、社會人口變數〔variables sociodémographiques，譯註 11〕等），可是這也帶來更複雜的問題。隨著假設變得精細以及對行為人的描述變得複雜，我們越來越需要借助數學來確保推理的完整。

第三，經濟學的教學往往過於抽象，有時這一趨勢又因數學的運用而加劇。但這並不是數學的錯，因為教師可以自由選擇如何授課。教學應該跟上研究的新知，但闡釋的方法不一定相同。事實上，英美國家大學部的經濟教材大多不倚重數學。然而，對教師來說，通常更容易以現有形式講解研究成果，而不是以更易懂的方式重新闡述那些研究。最後，有時人們指責經濟學研究社群過於追求美感。數學不再僅是一種工具，反倒變成了目標，因為人們認為，使用數學來建構漂亮且邏輯一致的模型已成為科學品質的標誌。這種偏差無疑存在，但我們也必須記住，就像其他科學領域一樣，除非論文構成一種方法論上的進步，對研究應用有所貢獻，否則巧妙但內容膚淺的內容很快就會遭人遺忘。

譯註11　用來描述一群人或一個社會群體的社會與人口特徵的各種因素。這些變數通常包括：年齡、性別、教育程度、收入、職業、婚姻狀況、家庭結構、種族或民族等，通常用來分析和研究不同社會群體之間的差異，並能幫助理解個人行為、生活方式、健康狀況等方面的趨勢。

第五節

賽局理論與資訊理論

　　賽局理論與資訊理論徹底改變了經濟學的所有領域，且如同在演化生物學、政治科學、法律裡（偶爾還在社會學、心理學和歷史學裡）那樣受到廣泛應用。

賽局理論

　　現代個體經濟學建立在賽局理論以及資訊理論的基礎上。前者描述並預測具有自身目標且處於相互依賴狀態之行為者的策略，而後者則解釋這些行為者對私有資訊的策略性運用。行為者在面對利益出現分歧的情況時，賽局理論能設想其選擇策略。因此，賽局理論不僅涉及經濟學，還涵蓋整個社會科學，並同樣適用於政治、法律、社會學，甚至（詳見下文）心理學。賽局理論最初由數學家創立：法國人埃米爾・博雷爾（Émile Borel）在1921年率先提出，後由美國人約翰・馮・紐曼（John von Neumann）和約翰・納許（John Nash）（註34）躍事增華（前者於1928年發表一篇專文，隨後在1944年與奧斯卡・摩根斯坦〔Oskar Morgenstern〕合著專書，後者則於1950年發表一篇專文）。最新的進展通常受到社會科學的應用所驅動，主要由經濟學家完成（不過，有些成果也歸功於生物學家或數學家）。

從個體行為到集體行為

　　「預期」的重要性是社會科學和人文學科中的一個特色，在理解行為

者的環境如何隨其決策而演變和反應上尤其重要：為了明白如何採取行動，一個行為者必須預期其他行為者的作為。如果行為者充分理解其他人採取某種行動或做出某個決定的驅動力及其策略，那麼這種預期就是理性的（至少「平均而言」如此）。此時，我們稱這些策略處於「均衡狀態」（有時稱為「納許均衡」〔équilibre de Nash〕，這是納許在 1950 年提出、有關「均衡」的通用理論）。這種對他人可能行為的理解可以經由推理得出（行動者「置身他人立場」思考，如果換成自己，會採取何種行動），或者如果與先前的賽局經驗類似，則可從過去行為的推斷中得出。

一個人如果不加看管便把錢包或自行車留在街上，或者在汽車司機不尊重行人權利的國家中不走斑馬線過馬路，從正確預期他人行為的意義來看，都是在解決賽局理論的基本問題。行人過馬路的例子也呈現了多重均衡的可能性：如果司機不必為自己的行為付出代價（心理上的除外），只要行人不在汽車駛近時過馬路，司機在靠近斑馬線時就不會減速；反之，如果司機預期行人會在汽車駛近時過馬路，便有動機減速，而行人也會在預期司機禮讓行為的情況下過馬路。

就像莫里哀的《貴人迷》（Le Bourgeois gentilhomme）中的喬爾丹先生（M. Jourdain）無意中發現自己竟能口出散文一樣，我們每天不知不覺中都在扮演賽局理論的專家，這是因為我們每天都參與成百上千的「賽局」，身處在需要預測他人行為的情境中，其中包括他們對我們自身行為的反應。當然，有些賽局會在我們有生之年反覆出現（例如與人際互動及社交來往相關的那些賽局），因此我們在那其中更為嫻熟。反之，在其他偶爾才出現的賽局中，我們就不那麼拿手了。例如，很少有人在第一次參與拍賣時能構想出最佳策略，在每個競標人對拍賣物品的價值都掌握獨家資訊的情況下尤其如此（例如，一個礦脈或某家企業首度公開募股）；大多數人和專家不同，前者喊價時往往過於樂觀，因為他們未能設身處地考慮其他潛在買家的反應，並且未能理解，其他人如果打聽到不利消息時出

價會較保守（此一現象又稱「贏家詛咒」（malédiction du gagnant），因為你標到手的東西價值往往不高。

選擇哪種行為通常取決於其他人的行為。如果其他開車的人或地鐵乘客都在早上八點出門上班，那麼我可能改在六點出門，就算這樣對我來說太早也無所謂。於是各種交通流量都會在「均衡」狀態中穩定下來，每個人都在理想的時間安排以及路況或地鐵擁擠之間做出最佳權衡。在這種出門上班的選擇中，行為者會設法將自己的行動與他人區分開來。在其他情況下，行為者面臨的則是協調的問題，並希望配合其他行為者的行動。例如，如果多數國人都不繳交罰單，那麼（可惜的是）在下次總統選舉時，將會有強大的政治勢力出面呼籲勾銷罰單，進而減弱我繳交罰單的動機。

「平均預測」（prévoir en moyenne）有時反映出均衡是一種「混合策略」（stratégie mixte）：一個面對罰球的優秀足球守門員不應讓人看出他有左撲、右撲或者守中間的傾向，踢罰球的人也如此。事實上，針對職業選手（業餘選手比較容易預測）的研究表明，他們的行為是不可預測的：例如，一個優秀的守門員在三種選擇中避免失球的機率（大約25%）大致相同（註35）。另一種無法完全預測他人行動的原因是，我們並無法掌握對方的全部資訊；只能根據特定情況預測其行為：「在這種情況下，換成我，我會這樣做。」例如，在之前提到的拍賣問題中，如果競標者聽到有關拍賣物品價值的消息是好的，即可預測出價會很高；反之，如果他們聽到的消息是壞的，則可預測出價會很低。

為了說明賽局理論的強大及其局限，我們來討論一種稱為「囚徒困境」的情況，這是一個能表示和分析許多衝突情境的策略框架。這個名詞來自以下情境：人們懷疑兩名囚犯共同犯下一起罪行（事實確是如此），並將他們分別關在兩個獨立牢房，同時要求他們認罪。認罪者將獲得較為寬大的處理。兩名囚犯共同的最佳選擇是都不要認罪，但從個人利益的角度來看，他們各自都傾向於認罪。如果兩人都認罪了，那就達到均衡

我們在圖一中看到的情況非常簡單，只涉及兩個行為者：行為者一（用粗體字表示）和行為者二。每個行為者都有兩種選擇：第一種是與另一個行為者合作，第二種是採取背叛或投機行為。與另一個行為者的合作行為標記為 C，背叛行為則標記為 D。在報酬矩陣的每個格子中，第一項報酬（用粗體字表示）是行為者一的，第二項則是行為者二的。例如，如果行為者一合作而行為者二背叛，前者將一無所獲，而後者將獲得 20 點。如圖一所示，背叛行為為個人帶來 5 點的額外收益，而且無論另一方的選擇是什麼，都會對另一方造成 15 點損失。

　　這裡每個行為者都知道圖表中的所有資訊，但他們必須在無法得知對方決定的情況下做出自己的決定。正如報酬矩陣所清楚呈現的，兩位行為者集體上最有利的選擇是合作（即兩人都選擇 C），因為此時雙方各得 15 點，總報酬為 30 點，這比其他三種結果（如果選擇不同為 20 點，如果兩人都背叛對方則為 10 點）都高。但是，從個人角度來看，他們更傾向於採取投機行為，如果雙方都選擇背叛，賽局就達到均衡狀態，但每個人只有 5 點報酬。

　　事實上，不論行為者一選擇 C 還是 D，行為者二選擇 D 能獲得更多：如果行為者一選擇 C，行為者二選擇 D 能獲得 20 點，而選擇 C 只能獲得 15；如果行為者一選擇 D，行為者二選擇 D 能獲得 5 點，而選擇 C 只能獲得 0 點。行為者一的情況也是如此。

　　因此，這場賽局的分析特別簡單，因為玩家擁有「優勢策略」（stratégies dominantes），即玩家在做決定時不需要預測對方的意圖：無論對方選擇 C 還是 D，每個行為者都傾向於選擇策略 D。

　　由此可以推斷，在面對這種選擇情況時，任何理性個體選擇投機策略對自己最有利。然而，實際上，在實驗室實驗的條件下（註 36），觀察到的結果並不是所有行為者都會選擇背叛：15% 到 25% 的行為者會選擇

圖一　囚徒困境

		行為者二	
		C	D
行為者一	C	**15**,15	**0**,20
	D	**20**,0	**5**,5

合作。第五章將回來討論這一現象：我們質疑的不是賽局理論本身，而是如下這一假設：經濟個體即使面對的是與其沒有關聯的人，其行為也總是自私的。

　　囚徒困境賽局雖簡單，卻能呈現許多重要的策略對抗（affrontement stratégique，譯註 12）情境。例如，在石油輸出國組織成立之前，每個石油出口國都傾向增加本國的產量（策略 D），而不是減少產量並與其他國家合作（策略 C），但這會對其他出口國產生不利影響，因為油價會因此下跌。藉由設定配額及懲罰溢產的機制，該組織得以透過迫使成員國選擇 C 來增加本國的收入。在這種情況下，我們可以理解，參與者（無論是個人、企業還是國家）都會希望達成共識，並透過協作和懲罰機制團結起來，防止成員背叛。

　　這種賽局還啟發了競爭法主管機關為打擊卡特爾（cartel，譯註 13）而推出的「寬恕計畫」（programmes de clémence）。這一計畫在美國已經實施很久，最近歐洲也引入並取得成效。該計畫保證任何揭露其所參與之卡特爾協議的企業幾乎無須受到懲罰，只懲罰其他參與其中的企業。這個計畫利用在卡特爾內部重現囚徒困境的辦法，破壞其內部的協議，從而

譯註12　個體或群體在互相競爭或對抗時，根據彼此的行動和預期結果，採取有計畫的策略性行動。這種情境通常涉及雙方設法最大化自身利益，並可能以對方的行為作為調整策略的依據，例如在經濟賽局、外交談判或軍事衝突中經常出現的情況。

譯註13　又稱「壟斷聯盟」，通常是同一行業中一群企業競爭者做出的協議，透過價格協定、市場分配、產量限制、投標操控等限制競爭的手段來控制市場。

有效加以打擊。

囚徒困境的另一個應用例子呼應了本書第八章所研究的氣候暖化問題。從自私角度來看，每個國家都不願減少溫室氣體的排放，但這種自私態度會對集體造成極嚴重的後果。加勒特·哈丁（Garrett Hardin）於 1968 年發表在《科學》期刊上描述「公有地的悲劇」（tragédie des biens communs）的論文，解釋了京都、哥本哈根等會議失敗的原因。當初為了避免這種悲劇，各國需要簽署一份迫使所有國家選擇策略 C 的協議，但實際上所有國家都選擇了策略 D。

交互作用的動態性

動態賽局理論的核心是，某個行為者當前的決策會對其他行為者未來的決策產生影響，因此該行為者必須理解其決策將如何影響其他人未來的策略。例如，一個國家在制定新法律或法規時，必須預期消費者或企業的行為會因為新的制度環境而發生變化；為此，國家必須「設身處地」考慮其他經濟行為者，並預測他們未來的行為。這種情況下的均衡在（並非那麼貼切的）經濟學術語中稱為「完美均衡」（équilibre parfait）。在完美均衡的狀態中，每個行為者都清楚了解自身舉措未來會對其他行為者的行為產生什麼影響。

行為者的舉措看在其他人的眼裡，經常代表他所掌握的資訊。例如，投資人如果買進某家公司的股票，代表他所掌握的資訊或對環境的了解使他樂觀看待該公司的價值；這種資訊往往會推高該公司的股票價格，降低買家的收益。因此，想大量購進某支股票的人會設法分散訂單或委託仲介來低調取得。另一個例子是朋友或供應商背叛他人對自己的信任，採取投機行為；這種舉措反映了該人的真實性格，因此他在未來將更加謹慎，以避免危及自己的名聲。

有人根據「完美貝氏均衡」（équilibre bayésien parfait）的概念研究了這些情況。該概念結合了「完美均衡」和貝氏定理（loi de Bayes，譯註14）意義上的理性資訊處理。從這裡便引出了資訊理論。

現代經濟的第二個統一架構是資訊理論，視其應用領域不同又可稱為誘因理論（théorie des incitations）、契約理論（théorie des contrats）、訊號理論（théorie du signal）或委託人－代理人理論（théorie du principal-agent）。該理論圍繞決策者所掌握之私有資訊的策略功用而展開。如果想深入理解人際或者經濟關係，確實需要考慮行為者所掌握的資訊是不同的，而且他們會利用自己的私有資訊來達成目的。

資訊理論由阿羅（1972年諾貝爾獎得主）、阿克洛夫（Akerlof）、斯彭斯（Spence）、斯蒂格利茨（三人均為2001年諾貝爾獎得主）、米爾利斯（Mirrlees）和維克瑞（Vickrey，1996年諾貝爾獎得主）、赫維茲（Hurwicz）、馬斯金（Maskin）和邁爾森（Myerson）（共同獲得2007年諾貝爾獎）以及霍姆斯特羅姆（Holmström）、拉豐和米爾格羅姆（Milgrom）等人發展而來，其中兩個基本概念分別為道德風險（aléa moral）與逆選擇（antisélection）：

道德風險是指行為者的行為可能不被契約的另一方（經濟學術語稱為「委託人」〔principal〕）覺察，但其行為可能影響後者，或是在契約發生糾紛、法院責成其履行條款時，其行為不被法院發現。以地主（委託人）和佃農（代理人，即 agent 或 mandataire）之間的佃農制契約為例：佃農可能不會耗費心思注意作物的選擇或播種的時機，也不會為達成豐收和獲得優質作物而加倍努力，反而寧可從事其他活動。在這種情況下，我們說佃農存在「道德風險」，即收成的風險不是來自外部原因（例如氣候

譯註14　貝氏定理是機率論中的一個定理，描述在已知一些條件下，某事件的發生機率。比如，如果已知某種健康問題與壽命有關，使用貝氏定理則可以藉由得知某人年齡，更加準確地計算出他發生該種健康問題的機率。

風險或是市場需求），而是來自代理人的行為，而該行為受誘因條件影響。由於委託人無法觀察到代理人所付出的努力（或者在努力不足的情況下向法院舉證），且結果不僅取決於代理人的努力，還取決於代理人無法控制的事件，那麼應該由委託人還是代理人來承擔活動內在風險呢？

佃農制是一種農地租賃契約，地主（出租人）將土地交給佃農耕作，以換取部分收成。佃農制中締約雙方五五分成，即佃農將一半的收成交給地主，這樣一來，佃農「責任感較低」，比起租地契約（佃農繳交固定金額〔租金〕給地主並獲得全部收成的佃租制），「這種契約誘因作用較弱」。誘因作用最弱的契約是佃農只拿固定薪水，因為他就不會關心所付出的心力會有什麼結果。租地契約將所有風險轉嫁給佃農，包括氣候變化或其他非佃農自身可以掌控的風險，對於希望有穩定收入、不喜歡冒風險的佃農而言，這種契約的代價非常高昂（註37）。反之，如果佃農不擔心收入風險，租地契約是最理想的，因為佃農會對努力負全部責任，並據此選擇適當的付出程度。假設風險是由地主全部或部分承擔，佃農付出則會不足。

逆選擇（也稱為反向選擇〔sélection adverse〕）指的是契約簽訂時，只有代理人掌握獨家資訊。以收益分成制為例，只有佃農自己知道能對這片農地付出多少、自己的能力如何或自己有無熱情付出心力。反之，也只有地主自己才掌握土地品質等資訊。逆選擇影響契約，因為它造成對契約結果的懷疑。為了說明這一點，我們假設地主知道其土地是否肥沃，而佃農則未掌握這一資訊。即使佃農不擔心收益上的風險（租地制應是最理想的選擇），他仍會對地主提出的農地租賃契約心生懷疑，認為土地實際並不肥沃，而地主只打算轉嫁風險，因此可能會要求地主分享收益，以證明該農地是高產的。

我們立刻看得出來，這種以道德風險和逆選擇來經營制度分析的架構，同樣適用於網路產業或銀行管制（管制者對企業技術、降低成本的心

力或銀行投資組合的確實風險所掌握的資訊並不完全），適用於公司治理和融資（股東、債權人及其他利益關係人對管理階層的決策或其後果了解並不充分），也適用於組織社會學（sociologie des organisations）（工作部門或小組為了自身利益而策略性地保留某些資訊）等。

過去 30 年來資訊理論的發展總結出一些談判機制和控制機制的重要原則。基於這些原理，我們可以提出一些簡單的規則來指導任何契約的設計和執行。例如，負責起草契約的一方應接受這個觀點：如果另一方擁有資訊優勢，必須給予其一定的好處以引導其披露這些資訊。

同樣地，契約必須在以下兩方面具備穩健性：首先，它必須只依據那些可以觀察和驗證的技術、會計或行為因素。這個概念在我們分析就業政策或應對氣候變遷的策略時發揮關鍵作用。其次，契約應立足於一套可信的獎懲機制上；在缺乏誘因機制的情況下，雙方需要持續關注對方的行為。如果其中一方不夠誠實，另一方可能會失去信任，最終可能導致信任和合作關係中斷。契約設計還必須具有動態視角，特別是因為在契約期間，某些在簽約時無法預見的事件（或可能僅由一方觀察到）不可避免會發生。因此，必須預先設定重新談判或中止契約的條款，尤其是計算賠償的規則。

這些例子只簡要介紹了資訊理論，不過都清楚說明行為者理性行事的重要性，因為行為者常傾向於利用資訊不對稱來謀取自身利益。

第六節

方法論的貢獻

在許多科學學科中，研究過程前期的工作常發展出後期研究中所運用

的技術，這在經濟學中尤為明顯。許多研究並非總是直接針對某個具體的經濟問題，而是集中於方法論上，但是這些成果雖未被直接應用，卻在其他理論為某些現象建立模型時充作基礎，或為實證研究提供概念架構。

例如，計量經濟學家調整統計方法或構建技術，以便使應用經濟學家能更精確地衡量經濟現象，並確定因果關係（某個變數是否影響另一個變數，或只是與其相關），這是將實證分析應用於公共政策的必要條件。同樣地，理論經濟學家可能會研究非直接應用的架構。以下的評論十分抽象且偏自我中心（因為我只描述自己的研究內容，在此還望讀者包涵），但其目的旨在讓讀者感受到經濟學研究者工作的多樣性。

我對「純賽局理論」（théorie des jeux pure）的研究集中在動態賽局（jeux dynamiques）上，即那些在時間軸上開展且行為者（「賽局玩家」）對其他行為者過去的選擇做出反應的衝突情境。首先，我與艾瑞克・馬斯金（Eric Maskin，我在麻省理工學院讀博士時的指導教授，今任教於哈佛大學）一起為「馬可夫完美均衡」（équilibre de Markov parfait）的概念做出定義；根據這一概念，對於任何會隨時間而演變的賽局，我們都可以明確識別出一個對於過去的「總結」（稱為「狀態變數」〔variable d'état〕），而該總結正可以幫助賽局的參與者決定未來的策略。在一場賽局中，這個總結濃縮了直到該時刻為止的歷史，描述了行為者需要了解的、有關未來策略對未來收益影響的資訊。比方，在寡占市場中，如果企業獲取產能的方式和時機無關緊要，這些產能可能會成為過去產業的歷史縮影，間接地反映出該行業過往的發展軌跡。這一概念在所謂的「結構性產業經濟學」（économie industrielle structurelle）研究中廣獲採用，也是目前「實證產業經濟學」（économie industrielle empirique）的主流方法：如今，計量經濟學家已普遍地將「馬可夫完美均衡」用於分析和衡量企業競爭中的動態行為。

我和德魯・福登伯格（Drew Fudenberg，同樣是艾瑞克・馬斯金的第

一批學生，如今任教於麻省理工學院）一起，將「完美貝氏均衡」（註38）的概念予以精緻化。這個概念結合了貝氏均衡（研究資訊不對稱的賽局）和完美均衡（描述動態背景下的均衡）等兩個概念。我們還共同定義了一種在連續時間下研究「先發制人賽局」（jeux de préemption）的方法論（或者普遍來說，研究賽局者選擇行動時機的策略）。

此外，我在「純契約理論」（théorie pure des contrats）方面的研究，主要是將其分析框架延伸到四個方向：

動態性：契約關係通常持續重複，且在執行過程中可能重新談判。我與讓－雅克・拉豐、奧利弗・哈特（Oliver Hart）、德魯・福登伯格的共同研究（之前也與羅傑・蓋斯內希和札威爾・弗雷克薩斯〔Xavier Freixas〕合作）發展出針對契約的動態觀和演化觀。例如，在逆選擇的情況下（即代理人握有委託人沒有的資訊），代理人的表現會暴露有關其特徵或環境的資訊（任務難易、才能高低、工作上的努力程度），並影響未來契約的簽訂。地主若見豐收，會猜測是因土地肥沃或農夫有效率，以致未來傾向提供條件較嚴苛的契約；例如，在租賃契約中要求更貴的租金或設定更高的收成目標。農夫一旦預期到這種「棘輪效果」（effet de cliquet），可能會降低努力程度（甚至藏匿部分收成！）。

層級結構：契約往往不止涉及兩方（委託人與代理人）。例如，在分成租賃的契約中，地主和農夫各自獲得一半收成，但這時地主可能會委託中間人來估算／監督收成。事實上，經濟領域裡遍布這類中間人：金融仲介（銀行、投資基金、風險資本等）、公司的工頭和管理及監督人員等。多方參與意味組織內部可能形成小圈子並互通聲氣的風險。我的研究旨在將這種「派系」共謀串通的威脅與資訊結構（組織內的資訊分配）連結起來，並且研究這種威脅對組織設計的影響。

知情委託人理論（théorie du principal informé）：我與艾瑞克・馬斯金合作的這項研究提供了一種概念工具，用於建構委託人（掌握代理人不

知道的資訊）向代理人提供契約的選擇。例如，一位在金融市場上籌集資金的企業家（委託人）可能真的需要流動資金來資助一個好專案，或可能打算在不利企業消息公諸於世之前出售部分資產。發行數量及其方式（股票、債券等）會被投資者（代理人）解讀為某種跡象。

企業和政府的內部組織結構：我與布魯塞爾自由大學（Université libre de Bruxelles）的馬蒂亞斯‧德瓦特里蓬特（Mathias Dewatripont）合作，一起研究如何設計組織結構以促進責任感。我們發現，採用對抗式程序（procédure adversariale，也就是讓代表相反立場的律師參與辯論，而不依賴較中立的參與者）可以幫助法官或其他中立的決策者獲取更多資訊。即使這些律師可能隱瞞對己方不利的資訊，對抗式程序仍然能讓決策者更全面地了解情況。此外，我們還研究了可以委託給政府官員和機構的任務，並證明委託一個具體而明確的任務優於委託一個無所不包的任務（「貪多嚼不爛」）。

本章致力於展示經濟學研究的主要特點：理論與實證的往復交替（方法論研究與應用研究的互補）、如何評價這類研究的貢獻、科學辯論及隨著理解深入而必然波動的共識、數學和新概念工具的功用。正如其他的科學領域一樣，伴隨經濟學知識進步而來的是研究者的專業化，有時甚至是零碎化，因為掌握不同方法、領域和工具變得越來越困難了。然而，無論在經濟學學科內部或人文社會科學學科之間，跨學科的交流仍然是知識進步的重要因素，而我們將在下一章加以論述。

註 1　這裡只舉出阿萊（Allais）以及其他相關的幾位歷史人物。阿萊是諾貝爾獎得主，曾經擔任經濟計量學會（Société d'économétrie）會長，而該學會正是經濟學領域最負盛名的國際學會，早期會長包括歐文‧費舍爾（Irving Fischer）、約瑟夫‧熊彼特（Joseph Schumpeter）、約翰‧梅納德‧凱恩斯（John Maynard Keynes）及其他許多著名經濟學家。更早之前，迪維西亞（Divisia）和羅伊（Roy）等兩位法國人也曾分別在 1935 年和 1953 年擔任該學會的會長。

註 2　參見：Partha Dasgupta, « Modern Economics and Its Critics », in Uskali Maki (dir.), *Fact and Fiction in Economics. Models, Realism and Social Construction*, Cambridge, Cambridge University Press, 2002. 帕爾塔・達斯古普塔（Partha Dasgupta）分析了 1991 年至 1995 年間發表的 281 篇文章；其中，25 篇是純理論研究，100 篇是應用於特定經濟政策問題的理論研究，另外 156 篇（即超過半數）是實證或實驗研究。

註 3　達隆・阿西莫格魯（Daron Acemoglu，經濟制度、勞動經濟學）、蘇珊・阿塞（Susan Athey）和喬恩・萊文（Jon Levin，產業經濟學）、拉傑・切蒂（Raj Chetty）和伊曼紐爾・塞茲（Emmanuel Saez，公共政策評估）、埃絲特・杜芙洛（發展經濟學）、艾米・芬克爾斯坦（Amy Finkelstein，醫療保健經濟學）、羅蘭・弗裡爾（Roland Fryer，歧視經濟學）、馬修・根茨考（Matthew Gentzkow，媒體與政治經濟學）、史蒂夫・列維特（Steve Levitt，社會現象與個體經濟學，暢銷書《蘋果橘子經濟學》〔*Freakonomics*〕的作者）。這裡只舉出最近十屆獲得克拉克獎章（授予在美國工作之 40 歲以下的最佳經濟學家）的研究人員。

註 4　第八章將交代更多細節。

註 5　詳見第七章。

註 6　例如，第一個情況是齊性空間（espace homogène）及各向同性空間（isotrope de dimension trois）的問題；第二個情況則是未考慮電荷之間的相互作用。

註 7　折現（actualisation）是將在不同日期發生的財務流量匯總為一個數字，這是因為這些不同時間點上的流量無法直接加以比較。為此，我們採用利率 i，因為它反映了儲蓄市場上今天的 1 歐元和一年後的（1 + i）歐元之間的折衷（這只是簡化的說法，畢竟還可能涉及其他因素，例如風險或遠期收益的現值化；詳見：Christian Gollier, *Pricing the Planet's Future? The Economics of Discounting in an Uncertain World*, Princeton, Princeton University Press, 2012）

註 8　我無法在此一一臚列關於該主題之成百上千篇的經濟學文獻。不過，讀者可以查閱我與羅蘭・貝納布（Roland Bénabou）合撰、有關身分認同和社會規範的文章中所引用文獻。這些參考文獻數量並不多，僅止於一些精選或代表性的資料。

註 9　當然，樣本必須是真正隨機的。例如要排除那些自願選擇參加臨床試驗，而非被隨機挑選出來的人。

註 10　另一個隨機選擇的例子是夫婦子女的性別。例如，研究孩子數目對母親職涯的影響是很困難的：獲得升遷機會的母親可能決定少生或推遲生育年齡。因果關係在這種情況下難以確定：母親是因為有孩子而對職涯造成負面影響，還是成

功的職業女性選擇養育較少的孩子？然而，已有兩個男孩或兩個女孩的家庭更可能想要第三個孩子，而這一事實可以幫助開展因果關係的分析。參見：Josh Angrist, William Evans, « Children and Their Parents' Labor Supply. Evidence from Exogenous Variation in Family Size », *American Economic Review*, 1998, vol. 88, n° 3, p. 450-477.

註 11　請特別參考：Abhijit Banerjee et Esther Duflo, Repenser la pauvreté, Paris, Seuil, « *Les Livres du Nouveau Monde* », 2012.

註 12　相關概況請參閱如下這篇論文：Steven Levitt et John List, « Field Experiments in Economics. The Past, the Present, and the Future », *European Economic Review*, 2009, vol. 53, p. 1-18.

註 13　如果買賣雙方間的契約不完備，這一結論就不一定成立：一個重要的前提是交易條件必須明確規定。室內實驗已展開針對「工人」數量超過「職位」數量的研究。如果契約中明確規定工人工作努力的程度，那麼史密斯的結果就得到了驗證。然而，如果工作努力的程度部分可由員工自行決定，那麼雇主就會試著利用員工的互惠行為（參見第五章），所提供的薪資要高於能吸引住員工的數目。例如可參閱 Ernst Fehr, Armin Falk, « Wage Rigidity in a Competitive Incomplete Contract Market », *Journal of Political Economy*, 1999, n°107, p. 106-134.

註 14　關於近期經濟學科學地位的思考，建議閱讀：Dany Rodrik, Economics Rules. *The Rights and Wrongs of the Dismal Science*, New York, Norton, 2015.

註 15　從本章第五節開始，另見第十章和第十一章。

註 16　當然，我也可以舉一些有關個體經濟學的例子。

註 17　參見本書第十一章。

註 18　例如在美國大學系統中指終身職位。

註 19　尤其值得一提的是網站「撤稿觀察」（Retraction Watch）。關於研究結果重複檢驗的討論，可以參考以下論文：心理學領域：*Sciencemag* 雜誌 2015 年 8 月 28 日的《Estimating the Reproducibility of Psychological Science》；醫學領域：*PLOS One* 雜誌 2015 年 9 月 30 日的《Does Publication Bias Inflate the Apparent Efficacy of Psychological Treatment for Major Depressive Disorder? A Systematic Review and Meta-Analysis of US National Institutes of Health-Funded Trials》；經濟學領域，Andrew Chang 和 Phillip Li 的：《Is Economics Research Replicable? Sixty Published Papers from Thirteen Journals Say "Usually Not"》，Federal Reserve Board, 2015.

註 20　指某人自己不做貢獻，只享受集體努力成果的行為。

註 21　《世界報》（*Le Monde*）專訪，2001 年 1 月 3 日。

註 22　絕大多數這些學生不會成為經濟學家，而是轉而研究管理、法律或其他學科，或者投身職場。

註 23　參見：Bruno Frey, Stephan Meier, « Selfish and Indoctrinated Economists? », *European Journal of Law and Economics*, 2005, vol. 19, p. 165-171.

註 24　參見：Raymond Fisman, Shachar Kariv, Daniel Markovits, « Exposure to Ideology and Distributional Preferences », 2009, 尚未正式發表。

註 25　關於敘述（narratifs）對行為影響的研究，參見本人與 Armin Falk 和 Roland Bénabou 合撰的論文 « Narratives, Imperatives, and Moral Reasoning »，尚未正式發表。

註 26　參見：Isaiah Berlin, *The Hedgehog and the Fox. An Essay on Tolstoy's View of History*, Londres, Weidenfeld & Nicolson, 1953.

註 27　作家也是如此，他們是以賽亞・柏林那篇論文的研究對象。這單純只是一個印象，還需要透過類似於下文所描述之泰特洛克（Tetlock）的實證研究來嚴格加以驗證。

註 28　參見他的兩本書：*Expert Political Judgment. How Good Is It? How Can We Know?*, Princeton, Princeton University Press, 2005 以及他與 Dan Gardner 合撰的 *Superforcasting*, New York, Crown, 2015.

註 29　泰特洛克採用因數分析（analyse factorielle）法。以下是一些問題的例子：「你是否認為在判斷形勢時最常見的錯誤是誇大世界的複雜性？」或者：「你是否認為決策過程中常見的錯誤是太快放棄一個好主意？」刺蝟型的認知風格會回答「是」。

註 30　自由主義者主張國家不干預的觀點，但有兩方面除外：國家必須完善司法體系，以利經濟個體按其意願簽訂契約，此外還須負責維持秩序以及國防，從而保護人民的財產權。

註 31　尼古拉・布爾巴基（Nicolas Bourbaki）是一位虛構的數學家，係由才華橫溢之法國數學家（其中包括五位菲爾茲獎得主）所組成的團體。他們於 1934 年至 1968 年間聚在一起，編寫出以布爾巴基名義出版的數學著作，以更為嚴謹、抽象和統一的方式重新建構了數學。

註 32　參見：Robert Solow, « A Contribution to the Theory of Economic Growth », *Quarterly Journal of Economics*, 1956, vol. 70, n° 1, p. 65-94（本書作者親譯）。

註 33　參見：Dani Rodrik, « Why We Use Math in Economics », Dani Rodrik's Weblog, 4 septembre 2007（本書作者親譯）。

註 34　1994 年諾貝爾獎得主納許和妻子不幸在 2015 年 5 月因車禍去世。當時他們剛從奧斯陸回來，才剛獲頒與菲爾茲獎齊名的阿貝爾獎（prix Abel）。他的故事啟發了 2002 年由羅恩・霍華德（Ron Howard）執導電影《美麗心靈》（Un homme d'exception），並由羅素克洛（Russell Crowe）飾演納許一角。

註 35　參閱：Ignacio Palacios-Huerta, « Professionals Play Minimax », *Review of Economic Studies*, 2003, n° 70, p. 395-415.

註 36　這裡有個重要說明：實驗室實驗大多以匿名方式進行，個人的選擇是在電腦上完成的。例如，如果囚徒困境中選擇背叛行為，對方會知道自己的損失，但不知道是誰造成這一損失（實驗主持者原則上也不會知道）。在現實世界中，經濟行為者表現出慷慨，但仍不及實驗室實驗中的行為者。

註 37　如果一個人偏好穩定收入勝於平均相等但有風險的收益（例如，寧願拿到 20 元的確定收入，也不願分別以 50% 的機率拿到 30 元或 10 元），那麼他就是厭惡風險了。越是厭惡風險的人，越會要求契約將收入風險轉嫁給委託人。

註 38　由史丹佛大學的研究員大衛・克雷普斯（David Kreps）和鮑勃・威爾遜（Bob Wilson）及諾貝爾獎得主萊因哈德・塞爾騰（Reinhardt Selten）加以定義。

| 第五章 |

變動中的經濟學

　　經濟學過去曾完全嵌合在社會科學和人文學科的整體之中，直到二十世紀才建立獨立身分，這一過程是以與其他學科脫鉤做為代價。經濟學隨後提出「經濟人」（homo œconomicus）的假設，即假設決策者是理性的，因此在他們所掌握的資訊下會做出最有利於自己的決定（不過經濟學也強調，這些資訊可能不完整或遭操控）。經濟政策的建議通常立基於外部性或市場失靈之上，即個人理性與集體理性間的差異：對某位經濟行為者有利的事物並不一定對整體社會有利。

　　最近，經濟學家透過行為經濟學和神經經濟學的研究重新回歸心理學，旨在更深入理解行為。事實上，我們發現，經濟人和政治人（homo politicus）的行為並不總像理論所預測般理性。我們的思考和決策都有缺陷。過去20年來，經濟學整體上重新向其他社會科學靠攏，同時融合了它們的成果。這是很正常的。

　　容我說一句稍有爭議的話：人類學、法律、經濟學、歷史學、哲學、心理學、政治學和社會學只構成一個學科，因為它們研究的對象是相同的：相同的人、相同的群體和相同的組織。

　　當前經濟學家跨足到人文和社會科學領域的研究目標顯然不是霸權式地擴張，因為它並無意吞噬其他的姊妹學科。事實上，這些學科都有其獨特之處。它們通常（但並非總是）不太強調量化分析，即不太注重形式化理論分析和資料數據的統計處理。主要分歧在於，人文和社會科學的研究者並非都接受經濟學家所鍾愛的「方法論個人主義」原則（註1），即從

個人的動機和行為出發理解其所屬群體的行為。然而，我認為人文和社會科學各領域相互開放、相互汲取養分是必不可少的。經濟學家能從其他學科學到很多，反之亦然，且經濟學研究可以為個體行為和社會現象的研究開闢新視角（註2）。

許多著作整本都在討論經濟學如何跨越傳統界線深入挖掘。因此，本章僅提供一些例子說明此趨勢。為此，我主要選擇與自身研究相關的主題，望讀者諒解這一敝帚自珍的選擇。這些研究顯然只涵蓋經濟學家在傳統主題外研究領域的一小部分，我希望能讓讀者認識到當前經濟學家在傳統分析領域外所進行之研究的廣度。

第一節

並非始終理性的行為者：心理人

長期以來，一般認為經濟人是清楚自身利益並理性追求的決策者。當然，他可能因資訊不完全而做出不如完全知情時的決策；同時也可能選擇不完全掌握資訊或不徹底推理，因為獲取資訊和推理會耗費時間，還可能花費金錢（註3）。但無論利益為何，他都會設法最大化這些利益。

背離個人的利益追求

相反地，且讓我們舉一些不符合經濟人模型的行為例子。

我們常會拖延。

缺陷之一是缺乏意志力，即過分偏好現狀，導致拖延，或把不愉快

的任務推遲到以後，或對未來的投資不足，或採取衝動行為。許多研究致力於探討這種「短期思維」（court-termiste）的缺陷。希臘哲學家早已關注這個問題，亞當・斯密也在其著作《道德情操論》（*La Théorie des sentiments moraux*, 1759）中加以探討。但在近一個世紀期間（二十世紀），這個主題卻在經濟學的研究領域中消失了。不過近來情況已經改觀。

經濟學家關注拖延現象的原因在於它對經濟政策具有重大影響。實際上，我們常會違背自身利益：如果我們放縱自己，往往會導致退休前儲蓄不足、濫用酒精和毒品、沉迷賭博、過快購買推銷員推銷的產品以求擺脫他們、吃得過多過甜或過油膩、明明希望戒菸卻繼續吸菸或者寧可看電視而不去工作或社交。簡言之，我們今天的行為不總是與昨天的願望一致。

可以把短期思維看作是我們不同的、連續的「自我」（或稱「暫時化身」〔incarnations temporelles〕）之間的目標衝突。我們希望戒菸，但現在的自己太想抽最後一包菸，並把戒菸的任務推給明天的自己。然而，明天的自己也不會拿出更強的戒菸意志。我們總是過於重視即時的享受或成本，而犧牲了長期利益。

公權力面臨一個困境，即在尊重個人選擇（由現在的自我所做出的決定）與家父長主義（paternalisme，可理解為保護個人長期利益）之間進行權衡。儘管一般對家父長主義多少抱持警惕，畢竟它可能「合理化」國家對國民個人選擇的干預，但公權力可能想要糾正拖延偏差，這一點也不難理解。

例如，在實行「勞工退休金個人專戶制度」（système de retraite par capitalisation）之退休制度的國家，政府會大力補貼退休儲蓄，而在按國民在職期間收入水準來發放退休金的國家如法國，政府則會保證最低退休金。或者對香菸徵收高額稅收；或者頒布禁令或法規來管制毒品及賭博市場；或者在某些購物類型（如上門推銷）為消費者設下一定的「鑑賞

期」。這些都是公權力干預的例子。

神經科學也對此現象表現出濃厚興趣。研究人員探討大腦中的情況，例如個體面對跨期選擇（choix intertemporels）時會如何著手。我們詢問志願者，是寧可立即獲得 10 歐元或是等六個月後再獲得 15 歐元（這代表極高的利率，是法國 A 種儲蓄帳戶〔Livret A，譯註 1〕利率的 130 倍），同時觀察大腦在處理這一選擇時有哪些區域會被活化。我們發現，對於立即獲得 10 歐元的選項，大腦被活化的部分是在處理情緒時起重要作用的邊緣系統（système limbique），這是一個古老系統，在其他動物的腦中已經非常發達；至於六個月後獲得 15 歐元的選項，被活化的部分則是只在人類腦中比較發達的前額皮質（cortex préfrontal）（註 4）。這一觀察表明，在我們尋求即時滿足和長遠利益之間存在一種對立，是由大腦的不同部分來指揮的。

我們在形成信念時容易出錯。

我們大多數的決策都會產生不確定的影響。因此，重要的是，我們不應對自身行為可能導致的各種結果機率，產生過度偏差的認知。然而，有時候我們只是蹩腳的統計學家。

例如，一個經典錯誤是相信自然會「儘快」讓隨機事件的結果分布接近其平均機率（學過統計學的人都知道，這種結果分布與其理論機率的相似性在大量抽樣時有效，即所謂「大數法則」〔loi des grands nombres〕）。我們都知道，拋硬幣的正反面機會均等；事實上，如果我們拋硬幣的次數夠多，反面的比例將非常接近 50%（註 5）。

譯註1　又稱A活期存款簿，是由法國各大銀行向法國公民和居民提供的免稅儲蓄帳戶。該帳戶由國王路易十八於1818年成立，用於償還拿破崙戰爭期間的債務，部分資金現已轉移至法國存托銀行並由其再投資，用於建設社會住宅與償還歐元區債務。剩餘資金由銀行用於向法國中小企業提供貸款。

然而，許多人會犯這個錯誤：當連續丟出三次反面時，會認為下一次丟出正面的機率會比丟出反面的機率更大（註6）。實際上，硬幣沒有記憶，它會以50%的機率選擇兩種結果中的任何一種。這種偏見在執行重複性任務的專業人員中也存在，因為他們傾向於「彌補」自己最近所做的決策：如審理庇護申請的法官、銀行發放貸款的專員或棒球比賽時判定「好球」的裁判。換句話說，如果前一個決定朝某個方向，下一個決定朝相反方向的可能性更大（註7）。

即使是另一個十分常見的現象是，面對新資訊時，我們很難正確調整信念。在高中和大學裡，我們學習貝氏定理，這是面對新證據時正確修正信念的方法。在標準的個體和總體經濟的模型中，假定行為者只要掌握了新資訊，便會根據貝氏定理合理修正信念。但是，事實上，我們經常出錯，教育程度最高的群體也不例外。

正如我在第一章中提到的，心理學家康納曼和特沃斯基曾證明，即使是哈佛大學醫學院那些菁英學生，在根據症狀估算疾病機率時也會犯基本錯誤，顯示統計學並不是一個完全直觀的領域（註8）。或者，舉另一個由同一作者執行的著名實驗（註9）是：面對「與大醫院相比，任何一天誕生在小醫院裡的新生兒至少60%可能是男孩嗎？」關於這一問題，大多數人會回答，無論醫院大小，機率應該一樣。然而，統計顯示，實際上醫院規模如果較小，男嬰出生比例超過60%的機率更高。

直觀來說，假設某一間醫院每天僅有一名新生兒誕生，該新生兒是男嬰的機率約為50%；如果每天有兩名新生兒，兩人都是男嬰的機率（即男嬰比例超過60%）為25%。然而，隨著新生兒數量增加，男嬰比例超過60%的機率幾乎為零。因為隨著樣本數增大，男嬰的出生比例更可能接近50%，低於60%。

我們會產生同理心。

當然，我們行事並非總是為了追求物質利益，比如極大化銀行帳戶裡的存款，或者普遍來說，增加我們所掌握的資產或是生活的便利性。我們會捐款給慈善機構，我們會幫助那些我們知道日後不會再見到的陌生人，也不期待他們回報。

將同理心因素納入經濟行為者目標的描述中，與古典經濟學理論並無相悖之處，因為只需重新定義自私行為即可：如果我內化你的一部分幸福，它實際上就成為我的幸福。然而，利社會行為，即個體不將自身利益置於其他一切之上的行為，遠比這複雜得多。僅僅在經濟人模型中注入一份同理心，其實無法顯著提升這一典範的解釋能力，亦即其對個體真實行為的解釋能力。

此外，還有……

實驗經濟學（économie expérimentale）所研究的其他偏離純粹理性的現象，包括過度樂觀、強烈厭惡損失、情緒對決策的作用（有時有益，但也常常適得其反）、選擇性記憶，以及對於信念的自我操縱行為。

利社會行為

現在讓我們關注一下利社會行為（comportements prosociaux），即個體在這些行為中不優先考慮自身的物質利益，反而無私內化他人的福祉。這類行為大大提升了社會生活的品質。當然，有些合作行為只是表面上利社會。在重複的互動關係中，即使我們從自身利益出發，也會經過深思熟慮，表現得體一點。與我們互動的人或我們所屬的社會團體會根據我們究竟意在合作還是追求短期個人利益，而對我們採取不同態度。正如我們先前指出，在嚴格意義下的經濟模型中，沒人會捐款給慈善組織、投資社會

責任基金、購買公平貿易產品，或以遠低於平均水準的薪資為非政府組織工作。

從經濟學角度來看，投票行為無法用個人利益的動機來合理解釋，因此經濟行為者不會投票。在所有選舉裡，除非在規模很小的團體中，你想藉自己的一張選票來改變投票結果（此時稱投票者為投票活動的「關鍵選票」）的機率幾乎為零；即使 2000 年在佛羅里達州那場決定美國總統選舉勝選者、勢均力敵的著名選戰中，差距也還有幾百票，因此單憑一票改變不了結果。

僅僅為了提高自己喜歡之候選人的當選機率而投票，永遠不值得花費那 15 分鐘。因此，實際上，我們要麼抱有幻想，認為出面投票是為了推動（意即令其勝選）自己最喜歡的事業，要麼投票並非為了滿足任何物質或意識形態的利益，而是出於其他緣故：因為我們認為這是自己的責任，或者想向他人或自己展示良好形象（註 10）。一般來說，我們發現個人有時會做出與其嚴格物質利益不符的決定。利他主義是解釋其內化他人福祉的一個因素。但我們將在下文看到，僅以利他主義的理由來解釋未免過於簡化。

將他人福祉加以內化，這無疑是捐款給慈善組織的動機，但並不能解釋一切。為了理解背後原因，我們可以借助社會科學中稱為「獨裁者遊戲」（jeu du dictateur）的著名賽局。（見下頁圖一）

在匿名的前提下（註 11），一個參與者（稱為獨裁者，是賽局中的主動一方）受邀在電腦上做出選擇：A 選項保證他獲得 6 歐元，並給另一個參與實驗的人（獨裁者不認識的被動一方）1 歐元；B 選項則給兩人各 5 歐元。因此，可以將 A 視為自私行為，而將 B 稱為慷慨行為。按照傳統意義上的理性行為，主動方應該選擇 A，因為這會讓他的收入最大化。然而，實際上，約有四分之三的主動方會選擇 B。慷慨選項的犧牲不大，以至於多數主動方選擇 B（註 12）。但是，我們能否能就此斷言，他們

圖一　獨裁者遊戲

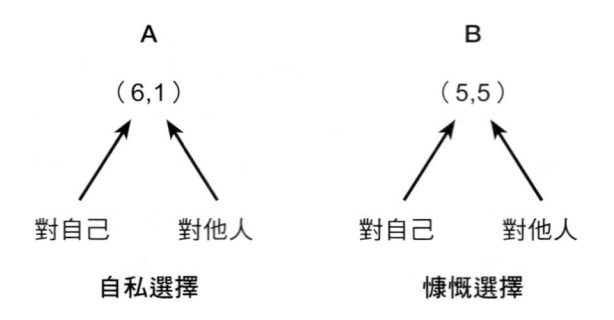

```
        A                    B
      (6,1)                (5,5)
      ↑  ↑                 ↑  ↑
   對自己  對他人          對自己  對他人
    自私選擇               慷慨選擇
```

內化了被動方的福利呢？

　　慷慨行為實際上是一個非常複雜的現象，並可能由三種因素驅動：內在動機（自然而然慷慨）、外在動機（外部誘因導致慷慨）與希望展示良好形象的意願（不僅向他人，也向自己展示）。

　　我們將能看到，在獨裁者賽局中，為自己塑造的形象發揮重要作用。在這場賽局中，參與者只須面對自己（因為參與賽局的人完全匿名，連實驗主持人都不知道參與的人是誰）。不過社會形象、社會聲望也是關鍵的動機，證據是，向博物館或大學捐贈的人只有約1%是匿名的，因為這種捐贈尤其令人欽佩。而且，如圖二所示，如果設定捐贈類別（例如，捐500到999歐元為「白銀級」，捐1000歐元以上「黃金級」），我們便可觀察到：累積的捐贈金額恰好是足以進入每個級別的最低門檻，然而理論上，這本應呈現比較均勻的分布。

　　瑞士某些州也從同樣的視角出發，進行一項有關引入郵寄投票改革的有趣研究（註13）。傳統的經濟學家會先入為主地主張，引入郵寄投票機制乃是增加選舉投票率的一個因素，因為選民（或至少某些偏好郵寄投票而非親自投票的選民）的投票成本降低了。然而，經驗表明，引入郵寄投票並未增加投票數，甚至在某些州，尤其是農村地區，引入郵寄投票

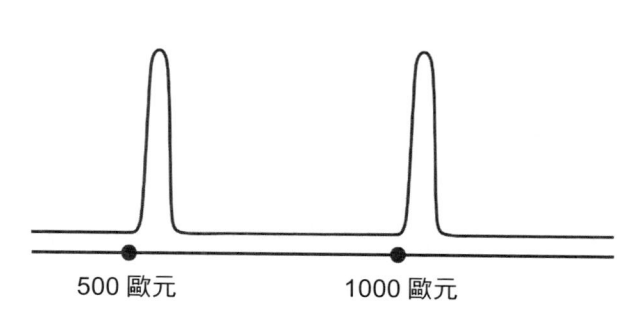

圖二　群集現象（依照級別捐贈）

500 歐元　　　1000 歐元

後，投票率反而下降。

原因如下：在選民彼此熟識的村莊中，社會壓力很大，選民之所以親赴投票所，部分是為了展現自己是好公民。可是一旦不再需要出門投票，有了不必去投票所的藉口，那麼不投票所造成的社會聲望損失就不明顯了。由於投票行為不再必然可見，人們就算實際並未投票，也可聲稱已投票。這項研究明確呈現出社會行為及其動機的複雜性。

互惠利他主義

與其他動物相比，只有人類具有一個重要特性：在沒有基因連結的大型群體內進行合作（蜜蜂或螞蟻之間有很強的基因連結，而其他形式的合作，例如發生在其他靈長類動物中的，則只限於小型群體）。正如上文探討過的，必須區分由利益驅動的合作（建立在與他人或更普遍群體的重複互動上）以及基於社會偏好的合作，後者可由獨裁者賽局中明顯看出。

另一個涉及社會偏好的著名賽局是「最後通牒賽局」（jeu de l'ultimatum）。參與者甲的任務在於將總數 10 分配給自己和另一人（即參與者乙）。

從這角度看來，此一賽局非常類似獨裁者賽局，並且同樣匿名行之：參與者永遠不知道自己在和誰玩遊戲，以避免基於物質利益而產生合作關係。最後通牒賽局與獨裁者賽局的不同之處在於，最終分配取決於乙方意願：若乙方拒絕甲方提出的分配比例，雙方都將一無所獲。實際上，乙方通常接受五五平分的提議，但常常拒絕只分到 0、1 或 2 的提議（即甲方獲得 10、9 或 8），即使接受 1 或 2 比什麼都拿不到更有實際利益。理性的參與者甲方會預料到這種情況，所以通常會提出落差不那麼大甚至是平等的分配（註 14）。我們經常受到互惠利他心態的左右，更傾向善意回應那些對我們好的人，反之亦然，會對不認同其行為的人施行報復，即使付出代價也在所不惜。

互惠心態似乎是普遍法則。對於 15 個小型社會（如坦尚尼亞的哈紮人〔les Hadza〕或玻利維亞的奇馬內人〔les Tsimanés〕）所執行的研究也顯示出類似最後通牒賽局中的行為。有趣的是，那些涉及較高水準交換（也就是不以家庭為中心的生活方式）的社會，在這些實驗中似乎表現出更強的合作精神（註 15）。

脆弱的利他心態和誠信

藉口的力量

想描述利他心態的一致性有其困難，為了更深入理解這種困難，讓我們重新思考獨裁者賽局，並將其修改如下（如圖三所示）（註 16）。

實驗中目前存在兩種可能性，或稱為「自然狀態」，而且機率已知。在第一狀態中，報酬與之前相同，A 是自私行為的選項，B 是慷慨行為的選項。如果選擇行為 A，主動方的賽局玩家將獲得 6 歐元，而被動方的賽局玩家將獲得 1 歐元；如果選擇行為 B，雙方都將各獲得 5 歐元。在第二種自然狀態中，對賽局雙方而言，A 行為比 B 行為更有利。所以不管從

圖三　獨裁者賽局與忽視

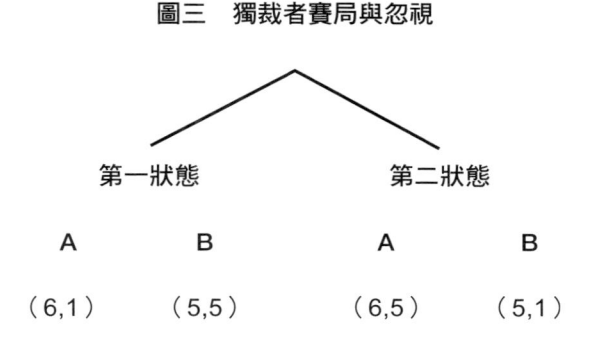

```
         第一狀態        第二狀態
        A      B       A      B
      (6,1)  (5,5)   (6,5)  (5,1)
```

個人和集體的角度來看，選擇行為 A 才是最優的。

這一切看來都很簡單，只是實驗一開始，獨裁方並不知道自己處於狀態一還是狀態二，實驗主持人會問他是否願意知道所處的是何類型（如果接受，對他並無任何損失）。理性的參與者應該會回答「是」，以便讓他在了解情況後做出理性選擇。利他主義者（在面臨自私與慷慨選擇時選擇 B 的人）尤其希望了解狀態，以便在第一種狀態選擇 B 行為，而在雙方都獲益的情況下（第二種狀態）選擇 A 行為。

然而，實驗結果顯示，大多數主動方的賽局玩家並不願意在知情的情況下做出選擇，寧可不知道狀態類型就直接選擇 A，亦即自私行動，而其可能的藉口是，反正還有另外一種自然狀態（即狀態二）。主動方玩家認為，在那種狀態下，選擇 A 來獲取利益並不會損及被動方玩家。換句話說，他們寧願不知道自己可能處於狀態一，即不必被迫在自私與利他之間做選擇的困境。這就像行人為了避免與乞丐相遇，而改變行走的街道或路線，因為他們會感到「有義務」施捨乞丐（註 17）。

波恩大學（université de Bonn）的阿爾明・法爾克（Armin Falk）和卡爾斯魯爾大學（université de Karlsruhe）的諾拉・塞茲（Nora Szech）做過一項實驗（註 18），結果顯示分擔責任可能侵蝕道德價值，並將這

結果發表在期刊《科學》上。

　　這種侵蝕同樣適用於市場，而且一旦決策涉及他人，並且出現責任分擔的情況時，這一結論便能成立。在所有組織中，說辭和「藉口」（如「別人要我這麼做」、「如果我不做，別人也會做」、「我不知道」、「大家都這麼做」等）消除了個人對不道德行為的抗拒。這類研究課題有個重要目的：更深入理解從市場到行政體系的不同制度如何影響我們的價值觀和行為。

情境效應（effets contextuels）

　　讓我們探討獨裁者賽局的另一個變體（圖四）。在那其中，實驗主持人在原有選項 A（自私）和 B（慷慨）之外，加入一個更自私的第三選項 C。通常在僅有 A 和 B 兩個選項時，會選擇 B 的參與者（如圖一所示），在出現選項 C 的情況下仍應選擇 B。換句話說，C 選項的引入照理不應影響選擇慷慨行為 B 的頻率（註 19），尤其對那些無論如何都不會選 C 的人而言，增加的 C 選項應不至於影響他們選擇 A 或 B 的決定。然而，實際上（註 20），導入 C 選項會明顯降低選擇 B 選項的比例，並使選擇 A 的可能性明顯高於選擇 B 的可能性。所以，就算不選 C，其他選項獲選的機率也會受影響！

圖四　情境的重要性

A	B	C
（6,1）	（6,5）	（10,-15）
自私選項	慷慨選項	極自私的選項

　　情境重要性的確切原因尚不清楚。可能是 C 選項為獨裁方提供了一

種說辭（「我並不是那麼自私」），使 A 選項相對看起來不那麼自私。A 選項變成了一種「妥協」的選擇。或者，參與者可能將 C 選項的引入視為一種訊號，表明實驗主持人並不期望他非常慷慨。無論如何，這項實驗及其他研究都顯示，做決策時所處情境的重要性。在這裡，即使是一個不相關的選項（因為我們無論如何都不會選擇 C），也會影響我們的選擇。

這裡補充情境效應的狀況。另一個可能影響選擇的因素，是人們可能認為選項的呈現方式（而不僅是選項本身）具有某種意義。這一觀點已經普獲應用。例如，企業或政府為員工或公民預設退休儲蓄的策略時，等於是在暗示這個選項「適合大多數人」，儘管在某些特殊情況下，其他選擇可能會更好。有關決策引導的措施，已被探討「家父長主義式之自由主義」（paternalisme libertaire）的文獻採用。「家父長主義式之自由主義（註 21）」這一矛盾說法其實很充分表達了該方式的核心理念：如果個人知道最理想的選擇是什麼，他就有絕對自由採取最適合自己的解決方案，但如果個人資訊不足或者仍然猶豫不決，則會有相關建議引導其做出選擇。

記憶的作用

許多其他的實驗表明，我們的利社會行為其實是脆弱且複雜的。例如，記憶在這些行為表現中發揮非常重要的作用。心理學家由此設計了一個參與者可以作弊而不會被發現的賽局。例如，參與實驗的志願者會隨機抽出一個介於 1 到 10 歐元間的金額（數目會顯示在他的電腦上），而每筆金額的機率都是十分之一。然後他再申報該數目，並根據申報的數目領取相應的金額。因此，即使實際抽出的金額是 5 歐元，他也可申報為 7 歐元並領取這筆錢。

在這種情況下，如何發現作弊呢？很簡單，只需統計申報金額的比例即可（註 22）。如果參與者都很誠實，且樣本數量夠大，應有大約 10%

的樣本申報 1，10% 申報 2，以此類推。然而，高額申報的比例顯著高於預期，這代表存在一定程度的作弊行為（實驗結果或許並不一致，因為其他實驗證明，行為表現差異很大，有些人完全不作弊，而另一些人作弊程度則不一）。

但實驗還沒結束。在第二階段，實驗主持人讓參與者再玩一次這場賽局，不過在此之前，他們先讓參與者閱讀〈十誡〉或大學的榮譽守則（註23）。結果發現，參與者在第二次實驗中的作弊行為明顯減少。這一實驗再次挑戰了傳統「完全理性經濟人」的觀念，也挑戰了某些過於簡化的行為模型。閱讀〈十誡〉或大學的榮譽守則能讓作弊一事在記憶中更加清晰，令參賽者更難忘記那行為。

善行卻遭懲罰……

為了充分說明慷慨行為的複雜性，我們還可以引用史丹佛大學的法國心理學家伯努瓦・莫寧（Benoît Monin）及其合著者關於排斥現象（ostracisme）的實驗（註24）。這些實驗證實我們喜歡慷慨的人，但前提是不能太過大方。我們並不喜歡那些讓我們感受到道德教訓的人，即使以間接的方式表現。那些被視為過度慷慨的人最終會遭其他人排斥。問題在於，德行過高的人設下一個對他人自我形象不利的比較標準（註25）。為避免讓自己不斷想起本身的私利行為，我們對於那些太過突顯我們私心的人寧可眼不見為淨。

自我操控信念（automanipulation des croyances）

賽局理論和資訊理論在心理學中獲得應用，這點看似出人意表，但實際上卻是相當自然。事實上，數個世紀（甚至幾千年）以來，心理學家和哲學家一直強調自我操控信念的現象：人們往往試圖壓抑／遺忘或者

重新解釋對自己不利的資訊。兩位來自土魯斯的學生胡安・卡里略（Juan Carrillo）和托馬斯・馬里奧蒂（Thomas Mariotti）在 2000 年共同發表一篇論文（註 26），發揚了心理學和哲學中經常探討的信念自我操控主題，並提出「行為資訊理論」（théorie de l'information comportementale）的觀念。

我與普林斯頓大學的羅蘭・貝納布合作，將信念的自我操控論述為同一個體之不同「自我」間的賽局均衡；在這種賽局中，個體可能試圖「忘記」（壓抑）一些可能損害其自信心的資訊（註 27）。個體操控自己的信念，同時也可能察覺到自己的記憶是選擇性的。要理解自我操控，首先需要理解個體為何要對自己撒謊；也就是說，需要理解自我操控的「需求」何在。

畢竟，經典的決策理論主張，掌握更好的資訊可以做出更好的決策；我們因此能夠在知情的狀況下採取行動。忘記某一資訊就是在對自己撒謊，從而降低資訊以及決策的品質。我們在研究中確定了個體試圖對自己撒謊的三個原因：第一、擔憂未來意志力不足以及由此可能造成的拖延（更強的自信心或對自身計畫之價值的肯定，至少在一定程度上可以抵消意志力的不足，給自己實踐的「動力」）；第二、預期效用（個體將自己投射到未來，忽視或遺忘未來可能存在的負面因素，例如事故或死亡等，以求讓生活更幸福，但同時也會導致決策的效率低下，例如不做身體檢查或不繫安全帶；反過來看，當我們期待某件愉快的事情時（例如度假），往往會在它真正發生前，就先在心理上感受到愉悅；第三、消費自我信念（個體希望藉由對自己的正面信念來肯定自己，覺得自己聰明、迷人、慷慨等）。

至於自我操控的「供給面」（亦即這種操控如何進行），我們觀察到：第一、操控記憶（壓抑回憶或一再回憶）；第二、拒絕獲取、聽聞或者理解某些資訊；第三、選擇展現個體特定人格特徵的行為。

柏拉圖指出，操控信念對個體有害。而包括威廉・詹姆斯和馬丁・塞利格曼（Martin Seligman）在內的許多心理學家則強調，個體需要以積極的方式看待自己：為了激勵自己開展活動以及為了實現自我利益，個人需擁有良好的自我形象。在這篇聚焦探討意志力問題的論文中，我們主張，如果個體存在自我節制的嚴重問題，這種自我操控對其有利，但對於其他人則沒有必要。自此，我們開始研究與信念操控相關的其他主題，從分析個人決心、生活規則和宗教戒律，到集體信念對政治選擇的影響，再到身分認同的問題（這也與信念有關，例如在某些情況下，青少年因負面自我形象而自殺的悲劇）（註 28）。

第二節

社會人

信任

信任是經濟和社會生活的核心。當然，它並非總是必要。例如，貨幣的發明簡化了交易的機制。只要能夠驗明商品的品質，我們便能用錢向陌生人購買商品。如果無法在購買前驗明商品的品質，通常可以依賴信譽機制：我們會回去找曾令我們滿意的商家，或選擇朋友推薦的商家；商家了解這一機制，因此會盡力建立並經營客戶群。

研究人員在分析行為時，會關注個體對他人信任的問題。從經濟學的角度來看，信任的概念可以很簡單地形式化，視為個體對他人可靠性和偏好的不完全資訊。隨著時間推移，行為者會根據與他人的互動經驗，不斷修正對對方行為與特質的信念。藉由頻繁地接觸和互動，行為者逐漸了解

他人，且能更準確地評估對方的可靠性及可加以信任的程度。

相反地，有些互動方式無法被信譽機制涵蓋，必須純粹依賴信任，比如我們在旅遊景點購買品質無法適切評估的物品，或者將孩子交給不太熟悉的保姆或鄰居照看幾小時，抑或是開始一段個人關係。當然，有些行為可以讓我們快速形成對某個人的看法，但這些看法往往非常不準確，甚至電視中依賴信任的遊戲節目也都基於這一事實（註 29）。

不過，這種認知過程僅限於一再重複的互動關係。它無法告訴我們如果與陌生人只會互動一次，應該如何行事。我們現在知道，荷爾蒙的影響也在其中發揮作用。經濟學家恩斯特・費爾（Ernst Fehr，蘇黎世大學）、麥可・科斯菲爾德（Michael Kosfeld，法蘭克福大學）及與其合作撰稿的專家（註 30）曾在一個實驗性質的「信任賽局」（jeu de la confiance）中向部分志願者注射催產素（ocytocine）（註 31）這種荷爾蒙。這個賽局中有兩個參與者，我們稱之為 1 號和 2 號，其過程描述如下：

- 1 號從實驗主持人獲得 10 歐元，並從這筆資金中提取 0 至 10 歐元的金額轉給 2 號，其餘則保留給自己；
- 2 號接著從實驗主持人獲得 1 號所選擇之金額的三倍，例如，如果 1 號轉給 2 號自己初始金額的一半，2 號將獲得 15 歐元；2 號可以自由決定要返還給 1 號的金額，金額沒有限制；
- 2 號可以決定不返還任何金額，因此 1 號對 2 號互惠行為的信任尤顯重要。

這場賽局是在匿名的條件下進行的：參與雙方都在電腦前做選擇，當下和以後都不會知道配對者的身分。

理想情況下，1 號將自己全部的金額轉給 2 號；這樣他們便可以最大化可分配的金額（高達 30 歐元）；然後他們可以預先商定如何分配這筆金額。可惜的是，由於賽局規定限制，雙方不可能提前達成協議。最終 30 歐元的分配完全由 2 號決定。因此，1 號必須高度信任 2 號的互惠行為

才會將全部金額轉給對方。

　　2號的「理性」行為（極大化其收入的行為）顯然是保留自己所獲得的一切；而對1號來說，由於他理性預期2號不會返還任何金額，所以選擇完全不給2號錢，但這會將大餅最小化（即維持10歐元）。然而，實際情況並非如此。許多2號個體在受到1號的信任後，感覺有回報的義務。1號一旦理性預期到這種行為，便會將錢分給2號，希望對方做出回報行為。

　　恩斯特・費爾、麥可・科斯菲爾德及其合作者注意到一個有趣的點：注射催產素可以提振對他人的信任程度，平均增加1號轉移給2號的金額。但不難想像，想在商業上應用此方法來改變行為並不可行！

　　不論是否注射催產素，信任賽局在實驗室實驗中重現了互惠機制，而這也是數一數二強大的社會機制。正如我所言，那些對於我們表現慷慨的人，我們感到有責任回報；反之，我們可能會設法報復粗魯無禮的人，即便付出代價也不足惜。這個心得在行銷中經常被運用，贈送免費樣品、禮物，便是著眼於「禮尚往來」的原則。

　　互惠機制應用在經濟學上便產生以下假設：為了增加利潤，雇主會支付比市場行情更高的薪資，因為員工感激之餘會更賣力地工作（註32）。然而，在印度某地茶園進行的一項實驗（註33）顯示，這種誘因效果可能是短暫的。

　　實驗組提高採茶工人的基本薪資30%，同時也下調依據採摘數量發放的浮動績效報酬。無論採茶工人的採摘量如何，整體薪資都會提高（在生產力最低的工人間，這種增加尤其顯著〔註34〕）。根據傳統經濟學模型的預測，一旦浮動的績效報酬減少，亦即誘因減弱，採茶工人就不再那麼積極生產。然而實際情況正好相反，與對照組相比，其產量明顯增加。但四個月後，理性的「經濟人」又回歸了，傳統經濟學主張的「浮動績效報酬越少，努力越少」預測基本上又得到印證。

刻板印象

　　社會學家合理地強調，觀察個體時不應將其抽離社會環境之外。個體屬於社會群體，而這些群體以各種方式影響其行為模式。群體定義了個體身分，以及他希望向別人和自己傳達的自我形象。群體還充當榜樣或示範價值：看到自己信任和認同的親友如何行事，自然而然就會影響行為。在此，我想扼要探討群體對個人所施加的另一種影響，即外部對該群體的認知所產生的影響。

　　我曾在那篇探討刻板印象和集體名聲的文章（註 35）研究，何以一些國家、民族或宗教團體被認為「誠實」、「勤勞」、「腐敗」、「好戰」或者「注重環保」，就像企業產品的品質評價有好有壞，這種名聲會影響該群體成員與外界互動時所受到的信任。

　　無論什麼群體，其名聲多少都是構成該群體成員個人行為加總的結果。該文理論提出的假設是，我們無法全面觀察個人行為；實際上，如果能夠徹底觀察個人行為，外人將全部依據這些行為來判斷，集體名聲則不會發揮作用。反之，如果外界完全觀察不到個人行為，個體將不傾向以負責任的態度行事，因為集體名譽對整個群體而言是一種公共財，例如，超收車資的計程車司機或摻假酒的酒商，會對自己行業的其他從業者造成巨大傷害。維護集體名聲需要個人承擔全部成本，而帶來的好處則全然發散，並由整個社群共同分享，導致「搭便車行為」（free riding）的傾向。本文因此調和了方法論個人主義（計程車司機會尋求個人利益，而這利益可能與群體利益不一致）與整體論（holisme），一般認為，除非將個體行為置入其所屬的整體加以看待，否則難以理解。

　　分析表明，個人行為和集體行為多少是互補的：如果某個群體整體名聲不佳，即行為表現欠佳，那麼促使個體良善行事的動力會變弱。他在與外界的交往中所獲得的信任也較少，而且由於與外界互動的機會較少，鼓

勵他在外界建立良好名聲的動力也跟著降低。個人理性的行為可能基於既有的刻板印象或偏見，而這些行為反過來又強化了外界對其所屬群體的負面看法，從而進一步固化了刻板印象。外界可能賦予兩個原本相同的群體完全不同的刻板印象。

更有甚者，集體名聲會受到遲滯現象（phénomène d'hystérésis）（註36）的影響。特別是一個國家、一門職業或一家企業可能會在很長時間內受到偏見的困擾，難以扭轉名聲。因此，無論如何最好避免集體名聲受損，因為這種名聲譽一旦形成會導致成員行為在外人眼中與名聲相符，並且可能長期持續。

第三節

誘因人：獎勵的反作用

誘因的傳統局限

在第二章中，我們已經看到，外界常批評經濟學家過於強調誘因：在他們的觀念裡，行為者的行為似乎僅由「胡蘿蔔與棍棒」的做法所引導。這種觀點有一定的道理，因為理解誘因的作用多少是經濟學這門學科的基礎。不過這種觀點也忽略了經濟學在過去30年中的發展。

首先，經濟學家致力證明，誘因措施「更加有效」，也就是說，在某些情況下，誘因能夠創造出更符合組織或社會目標的行為，然而在其他情況下，誘因措施的效果則是有限的，甚至是適得其反。相關理論及實證檢驗與我們每個人的生活經驗是一致的。且讓我們舉出幾個例子。

假設某個經濟個體有多項任務需要完成。例如，教師（中學或是大學）一方面需要教給學生足夠知識以利升級、傳授通過考試或找到工作的必要知識，另一方面還需要從更長遠的角度培養學生思考和自主的能力。如果這位教師的薪資是根據學生的考試成績或及格率來計算的，他會將大部分時間用來讓學生死記硬背，並以犧牲教育的長期目標為代價，畢竟這些長期目標比較難以衡量，因此也就難以讓他獲得獎勵。這不代表我們應該全然放棄對教師的誘因，因為在某些環境下，誘因可能成就積極效果。埃絲特‧杜芙洛及其合作夥伴在印度所執行的一項實驗表明，教師對於金錢上的誘因以及工作上的監督有所反應，其結果是學生曠課率降低，學習成績提高（註37）。然而，我們必須非常謹慎，避免因欠缺周詳考慮且未經驗證的誘因措施而扭曲教育過程。

多工的問題在許多領域都存在（註38）。該書也舉出其他例子：部分金融從業者因受到基於短期業績的誘因機制而採取對長期有負面影響的行為，結果導致2008年的金融危機（詳見第十二章）。對於受管制的公司而言，如果降低成本就能獲得豐厚獎勵，那麼它可能傾向忽略維護工作，造成事故風險上升；因此，大幅鼓勵成本削減，必須與管制者對於維護工作的嚴格督導結合起來（詳見第十七章）。

經濟研究對於強力的誘因措施提出許多負面評價。每當個體在團隊中的貢獻難以識別，或者比較常見的是，每當他的表現依賴某些不可衡量的、超出其控制範圍的因素時，這些誘因措施就不適用了。此時，個體可能因擁有優秀隊友或單純運氣好而受到獎勵；反之，個體也可能因集體懲處或純粹運氣不佳而受不公正的責罰。

其他局限性包括：強力的誘因措施可能增加操控資訊所帶來的好處，以致在組織階層中造成內部派系勾結串通；又或者如果委託人與代理人之間的關係是反覆互動，則信任關係可能會以一種對雙方都有利的方法取代正式誘因措施。

內部動機排擠效應

另一種批評是，外部誘因可能削弱內部動機。因此，增加外部誘因可能適得其反，即導致參與度降低或努力減少。這一問題對於公共政策至關重要。例如，是否應像某些國家那樣支付捐血報酬？我們應該指望個人善意，還是需要管制？為了實現環保目標，應該補貼購買油電混合汽車還是環保鍋爐？

為了研究利社會行為（即對他人或社會有益的行為），羅蘭・貝納布和我從一項觀察出發：人們在參與公共財的提供上的動機多樣。一方面，有些人具有內在動力，因為他們真心希望對社會有所貢獻；另一方面，也有些人是被物質利益所吸引，因為他們看重能獲得的經濟回報。換句話說，人們的行為動機既來自內心的價值觀，也可能受到外部利益的驅使。這些個體會受三種動機驅動：一、為提供公共財做貢獻的內在動機；二、藉由金錢獎勵（如圖五的 y）的外部動機來鼓勵良好行為，或對行為欠佳處以與 y 等值的罰款；三、關注他們所投射的自我形象。根據內在動機與金錢誘因的個體統計分布情況，我們確定了誘因措施的變化平均而言如何影響個體行為的（見圖五，縱軸表示個體提供之公共財的總量，橫軸表示支付給個體的金錢獎勵）。

基於這一模型，我們可以探討諸如「是否應給捐血者報酬？」的問題。如果我們面對的是經濟人，報酬顯然會促使他增加捐血量；這一點在圖五的下方曲線中有所呈現：更高的報酬會增加捐血量。但如果個體關心自己的形象，則會出現一些在經濟學上被視為「奇特」的現象。

理查・蒂特姆斯（Richard Titmuss）在 1970 年出版一本名作（註39），其中主張不應為捐血提供報酬，因為會導致捐血者喪失利社會行為的動機。考慮不同動機的作用有利於理解作者的觀點。如圖五所示，如果個體非常看重自己的個人形象，那麼在某個金錢誘因的區間內，捐血總量

圖五　內部動機與外部動機

公共財的提供與金錢獎勵 y 的關係；不同的曲線對應個人對自己形象重視程度的不同（曲線越高，代表個體對自己形象的重視程度越高）。當個體對形象的重視程度達到一定高度時，會出現一個區間，在此區間內，獎勵的增加反而會造成適得其反的效果。

個體提供之公共財的總量

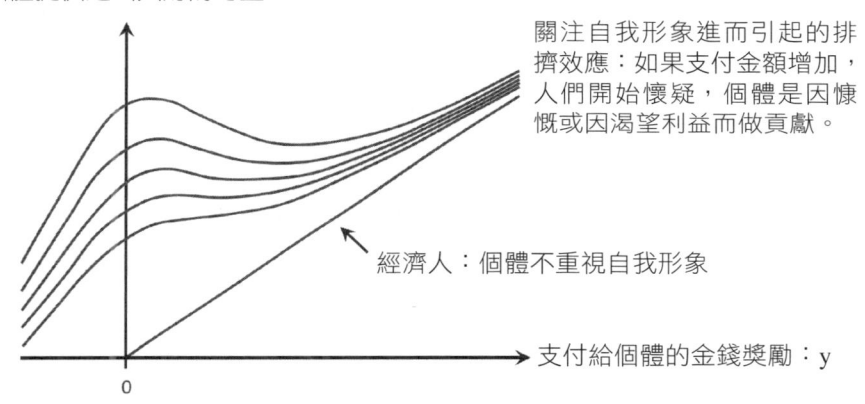

關注自我形象進而引起的排擠效應：如果支付金額增加，人們開始懷疑，個體是因慷慨或因渴望利益而做貢獻。

經濟人：個體不重視自我形象

支付給個體的金錢獎勵：y

會隨著報酬的增加而減少。

　　原因很簡單：那些在沒有報酬的情況下捐血的人，部分是為了向自己和他人展示慷慨形象，若接受報酬，他們便會擔心被人懷疑，自己只是為了獲利而行動。個體經濟學中經常假設報酬與努力或結果間的正向關係，但這裡個體對自我形象的關注卻打破了這種關係。

　　這意味外部誘因可能會排擠源自個人內心的誘因。除此之外，雖然在傳統的經濟交易中，誘因措施所引發的排擠效應可能不太常見，但在社會實際的情境中則較為頻繁。根據理論預測，接受誘因的人如有同儕觀察，那麼金錢誘因的效果會減弱，因為別人可能會對他的動機產生懷疑。因此，當個體因金錢誘因而積極行動時，他的形象可能會受損害。這些考量對於制定公共政策非常有用。

回到之前所提出的問題：「補貼購買油電混合汽車還是環保鍋爐更好？」答案是補貼購買環保鍋爐更好，因為這類設備並不會被其他經濟個體看到，所以金錢誘因的效果會比補助購買一輛大家有目共睹的汽車更好，畢竟後者會受到社會評價的影響。

這項理論已在實驗室和田野中進行過測試。特別值得注意的是，由心理學家丹·艾瑞里（Dan Ariely）（註40）帶領的團隊發現，如果個體的行為受到他人觀察，他會更願意為公益事業做出貢獻（這一發現證實了許多項實驗結果，也證實了人們確實會受自身形象所驅動的假設）。此外，如果貢獻行為旁人觀察不到，金錢的誘因便非常有效。不過他們的實驗也觀察到，如果一項貢獻善舉別人觀察得到，金錢誘因的收效就很小。根據理論，個體擔心接受報酬，其貢獻會被視為貪婪而非慷慨，結果向別人傳遞的訊息可能不符合自己期望的效果。（註41）

田野實驗也證實了「規範源於行為之社會意義」的觀點。最近的研究也顯示外部誘因對社會規範和個體行為的影響，涉及的領域包括英國的逃稅行為（註42）、中國兒童申報民族身分時的選擇（註43）與第一次世界大戰期間英國士兵的逃兵行為等（註44）。

我們在捐血的例子中看到，給予捐血者報酬，可能會降低對於公共財的貢獻意願，因為慷慨可能被解讀為貪婪。此外，支付報酬不僅是對工作或任務的金錢獎勵，還可能傳達其他資訊（例如任務的性質以及對執行者的信任）。

這種觀點再次呼應心理學家的研究成果，因為他們認為獎勵可能具有兩種效果：一是傳統的誘因效果（鼓勵人們更加賣力），二是當誘因可透露出有關個體能力或任務難度等相關資訊時的效果。例如，為了讓孩子在課堂上獲得好成績而支付賞金，長期下來可能產生相反效果，因為孩子僅受到金錢誘惑的驅使，進而可能失去學習的內部動機。對此的理論解釋與前面提出的捐血例子不同（註45）：孩子可能將獎勵的承諾解讀為大人

在暗示學習活動是索然無味的，或者大人對其完成能力或是動機抱持懷疑，這些都會降低其內部動機。該理論預測，雖然獎勵在短期內會產生積極成果，但長期下來則可能產生上癮效應，因為如果之後取消獎勵，動機會低於從未給予獎勵的情況。

一般來看，我們需要注意他人對我們選擇的推測。以企業員工的努力而言，過度監督可能傳達出不信任的訊號，破壞員工的自信心，進而影響其個人動機。管控行為也可能與之前分析的互惠原則相悖。一項基於信任賽局所衍生的經典實驗（註46）表明，甲方（必先決定乙方是否具備互惠心態）期待對方返還部分收益的想法可能事與願違：你不能既信任某人，又同時對他抱持懷疑！

第四節

法律人：
法律與社會規範

經濟學家主要將法律視為一整套的誘因措施：擔心罰款或坐牢能阻止我們開車超速、盜竊或犯下其他違法行為。然而，心理學家和社會學家並不認同這種看法。他們認為，要促進某些利社會行為，道德勸說及社會制裁可能更加重要。政府不可能在所有領域中都安排正式的誘因措施，對於許多行為，例如輕度汙染（亂扔紙屑、夜間在街上喧嘩等），政府無法依賴員警以及司法體系，因為成本過高；此外，我們也無法精確規定應該如何行事，幫陌生人找路似乎再正常不過了，但我們有義務幫到什麼程度？社會需要自我管理，社會規範在界定我們應做什麼及鼓勵我們採取比自然狀態下更好的行為等方面發揮重要功用。法律學家則承認誘因措施的重要

性，即承認法律具有誘因作用，同時強調法律或法規所代表的社會價值。因此，在公共政策方面，法律學家認為不能僅依賴制裁手段和金錢誘因來促使經濟個體採取利社會的行為。

亞利桑那州立大學的社會學家羅伯特・西奧迪尼（Robert Cialdini）指出兩種類型的社會規範（註 47）。描述性規範（norme descriptive）向個人顯示同儕或社群如何行事。例如，個人可以由此得知同儕平均消耗多少電力、回收多少垃圾，或者向慈善機構捐款多少。規定性規範（norme prescriptive）則指那些得到同儕或社群認可的行為。我們許多的選擇明顯是受同儕的判斷和行為所影響的。

在普林斯頓進行的一項針對校園學生酗酒行為的規定型規範實驗中，實驗主持人的目的在於證明，大多數學生實際上並非因為真想喝酒而喝酒，而是因為他們錯誤認為其他學生覺得這種行為很「酷」。這類針對社會規範的干預，旨在向經濟行為者提供他人行為的資訊，例如他們如何消費酒品或電力，或他們認為哪些行為被接受。

然而，根據西奧迪尼的看法或經濟學理論（註 48），選擇資訊傳遞的方式時必須小心。例如，如果政府提出以下論點請求公民繳稅：「許多國民能避稅就避稅；在這種稅收短缺的情況下，你交的稅對社會特別重要。」可能不會奏效，當局必須挑選更適合鼓勵利社會行為的資訊才行。比方，只有當資訊對鼓勵利社會行為有效時，才應予以傳遞：「x% 的公民都會回收資源」，而且如果情況確實如此，其中的 x 應是一個高於公民預期的百分比。比較理想的做法是凸顯我們公民的美德。

法律和法規同樣是社會價值觀的體現，可以傳遞有關個人行為成本、普遍道德以及社會價值等訊息。部分公共政策顯然是由這些考量所主導的。以刑事處罰為例，傳統的經濟學分析可能建議採用替代性制裁措施（如罰款、社區服務），因為這些措施對社會更有效，而且耗費的公帑也比監禁要少。然而，有些公民卻認為這種方法太過經濟取向，可能會淡化

他們認為不可接受的行為。

同樣地，所有國家關於死刑的辯論主要基於以下觀點：對於大多數已開發國家的立法者而言，死刑向社會傳達了一種暴力、不尊重人類尊嚴的形象；而在美國，大多數立法者則認為死刑明確傳達了某些行為是社會不能容忍的。從死刑的社會成本及其是否具有威懾作用的角度探討死刑存廢，這種成本－效益分析在此辯論中作用微乎其微。總而言之，關於死刑的辯論通常不屬於成本－效益的傳統分析框架，反而屬於社會所重視之價值觀的領域，並且已經超出了傳統經濟學的範圍。

這個例子也表明，為什麼現代社會在表達其價值觀時，即使被告完全知情且自願接受，也會放棄使用死刑或殘酷刑罰。同樣，絕大多數公民認為，如以鞭刑代替監禁，就算可以大大節省公帑，並且得到被告同意，仍是不可接受的。

最後，採用誘因措施可能意味公民對於提供公共財的熱情不足，結果弱化了公民的行為規範，導致適得其反的效果。人們普遍抗拒經濟學家的觀點，因其往往揭示社會成員德行不足的現實，破壞了社會對德行的美好想像。

第五節

更多嶄新的發展方向

最後，我想簡要談及兩個領域：演化經濟學和宗教經濟學（本人並未涉足相關研究）。雖然這些領域通常與經濟學關聯不大，但在這一學科中正在迅速發展。

達爾文人（Homo Darwinus）

過去 20 年間，經濟學研究中一個顯著的趨勢是，我們開始能夠將經濟學中的人性觀念與達爾文的觀點（即我們是天擇的產物）結合起來。經濟學與演化生物學之間跨科研究的例子比比皆是。例如，對於經濟學家至關重要的社會偏好（正如本章所示）也從演化的角度受到審視（註 49）。

此外，生物學家也對賽局理論作出了貢獻。例如，「消耗戰」（guerre d'usure）的首個模型（描述在戰爭或罷工等情境中集體的非理性行為，在這些情境中，各方雖然都在受苦，但仍堅持下去，希望對方先行投降）是由生物學家梅納德・史密斯（Maynard Smith）於 1974 年提出，後由經濟學家進一步加以完善。

訊號理論（théorie du signalement）是生物學家和經濟學家共同關心的第三個主題。某核心概念是，無論是個人、動物、植物、政府還是企業，如果浪費資源能夠說服他人採取合作或讓步的行為，那麼這樣的浪費可能是有利的。動物採用各種代價高昂，甚至是功能異常的訊號（例如孔雀開屏）來吸引配偶或躲避掠食者。同樣，人類也會冒險來給對手或他們想吸引的人留下深刻印象；企業可能會藉由虧本銷售使競爭對手相信，自己的成本較低或財務狀況穩健，迫使對方退出市場。在經濟學家麥可・斯彭斯（Michael Spence）發表關於訊號理論的著名文章（註 50）之後不久，生物學家阿莫茨・札哈威（Amotz Zahavi）也針對同一主題發表相關分析（註 51）。這些文章繼承並體系化了社會學家托爾斯坦・凡勃倫（Thorstein Veblen，《有閑階級論》〔*The Theory of the Leisure Class*〕，1899）的研究成果以及法國學者在社會分化（différenciation）方面的研究（讓・布希亞〔Jean Baudrillard〕的《消費社會》〔*La Société de consommation*〕，1970；皮耶・布赫迪厄的《區分》〔*La Distinction*〕，1979）。

訊號理論的思想最早可追溯到達爾文的《人類的由來》（*The Descent of Man*, 1871），遠遠早於經濟學家或社會學家對這一主題的關注。因此，經濟學與自然科學之間的隔閡並不比經濟學與其他人文社會科學之間更大。

宗教人（Homo religiosus）

由於宗教在大多數國家的政治和經濟生活組織中占有重要地位，身為科學家的經濟學家不可能對宗教問題漠不關心。

為了避免誤解，我們須先強調：經濟學家的角色並不是介入宗教觀念的範疇，而是專注於那些經濟學可提供有益見解的部分。事實上，「宗教經濟學」是個非常古老的研究領域，只不過大約二三十年前才重新出現在經濟學科中（註52）。早在亞當・斯密時期，他就已經關注到教士收入來源的問題（註53）。他的理論是，如果資助來自信徒而非政府或宗教，那麼教士會更努力服務信徒以及宗教本身；當時已經出現關於道德風險的考量了……

宗教經濟影響的主題因馬克斯・韋伯（Max Weber）的《新教倫理與資本主義精神》（*L'Éthique protestante et l'esprit du capitalisme*）一書而成為經典。韋伯的論點認為，新教改革對資本主義的興起有重大影響，這在社會人文科學中引發廣泛討論。如今，計量經濟學的研究可以更加深入探討韋伯所觀察到的事實（如在新舊宗教並存的地區裡，新教徒收入比天主教徒更高，而富裕家庭和地方群體接受新教的速度也比較快）以及其背後的因果關係，並透過不同的社會經濟觀察說明宗教的影響。

例如，義大利米蘭博科尼大學（université Bocconi）的馬里斯泰拉・博蒂奇尼（Maristella Botticini）和以色列特拉維夫大學（université de Tel Aviv）的茲維・艾克斯坦（Zvi Eckstein）質疑傳統上對於猶太人經濟成功的解釋。

傳統上認為，猶太人因被逐出某些職業而轉向銀行業、手工藝和商業，這使得猶太社區得以城市化並接受教育（註54）。然而，博蒂奇尼和艾克斯坦認為這種轉變早於外界施加的限制：猶太教要求閱讀《托拉》（Torah），並在塔木德學院（académies talmudiques，譯註2）中推廣識字，在在提高了猶太社區的「人力資本」，使他們在日後的金融和法律領域中，比僅具備特定技能者（如種植小麥）更具優勢。

　　穆罕默德·薩利赫（Mohamed Saleh）（註55）同樣研究了西元640年穆斯林征服埃及後數個世紀內的伊斯蘭化過程。他記錄向伊斯蘭教過渡的轉變以及科普特人（les coptes）與穆斯林相對的收入變化。科普特人逐漸演變為一個非常少數但較為富裕且受過教育的群體。穆罕默德·薩利赫透過經濟機制來解釋這一現象：如同其他地區一樣，非穆斯林必須繳納人頭稅，而穆斯林則豁免；較不富裕且不那麼虔誠的科普特人選擇改宗，這使得剩下的科普特社區平均更虔誠且更富有；這種選擇效應持續數世紀。

　　經濟學家當然也研究宗教之間的競爭。不過，他們研究的並非宗教的思想領域（因為他們在這方面並未具備專業知識），而是著眼於宗教的經濟層面。眾所周知，宗教提供某些利益以吸引信徒；有時甚至扮演「福利政府」的角色，提供保障（這也部分解釋了為何宗教團體與財政上保守的右翼會結盟的原因）（註56）、教育和地方公共財（biens publics locaux）；在許多伊斯蘭政黨中都能看到這樣的例子。有時候，宗教團體甚至充當「雙邊市場」（marchés bifaces）（註57），協助成員篩選特定類型的配偶後補（註58）。最後，經濟學家還探討宗教與科學之間的關聯。

　　這是一個廣闊且方興未艾的學科領域，這裡介紹的內容當然是選擇性

譯註2　指專門致力於研究、教授和傳播塔木德（Talmud）的學術機構或學院。塔木德是猶太教最重要的宗教文獻之一，包含對《聖經》的註釋及猶太法律（Halakha）、倫理學、哲學和文化等多方面的討論。

的、簡要的。我們正見證社會科學逐步走上統一的道路。這種趨勢將是緩慢的，但卻又不可避免，因為正如我在本章引論中所言，人類學家、經濟學家、歷史學家、法學家、哲學家、政治學家、心理學家和社會學家都關注相同的個體、群體和社會。這種在十九世紀末之前即已存在的學科趨同必須被恢復，然而這將要求不同的科學社群保持開放，接受其他學門的技術和思想。

註 1　但也有許多社會學家支持這一觀點，例如馬克斯・韋伯（Max Weber）和詹姆斯・科爾曼（James Coleman），而在法國還有雷蒙・布東（Raymond Boudon）和米歇爾・克羅齊耶（Michel Crozier），當然也不能遺漏其他非經濟學領域的社會科學專家，例如哲學家卡爾・波普爾（Karl Popper）。

註 2　普遍看來，跨學科合作（即多種學科透過建設性對話相互得益）有其必要，然而可惜的是，人們儘管談論很多，但除了在一些研究中心之外，加以落實的情況卻很少。成立於 2011 年的土魯斯高級研究院，目的在將人類學家、生物學家、經濟學家、法學家、歷史學家、政治學家、心理學家和社會學家聚在一起，透過共同的研討會進行合作。

註 3　例如可以參考關於「理性疏忽」（inattention rationnelle）的著作。這一領域由克裡斯多夫・薩姆斯（Christopher Sims）開創，並在〈理性疏忽的影響〉〔Implications of Rational Inattention〕, *Journal of Monetary Economics*, 2003, vol. 50, n° 3, p. 665-690）一文中進行探討）；亦請參考資訊獲取成本和不完全契約（contrats incomplets）的著作（例如，敝文《認知與不完全契約》（Cognition and Incomplete Contracts, *American Economic Review*, 2009, vol. 99, n° 1, p. 265-294)。

註 4　參見：Samuel McClure, David Laibson, George Loewenstein, Jonathan Cohen, « Separate Neural Systems Value Immediate and Delayed Monetary Rewards », *Science*, 2004, n° 306, p. 503-507.

註 5　這裡並非以嚴格的方式來表示這一特性。比如，如果拋擲次數夠多，反面朝上的機會落在 49% 至 51% 的機率趨近於 1。當然，我們是可以將這個概念表達得更加精確的。

註 6　這一偏見常出現在賭輪盤的遊戲中。例如，玩家傾向於押注那些之前很少抽中的號碼；這就是此一偏見被稱為「賭徒謬誤」（gambler's fallacy）的由來。

註 7　參見：Daniel Chen, Tobias Moskowitz, Kelly Shue, « Decision-Making under the Gambler's Fallacy. Evidence from Asylum Judges, Loan Officers, and Baseball Umpires », *Quarterly Journal of Economics*，尚未正式發表論文。與其他解釋相比，這篇文章更支持「賭徒謬誤」的觀點。

註 8　問題如下：「假設有種疾病會感染千分之一的人口。假設診斷這種疾病的某種檢驗技術有 5% 的誤診率（即「偽陽性」），但能正確識別出感染該疾病的人。某人測試結果為陽性，那麼他患病的機率是多少？」正確答案是 2%；平均來說，1000 人中有 1 人是病人，999 人是未感染的，因此會有一個正確的陽性結果，但也會有 49.95 個偽陽性的結果（即 999 人的 5%）。因此，一個人在被診斷為陽性結果的情況下，他染病的機率為 1/50.95，即大約 2%，而很多人會回答 95%。

註 9　參見：Amos Tversky, Daniel Kahneman, « Belief in the Law of Small Numbers », *Psychological Bulletin*, 1971, n° 76, p. 105-110.

註 10　在個人投票的選擇中，身分問題也發揮重要作用。投票一部分是為了表達自我，而不僅為追求個人利益。

註 11　在大多數實驗室實驗中，受試者都是在電腦上做選擇的。此外，複雜的「雙盲」機制也使即便是實驗的主持人也不知道個體做出何種選擇，只能知道選擇行為的統計分布。

註 12　這個百分比會有很大變化，而且取決於不同因素，其中例如包括參與者的社會職業類別（如同實驗主持人聲稱的那樣）、種族、宗教或社區的地理位置，又或是「獨裁者」的身體或心理狀態。關鍵的事實是，平均而言，受試者都願意為他人犧牲一些自己的物質利益。

註 13　參見：Patricia Funk, « Social Incentives and Voter Turnout. Evidence from the Swiss Mail Ballot System », *Journal of the European Economic Association*, 2010, vol. 8, n° 5, p. 1077-1103.

註 14　有很多文章在探討互惠利他的心態，例如可以參考 Ernst Fehr et Urs Fischbacher, « The Nature of Human Altruism », *Nature*, 2003, n° 425, p. 785-791.

註 15　參見：Joseph Heinrich, Robert Boyd, Samuel Bowles, Colin Camerer, Ernst Fehr, Herbert Gintis, Richard McElreath, « In Search of Homo Oeconomicus. Behavioral Experiments in 15 Small-Scale Economies », *American Economic Review Papers and Proceedings*, 2001, vol. 91, n° 2, p. 73-78.

註 16　該實驗係由 Jason Dana、Roberto Weber 和 Jason Kuang 所發想。參見：« Exploiting Moral Wriggle Room. Experiments Demonstrating an Illusory Preferencefor Fairness »,

Economic Theory, 2007, n° 33, p. 67-80.

註 17　這種策略在一些田野實驗中也觀察得到，而這些實驗的目的在於研究個體對待慈善行為的態度。

註 18　參見：« Morals and Markets », *Science*, 2013, vol. 340, p. 707-711.

註 19　選擇 B 而非 A 相當於賦予其他參與者的利益（相較於自身利益）至少 1/4 的權重（自己的犧牲是 1，而他人的獲益為 4）。同樣，如果拿 B 和 C 加以比較，選擇 B 做出的犧牲是 5，而他人的獲益是 20，相當於四倍的差距。

註 20　參見：John List, « On the Interpretation of Giving in Dictator Games », *Journal of Political Economy*, 2007, n° 115, p. 482-493.

註 21　參見：Cass Sunstein et Richard Thaler, Nudge, la méthode douce pour inspirer la bonne décision, Paris, Vuibert, 2010。英國政府於 2010 年成立了一個「助推單位」（Nudge Unit）。關於對默認選項（即個人不做其他選擇時的優先選項）的實驗綜述，請參閱 Cass Sunstein, « Deciding by Default », University of Pennsylvania Law Review, 2013, n° 162, p. 1-57。該領域的一篇經典文章指出，以一家美國公司員工參加退休計畫（美國政府補貼的儲蓄計畫）與否的決定為例，如果默認選項從「不參加」改設為「參加」，並保持兩種情況下提供給員工的選擇相同，那麼選擇「參加」比例會顯著增加，參見：Brigitte Madrian, Dennis Shea, « The Power of Suggestion. Inertia in 401(k) Participation and Savings Behavior », *Quarterly Journal of Economics*, 2001, vol. 116, n° 4, p. 1149-1187。

註 22　熟悉統計學的讀者會在這裡看出大數法則。

註 23　參見：Nina Mazar, On Amir, Dan Ariely, « The Dishonesty of Honest People. A Theory of Self-Concept Maintenance », Journal of Marketing Research, 2008, 633, vol. XLV, p. 633-644.

註 24　參見：Benoît Monin et al., « Holier than me? Threatening Social Comparison in the Moral Domain », *International Review of Social Psychology*, 2007, vol. 20, n° 1, p. 53-68, 以及他與 P. J. Sawyer et M. J. Marquez 合撰的書：« The Rejection of Moral Rebels. Resenting Those Who Do the Right Thing », *Journal of Personality and Social Psychology*, 2008, vol. 95, n° 1, p. 76-93. 此外，也請參考如下這本較新的著作：Larissa MacFarquhar, *Stangers Drowning*, New York, Penguin Press, 2015.

註 25　通常，比較基準（或稱比較評價）係指提供模範或標竿給企業或員工參考，並根據他們的表現與標竿之間的差距來計算其報酬的技術。

註 26　參見：Juan Carillo, Thomas Mariotti, « Strategic Ignorance as a Self-Disciplining Device », *Review of Economic Studies*, 2000, vol. 67, n° 3, p. 529-544.

註 27　參見：Roland Bénabou, Jean Tirole, « Self-Confidence and Personal Motivation », *Quarterly Journal of Economics*, 2002, vol. 117, n° 3, p. 871-915.

註 28　參見：Roland Bénabou, Jean Tirole, « Willpower and Personal Rules », *Journal of Political Economy*, 2004, n 112, p. 848-887; « Belief in a Just World and Redistributive Politics », *Quarterly Journal of Economics*, 2006, vol. 121, n° 2, p. 699-746; « Identity, Morals and Taboos. Beliefs as Assets », *Quarterly Journal of Economics*, 2011, vol. 126, n° 2, p. 805-855.

註 29　英國益智節目《金球》（Golden Balls）即為一例。

註 30　參見：Michael Kosfeld, Markus Heinrichs, Paul J. Zak, Urs Fischbacher, Ernst Fehr, « Oxytocin Increases Trust in Humans », *Nature*, 2005, n° 435, p. 673-676.

註 31　神經肽。這種激素似乎對某些行為產生影響，並影響性高潮、社交認知、同理心、焦慮或母性行為。

註 32　參見：George Akerlof, « Labor Contracts as Partial Gift Exchange », *Quarterly Journal of Economics*, 1982, vol. 97, n° 4, p. 543-569. 有關呈現這一互惠心態的室內研究，參見：Ernst Fehr, Simon Gaechter, Georg Kirschsteiger, « Reciprocity as a Contract Enforcement Device. Experimental Evidence », *Econometrica*, n° 65, p. 833-860.

註 33　參見：Rajshri Jayaraman, Debraj Ray, Francis de Vericourt, « Anatomy of a Contract Change », *American Economic Review*, 2016, vol. 106, n° 2, p. 316-358.

註 34　薪資增加部分確實源自法律規定，但另一部分則是雇主自發的行為。

註 35　參見：« A Theory of Collective Reputations, with Applications to the Persistence of Corruption and to Firm Quality », *Review of Economic Studies*, 1996, vol. 63, n° 1, p. 1-22.

註 36　遲滯現象係指一個系統（社會、經濟、物理）在導致其所處之某種狀態的原因消失後，仍然傾向於保持在該狀態中的現象。

註 37　參見：Esther Duflo, Rema Hanna, Stephen Ryan, « Incentives Work. Getting Teachers to Come to School », *American Economic Review*, 2012, vol. 102, n° 4, p. 1241-1278.

註 38　例如下面這篇經典論文分析了多重任務的問題：Bengt Holmström et Paul Milgrom, « Multitask Principal-Agent Analyses. Incentive Contracts, Asset Ownership, and Job Design », *Journal of Law, Economics and Organization*, 1991, n° 7, p. 24-52.

註 39　參見：Richard Titmuss *The Gift Relationship. From Human Blood to Social Policy*, New York, The New Press, 1970.

註 40　他還著有 *C'est (vraiment?) moi qui décide*, Paris, Flammarion, 2008.

註 41　參見：Dan Ariely, Anat Bracha, Stefan Meier, « Doing Good or Doing Well? Image

Motivation and Monetary Incentives in Behaving Prosocially », *American Economic Review*, 2009, vol 99, n° 1, p. 544-555. 參與者的選擇要麼像傳統實驗裡那樣保密，要麼披露給同伴。

註 42　參見：Tim Besley, Anders Jensen, Torsten Persson, « Norms, Enforcement, and Tax evasion »，尚未正式發表論文。文中指出，1990 年當局將基於房地產價值的房地產稅改為高度累退（régressive）的人頭稅，結果大幅增加了逃稅行為，在強烈反對瑪格麗特‧柴契爾政府的工黨地區尤其如此。在 1993 年取消人頭稅並恢復較為公平的稅制後，經過很長一段時間，逃稅率才恢復到較低的水準。該文章將模型擴展到動態的情境中，以理解這一滯後效應，並且指出，與社會規範相關的誘因預期如何用以解釋人們在不同時地的反應差異。

註 43　參見：Ruixue Jia, Torsten Persson, « Individual vs. Social Motives in Identity Choice. Theory and Evidence from China »，尚未正式發表論文。在中國，漢族與少數民族通婚所生的孩子可以登記為漢族或少數民族。這裡的外部動機來自少數民族在優惠政策下能獲得的利益，而社會規範則與少數民族社群對小孩民族申報選擇的反應有關。

註 44　參見：Daniel Chen, « The Deterrent Effect of the Death Penalty? Evidence from British Commutations during World War I »，尚未正式發表論文。在這種情況下，外部動機是執行懲罰（包括死刑）。Daniel Chen 還根據年代和士兵的來源（例如英國籍或愛爾蘭籍）識別出社會規範的影響。

註 45　參見：Roland Bénabou, Jean Tirole, « Intrinsic and Extrinsic Motivation », *Review of Economic Studies*, 2003, n° 70, n° 3, p. 489-520.

註 46　參見：Armin Falk, Michael Kosfeld, « The Hidden Costs of Control », *American Economic Review*, 2006, vol. 96, n° 5, p. 1611-1630. 例如，在一場賽局中，甲方將一筆介於 0 到 10 歐元之間的金額交給乙方，而乙方收到該筆金額後會增至三倍，而這時乙方可以選擇返還不限數目的金額。在修改後的賽局規則中，甲方可以要求一筆最低回報，比方 0 或 4 歐元。要求至少回報 4 歐元會破壞互惠關係（事實上，大多數參與者不會這樣做）。

註 47　參見：Robert Cialdini, *Influence et manipulation*, Paris, First Éditions, 2004.

註 48　參見：Roland Bénabou, Jean Tirole, « Laws and Norms », art. cit.

註 49　例如可參閱我在土魯斯的同事的研究成果：Ingela Alger et Jörgen Weibull, « Homo Moralis. Preference Evolution under Incomplete Information and Assortative Matching », *Econometrica*, 2013, vol. 81, p. 2269-2302, 以及 Paul Seabright, *La Société des inconnus*, op. cit. 有關合作的生物學成因，請參閱 Sam Bowles et Herb Gintis,

A Cooperative Species. Human Reciprocity and its Evolution, Princeton, Princeton University Press, 2013.

註 50　參見：Michael Spence, « Job Market Signaling », *Quarterly Journal of Economics*, 1973, vol. 87, n° 3, p. 355-374.

註 51　參見：Amotz Zahavi, « Mate Selection. A Selection for a Handicap », *Journal of Theoretical Biology*, 1975, vol. 53, p. 205-214.

註 52　如欲了解其歷史發展，可參閱：Laurence Iannaccone, « Introduction to the Economics of Religion », Journal of Economic Literature, 1998, vol. 36, n° 3, p. 1465-1496

註 53　「〔神職人員〕的生計可能完全依賴信徒的自願捐獻，或者可能從國家法律賦予他們的其他資金來源中領取收入，例如地產、什一稅、領地稅或是固定的薪資或俸祿。在前一種情況下，他們的活動、熱情和努力很可能會比在其他情況下大得多。在這方面，與古老且合法確立的宗教體系相比，新教的傳教士總具有相當大的優勢，因為在前者體系中，神職人員仰賴聖俸，逐漸忽視在普通大眾中之間維持信仰的虔誠與熱情，並因沉溺於懶惰和閒散，最終甚至無法振奮起來，保護其自身的教會。一門設立已久且財富豐足的宗教，最終會由一些博學且討人喜歡的神職人員組成。這些人具備世俗人士的優雅素質，能夠贏得上流社會的尊重，然而往往逐漸喪失一些特質（那些特質無論是好是壞，都曾讓他們面對下層民眾時具有權威和影響力），而這些特質或許正是最初他們的宗教得以成功並確立的原因。」《國富論》（第五章，1776）

註 54　參見：Maristella Botticini, Zvi Eckstein, *La Poignée d'élus. Comment l'éducation a façonné l'histoire juive*. 70-1492, trad. fr. P.-E. Dauzat, Paris, Albin Michel, 2016 (parution originale, The Chosen Few. How Education Shaped Jewish History, 70-1492, Princeton, NJ, Princeton University Press, 2012).

註 55　參見：Mohamed Saleh, « On the Road to Heaven. Self-Selection, Religion, and SocioEconomic Status », 尚未發表 2015.

註 56　參見：Eli Berman, Laurence Iannaccone, « Religious Extremism. The Good, the Bad, and the Deadly », Public Choice, 2006, vol. 128, n° 1, p. 109-129. Daniel Chen, Jo Lind, « The Political Economy of Beliefs. Why Fiscal and Social Conservatives and Fiscal and Social Liberals Come Hand-In-Hand », 尚未發表 2016. Daniel Chen, « Club Goods and Group Identity. Evidence from Islamic Resurgence during the Indonesian Financial Crisis », *Journal of Political Economy*, 2010, vol. 118, no 2, p. 300-354.

註 57　參見本書第十四章。

註58　參見：Emmanuelle Auriol, Julie Lassébie, Eva Raiber, Paul Seabright, Amma SerwaahPanin, « God Insures the Ones who Pay? Formal Insurance and Religious Offerings in a Pentecostal Church in Accra, Ghana », 尚未正式發表論文。

第三部分

經濟的制度框架

| 第六章 |

邁向現代政府

> 我不想活在你描述的世界裡。
> ——拉豐發布報告時的匿名小組評論

1999年12月，法國當代最著名的經濟學家讓-雅克·拉豐在巴黎的經濟分析委員會（Conseil d'analyse économique）提出關於邁向現代國家的報告（註1）。這一委員會於兩年前由總理里昂內爾·喬斯班創立，而在一個對經濟學家滿是懷疑的國家中，這是一項標新立異的舉動。

然而，讓-賈克·拉豐的報告儘管十分謹慎，卻被在場的高級官員、學者和政界人士視為離經叛道。會場一片譁然，大家不斷發言，先是讚揚拉豐的報告「很有特色」，繼而表示他完全誤解問題，還有說得更難聽的，認為他的觀點可能教壞法國的年輕人。那麼，這份報告究竟說了什麼？它指出，政治家和高級官員就像企業家、員工、失業者、知識分子，甚至經濟學家那樣，會對自己所面臨的誘因做出反應。因此，政府的設計應該考慮到這一點。儘管拉豐是一位獨特而深刻的思想家，但他的這一觀點不算新穎。從孟德斯鳩（Montesquieu）到美國憲法的奠基者，再到所有偉大的憲法學者，甚至包括卡爾·馬克思（Karl Marx），都認為政府可能會被特殊利益集團所操控，進而損害集體利益，何況在民主制度中，能否當選或連任的關切常常勝過其他一切，而且一直是政治考量的基礎。

讓-賈克·拉豐本人對公共事務非常關心（他年輕時便放棄了美國頂尖大學的安穩職位，選擇為法國大學的建設貢獻力量，而且還是巴黎以

外的地區），卻從未指責我們的執政者。他很清楚，許多政治家在事業初期都是理想主義者，關心如何讓世界變得更完善。他也明白，譴責政治階層是一種對民主制度有害的行為，留待民粹主義分子和嗜好煽動的人去做就好。如今，他僅僅提到我們的執政者也可能像所有人一樣，追求自身利益，就引發了一波抗議。他質疑政府一切出於善意的前提，也碰觸到當天評論那篇報告人士的敏感點。

世界上大多數人都活在一種由市場經濟與國家干預的混合體制中。這種社會組織方式我們有的喜歡，有的容忍，有的厭惡，但我們並不總能思考其他的可能性。自從計畫經濟在經濟、文化、社會和環境方面的潰敗震驚世界後，對於市場經濟，我們看到的是一種近乎宿命的態度，只不過在有些人身上還伴隨憤慨。法國人尤其如此，他們幾乎是世界上最不信任市場和競爭的民族。

有些人主張維持現狀，甚至提倡一種含糊不清的替代制度，而在這種制度中，市場不再是我們社會組織的中心；另一些人則主張創立只專注於其核心功能（法律與司法、維持治安與國防）的極簡政府，而這些功能對保障自由企業所需的契約和財產權至關重要。然而，這兩種觀點都不適合公共利益的實現。在本章中，我們會試著了解原因，並探討另一種政府運作的理念是否能讓大家對管理生活的體系多一點信任。

思考政府的角色首先需要識別市場對社會正常運作所帶來的問題，以及政府干預的局限性。因此，我們首先需要稍退一步，思考建構社會的邏輯。接下來，我們將證明市場和政府是相互補足的，而不是像公眾辯論中常常主張的那樣，只是相互替代的存在。然後，我們會討論政治的重要地位及其影響力的喪失。最後，我們將探討政府改革這一棘手的主題。

第一節

市場存在諸多缺陷，
必須加以糾正

　　支持市場的人強調其效率和誠信。在效率方面，他們認為自由競爭迫使企業創新，並以合理的價格向家戶提供商品和服務，這樣有助於提升購買力，對於弱勢群體和中產階級尤其重要。市場誠信這一概念比較抽象，可是同樣重要。正如政治和文化自由保護民眾免受多數群體的壓迫，營業與交易的自由也保護公民免受利用政治體系獲取特權的傷害、免受損及集體福祉之利益集團對經濟生活的控制。1989 年柏林牆倒塌時，計畫經濟與市場經濟之間生活水準的落差（如今在兩韓之間依然超過 10 倍）幾乎不容置疑，更彰顯了經濟自由的好處。

　　然而，市場有許多缺陷，本書也討論許多「市場失靈」的案例。為了全面了解這些失靈現象，且讓我們提出一個基本問題：為什麼一項賣方和買方自願達成的交易可能對社會造成問題？理論上，如果雙方決定參與交易，那麼這筆交易對雙方都有利；那麼，為什麼要加以干預呢？

　　市場失靈可以分為六類：

　　一、交易可能影響第三方，而第三方並未同意。例如，企業在為消費者生產商品的過程中可能會汙染環境。一家使用煤炭發電的能源公司可能會排放溫室氣體，例如二氧化碳以及導致酸雨的汙染物（二氧化硫、氮氧化物等）。市場上沒有保護受危害之無辜人口的機制，所以他們只能被迫承受汙染帶來的不利影響。結果，社會面臨的是被二氧化硫和懸浮微粒汙染的空氣、充滿溫室氣體的環境或者遭化肥或化學排放物汙染的地下水和河川等。因此，市場必須補上環境保護政策。這一論點為環境保護機構（如環保局）或核能機構（如核安全局）的設置提供了正當的理由。

二、交易可能不是在完全知情和自願的情況下進行的。為了達成一宗同意且經過深思熟慮的交易，買方必須獲得充分的資訊。然而，買方可能不知道某種藥物或其他產品的危險性；他也可能因為不是「內行」而遭欺騙。因此，需要成立一個管制消費和打擊詐騙的機構，比如法國經濟部下轄的「競爭、消費暨詐欺防止總局」（Direction Générale de la concurrence, de la consommation et de la répression des fraudes）。此外，交易也可能在脅迫下（例如暴力威脅或其他形式的脅迫）達成的，或者涉及某個無法自行管理其資產的人，這顯然都是不可接受的。

　　三、買方可能缺乏自我控制，做出衝動行為，進而淪為自己的受害者（註2）。自古以來（對於經濟學家而言，自亞當・斯密以來），哲學家、心理學家和經濟學家都強調，個體可能過度偏愛當下，就算從他自己的角度去看也是如此。他可能選擇眼前的消費，而不顧及未來。這正是對香菸、脂肪類或糖類食品徵稅的理由，此外我們也設法限制毒品的獲取，或者法律要求在購買某些耐久財時提供鑑賞期（反悔期），以保護消費者不被自己傷害（或在類似的情況下，消費者為擺脫推銷員而被迫屈服）。這也是大多數國家強制或鼓勵個人繳納退休金的原因：在採用基金制退休金制度的國家，個人為退休金繳納款項；而在採用現收現付制退休金制度的國家，則更加積極地從在職受薪者的提撥款項中撥出資金，用於支付退休人員的退休金。這兩種制度背後的理念是，個人往往只顧眼前的福利，卻低估遙遠未來的重要性，從而損及自身。家父長主義式制度的局限性顯而易見（國家不能拿我們當小孩看待，越俎代庖決定什麼對我們有益！），可是個人意識到自己可能缺乏意志力、做出違背本意的消費行為，這就成為國家何時取代個人判斷、為其做出決策的潛在基準點。

　　四、執行交易可能超出個人的能力範圍。你把錢存入銀行時，契約會規定你可以按照某些條件提取存款（若是活期存款，則可以隨時提取）；同樣地，你的保險單也會載明，如果發生事故或火災，便可以獲得理賠，

你的壽險投資也會為你帶來收益（不論有無保障）。可是這裡存在一種風險，也就是當你想要提取存款或在契約涵蓋範圍的風險發生時打算索賠，銀行或保險公司可能已經破產，結果令你陷入財務困境。當然，理論上，你可以隨時隨地監看你金融機構資產負債表表內和表外的業務，以辨識出可能即將破產的徵兆，然後在金融機構健康狀況惡化時提取存款或者終止保單。但我們很快就會看到該過程的局限，畢竟你要抽出時間還要具備專業技術才能進行監督。在實務上，銀行監理機構（目前設於歐洲央行）和保險管制機構（在法國，由「金融審慎管制總署」〔Autorité de contrôle prudentiel et de résolution〕負責管制保險公司，並協助歐洲央行管制法國的銀行）會為你節省這些精力。此外，國家還提供保險，保障存款人和儲戶的債權至一定限額。

五、一些企業可能握有市場力量。也就是說，那些企業能夠向消費者收取遠高於成本的價格或提供品質較差的商品。在市場因規模報酬遞增（rendements d'échelle，譯註1）效果而成為獨占時，市場力量尤為明顯。市場力量是競爭法和產業管制法執法的基本對象。因此，法國和歐盟的競爭法主管機關會對企業結合及不公平競爭的行為進行監督，就像法國的電子通信和郵政監管機構（Autorité de régulation des communications électroniques et des postes，簡稱 Arcep）負責管制電子通信和郵政，而電力和天然氣管制委員會（Commission de régulation de l'électricité et du gaz，簡稱 Creg）則對電力和天然氣進行類似的監管。

六、最後，儘管市場能促進效率，但沒有理由創造公平。以醫療保健為例：如果允許保險公司或社會安全體系根據保戶當前的健康狀況或基因資料在保單中遂行差別待遇，患有癌症或健康基因評估不佳的個人就無法

譯註1　指在其他條件不變的情況下，當所有投入要素按相同比例增加時，產出的增加比例大於投入的增加比例。例如，投入增加一倍時，產出增加到超過一倍。這種現象通常與專業化、資源更高效利用或技術改進相關。

以負擔得起的價格獲得醫療保險。這是經濟學中的一個老主題：資訊扼殺保險。正因如此，大多數國家的法律禁止將醫療保險與保戶的某些個資料掛鉤（矛盾的是，如法國雖然補貼一些廣受歡迎的企業團體保險契約，但是實際上這些契約在簽訂前也進行風險篩選：獲保員工的健康狀況通常優於其他人群，因此對他們的「個別處理」墊高了其他人群的保險成本）。

同樣，市場也沒有理由創造一種符合社會期望的收入分配。而且，在全球化的世界中，隨著國家財富越來越依賴創新，稅前收入的不平等狀況並未好轉。不平等的代價高昂，原因涉及公平與效率兩方面。

首先，在市場經濟中，不平等本身可被視為保險機制失靈。在「無知之幕」下（即我們尚未了解自己未來在社會中的位置），我們希望透過獎勵來激發個人為社會創造財富的努力，但是萬一我們淪為最不幸人群中的一員，我們也希望保證自己仍能在有尊嚴的條件下生活。從這層意義上說，社會契約可視為一張簡單的保單。這就為藉由所得稅進行重分配的措施奠定了基礎。簡言之，市場所提供之保險的覆蓋範圍以及財富收入的分配與我們在「無知之幕」（亦即我們尚不知曉自己在未來社會中的位置）背後所期望的並不一致。其次，除了上述「命運風險」之外，不平等還可能導致功能失調（註3）。它會破壞社會關係，並可能產生外部性，而這些負面外部性會影響全民，包括那些透過工作和良好背景而享受有利之經濟運勢的人：不安全感、貧民區、容易被操縱或不得已被捲入激進運動或組織中的弱勢群體……封閉社區（gated communities）的悲慘景象清楚告訴我們，不平等的負面影響不僅止於保險不足以應付命運風險的問題而已。

第二節
市場與政府的互補性及
自由主義的基礎

在公共辯論中,一般常將市場支持者與政府支持者視為對立,且雙方自己都認定市場和政府是競爭對手。然而,如果沒有市場,政府並無法有效保障其公民的生活;同樣,市場也需要政府的存在:不僅為了保護經營企業的自由並透過法律體系保障契約的確實履行,還為了矯正各種市場失靈。

傳統社會組織不言而喻由兩大支柱支撐:

- 其一是亞當・斯密在 1776 年《國富論》中所提出之競爭性市場那隻「看不見的手」,它利用個人追求利益的行為來實現經濟效率。其基本思想是,一項商品或服務的價格係由供需之間的互動決定,而這個價格包含了大量資訊,例如買家的支付意願與賣家的成本。實際上,只有買家願意支付的價格高於賣家的要價時,交易才會發生;同樣,賣家只有在賣價高於其生產成本時才會同意出售。結合這兩點觀察,買家只有在願意支付超過賣家生產成本的價格時交易才會成立。反過來說,在競爭性市場中,買家和賣家的規模都過小,以致無法操控價格,而如果市場處於均衡狀態,此時的價格便是供給與需求相等的價格,所有「交易利得」(gains d'échange)都能實現(註 4),最終促成社會資源的有效配置。
- 其二則是政府。政府矯正市場的(諸多)失靈,使經濟行為者在造成他人損失時負起責任,並承擔凝聚社會的義務。英國經濟學家亞瑟・庇古(Arthur Pigou,凱恩斯就讀劍橋大學時的教授)是明確支持此一觀點的專家,並在 1920 年出版的《福利經濟學》(*The*

Economics of Welfare）一書中提出「汙染者付費」（pollueur-payeur）原則。

在分析其局限性之前，我想強調這種結構內在的一致性：政府制定遊戲規則，並使各方承擔責任，並讓各方可以（甚至必須）追求自身利益。以環境為例，政府不再要求哪些企業實施汙染防治（由於資訊不足，這樣做實際上是盲目的），而是規定「如果你排放一噸二氧化碳，就得支付50或100歐元，你自己看著辦吧。」企業在承擔其決策對社會影響的責任後，便可以專注於生產效率，同時在碳排放方面遵守社會所希望施加的限制。

斯密和庇古的研究成果結合在一起，便構成了股東價值（valeur actionnariale，譯註2）和自由主義的基礎，但這種股東價值和自由主義與法國傳統上對這些術語的理解大不相同，後者傾向於將其與政府不干預和個體生存奮鬥劃上等號。相反地，前者體系的關鍵則在於讓各方為自己選擇的社會成本負責。

政府失靈

這種分析表明，市場和政府並不是相互替代的，而是相互依存。市場的良好運作取決於政府的良好運作。反之，一個失靈的政府既不能促進市場的效率，也不能為其提供替代方案。然而，就像市場一樣，政府也常常

譯註2 企業管理和決策中的一個概念，指的是企業在其營運過程中，努力為股東創造的財務價值。這個概念通常與以下特徵相關：一、股東利益至上：企業的主要目標是透過提高股價、增加股息或回購股份來最大化股東的經濟回報；二、財務指標為核心：衡量企業績效的關鍵指標通常是與股東價值相關的數據，如盈利能力、資產報酬、自由現金流等；三、長期與短期平衡：旨在鼓勵企業關注長期的價值創造，但在實踐中，可能也會導致短期主導。

失靈。造成這種情況的原因很多。

　　第一個原因是被利益集團俘虜。大家常聯想到的是，政府與其應當管制之對象會因交情或小小安排（例如政府人員期待未來在某特定產業中謀得職位）而產生默契。但這只是問題的一小部分而已。政治上的誘因因素本質上就是當選或連任，這可能會以兩種方式扭曲決策。

　　首先，政治家很容易受誘惑去利用選民的偏見和能力不足；我們將在下文對此詳加探討。其次，偏袒某一壓力團體（利益集團）的政策，其成本對大多數社會成員（如納稅人和消費者）來說往往不太明顯，但這些政策帶來的好處在那些非常活躍、高度組織化，並能迅速動員其成員來達成目標的壓力團體內卻非常巨大。這種資訊上的不對稱，有時因蓄意使援助政策變得不透明而加劇（註5），導致公共選擇偏向。另一個重要的例子是地方政府提供就業機會的恩庇政策（clientélisme），這會導致地方政府組織過度膨脹。這又是一個成本對大多數社會成員來說不太明顯，但帶來的好處在受惠者身上卻非常巨大的例子。

　　這種現象使得政治行動的問責變得複雜。以選票制裁的辦法在某些領域起作用，但在其他領域卻未必如此。例如，公共交通系統失敗是公眾有目共睹的，而其他領域的偏差選民很少看得出來，例如中央政府和地方政府都會以表外項目隱藏借款的方式舉債，以及因為擴充公務員編制而造成國家長期承擔額外義務（這也是表外的），凡此種種，都不是選民容易察覺到的。

　　回到本章導言中提到的一點，那些想要批評政治家的人在發難之前，應該先思考一下，如果自己身處對方的位置，又該如何表現呢？避免道德說教不僅為了防止對政治界施予過嚴厲的指責，也是為了理解政治行為和制度的深層含義，而不是把問題簡單歸咎於個人（雖說政界人士在魄力和管理能力上的確優劣有別）。

　　最後，市場的失靈並不總能得到有效的矯治，而這與司法管轄的地域

限制密切相關。在缺乏國際協定的情況下，管制必然是地域性的：法國可以鼓勵其企業、公民和行政機關減少二氧化碳排放，但無法對其他國家做出同樣規範，此外也不能禁止遠在他國的童工投身就業市場（註6）。

第三節

政治優先還是獨立機構優先？

單單強調政府必須出手干預並不夠，還應該考慮如何組織這些干預措施。在法國，幾乎沒有比民選官員與獨立行政機構（即著名的 autorités administratives indépendantes，簡稱 AAI，譯註3）之間分工的問題更加敏感的。這些獨立的行政單位，例如法官，如今已不再像不久前那樣受制於政治權力。法官不由民選官員督導，日常也不受立法機關或行政部會控制。每逢總統選舉，中間偏左派和中間偏右派都擔心被民粹派超越，因此紛紛強調政治在經濟決策中的優先權，同時質疑我們的管制機構或歐洲央行的獨立立場。他們更是持續抨擊歐洲央行，還對負責管制競爭的機構表示不滿，認為對方太過執著維護競爭，阻礙執政者協調市場。此外，他們還試圖讓上下兩院的議員進入獨立的產業管制委員會。「國家資訊與自由委員會」（La Commission nationale informatique et libertés，簡稱 Cnil）和「平等與反歧視高等委員會」（Haute Autorité de lutte contre les discriminations et pour l'égalité，簡稱 Halde）也成為眾矢之的。且讓我們回顧一下過去 30 年間，法國雅克賓精神之中央集權傳統體系在兩個不同

譯註3　國家設立的獨立管制機構，負責在特定專業或敏感領域（如金融、隱私、媒體等）執行監督、裁決或規範任務，具有法律和運作上的獨立性，避免受政治干預，以維護公共利益和市場公平。

領域中影響力減弱的情況：
- 一來由於私有化、開放市場競爭、全球化，以及更系統地採用拍賣和招標，政府的影響力讓位給了市場；
- 二來是政府的影響力讓位給新的行為者，無論是政治上的（例如歐洲及其地區），還是非政治上的（例如司法化以及獨立機關創建）。

這種權力下放在很大程度上源自部分政治階層和高級公務員的默許，因為他們察覺到，在選舉的壓力下，改革或甚至一般的措施都變得困難，所以便將決策權委託給比較獨立的行為者，或者讓不同的地區相互競爭，然後對比它們的治理效果，使那些治理不善地區的選民看到有更好的政策可供選擇。

雖然創設獨立於政治權外之機構的辦法並非新發明（例如，英國國王和法官之間的獨立關係始於 1701 年的《王位繼承法令》（*Act of Settlement*，譯註 4），而美國憲法則規定了權力的分立），但過去三十年的改革及法國對獨立行政機構的不斷抨擊迫使我們重新審視這一基礎。

司法可以很理想地說明一個關鍵點：公共行動的最終目標屬於政治和社會決策的領域。在這種情況下，最終目標在於提供「完善的司法」，而且無論社會如何理解這一概念，本質上都相同。實現該目標的任務相應須由獨立的法官來完成，這才是一個真正民主的標誌。其他許多領域也是如此。說到經濟決策，經濟學是一門有關手段而非目標的科學。因此，才要賦予獨立機構一個總體任務，讓它在此框架內評估、尋找解決問題的技術方案，並保持政策的一貫性，以及面對壓力集團時的獨立性。

譯註4　英格蘭王國國會通過的一項法令，除規定王位只能由新教徒繼承之外，也取消國王對法官的任免權。

設立獨立機構的理由

　　這裡再強調一遍，指責政治階層施政的局限性，是不切實際且不負責任的。比較重要的是，必須承認政治家和我們一樣，會對自己面臨的誘因做出反應。

　　在這種情況下，雖然政治家做決策面對的誘因因素各式各樣，但這些因素都受勝選與敗選考量的強烈牽動。選票的優點在於它迫使當選者考慮公眾的意見。然而，這一優點卻也成為民主機制的致命弱點，雖然代議制民主旨在將決策權委託給比選民更了解情況的行為者，但這些行為者往往搖身一變成為民意的「調查員」和「追隨者」，或至少追隨那些由媒體所塑造的公眾意見。政治家當中有許多人拒絕為一個不受歡迎的或不被某些利益團體所認可的事業而犧牲自己的政治前途，他們可能會因為沒有做做樣子、採取必要的行動來迎合選民，而影響自己的選舉結果。有人可能反駁我，主張政治家有時也會冒著風險保持清醒，而不跟著公眾意見隨波逐流。有人會舉弗朗索瓦・密特朗（François Mitterrand）在1981年9月廢除死刑為例，因為當時大多數民眾是支持保留死刑的。確實如此，然而這一風險卻也隨時間的推移而減弱（他在七年任期一開始便做出廢除死刑的決定）；另一方面，這一政治魄力之所以在公眾心中留下如此深刻的印象，恰好證明我的觀點，也就是說，他的這項舉措的確是個例外。

　　事實上，由於早年的政治家經常在選舉前刺激經濟、造成短暫繁榮，進而引發通貨膨脹壓力，後來為了解決這種偏差，世界各國的中央銀行才開始取得獨立的地位。讓電信、能源及所謂的網路產業受獨立單位（設置專職機構，而在某些國家則由法官擔任）的管制，那是因為假設由政府行政部門負責管制，就會出現民選政治家經常有意壓低價格的傾向，從而損害了長期投資和網路的永續性發展（讀者不妨參考一下民選政治家針對電力和天然氣價格的一再聲明）。

從相同的角度來看，將競爭政策和產業管制權移交給獨立機構，此舉反映出負責這些政策的部會不希望觸怒現有企業的管理階層和員工，因為這些企業顯然將其產業視為「禁臠」，竭盡全力避免引入或者增加競爭。例如，以前每當出現濫用市場優勢地位或危及市場競爭的併購行動時，相關人員都會在部長辦公室裡閉門討論。這是一個政治場域，討論結果不僅取決於能說服人的經濟論證，還取決於私人關係。但是將執行競爭法的權力移交給獨立機構後，局面徹底改變了。那裡幾乎沒有串通共謀的餘地，利益相關方必須提供穩當的論述和事實，經濟邏輯在其中占了更大的比重。我並非總是同意這些機構所做的決定，但這不是關鍵。必須依照管制方針和聽證會程序安排利益相關方進行對立辯論，看重的是論據的優劣，而非權力的強弱，因此做出的決定比以前更有品質。若要提高這些機構所做出之決定的品質，就需要經濟學家改進研究，並以更理想的方式將其成果傳播出去，同時要求這些機構在分析的工作上越發精進。

如下的例子說明以「選票至上」需求為目標的政治策略所引發的危機，例如由房地產市場引發的銀行業危機，有時甚至是牽涉國家主權的經濟危機。在世界各地，從極為保守的喬治‧W‧布希（George W.Bush）到社會主義者何塞‧路易士‧薩派特羅（José Luis Zapatero，譯註5）等執政者都致力於提升選民擁有自有房產的比例。表面上看，這方針沒什麼好挑剔的，只不過⋯⋯實現自有房產目標的方法之一放寬金融機構的房貸資格。然而還款能力較弱的家庭獲得貸款後，一旦遇到困難（無論是個人問題還是總體經濟問題：例如利率上升、房價下跌），他們將無力償還貸款，最終仍被趕出家門。

大家經常議論美國的次貸危機，也就是那些風險極高的房貸，但在我們附近也看得到類似經驗，西班牙即為一例（至於法國，曾有人提議制定

譯註5　1960—，前任西班牙首相。

「全民銀行服務法」〔loi sur le service bancaire universel〕，目的在於方便那些沒有良好還債能力的人獲得銀行貸款）。西班牙在 2008 年之前經歷了一場房地產泡沫，結果泡沫破裂後給借款人、建築業、銀行（例如儲蓄銀行〔Cajas〕）以及整體西班牙人民帶來可怕的後果；政府對銀行業的紓困行動很快導致政府財政和債務惡化（危機出現前，其債務水準不到國內生產毛額的 40%），以至於西班牙不得不向國際貨幣基金組織、歐洲中央銀行和歐盟尋求援助。西班牙在經濟刺激計畫與撙節政策之間搖擺不定。失業率迅速上升，年輕人受害尤深，應付危機的社會成本極高。

因此，儲蓄銀行以及其他某些銀行的脆弱體質成為觸發西班牙危機的關鍵因素。而且，如果我告訴你，西班牙的銀行監理機構（隸屬於西班牙中央銀行，地位相當於法國的法蘭西銀行〔Banque de France〕）曾被全球同行認定為數一數二優秀的單位，你會怎麼想呢？事實上，那些監理機構早在 2005 年就迅速看出房地產泡沫將給銀行帶來的風險；此外，它們也是世界上首批在經濟繁榮時期即要求銀行增加額外準備金的機構（不難想像，如果沒有這一額外的緩衝，西班牙的危機將會多麼嚴重！）。這種措施因此預示了危機後在巴塞爾（Bâle）通過的改革方案，而根據這些方案，銀行必須因應經濟週期來調整其資本儲備。然而，儘管央行已經做出診斷，但約束銀行減少房貸的決策權掌握在馬德里和各地區的政治家手中。他們為了迎合選民的願望而放棄步步為營的態度。

提升政治的優先地位？

決策權何時應交給政治家？表面上，政治程序似乎更適合做出那些全體選民熟悉的社會選擇（前提當然是這些選擇不會壓迫少數群體）。然而，選民常常容易誤解技術性的決策，導致民主機制失效，畢竟有多少選民會因想深入理解本地電信迴路拆分（dégroupage de la boucle locale de télécommunication）或貨幣政策的複雜問題而去攻讀經濟學博士學位，以便在投票時能掌握更多資訊呢？有多少選民會去攻讀歷史和地緣政治博士學位，以便更深入評價法國在中東的政策？有多少選民會詳細分析並重新編排法國國家鐵路公司（SNCF）的財務報表，以了解該公司接受多少補貼及其產出效率，或者試圖了解政府在住房與教育領域的干預所產生的成效數據？更別提認真研究如基因改造生物、頁岩氣或全球暖化等艱深科學議題的選民比例了。選民由於缺乏資訊，結果導致這些技術性的決策容易受到財力雄厚或媒體影響力最強或者組織最完善之利益集團所操控。

我既不怪罪公民，也不指責政治人物，否則我就太不近人情了。畢竟我自己在評估某些議題的政治作為時，也往往是基於非常有限的資訊。我只是想敦促大家關心資訊不足的後果，並讓大家以務實的眼光來看待這一點。

話雖如此，要在政治優先與機構獨立之間做出選擇當然仍是一個複雜的問題。不過，我們不應該誇大兩者之間的對立：現代政府源自啟蒙時代哲學，其宗旨在於獨立於特定利益之外，而民主制度也是在這一背景下設計出來的，即使不盡完美，卻也被認定是「最不差的政體」。獨立機構的設置正是民主制度用以緩解「選票至上」之誘惑所造成的過分行為，也是一種確保政府始終獨立的工具。公職制度及其致力於培養獨立公務員團隊的努力，也體現了同樣的理念。法蘭西共和國的入口網站（註7）很恰當地總結出獨立性的優勢：「獨立的行政機構試圖回應三大需求：其一、儘量為公眾提供保障，確保政府干預的公正性；其二、讓更多來自不同背景和專業領域的人士參與，尤其是受管制之產業的專業人士；其三、確保政府能夠迅速介入，並調整腳步，呼應需求以及市場的變化」，只不過「尤其是受管制之產業的專業人士」這一點無疑需要進一步加以釐清，也就是說，如何在讓受管制產業的專業人士參與的同時，也能確保其獨立性。

獨立機構並非那麼獨立

雖說那些不受選票制約的決策者（例如法官、管制機構的負責人）可以更加自由行事，但是反過來看，他們如果做出不當行為，也無法可加懲戒。為了降低獨立機構可能出現偏差的風險，首要條件便是在任命機構負責人時，挑選獨立且受尊敬的人士，並透過聽證程序確認其資格，同時盡可能取得跨黨派的任命。切忌將是否效忠於某一政黨或某一政界人士做為聘用條件。這樣，他們一旦上任，才能藉由協商、透明行事以及要求關係人提供有憑據的意見等辦法，做出經濟上的合理決策；而公布由獨立於管制機構之外的專家所撰寫的決策評估報告，則能夠揭露不合理的決策。

「獨立」機構終究不是（事實上也不可能）完全獨立的：議會中的絕對多數應該有權力根據獨立機構負責人整體的政策表現（而不是基於某一具體的政治事件）暫停其職務。此外，還需考慮到利益衝突的存在（何況這些衝突事前或多或少是可以預見的），並應透過明確規定的步驟直接加以處理，以限制其影響力。

需要多多解釋推廣……

對於獨立機構的普遍敵意往往與選票的考量密切相關。例如，抨擊歐洲中央銀行的言論多少只在做做樣子，並不會直接造成太大的影響，畢竟其獨立性已經載入了國際的多邊協議中，法國幾乎不可能說服歐洲盟國將歐洲央行置於政治控制之下。（註8）

然而，抨擊獨立機構所產生的間接影響反而更嚴重。一方面，對現有機構的威脅最終可能使其屈從於政治權力；另一方面，歐洲憲法公投顯示，將責任推給替罪羔羊策略有其局限。設立獨立機構意在避免「選票至上」的偏差，而那些刻意抨擊的煽動性言論，只會進一步加深公民對公共事務的不信任。

第四節

政府改革

政府的新概念

　　政府的概念已然改變。過去一般認為政府的功能在於提供公務員的就業機會或透過國有企業生產商品和服務，而現代政府的職責在制定規則，並在市場失靈時提出干預措施加以矯治，而非加以取代。政府以前只是企業平庸的經理人，如今則轉變為企業的管制者（註9）。在市場失靈的時候，它會扛起全部責任，目的在於促成真正的機會平等、健全的競爭秩序、無須仰賴公共資金救助的金融體系、對環境負責的經濟行為者、全民在醫療保障上的同心協力，並且保護資訊不足的雇員（工作安全、有權接受優質職訓）等等。政府運作應是快速而靈活的。

　　然而，政府職責的轉型需要回歸基本的問題（政府的功能是什麼？）並改變其思維方式。公務員不應再「為政府服務」，而應「為公民服務」（註10），因為前一種說法可惜完全忽視為公共事務而努力的目的。源自維琪政權（régime de Vichy）並在二次大戰後重新受採用的計畫經濟政府（註11）應當讓位給充當「裁判者」角色的政府。現代政府應當具備相當財力，以便撐起公民深深依賴的社會體系。在這方面，法國可借鑒其他同樣重視自己社會體系的國家，而且這些國家已經明白，若要維持此體系永續存在，就必須對政府財政進行嚴格管理（註12）。事實上，法國目前的公共開支占國內生產毛額的比例已超過57%（註13），在世界上是名列前茅！而在1960年，即「輝煌30年」時期（譯註6），這一比例僅為35%。

　　公共開支的增加並非不可避免：瑞典在1991年至1997年間減少了相

當於其國內生產毛額 10% 的公共開支；藉由將有關業務外包給民間單位的辦法，1990 年代該國公務員的人數從 40 萬減少到 25 萬。瑞典僅在各部會保留幾百名公務員，由他們負責擬定策略、挑選預算方案以及組織辯論等工作，同時把營運的部分委託給大約一百家在招聘和給薪上具有獨立決策權的專業機構。瑞典成功改善其公共服務；這裡僅舉一個連法國人也耳熟能詳例子：瑞典將農村地區使用率低的郵政服務移轉到小型超市和加油站，這不僅節省了開支，還幫助了一些商家得以生存，從而也挽救了農村人口的流失。

德國、荷蘭、斯堪的納維亞國家和加拿大是一些維持了高水準公共服務和社會保障的社會民主傳統國家。它們成功地在服務水準不變的情況下減少了開支，並透過一個整體方案推動改革，因為眾所周知，單一的改革難以實施：相關利益集團會強烈反對，而受益者要麼不了解自己將獲得的好處，要麼由於「搭便車」的心態而漠不關心。全面的改革方案能呈現一塊大餅的整體視角，並為改革中的失利方提供支持。在法國，許多研究報告都已明確指出改革有其必要。

公共部門

首先，必須效法上述那些國家縮減公務員的編制，這不僅出於慎重的考量（稍後我會詳細說明），還因為資訊技術的普及自然降低對於公務員的依賴。然而，法國公務員的數量非但沒有減少，反而在 2000 至 2013 年間增加 15%。在相同的公共服務目標下，相較於將業務外包的契約制，

譯註6　Les Trente Glorieuses：指二戰結束後，法國在1945年至1975年這段時間的歷史。在這三十年期間，法國經濟快速成長，並且建立了高度發達的社會福利體系。法國人重新擁有世界最高的生活水準，薪資大幅上升，許多農村人口遷入都市，法國進入都市化的社會。不過1973年石油危機爆發之後，法國經濟成長減緩，輝煌三十年亦隨之結束。

法國政府更傾向於聘用公務員，結果導致人力資源管理的僵化。根據歐洲統計局（Eurostat）的資料，儘管德國人口比法國多出大約四分之一，但 2010 年德國僅有 450 萬公務員，而法國卻有 530 萬。這些數字並不能反映公共服務的支出總額，因為自 1990 年代以來，德國更頻繁將業務外包出去（例如衛生部門）。此外，這些數字也無法反映公共服務的範圍和品質。然而，資料清楚表明，法國在執行公共業務上更偏好聘用公務員或準公務員。

2015 年 9 月，法國經濟部長艾曼紐・馬克宏（Emmanuel Macron）在質疑公務員的地位時引發了軒然大波。法國的就業市場長期處於緊張局勢，獲聘為公務員仍被視為高人一等的成就（不過所謂「高人一等」只是相對而言，畢竟例如教師的薪水並不特別優渥，有時還面臨惡劣的工作條件，這進一步證明了我的觀點正確合理）。政界的決策者，尤其是地方官員，常面臨開出新職缺的壓力，就算在行政人員過剩的情況下，他們能否連任也可能取決於此。需要明確指出，中央政府或地方政府完全有權擴大公共服務，但前提是增加稅收才能達成目標。這是一項社會選擇，而經濟學家只配以公民的身分發表意見。話雖如此，我還是要提出兩點保留意見。

首先，簡單來看，新增公務員職缺並不等於創造就業機會：政府為了支付這些職位需要增加稅收，最終仍要由某種稅源買單。比方，如果提高社會保險的分攤費用或地方經濟貢獻稅（contribution économique territoriale），民營企業生產的商品和服務將變得更昂貴，而它們在競爭力下降的情況下將減少雇員。因此，增加公共就業唯一合理的理由便是提供高品質的公共服務，而任何公共就業機會的創造都必須以此為標準來評判。

第二個保留意見是，這種招聘最好以契約的形式實施。今天的地方政府一旦新聘了人員，就會在往後 40 年裡限制繼任者的施政選擇；增加稅

收並非短期之計，而是長達 40 年的負擔。此外，隨著數位革命的到來，職業性質正在改變，並使部分職業變得不符時代潮流，所以聘用公務員將是一項冒險政策。但法國的郵政總局即已拿出了應對方法。面對未來的不確定性（一部分實與數位革命有關），這家國有企業在招聘新員工時表現出僅用契約工的謹慎態度。公共服務似乎並未因此受到影響，反而取得良好效果。

花費更少，也更聰明

除了約聘制度之外，還有其他許多解決行政層級架床疊屋問題的相關辦法。這裡我們指的是法國多層級的地方行政結構，例如市鎮數量龐大（法國人口占歐洲的 13%，卻擁有 40% 的地方行政單位）、決策層級繁多（多份分析報告也一致指出，省級行政單位是多餘的）、不同的社會保險基金與多達 37 種的退休制度。

議會議員的數量本身也過多。例如，美國參議院雖很活躍，但只有 100 名參議員，而人口數幾乎只達美國五分之一的法國卻擁有 348 名參議員（再加上 577 名眾議員）；整體而言，美國的人均議員數幾乎比法國少十倍。就我個人而言，我較希望法國減少議員人數，但聘用更多精通技術問題的議會助理。除了撙節公共資金，法國議會代表制的確實改革將具有示範價值，在要求其他公共領域也作出努力時更顯名正言順。

然而，必須保持警惕：合併以及各種整合措施應當把目標放在節省開支上，而不是因需要協調一成不變的機構又導致額外聘雇和建立架構的支出。然而，有許多案例表明，當市鎮合併成一個城市體或者同一城市的多所大學合併為一家時，成本反而增加。因此，應該向一個獨立機構提交詳細的合併計畫，而該機構應有權在未能真正實現撙節的情況下要求相關單位重新修訂計畫，並在事後確保專案執行的情況。

一般來講，可以借鏡加拿大所採用之撙節開支的方法。對於每個專案，加拿大人都會提出相關問題：這個計畫是否符合公共利益？如果是，它能否由公共部門的另一個分支或民間部門接手？其成本是否負擔得起，並且是否考慮到替代方案？這種方法不預設任何「神聖不可碰觸」的事項，而是透過持續對話和耐心解釋加以落實。此類的簡單反思可以促生原創的解決方案。例如，某些地方政府並未選擇將公共服務外包給外部企業，而是採取另外一種方法：鼓勵並幫助所屬的公務員創辦自己的公司，專門提供這些受委託的服務。

　　還應該將法國公共服務的表現與最佳的國外實踐範例加以對比，並理解那些差異的根源（註 14）。我國學生的成績在國際上是否表現良好（法國在數學和科學的表現分別只排世界第 25 和第 26 名。雖然法國在數學和物理領域獲得一些世界級的榮譽，例如菲爾茲獎和諾貝爾物理獎，但這些榮譽可能掩蓋了整體教育系統的潛在問題）？稅金的徵收能否採用較低成本的辦法？我國的醫院是否在其預算範圍內提供最好的治療或者換句話說，它們能否在維持一定品質之治療的前提下盡可能控制開支？

　　這些原則可以提高公共服務的績效，並避免一條鞭式的支出削減，因為這種削減方式並不理想，既影響到非減不可的部分，也影響到情況較不嚴重的部分，既影響到行得通的部分，也影響到行不通的部分。以加拿大為例，聯邦政府為了改善政府財政，曾在 1993 年至 1997 年間通過縮減 19% 開支的決議，結果社會項目（如衛生、司法、住房、移民）整體受到的影響較小，但對企業補貼減少了 60%，而產業暨交通部的預算則被砍去一半。

　　政府的重大改革應當培養真正公共服務的負責人，並賦予這些管理者充分的管理權柄，同時對其進行嚴格的事後評估，若未達到預期目標，則要進行干預（例如接管）。按目標而非按支出落實預算編制是至關重要的；政府的職責在於為公眾服務，對自身目標的深思熟慮本身就是進步的

動力。為了朝這個方向邁進，法國在2001年通過《財政法相關組織法》（loi organique relative aux lois de finances，簡稱LOLF）。這部法律由一位左派眾議員迪迪埃・米戈（Didier Migaud）和一位右派參議員亞倫・蘭伯特（Alain Lambert）共同起草，並且在兩黨一致的支持下獲得通過，這在法國立法史上是非常罕見的。LOLF引入了其他一些合理的機制：跨多年度的支出規劃、在議會的監督下執行、降低預算普遍性原則中的特例（亦即收入不要指定專款專用，而應納入政府總體預算〔註15〕）、現代化的審計等等。這是一次重要且前所未有的改革，但與其他社會民主精神的國家相比，法國的作為仍然不夠積極，且其實際應用遠遠未達到其預期目標。

最後，這涉及到對政府作為的改革。我這裡只舉幾個例子。公共採購必須實現無紙化和簡化（例如使用統一表格）（註16）。公共採購檔的編寫應專業化，而且公共採購成本的比較也應加以系統化。在醫療領域，法國是唯一採用社會保險（Sécurité sociale）與互助保險（mutuelles）雙軌並行制的國家，但這種複雜制度使得管理成本倍增（註17）。互助保險系統的高管理成本和缺乏靈活度的契約化機制，導致其在提供醫療服務方面的管理效率較低。由於無法設定具體目標和誘因措施，互助保險在控制醫療服務品質和成本方面的能力受到限制。這與社會保險系統形成對比，畢竟後者能夠透過明確目標和誘因機制來提高管理效率和服務品質。如果轉向全面社會保險（例如英國）或者受管制的私人健康保險（如德國、瑞士或荷蘭），那麼可以在不影響實質服務的前提下節省開支。一般也認為法國的學徒制（système d'apprentissage）有很大的改進空間。它應像德國那樣更加面向最弱勢的群體以及企業需求；而且最重要的是，應該將它加以簡化並進行更完善的評估，才能真正發揮學徒制在就業政策中的作用。

「但現在不是最佳時機」

我們可以從許多國外的經驗中普遍得出一些教訓：

1）大規模的改革是可能的。

2）改革必須具有持久性。在大多數國家裡，當執政多數派為某項國家大計的事業（即社會制度的永續發展）努力時，反對派或多或少都會公開表態支持。一旦反對派重新掌權，他們會接續這些改革，成為民主制度良好運作的一個極佳示範。這些國家有許多政府改革是由左翼推動的：加拿大的讓・克雷蒂安（Jean Chrétien）、德國的蓋哈特・施洛德（Gerhard Schröder）、瑞典的社會民主黨人（尤其是約蘭・佩爾松〔Göran Persson〕）、智利的巴切萊特（Bachelet）等，但後來右翼也都加以遵守。

3）如果改革解釋得當且實施得夠早，在選舉中往往是有利的。讓・克雷蒂安執政13年，約蘭・佩爾松執政10年。法國的執政者因2005年蓋哈特・施洛德的選舉失利而陷入驚慌，因為地理上德國離法國較近，而引發直接比較。

4）法國人常說，經濟形勢困難時不宜進行改革。然而，這些改革絕大多數正是在困難環境下進行。瑞典的改革是在特別困難的背景下通過的。1990年代初，金融泡沫破裂以及給予銀行紓困之後，瑞典儘管貨幣貶值，其國內生產毛額在1991年至1994年間還下降了5%，失業率從1.5%升至8.2%，且1994年的預算赤字高達15%！伴隨重要貿易夥伴蘇聯的解體，芬蘭幾乎也在同一經濟困難的時代背景下決定改革。施洛德時代的德國也處在困難時期；德國未能妥善處理統一問題，並面臨對於社會福利支出來說極其嚴峻的人口壓力。1990年代的加拿大也處境艱難：公共債務總額（聯邦、各省、各市）已達國內生產毛額的100%，償還債務的負擔日益沉重。我們可以舉出更多例子來證明，困難的局勢應該是改革

的動力，而非阻力。

註 1　參見：Jean-Jacques Laffont, *Étapes vers un État moderne. Une analyse économique*.
註 2　請參考本書第五章。
註 3　另一個與不平等相關的低效問題是自主性的喪失。一個沒有足夠資源來維持基本生活需求（如食物、交通和住房）的人，可能無法具備重新投入就業市場的能力。
註 4　所有願意支付更高價格的買家都買到手，所有願意以該價格出售的賣家也賣出了。因此，剩下的未定交易便是那些只願支付低於該價格的買家，以及要求高於該價格的賣家之間的交易，但是這類交易因此不會創造任何交易收益。此一結論大致上已透過實驗加以驗證，詳見本書第四章。
註 5　比方出口補貼之受益者的名單並未公開，理由是公開後可能刺激外國競爭對手加大競爭力度，削弱補貼的效果；又比方失業保險的交叉補貼，一些大量使用失業保險的產業會透過稅收制度將成本「轉嫁」給其他產業。
註 6　針對這類國家頒布的進口禁令，可能因國際貿易協議（如 WTO）或其他政治限制而窒礙難行。
註 7　參見：http://www.vie-publique.fr/decouverte institutions/institutions/ administration/ organisation/etat/aai/quel-est-role-aai.html
註 8　儘管如此，我們仍需對此保持警惕。例如，在歐洲危機中，各國政府將部分責任推卸給歐洲央行。歐洲央行的正常功能在於提供流動性資產，但也常不由自主地捲入政治領域（例如支持某個國家）。它與希臘政府在 2015 年 6 月至 7 月的對峙可能無法避免，但希臘如果真的退出歐元區，那麼可能導致各界對歐洲央行獨立性的質疑。在美國參議院，共和黨人（以及左翼的伯尼・桑德斯〔Bernie Sanders〕）在 2016 年 1 月的一次投票中質疑了聯準會的獨立性。幸好，民主黨人成功阻止了打算控制聯準會的企圖。
註 9　反之，如果一時無法找到買家，政府可以暫時代管一家破產的企業或銀行；其職責是，一旦條件合適，就會儘快轉售該企業或銀行。例如美國在 2013 年出售通用汽車的股票（美國政府於 2009 年將通用汽車從瀕臨倒閉的窘境中挽救回來，在總額 500 億美元的紓困資金中，最終淨花費約為 110 億美元）。另外一例為瑞典在 1992 年將快要破產的銀行國有化，並在隨後的十年內將其售出。
註 10　參見：Gaspard Koenig dans *Le Révolutionnaire, l'Expert et le Geek*, Paris, Plon, 2015.

註 11　正如馬克・布洛赫（Marc Bloch）和加斯帕爾・柯尼希（Gaspard Koenig）所指出，維琪政權重新回到法國大革命的傳統，削弱行業協會／職業團體的影響力，並對文化進行管制，同時擴充行政體系、補貼生育，並且更普遍地指導經濟。關於 1789 年自由主義革命以來法國政府角色演變的探討，也可參閱：Pierre Rosanvallon, *Le Modèle politique français*, Paris, Seuil, 2004.

註 12　關於此一主題，請參閱：Philippe Aghion et Alexandra Roulet, Repenser l'État. Pour une nouvelle social-démocratie, Paris, Seuil, 2011, 或經濟分析委員會（Conseil d'analyse économique）報告 « Économie politique de la LOLF », 2007, n° 65（Edward Arkwright, Christian de Boissieu, Jean-Hervé Lorenzi et Julien Samson）。

註 13　2015 年，強制徵收的稅目（包括個人所得稅、公司稅、地方稅、社會保障稅、增值稅等）以及社會保險分攤費僅占國內生產毛額的 45.2%。兩個數字之間的差異反映了非強制性的徵收（企業收入和公有財產收入、博彩收入、違規罰款、捐款、贈予國家的遺產等）以及公共赤字（近年占比在 4% 到 5% 之間），這必然導致公共債務的增加。

註 14　例如，可以比較法國學校的師生比與國外學校的師生比，並針對特定結果進行分析（法國的花費比德國更多，但教師待遇較低且成果較差）。

註 15　這一觀點仍有討論餘地。將收入專款專用可能導致公共資金的浪費，例如將高速公路過路費收入用於建設更多的高速公路是沒有意義的。如果最迫切的高速公路已經建成，繼續建設新高速公路的需求就會降低。然而，建成的高速公路越多，收入就越高，進而產生更多可用資金，而此時的實際需求卻在減少！持相反觀點的人認為，將收入專款專用於特定支出可以創造一個有動機去監督這些資金運用的「反制勢力」（contre-pouvoir）。原則上應該避免專款專用，除非相反意見能拿出合理的理由，否則不該做出例外。

註 16　無紙化進程已經開始，但進展緩慢（2015 年僅 11% 的市場實現了無紙化）。我們需要加快速度，減少現存過多的平臺。還要確保企業資訊的基礎資料表格標準化，以便節省企業時間。

註 17　社會保險機構的管理費用每年高達 72 億歐元，而互助保險機構的管理費用則為 62 億歐元。

| 第七章 |

企業及其治理與社會責任

在探討了公共領域的治理之後，我們將目光轉向企業的治理。雖然只聚焦這兩個領域可能有其局限，畢竟這樣做忽略了許多其他形式的組織，例如協會、非政府組織或像在自由軟體（譯註1）中所見的合作生產方式（註1）。同時，它也忽略社會夥伴（partenaires sociaux）的參與，而這種參與不僅發生在企業內部，也發生在雇主和員工代表共同管理之機構（organismes paritaires）的內部。而這些機構在許多重要領域，例如在職能培訓管理或勞動仲裁法庭（justice prud'homale）中，都發揮關鍵作用。然而，僅對企業進行觀察就已能帶來豐富啟示：為何這種非常特殊的管理模式在世界大多數國家中都是如此普遍？在什麼情況下，資本主義企業之外的其他組織模式（例如合作企業〔entreprises coopératives〕或員工自主管理企業〔entreprises autogérées〕）得以出現並且繁榮發展？

企業管理的核心是其治理，換句話說，就是那些對企業進行控制並作出重大決策的人，治理領域包括人力資源管理、研發與策略選擇、合併／收購、定價與行銷、風險管理、法規事務等。主流形式是資本主義治理，也就是將決策權賦予投資者，更準確說是賦予股東（一旦債務無法償還，則賦予債權人）。

這些投資者將決策權委託給一個管理團隊，原則上前者可以對後者進行監督，並在管理方式與其利益相悖時進行干預，不過管理團隊通常

譯註1　可以自由使用、修改和分發的軟體。

比投資者更了解企業情況。我們將探討那些致力於解決所有權與決策權分離問題的機構。最後，我們將分析企業社會責任（responsabilité sociale de l'entreprise，簡稱 RSE）與社會責任投資（investissement socialement responsable，簡稱 ISR）的概念：這些概念包含哪些內容？它們是否與市場經濟不相容，抑或相反地，是市場經濟的自然產物？

第一節
可行的組織形式有許多種⋯⋯但只有少數獲採用

表面上看，資本主義管理模式普及的程度似乎有些令人驚訝。實際上，一家企業涉及許多利益關係人，亦即受企業決策影響的各方，其中當然包括資本提供者，但也包括員工、承包商、客戶、地方政府及企業所在的國家，甚至還有受到汙染影響的附近居民。因此，可以設想出許多種組織形式，其中利益關係人在董事會中擁有不同的投票權，進而形成各種形式的共治。

事實上，也確實存在其他治理形式。許多產業都存在合作治理（gouvernance coopérative）的模式，即由使用服務的人共同擁有並基於共識決定服務的管理和分配方式。農業合作社為其社員提供不同的服務（如設備租借、儲存、加工、行銷）。

讀者可能會驚訝地發現，在資本主義國家美國也有許多合作社，例如採購合作社、搬運公司、投資銀行（註 2）、保險互助組織，甚至直到最近，Visa 卡和萬事達卡仍是由銀行卡的發行機構（比如你的銀行）和處理商戶信用卡／簽帳金融卡交易的金融機構（稱為收單機構）共同控制的，

並且與法國的保險互助組織一樣不分配紅利。

此外，全世界的自由業領域都存在許多合作社：如醫療、審計、顧問或稅務事務所。社會經濟企業，無論是以簡易股份公司（SAS）、責任有限公司（SARL）還是股份有限公司（SA）形式存在，都依賴股東或會員之間的共識和投票。利潤在這裡只是手段（用於公司存續或投資）而非目的。利潤中的一小部分分配給會員，另一部分則用於再投資。與非營利公司不同的是，這類公司可以向股東分配股息，但有一定額度（例如不超過利潤的三分之一）。此外，投資者不能行使控制權，因為他們的投票權通常很有限。

還有許多其他可能的治理形式，例如員工自主管理的企業，這在狄托（Tito）主政時期的南斯拉夫很普遍。法國的大學在很大程度上也是自主管理的；儘管它們受到來自高等教育暨研究部（ministère de l'Enseignement supérieur et de la Recherche）的一些限制（因《大學自治法案》〔loi sur l'autonomie des universités〕的通過而稍有放寬），但其管理委員會實際上由經選舉產生的教師、學生和職員代表所控制。

員工在資本主義企業的決策中參與的程度則有限得多；法國 2013 年的《全國行業協議》（Accord national interprofessionnel）要求員工在大企業的董事會中擁有表決權。

不少國家（例如中國、挪威、瑞典等）也規定了員工在公司治理中的代表權。最具代表性的是德國的「共決制度」（codétermination），在該制度下，公司的治理由董事會（執行機構）和監事會（非執行機構）共同負責。根據法律規定，擁有 500 名以上員工的企業監事會中，員工必須占有三分之一的席位，而在擁有 2000 名以上員工的企業中，這一比例則必須提高到二分之一。在後面這種情況下，主席的投票具有決定性（主席通常由股東代表選出，如果投票結果平局，主席的投票能發揮關鍵作用）。治理結構自有其影響力；對那些需滿足平等代表權要求的企業，當前的實

證研究顯示，這類企業通常會出現公司市值較低、員工薪資和就業較為穩定的情況，此外，企業為了回應這種治理結構，通常會調整對管理階層的誘因措施，使其更有利於股東的利益（例如管理階層的薪資與股東價值有更緊密的連結、負債也更多）（註3）。

實際上，健全的經濟運作應該提供多種治理模式，如此一來，每個企業的結構都能根據其所面臨的挑戰進行調整。而事實上，這種靈活性也確實存在，因此企業大可自由選擇其治理方式，包括員工自主管理模式（企業創立之初尤其常見）（註4）、合作企業模式、資本主義企業模式，或是其他解決方案。我們所觀察到的組織模式是不同公司治理形式之間競爭的結果。也就是說，不同的治理模式（如股東主導、員工參與、合作社等）透過市場競爭來決定哪個模式更受歡迎或更有效。不過，前提是這種競爭不會因為稅收或法規偏袒某種特定的組織模式而變不公平。所以，我們可能會驚訝地發現，經濟活動主要將企業的控制權交給投資者這單一的利益關係方，而後者往往是外部的投資者，管理階層則有義務向他們彙報工作。

媒體披露的一些系統失靈的現象尤其令人驚訝，例如：管理階層薪酬與企業績效關聯微弱、企業在破產前不久發放股息、像安隆公司那樣的會計操弄（註5）、企業短視行為損害長期盈利能力、內線交易等等。儘管大多數企業管理者和董事都不會作出這類偏差行為，然而，公司治理與其他經濟或政治機構一樣，不能僅僅建立在普遍善意的假設之上。此類失靈現象不僅對投資者造成損失，使其儲蓄大幅縮水，同時也對那些無法直接參與企業管理的利益關係方造成了損失，諸如：員工失業、在地社區就業環境惡化，且公共部門和失業保險機構還不得不承擔工廠原址的清理費用並支付失業救濟金。

因此，本章將探討我們的經濟組織的核心問題：為什麼它會以這種方式組織？這種方式是社會想要的嗎？不同的治理形式之間的競爭會不會失

靈？如果會，政府是否應該介入，還是企業應自行採取對社會負責任的行為？

融資的必要性

每個企業，無論是 CAC 40 指數內的大公司還是中小企業，都需要資金來支援其成長，或在艱困時期度過難關。如果公司沒有足夠現金流，又或沒有可以輕鬆變現的非核心資產，就必須向股東或債權人籌集資金。然而，這些資金提供者（或稱投資者，我們將交替使用這兩個詞，且詞義並無不同）只有在自己期望的投資回報與其他投資相當時，才會願意提供支援。因此，企業必須拿出能讓資金提供者放心的治理與承諾，以確保其投資能獲回報。

決策權在資金提供者手中。為了化繁為簡，且讓我們集中討論企業中的兩個利益關係方：勞動力與資本，也就是員工和資金提供者。如果投資者掌握決策權，那麼不一定有人會代表員工並考量其利益；企業可能會做出危及員工就業的決策，並給員工帶來巨大的成本（尤其是在像法國這樣勞動市場不流動的國家）。當然，即使從狹隘的利潤角度來看，資金提供者通常也會傾向對企業採取長遠的視角，並且善待員工。想在短期內透過苛待員工來增加收益的企業會招致不良聲譽，長遠來看將難以招募和鼓勵未來的員工。不僅損害了員工的利益，最終也會損害股東的利益。我們會在後面討論這一點。但這並不意味資金提供者會充分考慮員工的利益，因此，保護員工利益這一關鍵問題就顯得尤為重要。

員工的決策權。反之，如果員工擁有決策權，則必須保障資金提供者的報酬，因為他們可能擔心員工自主管理的體系會使其無法獲得足夠的投資報酬；就算這種回報的保障已載明在契約裡（例如將回報視為債務，規定對公司的債權人提供固定收益），員工仍可能會犧牲投資，將當前收入

用於提高薪資、縮短工時，或優先雇用親友，危及未來償還債務的能力。資金提供者預見到這些風險，會對投入資本持保留態度，他們可能更願意消費而非儲蓄，或將資金投入其他地方（如房地產、公債、其他企業或是國外）。這種消極態度最終會對員工造成傷害，使他們無法取得公司成長所需的資金，甚至危及公司的存續。

即使資金提供者可以確保未分配的利潤確實用於投資，但將這些利潤再投資於公司不見得是健全的辦法。以一家大型的香菸品牌為例；它的收益可能非常可觀，但對其進行投資的機會卻不具吸引力（預期未來衛生法規對該產業要求越來越嚴格）。重要的一點是（而這適用於所有形式的治理），資本應分配到最佳的用途上，而這可能與過去的表現無關，因此應重新導向經濟中的其他領域。

賦予資金提供者更多權力的治理模式可能對員工有益，這個觀點直觀上看似乎有悖常理。乍看之下，一般會以為此一治理模式的直接結果是投資者獲得的報酬增加。然而，長遠而言，企業獲得融資能力（也就代表企業拓展以及就業機會）才是關鍵。因此，在需要大量融資的企業中，賦予員工決策權的管理模式可能得到反效果：由此導致的資本短缺將降低員工的生產力，進而減少他們的收入，甚至失業。

這些觀察結果提示我們，企業採用資本主義治理模式抑或其他治理模式的原因可能與此有關。例如，像安侯建業（KPMG）這樣的審計公司主要由人力資本組成，所以可以選擇合作社的治理模式。相對而言，那些需要大量資本的企業則更傾向將控制權交給投資者。

然而，誠如亨利・漢斯曼（Henri Hansmann）在其 1996 年的著作《企業所有權》（*The Ownership of Enterprise*）中所指出的，有些合作社也擁有大量實體資本（譯註 2）。例如，Visa 卡和萬事達卡分別在 2008 年和 2006 年於紐約掛牌上市之前，曾經是大量投資於實體網路設施、軟體和市場行銷的合作社。

這似乎是反常現象？其實不是。亨利‧漢斯曼在其書中提出一項重要觀察，而且此觀察適用於我們社會生活中的許多其他領域：如果社區成員間存在足夠的協調一致，集體決策則能良好運作。在合作社的例子中，如果其成員銀行擁有相同的目標，例如對合作社提供的服務有類似的需求，或者它們在投資和營運上的時程安排彼此相近，合作社的運作就會比較統一。因為這些銀行的目標和需求一致，合作社的決策會更協調。所以，為未來的投資準備資金不會成為問題。如此一來，合作社即可適應對於資本投資的高度需求。

然而，當利益問題開始出現分歧時，多數派（可能由不同背景或利益團體組成的聯盟）會獲得控制權，且其決策會與少數派相互對立；少數派由於知道自己提案獲採納的可能性很小，因此缺乏主動性。此外，成員之間開始相互猜忌，資訊流通停止。最後，那些不滿現行政策且與組織無關的成員便會轉向其他選擇。因此，目標一致是一切組織良好運作的重要因素。

所有權與決策權分離：到底誰做決定？

在所有企業中，管理團隊都會獲取資訊，並且據此作出日常決策。這些資訊賦予管理階層充足的操作空間，使外部監督變得困難。為求簡明，我們假設投資者擁有決策權。

因此，資金提供者與管理團隊的分離便引出一個問題，即管理團隊如何向投資者承諾，保證報酬。（以下討論通常適用於一切決策權與所有權

譯註2　capital physique：在經濟學中，實體資本係指投入生產過程中的耐久財或資本財，指實體的生產設備等商品。實體資本是一種固定資本，可以因為勞動而增加，在運作過程中產生的損耗為折舊。該名詞的出現主要是為了與金融資本、人力資本以及流動資本等作出區分。

分離的情況。例如，合作社或協會的成員同樣會關注管理團隊的目標與自身目標是否一致。負責監督公共機構以及監督全部或部分由國家擁有之企業的法國國家參股管理局〔Agence des participations de l'État〕也面臨相同的問題。）

　　投資者總是擔心企業管理階層為他們帶來報酬的承諾是否能實現。實際上，管理階層在日常工作中與其經營團隊密切配合，所掌握的資訊遠多於董事會成員和股東大會的成員（註6）。然而，管理階層面臨棘手的選擇時偶爾會猶豫不決，對於公司內部的風險管理不夠重視，反而參與一些對企業收益幫助不大的外部活動，或是過度投資，或是寧願選擇親友也不推舉能力最好的員工，甚至涉及非法行為（如內線交易、做假帳、挪用退休金、利益衝突的情況下轉移資產）。

　　資訊理論和賽局理論透過兩個概念，幫助我們理解權力或權威的概念（註7）：

- **正式權力**：指透過契約賦予某人對某項決策或某類決策的權力。
- **實質權力**：指某個不具正式權力的人透過以下兩個途徑獲得的權力：一、他擁有對於決策至關重要的獨家資訊；二、握有正式權力的人信任他，而這種信任源自於雙方利益大體一致。

　　誠如馬克斯・韋伯所指出的，區別這兩個概念的關鍵在於資訊不對稱。企業的年度股東大會可能握有正式權力，但如果董事會隱匿資訊，大會便無法發揮其應有功能。同樣，儘管管理階層披露的也許只是對自己有利的資訊，董事會也許只能形式上為其決策蓋蓋橡皮圖章。

　　實際上，例如企業併購或選舉下一任執行長的決定權形式上雖屬於董事會或股東大會，但這並不妨礙現任執行長對這些決策施加強大的影響力，如果董事會相信現任執行長是在為股東的利益著想，那麼情況尤其如此。事實上，實證研究已經證明，實質權力與利益的一致性之間確有

關聯。

在實際操作中，資金提供者如何確保管理團隊的作為不會偏離自己的利益？答案不只一個：治理係由一系列制度所構成，這些制度單拿出一個來看，不足以確保管理階層的利益與投資者的利益一致，但是這些制度結合在一起時，便有可能實現這一目標（不過這理想並非總能實現）。

融資結構的功用：1958 年，弗蘭科・莫迪里亞尼（Franco Modigliani）和默頓・米勒（Merton Miller）在一篇著名但有爭議的文章中主張，企業的融資結構對其管理和價值沒有影響。簡而言之，他們認為，無論這些利潤在股東和債權人等不同融資管道之間如何分配，都不會改變利潤這塊大小固定的「餅」，因此，也不會影響投資者願意為企業的股票、債券、銀行貸款及其他債務支付的總價。

然而，莫迪里亞尼和米勒的假說並不令人滿意：餅的大小並非固定，因為企業的融資結構和治理結構實際上會影響價值創造。一家過度負債的企業，其控制權往往會轉移到債權人手中，而後者傾向於保持謹慎，甚至會出售資產或拆分企業，以確保債務有望償還。反之，擁有充足股本（負債較少）的企業，其管理階層可以相對過得自在，因為他們不需面臨其債務的還款壓力（不過可能會承受支付股息的壓力，但這相對寬鬆得多）。

簡而言之，只要一切順利，股東就掌握公司的控制權。因此，他們要對其管理負責，而萬一公司出現財務問題，首先損失的應該是他們投入的資金。相比之下，公司的債權人在管理上相對被動，但他們可藉由兩種措施保護自己。第一種措施是，當企業需要新資金但無法以發行新股獲得時，債權人可以接管企業。第二種措施是部分債權人可取得擔保。銀行會要求抵押品，即企業將某些資產（如房地產、庫存、設備等）充作擔保品，而在無法償還債務時，這些資產將歸銀行所有。同樣地，擔保債券是企業的一種債務，若企業違約，這種債務就有擔保作為保障。

管理階層的誘因：股東價值的創造建立在一系列複雜的誘因機制上，

雖然其中每一項單獨來看都不完美，卻可共同促使管理階層的利益與公司的利益保持一致。

　　高階管理人員的浮動薪資，通常由兩類績效指標決定：公司財務績效（年終獎金的計算通常依據這一指標）或股票市場表現（股票和股票選擇權〔註8〕），但這種情況經常受到批評。這不僅僅是浮動薪資高低的問題，還牽涉到浮動薪資並不總能促進良好管理的問題。比如，有些公司的執行長在兌現股票選擇權後賺錢，但幾個月後公司瀕臨破產的消息才披露出來。對於許多設計不合理之浮動薪資酬的批評是言之成理的。然而，如果這類薪資設計得當（特別當它隨著時間逐步發放並且又連結產業或股市的表現時），浮動薪資反而可以促使管理階層拿出長遠眼光。讓我們花點篇幅探討一下這些問題。

　　在2008年的金融危機中，有人指責某些經紀人和金融機構為追求短期利益而採取高風險行為，以求提高短期利潤。這種風險行為主要歸因於高階管理人員的薪資機制，特別是年度績效獎金，因為這樣只鼓勵將短期盈利予以極大化，從而忽視了未來。將高階管理人員的浮動薪資建立在配發股票上，而不是以年度績效獎金為基礎，已是一種進步。如果高階管理人員追求短期利益、增加公司收入的方式果導致了更高的長期代價，股市一旦察覺，即便公司短期利潤增加，公司股價仍會下跌。因此，一位管理者無法從其股票價值的增加中獲益。然而，問題在於，市場需要明白這種短期利益和長期利益之間的交迭。也就是說，有時候公司會放棄長期的獲益來追求短期的盈利，這是一種跨越不同時間段的權衡。可是市場未必總能察覺到這一點。

　　對於管理高層已入袋的收益實行「追索權」（clawbacks）也是很好的做法：如果短期收益最後證明只是曇花一現，公司應該有權收回管理高層的薪酬。換句話說，將他們的薪酬「暫時冷凍」一段時間，多少能抑制他們對短期盈利的追求。這也是為什麼在金融危機後，銀行監理機構「巴

塞爾銀行監理委員會」（comité de Bâle）要求受管制的銀行以更長遠的導向來設計管理高層和經紀人的薪資結構。

　　這些原則雖然有用，但可能還不夠。我們將在第十二章中看到，在金融領域裡，幾個因素結合在一起後，如何導致對社會不利的某些薪資形式，例如：某些監理者的怠忽；對於銀行的紓困實由納稅人買單，這樣不僅鼓勵銀行冒險行事（即使經營情況變差，到了較晚階段，它們仍然能獲得再融資），還使股東為管理高層提出相應的誘因措施；董事會薪酬委員會與管理高層之間的勾結（註9）。此外，企業為了爭奪頂尖人才，往往提供豐厚獎金，而這種獎金文化可能會影響管理高層的行為，尤其是促使他們更加關注短期的盈利目標。

　　外部監督：有許多制衡力量可以追查公司在為股東創造價值方面未盡心力，其中包括獨立董事、大股東、企業收購者／掠奪者（raider）、審計師、年度股東大會、倫理委員會、媒體和管制機構。理論上看，這些制衡力量會收集有關公司管理和策略的資訊，且其中一些制衡力量還會根據這些資訊對公司管理進行干預。這些複雜機制及其相互作用，以及影響企業財務結構的決定因素等都是許多討論的焦點：監督者由誰來監督？他們究竟在為企業創造價值，還是僅為自己謀利（註10）？

　　資產負債結構與公司治理：理論預測，並且計量經濟學的研究也確認，資產負債表結構與企業對投資者做出的讓步之間存在系統性的關係。一家資產負債表結構脆弱的公司，比如現金流不足、實物資產少、未來收入的不確定性大、聲譽尚未建立的公司，通常需要對資金提供者做出更多讓步。這些讓步包括：減少投資計畫、接受較短期限的債務（以便債權人在出現問題時可以及時退出）、實施更嚴格的公司治理以及提供更多的擔保。這些高成本的讓步是企業利用融資讓自身成長所必須經歷的過程。

　　以下舉例說明這個問題：一家聲譽良好、擁有充裕現金以及可供抵押之擔保品的大型企業，能夠以較低的信用利差在債券市場上融資，而中小

企業則依賴銀行業，因為銀行能有效減少企業和最終投資者之間的資訊不對稱。同樣，像生物科技或軟體領域的新創公司，由於沒有流動資金、擔保品和現金流的保障，在再融資、治理結構和投資決策方面都會受到嚴格的管制。這些公司的管理高層在經營上會面臨很大的限制，且時刻面臨被替換的風險（註 11）。

法國企業的金融

除了表現相對較好的大型企業外，令人擔憂的是法國缺乏新興企業。法國 CAC 40 指數中的企業大多是 1960 年就已經創立的公司。相較之下，美國 500 大企業中有一半在 2000 年時還不在 S&P 500（標準普爾編制的美國股市 500 大企業）的名單中。那麼，法國夠資格與谷歌、蘋果、微軟、亞馬遜、臉書、英特爾、優步、安進和基因泰克平起平坐的企業在哪裡呢？此外，法國擁有 20 到 500 名員工的企業（當中有些未來可能躋身大型企業的行列）數量嚴重不足），這也讓法國失去了成長和就業的機會（註 12）。另一個值得關注的問題是家族企業的主導地位。說清楚些，家族企業（包括大型家族企業）是發達經濟體中常見的一環。雖然這類企業採取不同的管理風格（例如融資和成長機會的管道較為有限、薪資較低，但在經濟衰退時的保護傘相對較強），但這未必代表管理不善（註 13）。然而，有些跡象表明，在法國的環境下，許多企業覺得稀釋資本和由此帶來的成長不夠有吸引力，因此興趣不大。因此，法國應當反思一下股份分散在大量小股東手中的結構性弱點。

第二節

企業在這一切當中的社會責任為何？

　　正如本書第六章中所討論的，我們重要的經濟體制是經過漫長且尚未完成的演變過程而形成的。而且這些體制乃奠基於兩個關鍵概念：價值創造以及責任承擔，而且這兩個概念對經濟學家亞當‧斯密和亞瑟‧庇古來說都非常重要。責任承擔意味著應該鼓勵企業考慮其決策對不同利益關係方的成本。比方，綠色稅收（fiscalité verte，註 14）或勞動市場中的類似措施（如失業保險的賞罰機制，可能取代裁員的司法控制，也就是說，將經濟上的獎勵和懲罰與裁員行為連結，鼓勵企業減少裁員，並保護員工工作的穩定性。這種機制可以作為對企業裁員行為之司法控制的一種補充或替代（註 15），藉由經濟方法促使企業更負責任地處理人力資源的問題）。一般而言，這概念在邏輯上是為保護那些無法掌控決策過程的利益關係人，以便那些能夠掌控決策過程的人（股東和管理階層）在為企業做出選擇時不會對前者施加過多的外部影響。在面對良好的經濟訊息和條件時，企業可以專注於一個簡單的使命：藉由持續創造經濟價值吸引投資，並讓這些投資進一步推動企業的拓展，最終促成更多的就業機會。

　　然而，對利益關係方的保護往往是不完美的；契約和管制不可能涵蓋所有情況，所以仍是不完整的，再加上前面提到的政府失靈問題。在這些情況下，原本和諧的社會結構（保護利益關係方和實現利潤最大化，而且前者支撐後者）開始「漏水」，不再如預期那般穩固。

　　根據歐盟執委會的定義，「企業社會責任」（RSE）係指「企業自願將社會、環境保護和經濟問題納入其活動以及與利益關係方的互動中（註16）」。在這個定義中，除了與利益關係方（例如員工、客戶、地方社區、非政府組織等）的互動外，「自願」這個形容詞也是關鍵。例如，社

會責任感強的企業減少二氧化碳排放或雇用殘障人士，不是因為政府強制要求或基於補貼還是納稅優惠，而是因為它們認為這是一種應盡的社會責任。

　　「企業社會責任」的概念起源已久。例如，鑒於當時政府在社會問題上的參與度比較低，十九世紀末法國、德國和英國的基督教雇主推展了一些社會政策（例如住房、家庭津貼等）。如今，這一概念明顯重新引起關注。然而，這個概念涵蓋了相當不同的意義，公民有時很難理解其中的區別。企業社會責任可以從三種方式來理解，這三者本質上不一定相互排斥：一是企業採納與永續發展相符的長期願景；二是企業行為符合利益關係方（客戶、投資者、員工）期待的倫理規範；三是企業從內部發起慈善行為。且讓我們逐一探討這些不同的概念（註17）。

企業的永續性願景

　　許多以社會責任投資自詡的投資基金都會強調長遠眼光。他們就像經濟學家一樣，強調利潤是一個跨時間的概念，也就是說長期性價值。因此，社會責任投資基金自然地或者由於身處政治／行政權力的影響範圍內，都將永續性作為其核心考量（例如，挪威選民希望他們的主權基金（fonds souverain，譯註3）行事必須以社會責任為前提）。

　　但這些又與企業社會責任有什麼關聯？難道不只是企業追求更佳治理的問題嗎？這些問題的答案在於，企業的短期思維經常關聯到對社會有害的行為。以一家銀行為例，如果它選擇一種高風險策略，這種策略通常會帶來高額利潤，但也有可能導致災難。銀行因躁進而破產，不僅損害股東

譯註3　一個國家政府或國家的金融機構管理的投資基金，主要用於管理國家的外匯儲備、天然資源收入或其他形式的國家資產，目的在於實現國家的經濟目標，如穩定國家經濟、支持經濟發展或進行長期投資。

利益，也損害了存款人的利益，通常還會波及保護存款的存款保障基金（fonds de garantie des dépôts）。最終，正如西班牙和愛爾蘭在房地產市場崩潰後所呈現的那樣，政府財政會受到危害。在銀行的例子中，風險尤為嚴重，因為當銀行陷入困境時，當局習慣介入救援，避免因中小企業的破產而導致的連鎖反應以及高昂代價。這種安全緩衝意味，儘管銀行體質堪慮，它仍可以透過向不擔心債務償還問題的債權人進行再融資，然後繼續承擔風險。

可以舉的例子很多，例如，一家公司為了賺更多錢而忽視定期檢查和維修，或者推出自己不夠了解其風險性的產品，這樣雖然暫時可能獲利更豐，但也可能面臨受壞消息衝擊的風險（例如石油洩漏、藥物醜聞等），而這些壞消息不僅會摧毀公司，還會使受害者和政府承擔費用；何況公司破產會導致大量員工失業。同樣，一家不尊重員工的公司，將來不僅會面臨員工不熱衷支持公司計畫的狀況，也會提高招聘新員工的難度。這種邏輯解釋了社會責任為何往往需要一種永續的策略。為了實現這一目標，社會責任投資基金（SRI基金）應當積極投資、監督管理，並在董事會或年度股東大會上介入，以推動公司的長期發展。

這些社會責任基金還可以「用腳投票」，即不向不符合社會責任標準的公司投資，以表達自己的立場。這種現實情況已經引起各方討論，我在這裡無法詳細開展（註18）。例如，假設某基金不願投資於那些排放大量溫室氣體的能源公司，該基金是否應完全將這一類公司排除在投資組合之外？還是應選擇那些已在減少汙染方面做出最大努力的公司（即「最佳者中選」的方法），而此舉乃基於如下想法：既然短期內我們無法擺脫這個產業，不如鼓勵它朝著更具責任感的方向發展？

從「委託慈善」（philanthropie déléguée）談起……

　　正如我在第五章所述，經濟個體並不總是僅僅追求個人的物質利益。一方面，他們真心對他人表示同情，並願意為他人的好處犧牲一些自身的物質利益。另一方面，這種趨勢還因為人們希望向他人或自我展示「好人」形象的欲望而增強；我們部分的利他行為並非純粹利他，而是因為關切個人社會形象和自我形象呈現的樣子。

　　這種對利社會行為的渴望可能促使利益關係方也希望公司的營運按照道德標準行事。有些公司會與不尊重人權的國家進行交易、將業務外包給雇傭童工的供應商或生產武器、香菸，則投資者可能不願將自己的資金投資於這樣的公司；為了達到這個目的，投資者可能願意犧牲一些報酬；因為他知道，如果無需如此，情況再簡單不過──既能展現道德、又能賺更多，何樂而不為！同樣，消費者可能願意為公平貿易的咖啡多花一點錢；一個員工可能決定減少收入，為一個在撒哈拉以南非洲提供醫療或教育的非政府組織奉獻一點，藉此而享受到一定程度的道德自豪感。

　　在這種情況下，可以說公司成為滿足這種社會行為需求的載體。它代表利益關係方（投資者、消費者、員工）採取對社會負責任的行為。值得注意的是，這與亞當・斯密的思想並不衝突。這可能會讓人感到驚訝，但一家咖啡連鎖店並不會因提供公平貿易咖啡而犧牲利潤，它只是在回應其客戶的需求，畢竟客戶願意為此支付額外的費用。這家公司只是將自己的利潤最大化罷了。

　　「委託慈善」是一個簡單的概念，但在發揮其全部潛力時會面臨一些挑戰。第一個挑戰是「搭便車」的問題：我們都願意為減少溫室氣體排放做出一點小小努力，但如果為將地球增溫壓縮攝氏 1.5 或 2 度的範圍內而須付出較高代價，那麼個體態度就會猶豫。我們聲稱願意為應對氣候變化做出犧牲，但卻堅決反對即便算是相對溫和的碳稅政策，並希望由別人去

奉獻大部分的心力。

　　第二個挑戰是利益關係方所擁有的資訊。為了選定能於其中投資、購買股票或工作的某家公司，投資者、消費者和員工需要取得判斷該公司是否真正具有社會責任的資訊。這時就面臨三個具體挑戰：

　　一、資訊獲取：首先，需要有效收集資料，以確保利益關係方能準確了解公司的實際作為。例如：公司是否透過外包驅使童工工作？換句話說，它是否依賴不負責任的供應商？畢竟這在二級（註19）或更低級別的供應商中是很難有效控制的（尤其義務申報的內容往往不可信）？它是否進行「漂綠」（greenwashing，即做些微不足道卻被高度宣傳的環境保護行動，而非做出對環境更能發揮實際影響的努力）？事實上，過去10年出現了許多社會責任或非財務評等的機構，旨在為利益關係方提供相關的衡量標準（註20）。

　　二、目標權重：第二個挑戰是如何整合非財務績效的各個面向。一間公司在環境、永續性、員工福利、稅務等方面的表現可能各不相同。公司在某些方面表現優異，在其他方面則表現不佳。因此，非財務評等機構面臨的挑戰之一是如何將這些不同面向的表現整合成一個綜合指數。具體來說，如果一家工廠雖排放大量二氧化碳（對環境造成負面影響），但同時又為當地社區提供就業機會（對社會有正面影響），那麼應該如何評估這種情況？跨國公司是否可以藉由資助社區的學校、診所或垃圾處理設施來彌補對當地環境造成的損害？當今這一討論尤為重要，因為許多跨國公司在進行負責任的行動同時，也進行激進的節稅措施（通常利用稅法中的漏洞、豁免或優惠政策，儘量減少需要繳納的稅款。）（註21）

　　目標的多樣性會造成這些目標彼此間的衝突：如果只為一個組織設定一個目標，這個目標是容易控制的；可是如果賦予其多個目標，尤其當這些目標可能相互競爭時，實際上就賦予管理高層自由裁量權，由他們決定各個目標的輕重緩急。為了避免這種情況，社會評等機構必須決定如何將

不同的目標進行整合,然而此過程充滿各種困難。

什麼是對社會負責和不負責的行為? 最後,企業社會責任(RSE)作為一個高度去中心化的過程,也繼承了民主進程的優點和缺點。正如我在上一章中所強調的,良好公共政策的實施往往取決於選民對相關問題的充分理解,或者至少不帶偏見。同樣地,只有當消費者、員工和投資者正確認識企業該採取之道德行為的效果,否則他們不會加以推動(註22)。當然,這一分析絲毫不減損「委託慈善」的優點,但它也點出了我們需要集體思考如何使這一過程更為有效。

企業慈善活動

與此同時,企業的利社會行為可能反映出其參與自身認為正當,而非僅著眼於獲利活動(如幫助貧困社區、提供青年就業、獎掖藝術、支援醫學研究等)的願望。顯然,有時在實際操作中很難清楚地區分企業的慈善活動(犧牲利潤)與委託慈善(不犧牲利潤),因為社會責任的行為也會為企業樹立良好形象,並可能因此帶來財務收益。

這種形式的慈善活動曾受到政治光譜上左右兩端的批評。米爾頓・傅利曼於1970年發表一篇著名論文基本主張企業不應利用股東的資金進行慈善活動,其管理高層和董事應該拿自己的財富支應才是。而在政治光譜的另一端,羅伯特・賴希(Robert Reich)則建議企業不應取代政府的角色。

顯然,評估這些論點還需考慮另一項評估,即對相關領域公共管理品質的評估。是否值得企業進行慈善活動,取決於公共部門在這個領域的管理水準。這是一個實證問題,無法對所有國家提供統一的答案。我們在這一領域的知識仍然有限,而這些評論的目的正在於鼓勵大家深入思考該一問題。實際上,務實主義占了上風,所有國家都藉由稅負減免的辦法優待

慈善活動。

最後，企業社會責任（RSE）、負責任投資（ISR）及公平交易，不僅與市場經濟相容，更是對公共財供給問題的一種去中心化的部分回應。這是因為「搭便車」問題使得這些措施無法全面解決公共財供給的挑戰。在一個政府有效且仁善、能夠完全代表公民意志的理想社會中，這些私人或企業的社會責任行為將會失去發揮空間，因為政府應能承擔起所有的公共財的供給責任。然而，在現實世界中，政府並不總是能夠全面解決這些問題，因此由公民和企業發起的這些社會責任和慈善行，為確實有其必要性和價值。最後，本人希望藉由這一論述，使讀者更清楚理解這些行為在當前現實社會中的重要地位和作用。

註 1　參見本書第十六章。

註 2　有些公司確實已經上市，例如成立於 1869 年的高盛（Goldman Sachs）於 1999 年上市。一些觀察家認為，這次上市多少使公司忽視了客戶的利益，並促成短期目標的經營管理。

註 3　參見：Gary Gorton, Frank Schmid, « Capital, Labor and the Firm. A Study of German Codetermination », Journal of the European Economic Association, 2004, vol. 2, n° 5, p. 863-905 ; Stefan Petry, « Workers on the Board and Shareholder Wealth. Evidence from a Natural Experiment », 尚未正式發表論文, 2015 以及 Han Kim, Ernst Maug, Christoph Schneider, « Labor Representation in Governance as an Insurance Mechanism », 尚未正式發表論文, 2015.

註 4　要將一家資本主義企業轉變為員工自主管理企業則比較困難，因為員工通常沒有能力補償企業的投資股東（investisseurs propriétaires），除非員工自行收購企業，但這種情況通常只發生在投資人所持有之企業股份的市場價值已經大幅下跌、幾乎變得毫無價值的時候。而另一種情況是槓桿收購（Leveraged Buyouts），在這種情況下，員工或僅僅是管理階層藉由讓企業融資、背負大量債務的辦法來購買股份。

註 5　安隆公司曾是美國規模數一數二的大公司，專門從事天然氣和經紀業務。由於在電力市場上的投機操作，安隆公司遭受了巨額虧損，而這些虧損透過會計操

弄以及不下 3,000 家的離岸公司被掩飾成為利潤。安隆公司於 2001 年破產，導致了 20,000 名員工遭解雇，並造成許多員工損失了自己投入安隆股票的部分退休金。這樁金融醜聞以及另一樁世界通訊（Worldcom）的醜聞，促使 2002 年通過了《薩班斯－奧克斯利法案》（loi Sarbanes-Oxley），而該法案旨在改革上市公司的會計制度並保護投資者。負責審計安隆公司財務報表的安達信會計師事務所（其規模在全球名列前茅）也因此事件而退出市場。

註 6　當然，董事會成員可以要求獲得資訊，但未經篩選和整理過的資訊並無太大用處。

註 7　參見本人與 Philippe Aghion 合撰的論文：« Formal and Real Authority in Organizations », *Journal of Political Economy*, 1997, vol. 105, n° 1, p. 1-29.

註 8　「股票擇權權」（stock-option）是指企業向其管理階層或員工授予的一種購買選擇權。股票擇權權允許持有人在預定的日期以事先確定的價格購買一定數量的公司股票。例如，持有人可以在四年後以每股 10 元的價格購買 100 股。如果四年後股票的市價是每股 15 元，那麼這些擇權權的價值將是 500 元。如果股票市價低於 10 元，那麼這些擇權權將不具任何價值。

註 9　一些經典的實證研究顯示了這種勾結是可能發生的（不一定只在金融領域）。參見：Marianne Bertrand, Sendhil Mullainathan, « Are CEOs Rewarded for Luck? The Ones without Principals Are », *Quarterly Journal of Economics*, 2001, vol. 116, n° 3, p. 901-932 以及 Lucian Bebchuk et Jesse Fried, *Pay without Performance. The Unfulfilled Promise of Executive Compensation*, Cambridge, MA, Harvard University Press, 2004.

註 10　這些主題本身就值得用一章或多章的篇幅來討論。例如可以參考拙著：*The Theory of Corporate Finance*, Princeton, Princeton University Press, 2006.

註 11　參見本書第十六章。

註 12　關於中小企業融資的探討，請參見本書第十三章。

註 13　參見：David Sraer, David Thesmar, « Performance and Behavior of Family Firms: Evidence From the French Stock Market », *Journal of the European Economic Association*, 2007, vol. 5, p. 709-751.

註 14　參見本書第八章。

註 15　參見本書第九章。

註 16　參見其 2001 年的綠皮書《促進企業社會責任的歐洲框架》（Promoting a European Framework for Corporate Social Responsibility）。

註 17　以下討論基於我與羅蘭・貝納布合撰的論文 « Individual and Corporate Social

Responsibility », *Economica*, 2010, n° 77, p. 1-19.

註 18　參見：Augustin Landier et Vinay Nair, *Investing for Change. Profit for Responsible Investing*, Oxford, Oxford University Press, 2008.

註 19　一級供應商是企業的直接供應商，二級供應商是一級供應商的分包商，依此類推。

註 20　非財務評等機構的任務非常艱巨，因為它們能取得的資料十分稀少且不統一。

註 21　媒體廣泛討論星巴克的案例。一項基於美國資料的研究表明，那些最積極承擔社會責任的企業也是最積極進行節稅措施的企業；雖然這並非因果關係，但其關聯性值得注意。參見：Angela Davis, David Guenther, Linda Krull, Brian M. Williams, « Do Socially Responsible Firms Pay More Taxes? », *The Accounting Review*, 2016, vol. 91, n° 1, p. 47-68.

註 22　請參見第一章，其中討論對某些政策影響的誤解。

第 四 部 分

總體經濟的大難題

| 第八章 |

氣候挑戰

| 第一節 |

氣候的問題

　　海平面上升危及島嶼和沿海城市，氣候失調導致極端降雨以及乾旱，造成農作物的收成難以預測。這些溫度上升的後果已深刻印在世人腦海。不僅將帶來經濟上的損失，還會引發地緣政治的動盪，導致大規模的移民潮，並在受災最嚴重的群體間引發強烈不滿。如果國際社會不奮力採取緊急行動，氣候變化可能會以慘烈的、永久的方式損害未來世代的福祉。儘管我們仍難以精確量化不作為的後果，但顯然維持現狀將是災難性的。專家一致認為，氣溫升高攝氏 1.5 到 2 度是我們可以合理接受的上限，但「政府間氣候變化專門委員會」（Groupe intergouvernemental sur l'évolution du climat，簡稱 IPCC）在 2014 年發布的第五次評估報告預測，到了二十二世紀末，全球平均氣溫將上升 2.5 至 7.8 攝氏度。我們的溫室氣體排放（如二氧化碳和甲烷〔註 1〕）從未如此之高。在全球人口快速成長以及許多國家理所當然追求西方生活水準的背景下，將氣溫升幅限制在攝氏 1.5 至 2 度以內，無疑是一項巨大的挑戰。

　　圖一局部體現了這一挑戰。左圖是從 1960 到 2010 年全球國內生產總額和二氧化碳排放成長的情況，而右圖則預測到 2050 年同類成長的情況，而兩者都基於如今嚴格遵守的標準，即全球暖化限制在攝氏 1.5 或 2

度以內。左圖顯示,我們技術的進步自然降低每單位國內生產總額的溫室氣體排放量,只是這種進步相對緩慢。右圖則顯示,為了實現我們的環境保護目標,每單位國內生產總額的溫室氣體排放量必須大幅下降,這說明我們的行為和技術的改進空間還很大,而且還須在相對較短的時間內(35年)實現。為此,需要徹底改變我們的能源消費方式、取暖方式、住宅設計和建造方式、交通方式、商品和服務生產方式,以及農業和森林管理方式。此外,除了這些旨在減少溫室氣體排放的「減緩」政策,還必須採取「因應」措施,以對付氣候暖化的影響,例如建立洪水預警系統、增加部分在建橋樑的高度、保護濕地、改變農業,以及移民。

這當然沒有什麼新意,但還是必須指出,國際社會至少從1992年的里約峰會以來就開始針對這個議題進行對話。1997年的《京都議定書》則是象徵性的重要步驟,可是由於一些結構性的缺陷(我們將在後面討論),它並未能明顯促成溫室氣體的減少排放效果。接下來的另一場大型會議於2009年在哥本哈根召開(註2),其特點是企圖心不足。

圖一　碳排放與生產的相對變化

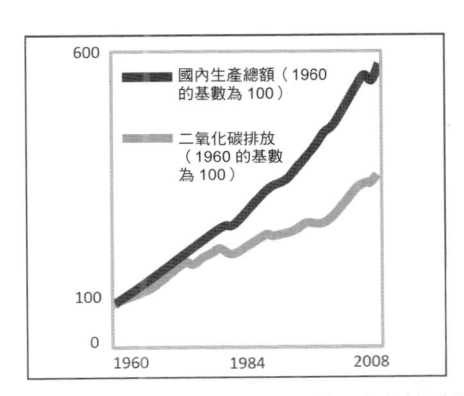

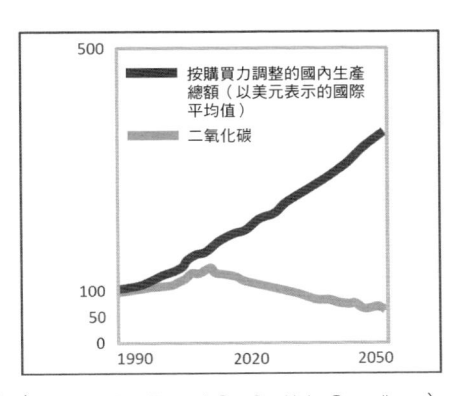

資料來源:帕斯卡・康芬與亞倫・格朗讓委員會(commission Pascal Canfin-Alain Grandjean)的報告,2015年6月。

圖二和圖三揭示了這一挑戰的其他面向。圖二所提供之各國總排放量的估計顯示（註3），雖然絕大多數是人為排放（即與人類活動有關的排放）來自已發展的國家，但新興國家將在未來的排放中發揮關鍵作用。中國是這一趨勢的先兆，目前它是遠超過其他國家的最大排放國，而且如果它打算提升其全體國民的生活水準至西方國家的水準，仍有很大的努力空間；印度及其他新興和低度開發國家將緊隨其後，這無疑將對氣候暖化造成重大的影響。

圖三展示了單位國內生產毛額的排放量。它揭示了環境保護績效巨大的不平等，並且暗示全球各地減少溫室氣體排放能力的分布不均。儘管歐洲的表現相對不算理想，但其減少排放的空間仍明顯小於其他國家。

同時，很多國家在環境保護方面採取了觀望的態度。它們不僅在減少工業、交通或住宅的碳排放方面做得非常有限，而且汙染最嚴重的火力發電仍在蓬勃發展。某些國家甚至對化石能源（如天然氣、煤炭和石油）進行補貼，而這些能源共造成了67%的溫室氣體排放（其中二氧化碳及高達80%）。根據最近經濟合作暨發展組織的一份報告（註4），全球每年仍挹注1,410億至1,770億歐元來支持這些能源，補助形式包括免稅以及增值稅減免，而受益者則包括各種群體和職業（如農民、漁民、卡車司機、航空公司、低收入家庭、海外居民等），此外還有對於大型設備（例如終端設備）的投資常享有稅收抵免。當然，如果也開徵化石能源稅，淨補貼金額就不容易準確計算；此外，像法國的「能源產品國內消費稅」（taxe intérieure de consommation sur les produits énergétiques，前稱「石油產品國內稅」〔TIPP〕）這樣的稅目並非真正有效的碳稅，因為免稅的情況非常多。但無論實際金額如何，全世界這些補貼都證實了「國家利益優先於生態緊迫性」的觀點。

我們是如何走到這一步？為何國際談判在過去25年進展甚緩？我們能否戰勝全球暖化？這些都是本章試圖提供解答的核心問題（註5）。

圖二　分國別的碳排放對比

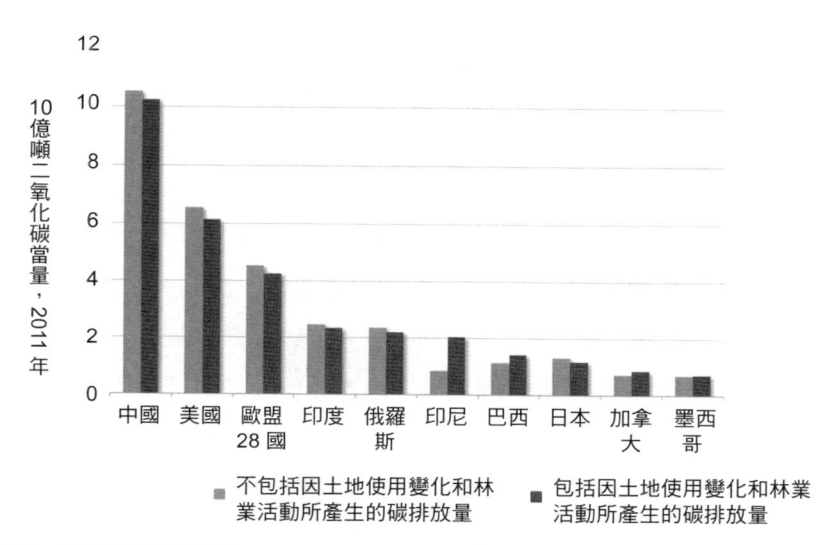

（縱軸：10億噸二氧化碳當量，2011年）

國家（由左至右）：中國、美國、歐盟28國、印度、俄羅斯、印尼、巴西、日本、加拿大、墨西哥

圖例：
- 不包括因土地使用變化和林業活動所產生的碳排放量
- 包括因土地使用變化和林業活動所產生的碳排放量

資料來源：世界資源研究所（World Resources Institute）

圖三　分國別對應於生產的碳排放對比

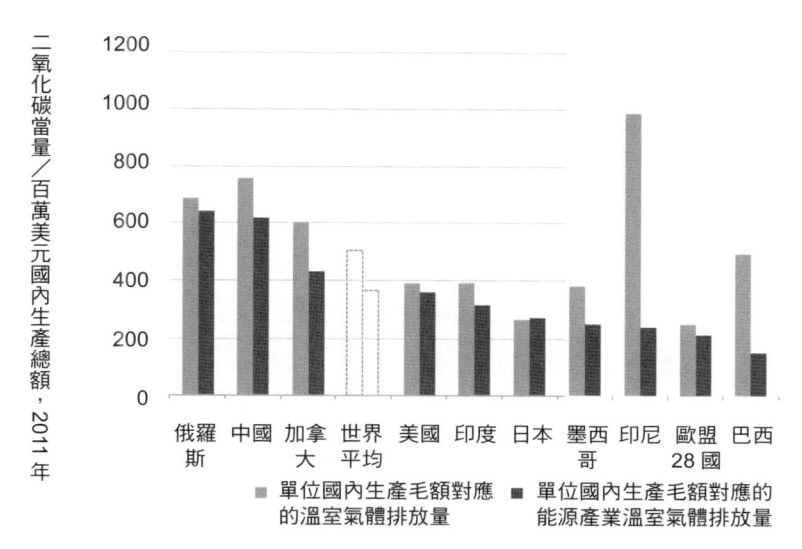

（縱軸：二氧化碳當量／百萬美元國內生產總額，2011年）

國家（由左至右）：俄羅斯、中國、加拿大、世界平均、美國、印度、日本、墨西哥、印尼、歐盟28國、巴西

圖例：
- 單位國內生產毛額對應的溫室氣體排放量
- 單位國內生產毛額對應的能源產業溫室氣體排放量

資料來源：世界資源研究所（World Resources Institute）

第二節

停滯的原因

　　我們可以呼籲對話，可以夢想一個不同的世界，在這個世界裡，經濟行為者、家庭、企業、政府、國家都會改變其消費習慣，並決定採取環保的措施。各方確實需要對話，解釋問題的重要性，提高民眾對集體行為後果的認識。但所有這些可能仍然遠遠不夠。其實對話早在二十多年前即已開展，並且藉由媒體廣泛傳播，幾乎無人不知；我們大多數人願意為環保做出一些小小努力，但並不願放棄自己的汽車，也不願支付更高昂的電費、減少肉食或盡量不要搭機長途旅行。永續發展的地方性舉措雖然值得稱讚，但單憑這些行動還不足以解決問題。事實上，我們都希望其他人代替我們（或者說代替我們的子孫）採取行動。儘管這種態度極其不負責任，但我們共同的策略卻很容易理解。它是兩個因素疊加的結果：自私對待未來世代以及搭便車的問題。換句話說，減緩氣候變遷的益處主要是全球的、未來的，而減緩所需的成本則是地方的、當下的。

　　每個國家首先從自身利益出發，為其經濟個體謀利，同時希望能從其他國家的努力中獲益。經濟學視氣候變遷為一個公共利益的問題。從長遠看，大多數國家應能從全球溫室氣體排放的顯著減少中獲得巨大利益，因為氣候暖化將嚴重影響經濟、社會和地緣政治。然而，各國承擔減少排放任務的動機卻非常微弱。一個國家就算採取減緩氣候暖化的措施，它所帶來的好處實際上大部分是惠及其他國家的。

　　因此，國家必須承擔其綠色政策的全部成本，比方建築物的隔熱成本，或是將汙染能源（例如煤炭）替換為更清潔但也更昂貴能源的成本。然而，簡單來說，如果這個國家的人口占全球總人口的 1%（且其在氣候變遷的風險上與其他國家處於同一水準），它將只獲得這項綠色政策 1%

的收益。換句話說，結果顯而易見，該政策絕大部分益處都將流向其他國家！就像你面臨一個選擇：今天花掉 100 歐元好呢，還是將這筆錢存起來好呢？而你知道，其中的 99 歐元將被拿走並重新分配給陌生人。此外，這項政策的大部分益處不會惠及當今具有投票權的人，而是惠及未來的世代。

因此，各國並沒有將政策帶來的益處納入自身考慮：這些政策仍然不足以有效處理問題，排放量仍維持在高水準，氣候變遷加速惡化。搭便車的心態導致「公有地的悲劇」，這一點在其他領域的眾多案例研究中獲得了驗證。例如，多個畜牧共用同一塊牧場通常會導致過度放牧；因為每個都希望多養一頭牛以提高收益，卻忽略了他的這項利益必須犧牲其他業者的利益才能實現，因為後者的牲畜吃到的草將會變少。同樣，獵人和漁民也不會將其漁獵的社會成本納入自身考慮。過度漁撈和過度捕獵如今已成為國際爭端中的常見話題，過去也導致模里西斯國鳥渡渡鳥、庇里牛斯山的熊以及北美大平原的野牛等許多物種滅絕。演化生物學家傑瑞德．戴蒙德（Jared Diamond）曾解釋復活節島的森林砍伐如何導致整個文明崩潰的過程（註 6）。其他公地悲劇的例子還包括水和空氣汙染、交通壅塞或國際安全問題。

2009 年諾貝爾經濟學獎得主政治學家埃莉諾．奧斯特羅姆（Elinor Ostrom）說明在某些條件下，穩定的小型社區如何能透過非正式的誘因和制裁機制來管理本地的公共資源（註 7），避免淪為公有地悲劇的受害者。然而，這些非正式的辦法顯然不適用於氣候變遷的問題，因為在這一情況下，利益關係方是目前居住在地球上的 70 億人及其未來的後代。解決全球外部性的問題非常複雜，因為沒有任何跨國機構能實施和執行如經典經濟理論所提倡的成本內化的方法，來管理這個全球共同資源，因為這種方法通常在國家層面上更為合適。

……因「碳洩漏」的問題而惡化

　　此外，所謂的「碳洩漏」（fuites de carbone）問題可能會令任何想要採取單邊減緩策略的國家或地區感到氣餒。具體而言，如果徵收碳排放稅並且對非保護（即須承受國際競爭）溫室氣體高排放的國內產業施加額外成本，將會削弱它們的競爭力。為了有效對抗氣候變遷，一國的碳稅如果過高，就會導致企業將其生產線轉移到世界其他地區，因為在那些地區便可以以較低成本排放汙染；否則，這些企業將在國內或出口市場上失去市場，輸給那些不太注重汙染之國家的企業。因此，單邊政策會將生產線轉移到責任感較低的國家，這實際上只是生產和財富的重分配，而得不到顯著的生態效益。

　　同樣，當「模範」國家提高國內的汽油或燃油價格以減少對化石能源的依賴時，往往會壓低全球這些能源的價格，從而導致其他「非模範」國家對化石能源需求的增加，同時增加溫室氣體排放。碳洩漏現象因此削弱了在這一領域所付出之努力的氣候淨效益。

　　另一個碳洩漏風險的例子，是《京都議定書》下創立的「清潔發展機制」（Mécanisme pour un développement propre，簡稱 MDP）。該機制係指，當那些碳排放受限之國家（如歐洲國家）的企業，在像中國那樣不受這些限制約束的國家中實施減少排放計畫時，這些企業便能獲得「碳信用」。

　　這些企業的努力是根據現有碳市場的價格來衡量，主要是歐洲的可交易排放權市場（這也是為什麼當這一市場價格下跌時，就會暫停清潔發展機制的原因，我稍後還會對此補充說明）。最初我是樂見其成的，因為該機制對一個在發展道路上缺乏援助的世界，設定了一種援助方式，並且與其他已選定的政策評估一致：碳價等於西方企業必須為其排放所支付的費用（主張碳定價劃一的論點是，無論排放者是誰、排放地點在哪裡，排放

一噸碳對環境的影響都是相同的）。

但是，我直觀的想法和《京都議定書》談判者們的概念都是錯覺。仔細想來，這個看似有益的機制，其實並不像表面所呈現的那樣美好。它在行政管理上非常複雜（為了獲得碳信用，必須證明該項目是「附加的」，也就是說，如果沒有落實清潔發展機制，就不會有減少汙染的效果〔註8〕）。

而且，清潔發展機制往往對環境的影響可能微乎其微，例如：世界某地的一個造林或森林保護計畫可能會導致木材或大豆市場的供需變化；保護某這片森林的道德抉擇抬高了木材或大豆的價格，因此反而鼓勵了世界其他地區砍伐森林。

碳洩漏的問題進一步證明，只有全球協議才是氣候問題的解決之道。那不對碳排放採取懲罰措施的國家汙染問題嚴重，其產品不僅供應本國生產，還因出口到比較重視環保的國家而加重汙染！正是基於這層體認，一些觀察家才主張，即便有些國家對碳排放進行定價，《京都議定書》仍未達到減少碳排的效果（註9）。

⋯⋯因推遲改革所引發的問題

最後，「搭便車」現象因以下觀念而更趨嚴重：如果今天少做一些，那麼在未來談判中就能獲得更多利益。基於理論及過去的經驗，各國意識到，如果今天維持較高的碳排放量，未來在加入全球協議時，自己將處於更有利的地位並據此要求補償。因為他們經濟的高碳排放量，因此對簽署協定的動力較弱，國際社會不得不向他們提供更多的補償辦法（金錢支付或者提供免費的可轉讓排放權），以說服他們簽字。類似的情況也出現在1980年代美國中西部各州與美國其他地區，關於減少二氧化硫排放的困難談判中。

由於中西部各州是酸雨汙染物的主要排放者，因而對參與協定興趣不大，結果談判只能藉由向中西部各州慷慨發放排放許可證來達成。這是一個令人遺憾的現實，但也是一個必須面對的現實。

儘管如此，不應認為在這方面一事無成。

　　可交易排放權（Droits d'émission négociables）：歐洲（自 2005 年起）、美國、中國、日本、韓國，以及其他許多國家（總計超過 40 個國家）、地區甚至城市，已存在可交易的排放權市場（註 10）。發展可交易排放權市場是讓經濟個體對其溫室氣體排放負責的一種機制。其原理如下：公權力設定一個汙染量的容許上限；如此一來，在全球暖化的情況下，我們設定可以排放的二氧化碳噸數，以確保地球的升溫不致超過攝氏 1.5 至 2 度（這個數量有時被稱為「碳預算」〔budget CO^2〕）。然後，公權力會發行相應數量的許可證，即可交易排放權（有時被貶稱為「汙染權」〔droits à polluer〕）的許可證。任何經濟個體，如電力生產商，都必須在年末出示相當於其全年排放量的許可證數量。若許可證數量不足，就必須以市場價格在排放權市場上購買差額，或者支付一筆罰款（原則上應高於市場價格）。若許可證數量有剩餘，則可以以市場價格出售。碳價因此對所有人一視同仁。由於可以購買和出售這些許可證，國際談判才經常稱這種方法為「總量管制與交易」（plafonnement et échange）。

　　碳稅（Taxe carbone）：其他國家則選擇了碳稅，即公權力為每噸二氧化碳的排放設定了稅額。其中，瑞典是最早採取這一政策的國家，並在 1991 年為家庭實施了每噸二氧化碳 100 歐元的碳稅（註 11）。雖然該國實施了碳稅政策，但為避免企業將生產轉移到其他國家（即「碳洩漏」問題），政府為企業提供許多稅收豁免，以求在碳稅政策中為環境保護與經濟競爭力之間達成平衡。法國則在 2015 年開始對化石燃料徵收每噸二氧化碳 14.5 歐元的碳稅（註 12），不過也同時實行在排放時須取得排放權

的雙軌制度。除歐洲外，日本和墨西哥等國也徵收的碳稅也相對較低。

除了瑞典的碳稅之外，所有這些嘗試所設定的碳價都太低了，遠遠低於能夠讓我們保持在 1.5 至 2℃升溫目標範圍內的水準。根據碳預算設定可交易排放權數量的對策，是選擇一個與所謂「碳的社會成本」（coût social du carbone）相等的碳稅。這個碳稅的價格，應該能促使經濟個體做出足夠的努力，才能讓我們回到不超過 1.5 至 2℃升溫的軌道上。然而碳稅幾乎總是遠低於這一社會成本。僅舉一例，根據基內報告（rapport Quinet，註 13，其理念被羅卡〔譯註 1〕關於碳稅的報告所採納）估算，2010 年碳的社會成本為 45 歐元／噸二氧化碳（到 2030 年為 100 歐元，2050 年將攀升到 150 至 350 歐元），而如果這個價格水準在全球範圍內適用，將使我們能夠遵循「政府間氣候變化專門委員會」的建議（註 14）。然而，今日歐洲或美國市場上的碳價只在 5 至 10 歐元之間，在許多國家則為零……

為何採取單邊行動：在一切涉及地緣政治的問題中，國家利益總是擺在第一，因此，對於氣候變遷採取行動看起來可能會令人驚訝：一個國家為什麼要為全人類的福祉而自我犧牲？答案有兩個方面。首先，即使真有「犧牲」，這個犧牲也微不足道，畢竟相關措施依然有限，無法矯治導致氣候災難的排放成長趨勢。

此外，這並不完全算是犧牲，因為相關國家可以從綠色政策中獲得其他好處。例如，綠色抉擇可以幫助減少其他比較地域性的汙染物（即主要影響該國自身的汙染物）的排放。例如，煤電廠不僅排放溫室氣體二氧化碳，還排放二氧化硫和氮氧化物，而這兩種汙染物會導致酸雨和懸浮微粒。因此，即使不考慮氣候暖化，提升這些電廠的能源效率對該國仍然有

譯註 1　米歇爾・羅卡（Michel Rocard，1930—2016 年）係法國政治家，曾任法國社會黨第一書記（1993－1994）和法國總理（1988－1991）。

利。同樣地西方國家在第二次世界大戰後用天然氣和石油替代了髒煤，這一措施在健康和環保方面都帶來顯著的進步，尤其是消除了倫敦的霧霾。但這項選擇與對抗氣候暖化並無關係，當時也並未考慮氣候暖化，而是出於國家甚至地方的迫切需求。

以類似的觀點來看，一些國家可能會鼓勵其公民減少食用紅肉，這不是為了對抗甲烷（溫室氣體）排放以及氣候暖化，而是為了降低心血管疾病的發生率。這些「附加好處」創造誘因效果，雖仍不足但畢竟是一種可減少排放的誘因措施。

最後，像中國（人口接近全球的 20% 且對氣候變暖非常敏感）這樣的大國已嚴肅考慮二氧化碳排放的問題，再加上想平息輿論批判和避免國際壓力，即使沒有國際強制性的協議，這些因素都可能促使該國採取行動。因此，一些國家可能採取單邊措施，並以自身的利益為主要考慮。這些減少碳排放的措施，並不一定意味政府覺察到其措施對世界其他地方可能產生的影響。這些措施也被稱為「零企圖心（註 15）」，這是指一個國家只為減少對自己國家造成直接損害和汙染之影響因素，而採取的最保守措施；換句話說，是在沒有國際談判的情況下，國家所選擇的標準，而這些措施仍遠遠不足以使氣候暖化得到有效控制……

就結果論，投入成本往往過高

國家有時花費高達每噸 1,000 歐元來避免碳排放（比如德國，由於日照不足，安裝第一代光伏發電設備加以因應），而其他類的排放可能只需每噸 10 歐元就能減少。絕大多數的觀察家稱這種政策為生態政策，但實際上並非真正的生態政策：以相同的成本，本可減少 100 噸排放，而非僅 1 噸！稍後我將討論經濟效益作為生態優先原則的問題。除了可交易的排放權和碳稅之外，還有許多其他行政管理上的措施（命令以及控制），但

這些措施有時在限制氣候暖化方面效果不彰而且成本卻過高,這點我將在下文進一步探討。推行不具體的環保標準或由公權力來選擇能源來源,往往導致環環無法相扣,結果大幅增加減低排放的成本。

第三節
談判未能符合氣候問題的需求

從京都議定書……

在1997年簽署的《京都議定書》(2005年生效)中,簽署國承諾減少溫室氣體排放。所謂〈附錄B〉(Annexe-B)中的國家承諾到2012年將排放量減至1990年的95%,並建立一個可交易的排放權系統。它雖然雄心不足,但仍具一定意義。然而,其實施過程卻出現嚴重的設計缺陷。《京都議定書》簽署時,參與國代表全球65%以上的溫室氣體排放量。但到2012年,由於美國沒有批准議定書,加拿大、俄羅斯和日本退出,議定書僅覆蓋全球不到15%的排放量。例如,加拿大在面對油砂資源的誘惑時,察覺到自己將不得不購買排放權來履行承諾,因此在需要付錢之前選擇退出。而美國參議院則要求在批准之前查證有無「搭便車」的現象(特別針對中國)。雖然全球達成協議的必要性無庸置疑,但參議院的立場也反映了其面對部分氣候懷疑者,以及不願改變高碳消費習慣的公眾意見時的無所作為(參考下文圖五)。

此外,《京都議定書》設下了碳定價機制,但這項重點嘗試也失敗了。這一嘗試在歐洲開始實施,即「歐洲排放交易系統」(EU Emission Trading Scheme,簡稱EU ETS)。自2008年起,歐洲經歷了嚴重的經濟

危機,加上可再生能源(特別是德國)的快速發展,導致排放權的需求減少,市場上出現過多的排放許可證(註16)。由於未曾採取措施來調整或限制市場上排放許可的供應,每噸二氧化碳的價格從歷史最高的 30 歐元降到 5 到 10 歐元,結果價格太低,根本無法發揮顯著影響,使得減少排放的效果不彰。價格如此低迷,以至於發電廠轉而使用碳排放量是天然氣兩倍的煤炭,且未計入懸浮微粒汙染物的危害。預計如果二氧化碳的價格達到 30 歐元,天然氣電廠將比煤炭電廠更具競爭力。由於煤炭電廠的競爭,法能集團(Engie)不得不關閉三座天然氣電廠,因煤炭電廠的汙染幾乎不受懲罰(註17)。

有些人認為,碳價格在排放權交易市場上的下跌,標誌了這一市場的失敗。但實際上,這是一個政治決策,反映出歐洲不願成為唯一一個遵守《京都議定書》承諾的地區。與其根據經濟狀況減少許可證的數量,歐洲選擇讓價格下跌,並因此與世界其他地區更為保守的氣候政策保持一致。這又是「公有地悲劇」的實例。

在過去的 20 年裡,歐洲人有時以為自己對減少溫室氣體排放的(有限)承諾會鼓勵其他國家效仿。但不出所料,這種連鎖反應從未出現。不幸的是,《京都議定書》的確失敗,而這種失敗歸因於其本身的架構。因此,我們必須從中吸取教訓。由於搭便車的缺點,以及碳洩漏的問題加劇,解決方案只能從全球著眼。

⋯⋯到後續的企圖心不足:自主投入

雖然《京都議定書》出發點是好的,但未能阻止各國搭便車的行為。同樣,哥本哈根會議上不具約束力的承諾也未能避免這一問題,只是原因不同。

2009 年 12 月哥本哈根會議的目標是制定一個涵蓋更多簽署國的新京

都議定書。最終卻達成了一個與《京都議定書》完全不同的計畫，即「承諾與審查」（pledge-and-review）的進程。從那時起，聯合國就變成了各簽署國非正式承諾的登記處，並不具備實際約束力，而這些承諾即被稱為「國家自主決定的貢獻」（Intended Nationally Determined Contributions，簡稱 INDC）。這一新的自願承諾機制在 2015 年 12 月於巴黎召開的第 21 屆締約方會議（COP 21）上獲得批准。然而，自願承諾策略存在幾個主要缺陷，無法有效對抗氣候變遷。

漂綠：首先，由於各簽署國在減少碳排放成本上的差異，無法衡量他們在自主決定貢獻上的企圖心（註 18）。實際上，國家自主決定貢獻之機制所建立的國際氣候協議架構本身，即變相鼓勵了漂綠行為，也就是說某些舉措表面比實際看來更加環保（註 19），使得對各國環保貢獻的衡量和經濟評估變得複雜。

完全可以預見的是，各國會選擇對自己有利的基準年。比如美國選擇 2005 年（那時正值頁岩天然氣革命的開端，這種氣體取代排放更多溫室氣體的煤炭，大幅減少了排放量）；而德國則選擇 1990 年（當時接收了前東德的高汙染發電廠，因此減少排放相對容易且能為自己帶來額外的巨大效益）等。藉由選擇汙染高峰年分做為基準年，各國人為地誇大了自身所設定之目標的雄心。

此外，不同國家的承諾難以比較，因為各國有不同的時程和不同的指標（如排放高峰、人均的排放減少或相對於國內生產毛額的排放減少等）。還有，一些承諾是有附帶條件的：如日本是否重啟核能（該國大量使用煤炭），或外國對許多新興國家或低度開發國家的援助計畫是否「足夠」等等。總之，各國在氣候承諾和減少排放目標上，選擇了對自己最有利或最方便的標準或時間點，導致極大的不一致性，缺乏統一的標準或基準，最終讓整個架構顯得混亂和隨意，每個國家只是根據自身需要，而非根據全球共同的氣候目標去做出承諾。

總有人搭便車：其次，假設各國在國家自主決定貢獻上的承諾可信，這些承諾到頭來還是自願的，因此，由於國家自私心態所引發的搭便車問題也無法避免。誠如喬·斯蒂格利茨所指出：「我們不知道有哪個領域能透過自願的行動來解決公共財供應不足的問題。（註 20）」

在某方面，自願承諾機制類似於一個所得稅系統，而在這個系統中，每個家庭都可以自由決定自己的納稅額。因此，許多觀察家擔心當前的國家自主決定貢獻只是「零企圖心」的承諾。

承諾是（不）可信的：第三，承諾往往只能說服那些相信的人。如果沒有正式的約束，這些承諾很可能並不可信。從慈善捐款的承諾（尤其在醫療領域）來看，其經驗並不令人鼓舞。這種缺乏約束的情況將加強簽約國背離承諾的誘惑，特別是在他們懷疑其他國家也會這麼做的時候。

巴黎氣候大會（COP 21）的總結

巴黎氣候大會於 2015 年 12 月召開，旨在達成一個有效、公正且可靠的協定。任務完成了嗎？談判過程非常複雜，因為各國政府並未準備好做出承諾。協議展現出很高的企圖心，目標訂在「遠低於攝氏 2 度」（而之前是攝氏 2 度），而且到 2050 年之後，全球還應實現淨零溫室氣體排放。此外，2009 年的哥本哈根會議上許下承諾，在 2020 年之後每年挹注 1000 多億美元的資金在開發中國家上。

總體來看，巴黎氣候大會協定所確立的認知方向是正確的：當前的排放情況非常危險，因此需要採取強有力的行動和新的環保技術；巴黎大會做出的承諾遠遠不夠；在 2050 年後實現負排放（即「碳匯」〔puits de carbone〕（註 21）吸收的碳量超過排放量）的壯志；需要幫助貧困國家；希望建立汙染核查系統（卻有兩種不同速度，像中國〔其排放量超過美國和歐洲的總和〕這樣的新興國家其節奏是不同的）；最後是希望擁有

一個共同的行動計畫和目標透明度。儘管這些認知早在 1992 年的《聯合國氣候變化架構公約》（Convention-cadre des Nations unies）中已有部分提及，但所有國家都同意確認其重要性。至於具體措施層面上的進展並不大。

雖然絕大多數經濟學家和許多決策者都推薦碳定價是對抗全球暖化的有效辦法，卻引起委內瑞拉和沙烏地阿拉伯的反感或抗拒，而這些國家甚至要求，如果因實施改善氣候暖化的做法而導致石油價格下跌，則需對其補償。最終，談判代表基於普遍的漠視心態將其擱置了。至於公正問題，已開發國家僅提出了一個大致架構，並沒有詳細說明將如何向開發中國家提供幫助或支援。這個協議顯然過於模糊，因為我們知道集體的承諾往往無法兌現，畢竟每一方都不願承擔責任（這又體現了「搭便車」的問題）。最好能明確列出這些對於開發中國家之援助的具體細節，並應確保這些援助是額外的資金挹注，也就是除了現存的援助之外，還應該有新的、額外的資金投入。此外，這些援助不應該以貸款的方式提供，也不應該依賴於不穩定或不確定的收入來源。

此外，協議將各國承諾減少排放的具體兌現日期推遲到以後。至於透明度的談判也以失敗告終。很難理解為什麼開發中國家就可以不受與其他國家相同的追蹤、報告和核查程序：表現得慷慨大方確實是已開發國家的責任，但並不意味著要睜一隻眼閉一隻眼。這種不對稱的待遇，實際上為富裕國家提供了未來不兌現承諾的藉口。最後，雖然各方一致贊同每五年修訂協議，以便採取更有利路徑的提議，但這忽視了經濟學家所說的「棘輪效果」（亦即協議一旦實施，可能難有餘地在未來做出顯著的改動或進一步的強化措施）：我們是否真的相信一個國家真的會因為積極履行承諾——而非採取故意延宕的拖延戰術——而在未來談判中處於更有利的地位？對於好學生，我們總是要求更多。

該協議無疑是一個外交上的勝利，因為它獲得 196 個代表團的一致批

准，然而這個共識是因為屈從於各種要求（如碳價格問題）才達成的，因此缺乏真正的企圖心。大可藉由一項簡單的測試來判斷這種「降格以求」是否有效：與會的外交官回到各自國家彙報協議成功簽署時，有哪幾個會明確告知公眾，大家需要挽起袖子、說做就做，以終結廉價汙染的時代？

在此期間，如南非、印度、澳大利亞或中國的許多國家正考慮增加煤炭的使用量。美國幾乎意外地由於開採廉價的頁岩氣，而減少了溫室氣體的排放，但仍在繼續出口過剩的煤炭。而歐洲則不遺餘力地利用德國和波蘭的煤炭，而不是在向可再生能源過渡的階段中先轉向使用天然氣。

第四節

對抗全球暖化：須令各方承擔責任

氣候變遷的核心問題在於，經濟行為者在排放溫室氣體時沒能將自己對其他行為者造成的損害納入考慮。為解決這一搭便車問題，經濟學家早已提出，應強制經濟行為者將其二氧化碳排放所帶來的負面影響納入自身成本，即「汙染者付費」的原則。

為此，必須將碳價設定在與攝氏 1.5 至 2 度目標相符的水準，並要求所有排放者支付相應的費用：鑑於無論由誰排放、由何種活動排放或在哪裡排放，每一噸二氧化碳分子的邊際損害都相同，因此每一噸二氧化碳的價格應當一致。對全球所有經濟個體徵收統一碳價，應能確保落實所有成本低於碳價的減少排放措施。

那些看似環保的政策其實並非如此……

因此，統一的碳價能夠確保以最低成本減少排放，達到全球大氣二氧化碳含量的目標。行政管制政策（即英文所謂的 command and control，命令與控制）與經濟學的方法不同，那是靠行政強制手段推行的，例如按照排放源來區分的限制、統一的降低汙染要求、與實際污染量無關的補貼／稅率、按照設備使用年限作為區分標準、產業政策、某些技術標準和規範等（註 22）。這些行政管制政策會導致不同排放類型的隱含碳價存在巨大差異，進而增加生態政策對社會造成的總成本。

這一點不難理解：假設有兩家公司各排放 2 噸碳，且目標是將其汙染量減半，從 2 噸減少到 1 噸。假設第一家公司的減少汙染成本為每噸 1,000 歐元，而第二家公司的成本為每噸 10 歐元。如果採取一項「公平」的政策，可能會要求每家公司各減少一半汙染量，此時第一家公司的總成本為 1,000 歐元，而第二家公司為 10 歐元，總計 1,010 歐元。但是若要追求效率，顯然應該讓第二家公司完全消除其 2 噸汙染排放，總成本僅為 20 歐元，而讓第一家公司不採取任何措施。如此一來，相較於命令型政策或干預型政策，社會節省的成本將是 1,010 歐元 － 20 歐元 ＝ 990 歐元。

實施碳定價的經濟方法實現了這種節省。假設每噸二氧化碳的價格訂為 50 歐元，那麼第一家公司不會花 1,000 歐元去減少一噸碳排放，而只需支付 100 歐元總價來購買相應的碳排放配額。另一方面，第二家公司則會選擇完全消除其汙染，總體結果是為整個社會節省了 990 歐元的成本。而且，「公正」和「效率」兩者間不一定存在對立：從命令性政策轉向碳定價系統所節省的成本，足夠用來補償那些在新系統下受到損失的企業（例子中的第一家公司）。這種補償金額固定，與企業未來的排放選擇無關。也就是說，補償不會根據它未來是否減少汙染而改變。

對命令性方法的偏好，源於政府希望在應對氣候變暖的議題上顯得有

所作為。這是因為比起碳稅，命令型政策那些成本高昂但不明顯的零散行動，成本並不總是直接呈現出來，而是「融入」到人們的購買義務或商品和服務的價格中，使得這些成本對消費者和企業來說不那麼明顯或透明，因此在政治上比碳稅更容易被接納。碳稅對那些有義務繳納的人而言非常有感，相形之下，補貼比徵稅更受歡迎，因為補貼似乎是「無償的」，但實際上這些補貼的花費最終還是由社會成員支付，或者透過稅收轉移給某些受益者。經濟政策的制定和執行經常會因為哪些政策是公眾明顯能感知到的、哪些是隱藏的而產生扭曲或不平衡的結果。決策者傾向於選擇「隱性成本」較高的政策，以避免引發明顯的反對或負面效應。

然而，經驗表明，命令性政策明顯增加了環境政策的成本。根據以往的經驗，相較於那些在各產業或參與者之間造成不公平待遇的行政方法，單一定價的機制通常能將汙染治理的成本減半甚至更多。（註 23）

西方國家嘗試過幾種減少溫室氣體排放的措施，尤其是撥款直接補貼綠色技術。例如，法國透過國家電力公司或公共配電網路以高價回購太陽能和風能電力；以獎助和罰款的辦法推廣低排放汽車；對生質燃料產業予以補貼等等。對於每個實施的計畫，我們可以估算一個隱含的碳價格，也就是該計畫中減少一噸二氧化碳的社會成本。在電力產業中，經濟合作暨發展組織的估算範圍從 0 歐元（甚至更低〔註 24〕）到 800 歐元不等。在公路運輸產業中，減少一噸二氧化碳排放的隱含成本可能高達 1,000 歐元，使用生物燃料時尤其如此。公共政策中碳排放的隱含成本差異很大，這進一步證明「命令性」政策（即行政性控制政策）的效率是低下的。同樣，任何不適用於全球所有地區的全球氣候協定也會同樣無效率，因為在未簽署協定的國家中，碳價格為零，而在簽署協定的國家中則非常高。

補貼可再生能源理由在於「學習曲線」（courbe d'apprentissage），即隨著企業產量的增加，成本即會降低。一般來說，學習效果總是很難預測，並且往往被尋求補貼的產業遊說團體誇大。但是，在可再生能源的案

例中,這一效應是顯著的。杜拜(位於日照充足的地區)在 2016 年簽署了一份價格相當合理的光伏發電廠契約(每兆瓦時的電力價格 30 美元),這價格在不久前甚至難以想像。這條學習曲線如果有效,就可以充當補貼的基礎,這意味在技術剛開始應用時,需要較多補貼,以支援技術的發展和市場接受度。隨著技術的成熟和生產經驗的積累,成本會下降,因此補貼需要逐步減少,避免不必要的財政支出。(註 25)。

如前所見,為了減輕氣候暖化對策對於購買力的衝擊並使這些對策變得可以信賴,我們務必確保給予各方的待遇沒有差別。任何過於昂貴的協定最終都會在選民或遊說團體的壓力下遭放棄。生態需求只能在經濟需求得到滿足的情況下才能受到尊重,兩者都需要著眼整體的方法和價格機制。因此,價格機制(如稅收或市場)不是生態政策的敵人,反而是落實現大規模生態政策的必要條件。

經濟學的方法

經濟學家的主流觀點是全世界應普遍實施碳定價。雖然他們在具體方法上存在分歧,但這些分歧是次要的,原則上卻是一致的。同樣,許多社會組織(如尼古拉‧於洛基金會〔fondation Nicolas-Hulot,註 26〕)和決策者也持相同觀點(註 27)。例如,國際貨幣基金組織總裁克莉絲蒂娜‧拉加德(Christine Lagarde)和世界銀行行長金墉(Jim Yong Kim)在 2015 年 10 月 8 日利馬會議上的共同聲明:

若想過渡到更乾淨的未來,政府必須有所作為,同時要對民間部門提供良好的誘因。在此過程中,應該出現一個能給碳排放定價之強有力的公共政策。提高燃料、電力及產業碳排放行為的價格,將鼓勵採用更乾淨的燃料、節約能源並轉向綠色投資。像碳稅、可交易排放權市場等定價機制,以及取消無效率的補貼,都能給企業和家庭提供所需的前瞻視野,以

便它們擘劃長期投資，並智慧地對抗氣候暖化（註 28）。

以單一價格向所有國家、經濟活動領域和各行為者收取碳排放費：簡單，甚至簡單過頭？也許是的。截至目前，我們顯然更傾向於化簡為繁。

兩種經濟工具可以幫助實現理想，即碳定價和可交易排放權機制。這兩種策略都允許在每個國家的層級上對氣候政策做出權宜補充。確實，我們可以希望在國家的層級上留下一定的自由轉圜，即使我們知道這種自由可能導致國家政策偏離成本最低的減少排放機制。以那些稅金徵收和重分配能力有限的國家為例。假設這些國家支持為水泥產業設定較低的碳價格，以便幫助窮人興建住房；那麼它們可能會偏離單一定價的規則。支持補充政策的理由有兩個。首先是允許政府有一定的自由來說服公眾（或者說服自己）；其次是其他國家只關心該國的二氧化碳排放量，而不在乎該國如何實現目標。

為了實現目標，這兩種策略都得仰賴一個國際協議，以確保足以覆蓋全球的碳排放地區，因而需要一種「你做我就做」的辦法。這兩種途徑都是需要實際施行、監控及核查的政策（一般來說，任何有效減少排放行動的前提是建立可信且透明的排放測量機制）。雖然經濟學家對碳稅和可交易排放權的選擇存在分歧，但我和絕大多數經濟學家一樣，認為這兩種方法不管哪一種，都明顯比目前的自願承諾機制更有效。

選項一：全球實施碳稅

在碳定價策略中，各國將就其溫室氣體排放的最低價格達成一致，比方每噸碳 50 歐元，再由每個政府分別在其境內徵收相應的稅款。因此，所有國家的溫室氣體排放將有相同訂價（註 29）。例如，各國可以商定一個全世界最低的碳稅標準，但不為任何權宜補充措施留下空間（實施更高稅率則不再此限）。在一個更複雜的機制中（註 30），各國將會就碳

價格的平均值達成一致，允許權宜補充措施的存在。在這種情況下，碳價格將是從碳稅或碳定價機制中徵收之總收入除以該國總排放量的值；在採用稅收方式的情況下，這個價格就是碳稅；但是一般來講，價格可能源自一系列政策，例如碳稅、可交易排放權或其他任何基於價格的機制（如有關汽車排放量獎懲罰辦法）。

對各國碳價格承諾的檢驗

在檢驗國際間是否遵守碳稅及其變異形式的時後會出現以下幾個問題：

徵稅問題：由於碳稅政策對氣候所造成的正面效果多數惠及其他國家，目前還沒有足夠的誘因措施能促使各國向其公民、企業和行政機構徵收碳排放費，即使這種稅收對政府財政有益。總體來說，除了瑞典之外，大多數國家並沒有這樣做。無論國際協定如何達成，情況都不會有所改變。因此，即使排放檢驗措施本身不產生任何成本，各國當局也可能忽視某些汙染源或低估其汙染作用，節省國家在綠色行動上的經濟和社會成本。這種國家層面的投機行為是難以避免的。想更清楚認識各國有沒有按照自己在協議中所承諾的採取行動，追蹤和控管是有困難的，這點可以參考希臘稅收徵收效率低下的辯論（註31）。總之，實施統一碳價格會面臨「搭便車」的老問題，即某些政策或行動（在此背景下是指碳定價或氣候變化政策）會增加本國的成本，實施這些政策的國家或地區需要承擔經濟或社會代價。然而，這些政策帶來的好處是全球性的，比如減緩氣候變化帶來的利益會惠及全世界，而不僅僅是實施這些政策的國家。為了使其正常運作，還需有一個非常嚴格的國際控制體系與之配套。

反制措施：國際碳稅協議的實施存在規避風險。某些國家可能藉由補償性措施來減弱碳稅的影響。例如，一國政府如對化石能源課徵碳稅，可

能也會削減其他相關稅收或者增加補貼，抵消碳稅的效果（註32）。若能對能源徵收碳稅，但同時減少其他與能源相關的稅收，最終可能削弱碳稅的環保效應。事實上，已經存在其他針對這些能源徵稅或補貼的措施，但這些措施並非出於對抗氣候暖化的考量，而是基於其他原因：例如對本地不利的因素（比方會導致心血管疾病、哮喘等疾病的奈米顆粒排放、交通壅塞及道路基礎設施損耗）。各國政府還利用消費需求對價格波動不敏感的特點，來增加稅收收入，因為即使稅率提高，消費者的購買行為不會大幅度改變，確保政府稅收穩定增加。

沒有明確碳價的行為：碳定價的方法要求將沒有明確碳價格之環保措施的效益量化為可與碳價格直接比較的比率，以評估那些對氣候變遷有影響但沒有明確碳價格的各種政策，比如公共綠色研發、住宅或道路建設標準（註33）、某些農法或植樹造林計畫。可能還需要確定每個國家特定的轉換率，例如，建築標準對溫室氣體排放的影響因國家的氣候不同而有差異；以植樹造林計畫為例，在高緯度地區，雪地具有很高的反射率（Albédo，註34），可以有效地反射太陽光，從而減少地球吸收的熱量。若樹木覆蓋了雪面，雪的高反射率減少，地球表面吸收的熱量增加，這可能導致溫室氣體的排放增加，而非減少。

選項二：可交易排放權

另一種標準方法是創立可交易排放權機制。先設定一個全球排放的控制目標，並分配相應數量的排放許可證，這些許可證可以是免費的，也可以透過拍賣獲得。排放量超出許可證數量的企業需要在市場上購買額外的許可證；而排放量低於配額的企業可以出售剩餘的許可證。對所有企業而言，無論最初的許可證是免費還是付費，其汙染成本都由市場價格決定。額外的排放會讓企業失去出售許可證的機會，同時讓汙染企業負擔購買許

可證的費用。

說到溫室氣體排放，國際協定將對未來全球的二氧化碳排放設定上限（法文稱 plafond，英文稱 cap），再根據此上限確定全球預估之可交易排放權的數量。排放權一旦可以交易，將確保所有國家都透過碳交易市場達成統一的碳價，而排放許可證的價格不是由碳價協議決定，而是由市場的供需關係決定。為了實現公平原則並鼓勵各國投入，首先會將碳排放許可證分配給參與的各國。

那麼普通家庭呢？它們會間接受到對於商品和服務價格之措施的影響。對於能源消費，可以選擇徵收碳稅，但碳稅的水準要與電力公司、水泥廠等企業購買排放許可證的價格保持一致。另一種選擇則像前美國總統巴拉克‧歐巴馬（Barack Obama）那樣，在上游對煉油廠或天然氣生產商／進口商實施可交易排放權制度，再由這些企業將「碳價訊號」（signal prix carbone，即藉由價格傳遞有關碳排放成本的資訊）傳遞給消費者。

美國 1990 年通過一項兩黨都支持的法律，那是汙染治理最成功的一個案例，其鎖定的目標是導致酸雨的二氧化硫和氮氧化物等汙染物。法律規定自 1995 年起，將排放量從 2000 萬噸減少到約 1000 萬噸，並預計在 30 年內持續發行相應數量的可交易排放權。這一雄心勃勃的環保目標得以透過可交易排放權的市場（註 35）和嚴格的法律執行加以落實。

從這一經驗中可以汲取多個教訓。即使無法要求所有參與者採取完全相同的措施，碳價機制仍然可以發揮作用。正如前文所提到，依賴燃煤發電、汙染嚴重的美國中西部各州，曾堅決反對 1990 年的法律，最終卻獲得了免費的排放許可證，並在市場價格的鼓勵下大幅減少了汙染。它們最終採取相應的行動，證明市場機制有其功效。其次，時間因素至關重要。只有當經濟個體（企業、家庭、政府、國家）預期未來碳價會漲得夠高時，他們才會選擇不排放溫室氣體的設備。同樣，企業只有在看到經濟利益時，才會努力推動新一代無汙染技術的發展。簡言之，就是要降低未來

碳價的不確定性。

我們是否應該擔心碳金融（與溫室氣體排放相關的金融工具和市場機制）的發展及其可能的偏離？它會導致投機現象並對社會造成損害嗎？首先，值得注意的是，市場行為者若用自己的錢在碳價漲跌上進行投機，這倒也無所謂。反之，如果一家銀行或能源公司在金融市場上進行風險很高的投資，而不是利用這些市場來保護自己免受價格波動的影響，就會出現問題。因為如果他們虧錢，受害的可能是銀行存款戶或電力的消費者，更有可能的是，政府會撥款救助，最終由全體納稅人承擔損失。這是管制的傳統範疇。公權力應當監督這些受管制企業在市場上的持倉，確保這些持倉是為了對沖風險，而非投機。此外，還應強制這些企業在設有清算所（chambre de compensation）的組織化市場上，買賣這些可交易的配額及其衍生商品，以便管制機構可以更完善地執行任務。相比那些在 2008 年金融危機中有害的場外交易，這些透明市場能夠讓持倉更清晰可見（註 36）。

管理不確定的因素

無論選擇何種對抗氣候暖化的方案，我們都無法避免政策設計會發生錯誤。氣候科學、技術（如開發去碳能源的速度）、經濟（去碳化〔décarbonation〕的成本）以及政治科學（各國是否願意達成實質的協定並加以遵守），各方面都存在許多的不確定因素。

面對未來價格變化的不確定因素，需要採取多種配套策略。第一種策略是根據新的情勢（例如氣候惡化速度超過預期、全球經濟衰退等）調整配額數量或碳稅。這類修訂雖然可能限制國家長期的減少排放承諾，但並非沒有解決方案（註 37）。此外，從 2021 年起，歐洲將實施一個碳排放交易市場價格的穩定機制，同時允許行為者延後配額的截止日期，這樣便

可以減緩價格的漲跌。如果預計未來價格會上漲，行為者會選擇保留配額，導致當前價格上漲，而未來價格下跌（註38）。

讓各國承擔責任

如果讓國家而非經濟行為者承擔溫室氣體排放的責任，那麼落實排放許可的機制相對簡單。我們可以藉由計算一個國家的碳排放量來加以管理，首先，統計該國所有產業、交通運輸等活動中產生的二氧化碳總量。然後，計算從他國進口之商品和服務中隱含的二氧化碳。接下來，減去該國出口的商品和服務中隱含的二氧化碳。最後，考慮庫存變化的影響。森林和農業的碳匯可透過衛星觀察。美國國家航空暨太空總署（NASA）和歐洲太空總署（ESA）正在嘗試測量每個國家的二氧化碳排放，這些實驗計畫未來的潛力不容小覷（註39）。國際社會更容易按照國別監測排放，而不是對排放源逐一加以注意。此外，就像現有的排放交易機制一樣，到了年末，排放許可證不夠的國家需要購買額外的許可證，而擁有多餘許可的國家可以選擇將其出售，或留待日後使用。

第五節

碳定價與不平等

不平等體現在兩個層面上：一是國內層面，二是當前更加明顯的國際層面。

在國內層面上，人們有時會提出反對意見，認為碳稅會加重最貧困群體的負擔。碳定價會導致包括最弱勢群體在內的家庭購買力下降，一般認

為這是實施上的障礙，但這一因素過去並未阻止其他生態稅收的推行。這點雖然屬實，但不應阻礙生態目標的實現。在公共干預方面，每個目標都應配備適當的工具，且應儘量避免藉由操縱某個工具（如碳定價）來實現多重目標。

關於不平等問題，政府應更加依靠所得稅透明地重新分配收入，同時獨立自主推行合適的環境保護政策。這類政策不應只為關注某些合理擔憂而偏離主要目標。事實上，反對碳定價或環保政策的論點，可能導致更多普遍認為不可取的政策，例如將電價定為其成本的十分之一（想像一下開著暖氣但不關窗戶的場景，又或者有錢人一年四季加熱戶外泳池；如此一來，誰還去做建築隔熱以及其他環保行為），或者因為貧困群體吸菸率高而取消菸草的高額稅金。這樣的例子聽起來很荒謬是吧？然而，不論出於什麼原因，這正是今天我們對於碳的態度。

同樣的原則適用於國際層面。在這個層面上，與其嘗試推行不可靠的無效率政策，不如直接向貧窮國家提供固定數額的資金援助。誠如教皇方濟各（François）在通諭《願祢受讚頌》（Laudato si）中所言……

最嚴重的後果可能會在未來幾十年內降臨到開發中國家。許多貧困人口生活在受氣候暖化現象影響特別大的地區，其生計高度依賴自然資源和生態系統，如農業、漁業和森林資源。他們缺乏其他經濟活動或資源，無法適應氣候變遷的衝擊，也無法對抗災難性的局面，同時也幾乎無法獲得社會服務和保障。

我們看出貧窮國家和新興國家的合理訴求：富裕國家透過汙染地球才能為工業化提供資金，它們自己也希望達到類似的生活水準。圖四和圖五展示了這一挑戰的全貌。簡言之，我們可以借用「責任共擔但輕重有別」的原則（註 40）：責任主要在於已開發國家，但未來新興國家排放量的占比會相當大，正如圖四所顯示的那樣。這一事實促使部分人提出「因有差異，所以公平」的概念：已開發國家的碳價較高，而新興和開發中國家

圖四　1850 年以來的二氧化碳累積排放量：歷史責任的扭曲

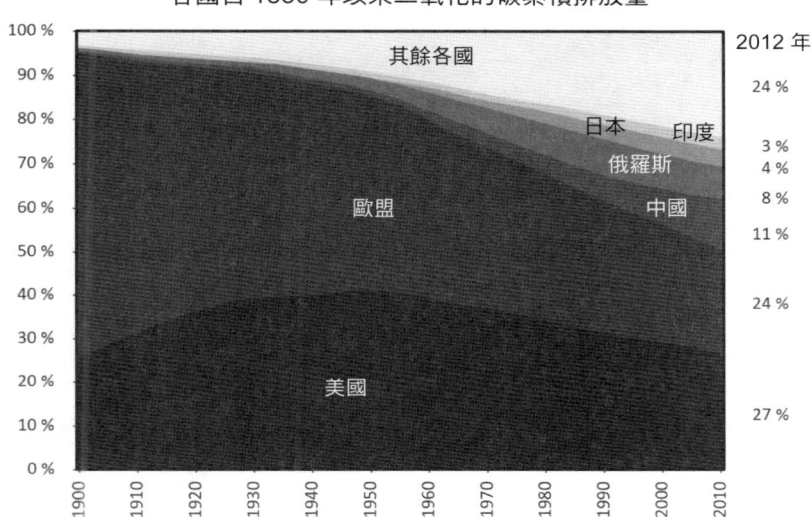

各國自 1850 年以來二氧化的碳累積排放量

2012 年
其餘各國　24 %
日本　3 %
印度　4 %
俄羅斯　8 %
歐盟　中國　11 %
　　　　24 %
美國　27 %

來源：氣候經濟學講座（Chaire Économie du climat），資料取自世界資源研究所（WRI）的 CAIT 資料庫。

的碳價較低。

　　然而，高碳價在已開發國家的效果有限，因為生產作業可能會轉移到低碳價的國家（更不用說可能面臨像《京都議定書》那樣，議會不批准的風險）。此外，不論已開發國家如何努力，如果貧窮國家和新興國家未來無法控制其溫室氣體排放，那麼攝氏 1.5 到 2 度的控制目標都只是紙上談兵。豁免新興國家的責任是不現實的。20 年後，中國的二氧化碳排放量將與美國自工業革命以來的總排放量相當。

　　那麼，該怎麼辦？答案是，新興國家需要對其公民和企業實施實質性的碳定價（在理想情況下，應與全球其他地區的碳價格相同），而公平問題應藉由從富裕國家向貧窮國家提供資金援助或金錢補貼的辦法來解決。《哥本哈根議定書》（protocole de Copenhague）曾決定提供這樣的援助，

圖五　各國人均排放量

國別	二氧化碳／每人（噸）
烏干達	0.11
剛果共和國	0.53
印度	1.70
巴西	2.23
全球均值	4.98
法國	5.19
中國	6.71
德國	8.92
日本	9.29
俄羅斯聯邦	12.65
美國	17.02
卡達	43.89

來源：世界銀行

而巴黎氣候大會也重申了這一原則。

總之，國際不平等的現實使我們必須考慮氣候責任負擔的分配問題。「責任共擔但輕重有別」的原則反映如下觀點：富裕國家通常是歷史上對大氣排放最多溫室氣體的國家。然而，這一發現不應讓我們放棄單一碳價，就像1997年《京都議定書》那樣因妥協而犧牲原則：該協議中名列「附件一除外」（Hors Annexe I）的國家沒有義務遵守議定書，也不需要承擔碳定價，這導致美國參議院未能批准該議定書。我們不應重蹈覆轍。

最後，我們可以探究一些問題是否公平：例如，中國製造的、出口到美國和歐洲的商品所造成的汙染，要算作中國造成的汙染，並由所有國家（包括中國在內）都須遵守的排放許可體系來管理？答案是，中國企業在生產出口商品時產生的溫室氣體排放成本，將透過商品定價轉嫁至歐美消

費者，因此，實際上支付這些汙染成本的是後者，而非中國。國際貿易因此不會動搖向汙染產生地徵收費用的原則。

綠色基金和每年 1,000 億美元的目標

為了彌補貧困國家參與改善全球氣候變遷所造成的損失，相關談判已進啟動，不過迄今一直沒能達成共識。最近一次的嘗試是 2009 年在哥本哈根峰會上做出的承諾，即每年向最貧困國家補貼 1,000 億美元（註 41）。

2015 年 10 月，經濟合作與發展組織宣布已承諾撥付 62 億美元，遠遠超過外界預期。然而，經過審視，非政府組織及貧困國家都鄭重提出保留意見。一些承諾實際上是貸款，而非贈款。此外，許多資金來自多邊援助機構（如世界銀行、亞洲開發銀行〔Banque asiatique de développement〕、歐洲復興開發銀行〔Banque européenne pour la reconstruction et le développement〕）或雙邊機構（如法國開發署〔Agence française pour le développement〕及國外同類機構），由於這些機構的預算並未相應增加，因此外界質疑這些援助是否為真正新增的援助，是否真正惠及開發中國家與貧困國家，而非只將現有援助重新標記為「綠色援助」（註 42）。

正如在其他領域（如自然災害後的人道援助或對發展程度最低國家的醫療支持）中所見，各國國會通常對為他國提供大量資金的提案持保留態度（註 43）。即使像「全球疫苗與免疫聯盟」（Alliance mondiale pour les vaccins et la vaccination，簡稱 Gavi）這樣表現優異但預算有限的專案，也只有在比爾與梅琳達・蓋茲基金會（Bill & Melinda Gates Foundation）的鼎力資助下才得以啟動。在國際會議上，政治家習慣性地承諾財政資助，但會議結束後，他們往往會降低承諾標準甚或完全撤回。

遺憾的是，這種「搭便車」的行為在綠色氣候基金的融資問題中可能占到主導地位，並危及其發展。

當然，要讓 195 個國家在談判中達成一致，確定受益者和付款者的身分是很困難的。每個國家都會想要插手，並藉由要求少付一點或多收一點的辦法來拖延談判。因此，或許需要基於一些參數（收入、人口、當前及預期的污染、對氣候暖化的敏感程度等）談判出一些粗略的公式，而不是設法逐一確定各國的貢獻。雖然這仍是一項艱難的任務，但相較於毫無章法的談判，這是更為現實的做法（註44）。

第六節

國際協議是否可信？

一個有效的國際協議應當促生一個聯盟，使所有國家和地區都在其各自領土內實施統一碳價。根據「補充原則」（le principe de subsidiarité），每個國家或地區將可自由制定自己的碳政策，例如建立碳稅、可交易排放權機制或混合體系。「搭便車」的問題為這個大型聯盟的穩定性帶來困難：我們能指望各國遵守協議嗎？這是一個極其複雜的議題，但並非無法解決。在這一點上，主權債務（dette souveraine）的類似情況很能啟發我們。對拖欠還款國家的制裁辦法是有限的（幸好，船堅炮利的外交模式已經過去！），這讓人對各國償還債務的意願感到擔憂。氣候變遷的問題也是如此。即便達成滿意的協議，其所依靠的執行手段也很有限。

關於國際氣候談判的公共討論大多忽視了這一現實。不過，仍然應該寄希望於一個具有約束力的協議，亦即正式的條約，而非僅基於承諾的協

議。雖然國際社會對於不償還主權債務之行為的制裁能力有限,但大多數國家大部分時間都能足額償還其外債。一般來講,西發利亞條約(譯註2)的傳統大大提升其落實的可能性。

點名羞辱(naming and shaming)是一個值得採用的策略,但正如我們在《京都議定書》中「承諾」的案例中所見,它的效果相當有限。各國總能找到一連串充分的理由拒絕履行其承諾,例如:優先選擇其他行動(例如綠色研發)、經濟衰退、其他簽署國努力不足、政府更迭、保護就業等。針對國際協議執行問題,沒有萬無一失的解決方案,但至少我們握有兩個工具。

其一,各國重視自由貿易;世界貿易組織可以將不遵守國際氣候協議視為一種「環境傾銷」(dumping environnemental,藉由降低環保標準或減少環保措施降低成本,從而在國際市場上進行不公平競爭的行為),並據此施加制裁。同樣,可以利用懲罰性進口關稅來懲罰未參與協議的國家。這種政策可以促使猶豫不決的國家加入協議,並有助於建立一個穩定的全球氣候聯盟。當然地制裁的性質不能由各國片面決定,否則這些國家很可能借機實施與環境無關的保護主義措施。

其二,未來政府也應該為當前不遵守氣候協議的行為負起責任,並等同於主權債務。國際貨幣基金組織將在此政策中發揮作用。例如,在一個可交易排放權的機制下,如果年底許可證配額出現赤字,公共債務將因此增加;轉換率取決於當時的市場價格。

當然,我也意識到,將氣候政策與運行不盡如人意的國際機構掛鉤,可能產生的附帶風險。但真正的問題是:該選什麼方案?支持非約束性協議的人認為簽署國只要意願良善便足以限制溫室氣體排放。如果非約束性

譯註2　1648年為歐洲一系列宗教戰爭畫下句點的《西發利亞條約》標誌著現代國際關係和國家主權體系的確立。在該條約下,國家主權和不干涉內政的原則成為國際秩序的基石。

協議支持者的樂觀預期是正確的,那麼透過與其他國際機構合作施加的誘因措施將更有效,且不會對這些機構造成不利影響。

第七節
結論:讓談判重返正軌

儘管大量科學證據表明,人類的活動在全球暖化的過程中發揮了作用,國際社會在這一問題上的動員情況仍然令人失望。《京都議定書》未能成功組織一個國際合作的聯盟,以推動一個與碳的社會成本相匹配的碳價格。它也有力地說明,任何國際協議如未能妥善解決「搭便車」的問題,必然無法穩定運作。

任何國際協議都必須滿足三個原則:經濟效率、遵守承諾的誘因機制,以及公平性。只有當所有國家都採用單一的碳價格時,才可能實現效率。誘因機制需以制裁搭便車者為前提。「公平性」的定義因利益關係而異,但可以透過撥付固定補助金額的機制來實現。然而,自願的減少排放承諾只不過是關鍵國家抱持觀望態度(將具體承諾推遲至未來)的又一例證罷了。

本章不能不提樂觀的理由。首先,儘管經濟危機使環保問題多少遭邊緣化,但近年來公眾對氣候變遷的意識仍有所提高。此外,已有超過四十個國家(包括美國、中國、歐洲在內的重要國家)建立可交易的排放權市場。雖然這些市場設定的上限過於寬鬆,導致碳價格非常低,但這表明了它們願意採取理性政策以對抗全球暖化。這些碳市場未來有可能連結,形成一個更為連貫和有效率的全球市場,只不過不同碳市場之間的兌換比例或轉換機制問題仍相當棘手。最後,太陽能成本的大幅下降為解決非洲及

其他開發中國家和新興國家的排放問題，提供了十分經濟的解決方案。然而，這些措施仍然不足以達到我們的目標。在現有的正向變化的基礎上，我們應該如何進一步推動或加以利用，以實現更多的進展？

維持世界各國的對話至關重要，但聯合國的進程已清楚顯示出未來的局限。195 個國家之間的談判極其複雜。我們應該努力創建一個「氣候聯盟」，從一開始就要聚集當前和未來主要的汙染國。我不確定是否應由 G20 或一個更小的圈子來領導：2012 年，歐洲、美國、中國、俄羅斯和印度等五大汙染國，其排放量占全球 65%（其中中國占 28%，美國占 15%）。這一聯盟的成員將承諾為每噸排放的碳付費。初期我們不一定需要讓 195 個國家都參與談判，但會鼓勵他們參與。聯盟的成員國將對世界貿易組織施加壓力，對拒絕加入氣候聯盟的國家徵收邊境稅。為了遏止不正當的保護主義，世界貿易組織將基於反對環境傾銷國的原則支持這一體系。如果你問：「該怎麼辦？」答案就是：「回歸常識。」

一、目前談判的首要任務是就建立一個全球統一的碳價格達成原則性的協議，以實現將增溫控制在攝氏 1.5 至 2 度範圍內的目標。根據各國不同情況制定不同的碳價格不僅會引發各種問題，而且也不符合環保要求。未來排放的增加將來自新興國家和貧困國家，而如果將這些國家的碳價格訂得過低，那麼將無法實現攝氏 1.5 至 2 度的目標；尤其是，已開發國家的高碳價格將促使高排放的生產線遷移到碳價格低的國家，從而抵消富裕國家所付出的努力。

二、各國還需達成共識，建立獨立的監測基礎設施，以測量和控制簽約國的國家汙染水準，並且確立一個治理機制。

三、最後，仍需回歸基本，直接面對棘手的公平問題。這是一個重大議題，但是不管怎樣，每次談判都必須加以處理；將其淹沒在其他諸多討論中並不會有助於解決困難。需要建立一個專注於此核心問題的談判機制，並擺脫次要問題的干擾。在接受統一的碳價格後，必須專注於解決公

平問題。目前，設法只從已開發國家取得綠色基金的宏大承諾而不建立一個能夠實現氣候目標的機制最終都是徒勞。這種綠色基金可以採取金錢補貼的方式，或者在全球排放許可證市場的前提下，將配額慷慨分給發展中的國家。

在當前背景下，別無其他解決方案。

註 1　在實際情況中，「碳當量」（équivalents carbone）一詞包括多種不同氣體。為方便比較和計算，本章有時會混用二氧化碳（CO_2）和溫室氣體（GES）的說法。

註 2　締約方會議（Conference of the Parties，簡稱 COP）每年舉行一次。2014 年 12 月在利馬舉行的是第 20 屆，COP 15 和 COP 21 則分別對應於在哥本哈根和巴黎舉行的大型會議。

註 3　圖二和圖三說明總排放量及由於農業政策和森林砍伐／造林（通常增加總排放量）的情況。這兩張圖一般顯示出相似的情況（但有兩個國家例外）。非能源的排放在巴西和印尼的總排放量中占了相當大的比重，因為森林砍伐在這兩個國家非常嚴重。

註 4　發表於 2015 年 9 月 21 日。

註 5　本章尤其借用了一篇本人與 Christian Gollier 合撰的論文：Negotiating Effective Institutions Against Climate Change », *Economics of Energy & Environmental Policy*, vol. 4, n° 2, p. 5-27。該篇論文探討許多我們在這裡不會涉入的主題，如碳稅的不確定性和易變性、可交易排放權市場的價格、綠色政策的長期承諾或是補償機制的計算方式。該篇論文還詳細比較了不同的經濟學方法。我也建議讀者參考我在 2009 年為經濟分析委員會撰寫的報告，文中警示即將舉行之哥本哈根談判中企圖心不足的問題。

註 6　參見：Jared Diamond, *Effondrement. Comment les sociétés décident de leur disparition ou de leur survie*, trad. fr. Agnès Botz, Jean-Luc Fidel, Paris, Gallimard, « NRF essais », 2006 (version originale: *Collapse. How Societies Choose to Fail or Succeed*, New York, Penguin Books, 2005)

註 7　參見：Elinor Ostrom, *La Gouvernance des biens communs. Pour une nouvelle approche des ressources naturelles*, Commission Université Palais, 2010. Version originale: Governing the Commons. *The Evolution of Institutions for Collective Action*,

Cambridge, Cambridge University Press, 1990.

註8　此外，這一機制可能促使相關的新興國家不願採納環保立法，並拒絕簽署具有約束力的國際協定。事實上，採納環保立法會降低減少排放計畫的價值，從而使這些計畫失去「附加性」，結果無法獲得清潔發展機制碳信用額！

註9　參見：Christian Almer et Ralph Winkler, « Analysing the Effectiveness of International Environmental Policies. The Case of the Kyoto Protocol », 2015, universités de Bath et de Berne.

註10　實際上，並非所有的排放都納入排放許可證市場。例如，如今歐洲的二氧化碳排放中，只有不到一半受到排放許可證市場的管控。

註11　本章提到的價格均為每噸二氧化碳的價格。即使我簡略提到「碳價」，也要記住一噸碳相當於 3.67 噸二氧化碳。因此，碳的價格是二氧化碳價格的 3.67 倍。

註12　又可稱為「氣候能源稅」（contribution climat énergie），而 2016 年每噸二氧化碳稅的金額提高至 22 歐元。如往常一樣，很多行業獲得豁免，如公路運輸公司、計程車司機、農民、漁民等。

註13　參見：Alain Quinet, *La Valeur tutélaire du carbone*, Paris, La Documentation française, « Rapports et documents », 2009.

註14　在美國，跨機構工作組（US Interagency Working Group, 2013）根據三種可能的貼現率（2.5%、3% 和 5%）提出了三種不同的估算。以實際貼現率 3% 為例，他們估算了碳的社會成本從 2010 年的 32 美元起，預計到 2030 年將達到 52 美元，2050 年則攀升至 71 美元。這些數值顯然有可能上調，因為國際社會的不作為限制了我們的行動餘地，抬高了排放的成本。

註15　這裡借用哈佛大學經濟學家羅伯特・斯塔文斯（Robert Stavins）的說法。

註16　在 2006-2007 年，由於許可證過度分配（來自產業界的壓力導致許可證過多）以及歐洲第一階段（2005-2008 年）系統設計的缺陷，其價格已經崩潰。許可證持有者不能將許可證保留到 2007 年年底之後，這意味即使是許可證過剩的問題非常輕微，也會導致價格歸零。我們這裡關注的是第二次崩潰，即經濟危機之後的崩潰，但這次崩潰不是由技術原因所引發的。

註17　另一個問題是，「歐洲排放交易系統」的方案只涵蓋了歐盟排放的一部分。許多排放者，例如運輸業和建築業，實際上都享受了零碳價格。

註18　由於資訊匱乏，任何透過國家自主決定貢獻機制所建立的國際氣候協議架構，可能會導致減少排放努力的分配不合理。部分經濟體會採取昂貴的減少排放措施，而同時其他經濟體則會繼續排放溫室氣體，而後者的這些氣體減少排放成本其實要低得多。我稍後會進一步討論這個問題。

註 19　漂綠在不同的情況下或領域中涵蓋一系列的舉措。例如，一家公司可能會使用綠色作為代表色，並在實際上並不環保的產品上貼上生態標籤；建議他人採取環保做法，但自己並不遵循這些做法；自稱環保，但同時資助堅決反對環保管制之候選人的競選活動；在環境績效的評量上進行優化，或者有時乾脆直接造假等。

註 20　參見：Joseph Stiglitz, « Overcoming the Copenhagen Failure with Flexible Commitments », *Economics of Energy & Environmental Policy*, 2015, n° 4, p. 29-36.

註 21　即吸收碳的方法：自然方法如透過海洋、土壤、形成中的森林及光合作用，或如碳封存（séquestration du carbone）的人工方法。

註 22　我並不一定反對設置標準。如果我們把碳價加到住宅的暖氣費裡，並用經濟手段來鼓勵房屋隔熱，那麼對於消費者來說，這個經濟計算就會變得很複雜，尤其是他們往往缺乏足夠的資訊，而且可能只考慮短期利益（畢竟在隔熱上面的投資要幾十年後才看得見回報）。在這種情況下，一個合理的標準就有其意義。不過，我的看法是，很多標準在制定時沒有清楚分析它們所隱含的碳價、政策目標，或者考慮有無其他更好的替代方案來實現這些目標。況且，標準通常是在既有產業的參與下制定的，有時還會被用來排斥新的競爭者。

註 23　參見：Denny Ellerman, David Harrison, Paul Joskow, Emissions Trading in the US. Experience, Lessons and Considerations for Greenhouse Gases, Pew Center on Global Climate Change, 2003; Thomas Tietenberg, *Emissions Trading. Principles and Practice*, Londres, Routledge, 2006, 2e éd. ; Robert Stavins, « Lessons from the American Experiment with Market-Based Environmental Policies », in John Donahue, Joseph Nye (dir.), *Market-Based Governance. Supply Side, Demand Side, Upside, and Downside*, Washington, The Brookings Institution, 2002, p. 173-200.

註 24　某些投資雖能帶來回報，但可能還是不會實施，這點看起來可能令人驚訝。在某些情況下，相關的投資者可能沒有掌握足夠的資訊；在其他情況下，投資者可能沒有足夠的資金來完成投資（例如，家庭預算拮据的人可能無法進行隔熱工程）。

註 25　請參考 Claude Crampes et Thomas-Olivier Leautier, « Le côté lumineux des subventions aux renouvelables », *La Tribune*, 2 novembre 2015 的說明。

註 26　該組織製作一部非常有教育意義的影片：《為何以及如何為碳定價？》（Pourquoi et comment donner un prix au carbone？）

註 27　法國出現一個令人鼓舞的跡象：2015 年 7 月 22 日通過能源轉型法案。眾議員認可了一個目標，即通過氣候能源貢獻機制（contribution climat énergie）在

2016年到2030年間將碳價提高四倍。

註28　本書作者親譯。

註29　這自然是指單一的碳價格；如果在各國既有的碳價格基礎上再加上一個統一的碳價格，一方面會導致效率不彰，另一方面對像瑞典這樣的國家也不公平，因為瑞典在國際協議締結之前即已採取了積極的環保措施，這樣的做法便無法合理考量並獎勵瑞典過去所付出的努力。

註30　Peter Cramton, Axel Ockenfels et Steve Stoft, « An International Carbon-Price Commitment Promotes Cooperation », *Economics of Energy & Environmental Policy*, 2015, n° 4, p. 51-64. 一文中即提出這樣的機制。

註31　在過去的幾年裡，儘管施行一個強制性計畫，並且有代表債權人之三巨頭（指歐洲執委會、歐洲中央銀行和國際貨幣基金組織）的參與，希臘在打擊逃稅方面的收效甚微。這表明，如果國家政府不願積極執行，國際是多麼難以進行強制徵稅。而在氣候變遷的背景下，任何國家都沒有這種三巨頭來監督其內部發生的事。

註32　值得注意的是，2014年法國對化石能源徵收的碳稅被國內等額降低之能源產品的消費稅抵消掉，因此並未對交通燃油（車輛專用）和其他燃油（用於供暖以及工業設備）價格產生任何影響。不過當年法國的做法是特殊情況，不是常見或標準的政策操作。

註33　一個高隔熱的建築標準可以減少排放。為了準確衡量這一措施，需要估算應用該標準的房屋所減少的排放量，以及應用該標準在建造過程中帶來的額外成本。這些操作是比較複雜的。

註34　是指一個表面反射的太陽能量與接收到的太陽能量之比。雪地反射太陽輻射，可以降低地球溫度，從而減少溫室氣體排放。在雪地上種植樹木可能會削弱這種有利於地球的效果。

註35　當前導致市場價格較低的原因有許多。首先，直到最近，美國的經濟衰退減少了排放。其次，頁岩天然氣的發現以及溫室氣體可能被徵收高額費用的威脅（雖然尚未實現），在在使得煤炭的投資和消費都減少了。因此，這個較低的價格也反映出對於本地環境較輕的損害。

註36　參見本書第十一章。

註37　參見：Voir Jean-Jacques Laffont, Jean Tirole, « Pollution Permits and Compliance Strategies », *Journal of Public Economics*, 1996, n° 62, p. 85-125.

註38　一些碳排放權交易系統對已發放之許可證的使用期限設定得很短，結果導致了許可證的價格劇烈波動。如果在設定的期限結束前（比如年底），排放權許可

證的供應過剩，那麼價格可能降為零；而如果需求過大，價格則可能漲到很高（等於對排放權的不足開罰）。因此，任何趕在年底前開發的案子都會對市場價格產生重大影響。不過，許多國家允許將排放權留到未來使用（稱為「排放權儲存」），這樣便有助於減緩價格的起伏。

註 39　美國國家航空暨太空總署的碳觀測衛星 2 號（OCO-2）已在地球軌道上運行。歐洲太空總署的碳衛星計畫（CarbonSat）同樣前景可期。

註 40　關於各國責任的問題引發許多爭論。有些人認為已開發國家的責任被誇大了，因為這並未考慮所有溫室氣體的來源。讓－皮埃爾·邦帕爾（Jean-Pierre Bompard）和奧利維·高達（Olivier Godard）在《氣候正義：民粹主義的陷阱》（Justice climatique: l'écueil de la démagogie，2015）中估計，考慮到二氧化碳的非能源性排放源（如森林砍伐和農業）以及其他溫室氣體（如甲烷），已開發國家與其他國家的責任應當按 50/50 的比例來劃分（而非通常主張的 75/25，即已開發國家的累計排放量是其他國家的三倍，不過這一資料僅限於能源性的二氧化碳排放）。即使這一觀點有其道理，但現在迫切需要展望未來，整體思考向貧窮國家提供資金援助或金錢補貼的問題。

註 41　根據綠色氣候基金會（Green Climate Fund）的資料，截至 2015 年 11 月 20 日，38 個國家已承諾的資金總額為 59 億美元，另外尚未簽署的承諾還有 43 億美元。

註 42　從 2013 到 2014 年，流向新興國家和開發中國家的資金中，僅有 16% 用於適應氣候變化上，而用於減緩氣候變化上的卻有 77%，這一比例的不平衡仍然是一個關鍵問題。新興國家和開發中國家要求更多的適應性支持，而已開發國家則主要受益於減緩氣候變化的政策。

註 43　透明性問題促使全球許多汙染控制計畫採用「總量管制與交易」系統。這個系統允許企業在其排放總量被限定的前提下，買賣排放配額。這種配額分配方法又稱為「保留舊制」（grandfathering），即企業獲得的配額量基於其過去的排放量。這個方法通常被認為政治上較為溫和，因為它考慮到歷史排放情況。1990 年的《空氣淨化法修正案》（Clean Air Act Amendment）促使美國對中西部各州轉移大額資金，只是這項操作未獲媒體廣泛披露。國內的「總量管制與交易」系統（如美國的做法）與國際「總量管制與交易」系統（如歐盟的碳排放交易體系）在資金轉移和配額分配的方式上有所不同。雖然這兩種系統有所差異，但國際系統中的配額分配同樣涉及資金轉移。比如，歐盟的系統本來可能通過配額分配，將數十億歐元轉移給東歐和前蘇聯國家（即所謂的「熱風計畫」〔Air chaud〕），以鼓勵這些國家簽署《京都議定書》。

註44　這其中的一些原則在我與 Christian Gollier 合撰的論文（前文曾經提及）中已有闡述，不過該文章並未深入探討什麼才是一個好的公式。瑞士蘇黎世聯邦理工學院（ETH Zurich）開發的一個氣候計算工具 ETH Climate Calculator 能提供更為詳盡的分析。

| 第九章 |

戰勝失業

　　文森・林頓（Vincent Lindon）在 2015 年的坎城電影節獲得最佳男演員獎。在電影《市場法則》（La Loi du marché）中，他飾演一位被一間仍然有賺錢的公司解雇的五十多歲男子。隨後，他不斷接受看不到前景的職訓，並頻繁前往就業中心參加面試。由於經濟壓力（償還房貸、兒子身心障礙），他最終接受在一家超市擔任保全。影片呈現他面對資方不信任員工、隨意加以監視並因小錯解雇他們所感受的痛苦，以及他為保持尊嚴所做的抗爭。

　　這部電影反映了普遍存在於法國社會的一種焦慮不安：部分公民因失業變得脆弱或遭邊緣化，而且雇主與雇員之間的關係有時非常緊張。影片的標題似乎代表一種宿命論，認為是市場直接造成這種悲慘現實的。就像在市場經濟中，五十歲的失業員工再也找不到工作似乎理所當然；接受職訓（其巨大成本最終由員工自己間接承擔）毫無成效是天經地義的；彷彿我們應該接受部分法國人經歷失業，接著進入固定期限契約的短期工作，隨後又轉到一些帶有政府補助的工作，最終再次回到失業狀態的惡性循環，那些尚且年輕、身體健康、渴望工作的男女遭判定為不適合工作，並被迫提早退休，而他們的退休金卻必須由在職員工的稅收支應。

到底是市場法則，還是社會的選擇？

　　在回顧了法國就業市場的資料數據後，本章將要論證，失業在某種程

度上是社會的選擇,並解釋為什麼會做出這樣的選擇。接著,我們提出論據證明,大規模的失業以及勞動力市場的兩極分化並非不可避免,並指出改革的途徑。我會將討論重點放在勞動契約的問題上。儘管這個問題具象徵性,但需注意的是,勞動契約的改革只是勞動力市場邁向更加全面改革的一個支柱,而其他同樣存在問題的方面也需著手改革,以恢復我們超過四十年來未曾見過的充分就業。我將在本章結尾討論其中的一些面向。最後,我將解釋為什麼相關改革迫在眉睫,因為雖然失業問題在過去多年中已逐步惡化,但目前更有一連串壞到無以復加的因素正在集結,可能會使法國陷入一場更嚴重的就業危機。

第一節

法國的現況

若說法國在就業和工作福利方面的表現乏善可陳,只是避重就輕的講法。和國際情況簡單比較一下便能明白,法國勞動力市場的特殊性其實顯現在低迷的表現,更接近困難重重的南歐國家,而遠不如北歐國家。概括來說,現狀可以這樣總結:

一、法國的失業率遠高於北歐國家(如德國、荷蘭、斯堪的納維亞各國)或英語國家;

二、失業人口主要集中在 15-24 歲與 55-64 歲的年齡層;

三、失業對低技術工人與問題城區造成嚴重的影響。

四、長期失業是危害最烈的失業類型,其在法國規模龐大且自 2007 年以來一直在持續惡化;

五、法國人普遍在工作中感受到焦慮,這源於職場缺乏流動性、人際

關係易發衝突以及對工作的不安全感；

六、這種惡劣的局面迫使法國在就業政策上挹注大量資金。

高失業率與長期失業

　　法國到底有多少人失業？最常用於國際比較的統計資料是法國國家統計與經濟研究所（Insee）所公布的，也符合國際勞工組織（BIT）的定義標準，不過那些資料由於其本質上的限制（註1），並未包括約150萬沒有工作但希望工作的失業人員（即「隱性失業」〔halo du chômage〕人員）。根據Insee的資料，2015年最後四個月裡，法國合乎BIT標準的失業人士有290萬，失業率約為10.6%，這一比例是德國的兩倍多，也遠高於英美或北歐國家的水準。

　　法國勞動部「研究推廣暨統計處」（Direction de l'animation de la recherche, des études et des statistiques，簡稱Dares）的統計資料將求職者分成五大類。媒體最常報導的是A類失業者（註2），即「必須積極進行求職行動的無業者」。2015年11月，法國本土的A類失業者為3,574,860人。然而，這一A類失業者的資料也低估了失業水準，因為它並未包含其他類型的失業者，比方正在接受職訓、參與實習、請病假或產假人員或是政府資助的短期契約人員及不完全就業人員。若將這些類別計算在內，2015年11月的失業總人數約為6,142,000人。

　　評估失業問題的另一個困難來自未被統計的失業者，也就是那些因就業市場惡化而感到灰心的人，其中包括那些因在法國找不到工作而選擇繼續就學或到國外工作的年輕人，以及希望繼續就職卻決定申請退休的長者。面對這種評估失業的複雜性，經濟學家有時會更傾向於關注就業率（註3）。法國的就業情況也突顯了兩個年齡層的特殊困境。

　　15至24歲的年輕人找工作很困難。他們的失業率為24%，就業率

（28.6%）且遠低於經合組織（OECD）的平均水準（39.6%）以及北歐國家的水準（德國為46.8%，荷蘭為62.3%）（註4）。因此，法國勞動市場對新場新鮮人，尤其是尋找第一份工作的年輕人來說是相對封閉的。確實，所有國家年輕人的失業率都高於其他年齡層的人群。企業通常不願意雇用尚未證明自己能力的員工，尤其不願意支付職訓成本，而年輕員工一旦完成職訓可能隨即離職。不管怎樣，法國年輕人的失業率都明顯高於北歐國家和英語國家的水準。

其結果是跨世代嚴重的不平等。年輕人不僅面臨著比其他年齡層群體更高的失業率，在住房方面也遇到困難（註5）。創造就業機會的首善地區，通常也是住房市場緊繃的地區。實際上，公共政策導致建地難覓，導致住房短缺。對房東不友善的政策導致出租意願降低、住房供應減少，最後使得租金上漲。這也造成房東對於篩選租客的標準更趨嚴格，同時要求租客提出更高的擔保。最後，由於就業不穩定，年輕人往往難以購買住房。

法國55至64歲年齡層的人，和其他所有歐洲國家相同年齡層的人相比，無論是自願還是非自願，退休年齡是最早的。他們的就業率（45.6%）遠低於OECD（經濟合作暨發展組織）的平均水準，尤其是北歐國家的就業率（瑞典這一年齡層的就業率超過70%）。50歲以上的勞動者也是長期失業的主要受害者，因為在50歲以上的失業者中，有56%屬於長期失業。

更普遍的情況是，2013年有4%的勞動者失業時間超過一年，幾乎是北歐國家的兩倍。一般認為，長期失業比短期失業危害更大，因為它會導致職業技能的退化、社會的排斥以及在勞動市場上遭受汙名化。法國的長期失業率特別高，是一個值得關注的問題。

解決失業的「臨時補救措施」

　　為了降低失業率，法國歷屆政府（以及其他南歐國家）都鼓勵採用「固定期限契約」（CDD）和資助就業補貼的辦法。

　　就業補貼：一般認為，就業補貼整體上等同誤用政府資金，對於非營利部門的就業補貼而言尤其如此（註6）。與其讓雇主因成本降低而聘用員工，不如利用這些資金來降低員工的負擔，促使企業創造員工真正需要的穩定職位。當然，我在這裡稍微誇大了情況：對未受過專業職訓的年輕人提供就業補貼可以用「市場失靈」的理論加以解釋：企業為年輕員工挹注了人力資本，但員工若為了賺取更高薪資而選擇跳槽，企業將無法從中獲益。不過，資料總體顯示，補貼就業結束後能找到長期契約的機率較低，而且非營利部門的受惠者在兩年後找到工作的機會要低於其他人，因此，補貼就業做為穩定工作跳板的理論仍然有待驗證。

　　臨時契約：大多數新創造的就業機會（2013年為85%，如果加上臨時工〔intérim〕則為90%）現在都是固定期限契約（CDD），而且這一比例正在持續成長（1999年為75%）。此外，「超短期契約」和所謂的「間歇狀態契約」（permittence，員工與同一雇主重複簽訂短期契約，但在契約之間會有間歇期。員工在此期間雖然沒有工作，但仍然登記為求職者，通常可以領取失業救濟金）也顯著增加，而這些契約都對員工不利，並且對失業保險而言成本很高（註7）。目前，超過一半的固定期限契約都是重新和同一家企業簽訂的。

　　實際上，固定期限契約既不適合員工，也不適合雇主。對員工來說，這種契約幾乎不給予任何保障。理論上，延長固定期限契約會將其轉換為無固定期限契約（CDI），而後者在保障方面恰好與前者相反。但操作上，規避轉換的做法相當普遍。因此，雇主面對法規的要求，通常避免延長固定期限契約（註8），即使員工表現再好也不例外。事實上，在整

個歐洲裡，法國是臨時契約轉為穩定契約機率最低的國家，這意味法國基於臨時契約雇用的員工轉為長期契約的可能性遠低於歐洲其他國家（註9）。企業廣泛採用它們自己和員工都不喜歡的固定期限契約，這充分反映了現行無固定期限契約法規對法國社會施加的隱性成本。

儘管各屆政府都知道企業不願意採用無固定期限的契約，但它們卻不敢對固定期限契約進行改革。因為後者是無固定期限契約僵化制度的安全閥，且至少能維持一定的就業量，防止失業率上升過快。這種勞動制度上的兩極化（一端是極其靈活的固定期限契約，另一端是極其僵化的無固定期限契約）造成了勞動市場的二元分化：一部分人獲得無期限聘雇的保護，另一部分人則需投入越來越長的時間才能找到真正的工作。換句話說，這對所有勞動者，尤其是年輕人，都是不利的局面（註10）。

儘管有了這層認識，政治辯論卻集中在裁員的問題上，而裁員只涉及無固定期限契約的員工。公共當局致力防止裁員，但實際上，裁員只占離職情況很小的比例（4.4%）。相反地，辯論幾乎完全忽略了勞動市場流動的兩個主要原因：辭職（僅占離職情況的9%，且在下降）和固定期限契約到期，而後者才是離職的主要原因（77%），並且還在不斷增加。剩下的原因包括協商解約、經濟或個人因素解雇、試用期結束及退休。

公共就業政策昂貴，成果卻不理想

任何國家都會為其就業政策投入資金，這本身沒有什麼問題。就業政策的目的在於培訓勞動者、支持最弱勢的群體，並且保護那些在技術和經濟迅速變革之行業中不幸陷入困境的人。然而，法國在就業政策上的支出遠遠高於國際標準。這顯然代表如此多的公共資金都沒有用在教育、衛生和其他公共服務上，或從另一個角度看，這加重了政府財政的負擔，增大了償還債務的壓力。失業不僅對勞動者本身代價高昂，對整個社會而言也

是如此。

我們可以討論「公共就業政策」涵蓋的內容。它可能包括失業津貼（2014 年為 310 億歐元）、應對經濟變化的支援、用於失業者職訓的資金、公共就業服務的成本、補助性就業、交替制契約（譯註 1）、城市經濟特區的就業政策，以及所謂的「一般措施」（mesures générales），例如：降低雇主為低薪工人繳納的社會保險費、競爭力與就業稅收抵免（crédit d'impôt pour la compétitivité et l'emploi，簡稱 CICE）、為緩解實行 35 工時制的衝擊而撥付的資金。這一總預算自 1993 年以來持續增加。2012 年，法國將其國內生產毛額的 1.41% 用於所謂的「消極」政策（失業保險），將 0.87% 用於「積極」政策（失業者職訓、失業管理、補助性就業等）（註 11）。如果加上菲永減免措施（allègements Fillon）、責任契約以及 CICE，總額大約達到國內生產毛額的 3.5% 至 4%（註 12）。

工作的苦惱

僱員所面臨的失業和就業不穩定只是冰山一角而已。其下隱藏的危機更是多樣，例如員工的流動性不足、員工與職位的匹配不佳。員工更換公司是自然的現象。他們可能希望迎接新的職業挑戰，並藉由探索新領域來獲得新知識；也可能因為與同事或上司的關係緊張而選擇離職。相反，在不斷變化的世界裡，企業可能需要重新調整其業務，以適應新的環境，並雇用技能與之前所需不同的員工。由於一般認定無固定期限契約（CDI）是一種（相對的）特權，必須牢牢抓住，否則將無法再找到同等樣職位，這種觀念既不利於員工的流動，也不利於員工與職位的配對，進而給員工

譯註1　這種契約形式結合了工作和學習，通常適用於職訓或學徒制。員工在公司工作，同時接受專業訓練，以取得職業資格證書。

和企業帶來成本。

衝突的關係：在我國，雇主與員工之間的關係並不和諧。因此，法國在全球 139 個國家中，對於工作關係品質的評價只排名第 129 位（註 13）。關於法國特有的這一可惜現象的成因，我們只能做出一些推測，而且這一現象也導致了員工的倦怠。或許上文提到的流動性不足的現象也在其中起了一定作用。在一個勞動力市場流動性較強的環境中，與上級關係緊繃的員工自然會選擇更換工作；但在法國，他們沒有這種機會，所以儘管與公司之間存在衝突，他們仍會留在原來職位。此外，也不排除有些不道德的雇主會故意惡化員工的工作環境，迫使其接受協商離職，從而避免走上勞資仲裁的結果。

法國人在面對工作壓力時表現也不理想。基於國際資料的研究（註 14）表明，針對工作保護的立法與工作壓力之間存在正向關聯。這種關聯並不令人意外，正如上文所述，就業僵化以及職位難覓，從多方面惡化了職場的關係；不滿工作現狀的員工仍會繼續留任；不道德的雇主則易利用失業的恐懼來威脅員工。

職場強烈的不安全感：持有短期契約的就業者顯然沒有安全感，因為本質上那種契約所提供的工作是不穩定的。然而，更加令人驚訝的是，持有長期契約的就業者者也同樣沒有安全感，就算他們享有世界上幾乎最有保障的立法保護（註 15）也不例外。這一現象並不像表面看上去的那樣矛盾，因為長期契約的持有者知道，一旦自己被解雇並陷入失業，想重新找到同等職位的機會將十分渺茫。結果，一種悲觀的情緒在整個法國社會中蔓延開來，使其陷入僵化，並削弱了適應和創新的能力。

是否需要改革？

在法國，反對就業制度改革的一個常見論點是失業問題源於訂單不

足,而且只要藉由總體經濟刺激的政策便可以降低失業率。毫無疑問,法國與所有歐洲國家一樣,都受制於歐洲未來的不確定性,同時承受金融危機的後果;樂觀的經濟前景和充足的訂單量確實能對就業產生非常積極的影響。然而,總體經濟的論點並不完全適用,原因有好幾個。最明顯的是,失業是結構性的問題,而不僅是循環性的。儘管法國實行了一項對政府財政造成極大成本負擔的就業政策,並且透過提前退休(如今藉由協商解約就更容易辦到)和鼓勵短期契約的方式來緩解就業壓力,失業率在過去 30 年裡從未低於 7%。不難理解,其他南歐國家的失業率遠高於北歐或英美國家,這也絕非偶然,因為這些國家的勞動力市場制度與最初法國的制度類似。其次,在經濟下滑時,政府是否應該增加財政赤字以刺激經濟是個值得探討的問題(註 16)。現在的經濟政策包括降低貨幣匯率、利率和石油價格,而這些措施都旨在刺激經濟成長。根據凱恩斯主義理論,這種刺激政策應該有助於降低失業率,因為它會提高總需求,促進經濟活動。如果這些刺激措施真的有效,則經濟應該開始復甦,失業率按理應該下降而非上升。第三,我們也需探討訂單不足的原因,而這部分與企業競爭力密切相關,然而競爭力不單是時薪成本(coût horaire)的問題(如勞動力與職位的完善配對,我們將在下文討論)。最後,當政府財政狀況良好時,透過預算赤字來刺激經濟的風險較小,但當前政府財政已因 40 年的預算鬆懈而惡化。

第二節

勞動契約的經濟分析

以下的思考靈感源自與奧利維爾‧布蘭查爾(麻省理工學院教授,並

於 2007 年至 2015 年擔任國際貨幣基金組織首席經濟學家）（註 17）合作的研究工作。當前的經濟或就業問題非由單一因素引起，而是由於多種原因共同作用，才導致目前的困境。在短期內，經濟中的需求水準以及與經濟週期相關的其他臨時因素，對失業率的變化會有重要影響。然而，法國的失業問題是一個持久的現象。因此，我們需要深入探討其結構性原因，並從當前關於就業保護的討論開始。這是一個具象徵意義的重要議題，而且南歐國家（如義大利和西班牙）在這方面的制度已開始有所演變。為了充分理解政策的影響，首先必須思考不同行為者的誘因機制。接下來，我們才能更深入分析現行制度，並設計可能的改革方案。

員工保護、靈活性與解雇方支付原則

勞動契約與解雇程序必須在兩個目標之間取得平衡。一方面，員工不必對其公司所遭遇之技術變革或市場需求改變的衝擊負責；因此，員工的工作性質可能無法跟上時代或不再獲利，所以必須加以保障，免受這種風險威脅。另一方面，企業則要求在應對這些衝擊時，能夠在人力資源管理方面享有靈活性；如果沒有這種靈活性，企業將不願意提供新的就業機會，因為一旦該職位的生產力較低，將面臨嚴重的虧損。這兩種觀點是否互相矛盾？其實並不完全如此。為了同時滿足這兩個需求，應該保護員工而非職位。

雇主知道某個職位是否划算；當然，所謂「划不划算」是經過一番斟酌的，因為即使面對暫時的市場需求下降，雇主也可能願意承受某個職位或生產單位的暫時虧損，並且在長期獲利的願景中保有這一職位。雇主因此必須具備管理職位的資訊。然而，他還需要考慮其在選擇保留職位或解雇員工時，對各利益關係方的影響。在這種情況下，至少有兩個利益關係方。

首先是與保留職位或解除雇用切身相關的員工。該員工面臨的成本包括薪資損失及心理成本（例如失去公司所提供的社會連結或家庭衝突的升高）。從員工的角度來看，由解雇所產生的這種外部性有兩種補償的辦法：一是企業支付解雇賠償金，二是失業保險為其提供替代收入以及可能的額外職訓。第二個利益關係方是社會體系，特別是失業保險體系，在討論中常被忽視。解雇導致必須發放失業救濟金，同時投入職訓成本、營運就業站的成本，甚至還可能包括與政府資助就業（emploi aidé）相關的成本。

責任原則在我們經濟體系中非常重要，它認為當企業解雇員工時，應該讓企業自己「概括承擔」一切的成本，即對員工造成的損失以及對社會體系帶來的支出。否則，企業會動不動就解雇員工（在此我先不談與解雇員工相關的各種行政規定和程序要求，但下文會詳細討論）。為了讓企業吸收一切對社會體系產生的成本，必須責成企業支付解雇罰金，但這筆罰金將歸公共體系所有，而非由員工領取。

值得注意的是，這不是額外對企業抽稅，而是一種「獎懲機制」。實際上，當局會用這筆罰金來減少企業的社會保險費用或其他稅費，所以總體的稅負不會增加或減少，因為這筆收益收入會抵消其他成本。雖然，在環保領域裡，大家今天都認為「汙染者付費」再正常不過了（註18），但解雇員工的企業應支付解雇罰金的想法卻不存在我們的經濟觀念中。因此，讓我們更詳細來討論這一與現行制度觀念相去甚遠的「解雇者付費」原則。

首先，關於該原則的一個問題是：如何計算解雇對失業保險造成的成本。若解雇一個巴黎的30歲電腦工程師，他隔天便找到新工作，則失業保險系統幾乎不必付出成本；解雇一個高失業率地區的50歲低技術員工則是另一回事了。那麼，如何計算解雇的成本呢？

一種計算解雇罰金的巧妙方法如下：查看被解雇員工對失業救濟金發

放機構和職訓提供機構所造成的成本。這種方法可追溯到羅斯福時代的美國，當時建立的一個獎金／罰款系統至今仍在使用，此即所謂的「經驗評等」（experience rating，註 19）。這種方法有雙重的優點：其一是如果遭解雇的員工日後越難找到工作，則向解雇者收取越高的罰金；其二是鼓勵企業投資於職訓，從而提升員工的技能，縮短失業時間。同樣，這項政策也會促使同一行業的社會夥伴（例如工會和雇主組織）提升職訓品質，因為他們會更關注失業的持續時間。目前，他們因為整體的共同承擔制度而沒有足夠的責任感。

稍後將會說明，賞罰系統還有其他優勢，比如避免雇主和員工勾結操作以減少公司的成本或獲取不正當福利，以及促進資源和活動在不同產業或行業之間合理分配。

討論

「解雇者付費」的原則提供了一種理想的責任承擔框架。然而，這個原則過於簡化，可能必須調整一些基本原則（註 20）。

遞增權益（Droits progressifs）：固定期限契約由於期限不長，可能無法提供員工足夠的保障，因此一般認為並不理想，應該加以取消。可是企業依然會需要短期契約（contrats courts）來應付臨時性任務或季節性工作。遞增權益制度允許即使在短期契約中，員工的權益也能隨著服務時間的增加而逐步提高，使其與企業對短期契約的需求相容。

逃避機制（Mécanismes d'évasion）：就像處理環境破壞的案例一樣，逃避管制的風險可能透過外包那些最不穩定、因此最容易導致解雇之工作的辦法來解決。這意味可能會出現一些專門的「空殼公司」，但它們實際上沒有真正的資本，因此在需要解雇員工時可能無法支付相關費用。但就像環保稅收一樣，我們可以考慮一些解決方案來糾正這種逃避行為，比如

要求提出銀行擔保或將法律責任（罰款）追溯到母公司或訂單發出方。

選擇效果（Effets de sélection）：獎勵和懲罰機制可能會讓企業在招聘時更加謹慎，尤其是對於那些不穩定的員工，因為這些員工更可能無法滿足企業的期望。雇主在聘用正式契約員工時已經表現出謹慎的態度，而且這態度在任何面臨解雇成本壓力的系統中都會繼續存在。為了緩解這種效應，可以考慮為那些在勞動市場上特別脆弱的員工提供聘用補貼，或者減少這些員工所面臨之賞罰機制的強度，以鼓勵企業聘任這類員工。

第三節

制度的不一致

鼓勵犯罪的雙重偏差……

在法國，解雇員工的企業要向員工支付解雇補償金，但不需將解雇所造成的成本支付給失業保險，而這項成本可能遠高於補償金（註21）。反之，繼續僱用員工的企業則需要攤付社會保險費用。因此，繼續僱用員工的企業等同在為那些解雇員工的企業埋單。這真是荒謬至極。由於讓繼續僱用員工的企業承擔解雇帶來的失業保險成本，現行制度便從兩個方面鼓勵解雇行為，形成雙重的偏差，需要重新加以平衡。

……交給法官不可能的任務

或許因為察覺到上述轉移負擔的機制會產生鼓勵解雇的後果，立法者便設法透過對解雇行為的管制，以彌補這種鼓勵機制的不利影響。這種基

於平衡的考量給予法官（或勞動仲裁庭）裁定解雇行為是否正當的權力。然而，無論法官的能力和公正性如何，他們都沒有足夠資訊來代替企業管理高層來判斷經濟性解雇的合法性和正當性。結果，經濟性解雇程序的結果變得完全不確定並且難以預測，對於面臨複雜策略挑戰的企業家來說尤其如此。我們的制度賦予勞動仲裁庭和法院一項不可能完成的任務。

解雇程序的隱藏成本

在發生解雇糾紛的情況下，解雇程序（註22）給企業帶來的成本遠遠超過支付給被解雇員工的補償金。儘管整體趨勢是程序較前縮短，但仍然十分冗長。根據2013年的《就業保障法》（loi de sécurisation de l'emploi，註23），涉及解雇糾紛的訴訟時效為兩年。在此時效之後，一審平均需要13.6個月（註24），而上訴則需35個月（67.7%的案子會上訴）。此外，在某些情況下，員工仍有復職的機會，並要求雇主支付訴訟期間的薪資。

雇主必須證明解雇是基於「真實且嚴重的理由」。法國與許多國家不同，若解雇不是出於個人問題，而是因業務消失或為了實現重大節約，一般並不視為合法；經濟性解雇必須由企業嚴重的財務困難來證明，而且這種困難已威脅到企業的存續。實際上這意味，一個經營狀況良好的企業，除非安排被解雇員工到其他職位，否則無法以訂單長期短缺為理由停止某項業務，而另一方面，想重新安排員工則須確保新業務中還有職缺，並且被重新安排的員工也具備勝任這一職位的能力。

在工作保障中，例如，要求公司針對員工職務調整有全面性全盤考量的義務，這可能非常複雜，對於跨國公司而言尤其如此。例如，如何向法官證明企業已盡力尋找調整職位的機會？這將會非常困難。而且，職位調整的效果通常也很有限，尤其是在經濟性解雇時，企業必須考量一些與員

工能力無關的標準（如年資、歲數、家庭負擔等），而這些標準與企業所遭受的市場衝擊並無直接關聯（註25）。此外，地區企業、競爭、消費、勞動和就業管理局（Direction régionale des entreprises, de la concurrence, de la consommation, du travail et de l'emploi，簡稱 Direccte）還需審核調職計畫是否合乎規定，再予以批准。企業還需付出的成本包括管理階層花在處理解雇問題的時間，而這會使他們分心，無法專注於企業的未來發展。

對於員工來說，這個程序同樣代價昂貴且不公平。那些處於弱勢、對法國複雜制度不熟悉的人可能會感到氣餒，完全不如那些熟悉制度的「局內人」（註26）善於應對。此外，除了司法成本外，裁決結果也充滿不確定性，不同法院之間的判決差異也很大（註27）。

如果引入賞罰機制，大部分效率低下的情況將獲得改善。企業每次解雇員工必須支付罰款，但能少繳失業保險繳費、簡化解雇的行政和司法程序。企業可以變得更加靈活，同時承擔更多責任。經濟性解雇的原則會像在北歐和其他國家一樣得到認可。這種保護員工的不同機制反映出員工和雇主利益之間的平衡。對於員工而言，工作是生存和融入社會的重要管道；對於雇主而言，則希望可以根據經濟或技術需要調整人員配置。這種安排不會削弱員工的就業保護。固定期限契約的員工將獲得更穩定的工作，而無固定期限契約的員工失業後找到新工作的機會也會增加。此外，企業需為每位被解雇員工支付罰款的規定，還會鼓勵其投資於員工技能的提升，讓員工在遭解雇時能更容易投身就業市場。如此一來，企業會更重視員工的職訓，確保盡量縮短解雇後的待業時間。

最後，法官的角色顯然不會被完全取代。例如，無論採用何種體系，對於解雇懷孕女性或不願妥協之工會成員的情況，必須尋求法官的裁決。一般而言，如果解雇發生在雇主的行為對社會凝聚力產生負面影響（如性騷擾、濫權等）的時候，法官也應有介入的權利。因此，法官可以檢查雇

主提出的經濟理由是否掩蓋了社會上不可接受的個人動機。法官介入等的保障措施可以保護員工，而且導入勞動市場靈活性及社會保障安全性的政策架構，將有助於提高企業主的責任感，促使他們在解雇員工時遵守更高的標準，減少濫用解雇權的情況。

產業間的資源重分配

經濟行為者對失業保險成本的完全脫責還造成其他更微妙但重要的影響。根據皮耶・卡伍克（Pierre Cahuc）的估算，經濟行為者為固定期限契約工和臨時工的失業保險繳的費用，比他們領取的補貼少了110億歐元（失業保險每年的赤字是40億歐元）。

這種免責（déresponsabilisation）導致勞動市場的資源配置在不同產業間出現偏差。一些產業的經濟活動時常遭受劇烈波動，因此常常需要解雇員工，但這些產業並未完全承擔這方面的成本，結果這些成本便轉嫁給其他產業。這種成本轉嫁使那些相對穩定且較少解雇員工的產業受到懲罰，反之，比如臨時工制度的虧損則非常嚴重。

演藝人員臨時工制度（intermittents du spectacle）在過去的15年裡，每年都有大約10億歐元的虧損，而這個虧損主要由其他產業的員工來補貼。影視製作公司打著文化名義，雇用臨時工來填補常規職位，但這些職位的成本卻要由其他產業的員工來承擔。根據審計部的報告，這種現象（即「間歇狀態契約」）依然非常普遍。這使得員工能夠領取比他們在普通制度中更多的補貼，且雇主支付的薪資明顯減少。雖說這類員工領取較多補貼，但由於某些原因（如薪資水準低迷或者工作欠缺穩定性），這些間歇性工作者的實際收入並沒有顯著成長。這種制度只有在以下條件下才能考慮實施：首先，它必須能夠專門針對那些沒有適當失業保險就無法永續發展的各種文化產業；其次，必須盡可能避免產生不當得利或欺詐行

為；最後，還必須讓雇主對自己給社會帶來的成本負責。除此之外，文化政策應當直接資助那些人們希望補貼的藝文作品，也且作業過程務求透明，而不是透過複雜或模糊的、沒有合理根據的共同資助機制來隱瞞資金的實際使用情況。

就像其他的保險制度一樣，跨產業的互助是為了應對產業性的衝擊，但如果這種轉嫁是系統性的，就會辜負資源分配的初衷。最後，值得注意的是，採用賞罰機制可以解決這個問題。這樣每個企業都支付其對失業保險所造成的實際成本，每個產業也是如此，其間的資源配置將不再受到相互補貼的影響。也就是說，每個產業將根據其實際的財政負擔和貢獻來分配資源，而不是依賴從其他產業獲得補貼。這樣可以更公平地反映每個產業的真實成本和需求，避免不透明的財政安排。

社會集體背負的勞資勾結

在法國，雇主和員工之間的關係通常不好，唯有當他們聯合起來讓失業保險承擔成本的時候例外。然而，一如往常，經濟行為者會根據所面對的誘因作出反應。因此，真正的罪魁禍首是現行制度，它促使企業內部的資方與員工進行有組織的操弄。

首先，雇主和員工已學會將辭職系統性地轉變為解雇。辭職不享有失業津貼的權利，而解雇則有。因此，在利益的考量下，企業會和員工聯手，將自願離職偽裝成解雇，讓失業保險承擔成本。只要員工承諾放棄權利，並以「好聚好散」的態度離開企業，那麼這種重新定性不會對企業造成任何損失。企業不需為員工將獲得的失業津貼分攤任何費用。

在這種情況下，2008年推出的「協議解雇」（rupture conventionnelle）程序，只是將雇主和員工之間的長期串通合法化，讓雇主和其固定期限契約的員工共同商定解除勞動契約的條件，更容易地將辭職偽裝為解

雇。因此，這一程序的成功也就不足為奇了（2015年超過358,000例的協議解雇！）。皮耶・卡伍克（Pierre Cahuc）和安德列・齊爾伯格（André Zylberberg）在2009年該措施上路時即指出：

　　協議解除勞動契約的制度允許雇主與其雇員和平分手。問題的關鍵在細節：由於僱員可以在離職後繼續領取為期三年的失業補助，政府實際上助長了57歲提前退休的可能性！事實上，年長的雇員一旦離職也幾乎不會承受什麼經濟損失，還能透過失業保險機構「工商就業協會」（Association pour l'emploi dans l'industrie et le commerce，簡稱Assedic）為這種不明講的提前退休埋單。

　　值得注意的是，如果讓企業背負賞罰機制的責任，這種聯手操弄失業保險制度的勾當就不會發生，但當前情況並非如此。在背負賞罰機制責任的情況下，企業如果安排雇員失業或提前「退休」將會增加成本，從而更完善地保護社會免受此類行徑操弄。

　　另一個由現行制度所引發的、讓勞資雙方得以規避法律約束的例子是將經濟性解雇（有時甚至是集體裁員）轉化為個人因素的解雇（註28）。在這種情況下，解雇便是雇主的意圖，皮耶・卡伍克和法蘭西斯・克拉瑪茲（Francis Kramarz）在2004年即指出（註29）：

　　出自企業管理者、工會成員和人力資源主管的所有證詞都表明，個人因素的裁員經常是經濟性解雇的巧飾。對雇主來說，個人因素這一藉口可以逃避經濟性解雇，甚至是集體裁員的程序；雇主因此受到鼓勵，以個人因素當作解雇藉口，甚至不惜與員工達成協議，使員工放棄其申訴權利，以換取一筆補償金。如此一來，員工享受到的離職條件就特別優惠。

　　這些行為特別揭露了一項缺失：企業對自身行為讓失業保險系統產生的負擔沒有責任感。2013年，每個月有38,000人因個人原因被解雇，相較之下，僅有16,000人因經濟原因被解雇。前者占解雇原因的四分之三，這點竟未引發爭議。

企業在解雇員工時，沒有充分承擔對失業保險系統造成的成本，加上勞動力市場制度的僵化，導致多種有害且昂貴的副作用，結果對企業和員工都沒有真正的好處。

其他制度的寄生現象

在職位稀缺的背景下，保住工作成為大家主要關注的事，以至於在各個經濟領域都出現了這種現象，成效好壞不一。比如，我們可以看一下法國《破產法》中的異常現象。與外國法律相比，法國的法律對債權人的保護較少，而對管理階層／合夥人／股東的保護卻非常有利。而支持本人觀點的一個事實是，這項立法動機通常是為了保護就業。這項立法背後的想法是，企業在遇到困難時，如果是由股東而不是債權人出面掌控，工作機會更有可能維持。

然而，這種迂迴而非直接應對問題的解決方式實在令人費解，此外，這一動機並無多少依據。首先，不管從理論或從實證經驗上看，都找不到支持法國制度能夠有效保護就業的觀點（註 30）。實際上，股東可能對企業的困境負有一定責任，並且這種困境也會影響他們的誘因機制。這意味著他們的動機和決策未必完全以保護企業或員工的最佳利益為出發點。缺乏完善管理企業機會的人，未必最適合負責受牽連員工的前途。此外，為了設法克服困難，股東可能走上冒險一途，進而危及就業。因此，沒有任何明確理由可以證明，當前的制度能有效保住就業。

而且，創造就業機會一事仍遭忽視。如果對債權人所提供的保護不足，導致對企業融資和成長造成負面影響，而這是很有可能發生的，那麼這項法律對提振就業的總體效果可能也是負面的。

第四節
改革能夠帶來什麼？
如何成功改革？

　　從保護就業轉向保護員工、將企業責任與靈活性結合起來、減少法官的角色，這些在法國的計畫主義傳統中並非易事。此外，還需要對過渡期的影響保持警惕。那麼，我們應該期待哪些改革成果？哪些因素可能有助於成功改革？儘管從理論上看，讓企業承擔更多責任的提議是合理的，不過，要讓它真正可行，還需做一些調整。在分析過程中，我們還需要考慮例如改革的持久性、過渡期及社會接受度等問題。

勞動力市場改革預期會發揮什麼影響？

　　將解雇程序變得比較靈活可能會降低失業率，這一觀點看似不符直覺。事實上，初步分析表明，這種改革對就業的總體影響是模稜兩可的：一方面，它會增加無固定期限契約員工的解雇；另一方面，受到靈活性的鼓舞，雇主可能會招聘更多無固定期限契約員工（註 31）。那麼，這樣的改革能帶來什麼好處呢？

　　第一個好處是改善就業品質。正如我們觀察到的，目前系統存在許多無效率：長期失業的影響遠比短期失業為害更烈；當員工想尋找新的挑戰，或與同事關係不佳，或者工作變得冗餘時，卻只能留在同一職位，這會導致員工與工作無法匹配；固定期限契約員工在給雇主提供滿意的服務後無法轉為無固定期限契約員工；程序耗時漫長、補償金的不確定性都讓雇主和員工感到困惑。改善就業可以提高企業競爭力（進而增加就業機會），也可以提升工作的幸福感，甚至可能同時帶來這兩方面的好處。

第二個好處是減輕政府財政和失業保險的負擔。如今，固定期限契約和失業不斷轉換、雙方協商解除契約、長期失業等現象會導致稅收增加或社會負擔加重，在在都不利於降低失業率。

長期性的問題

　　就像所有大規模的改革一樣，勞動契約的改革也需要循序漸進。如果想要有效，雇主必須對此保持信心。然而，企業可能擔心國家是否真有能力落實改革承諾。雖然企業可能會被「靈活安全」（flexisécurité）的承諾吸引，但它們是否願意創造新就業機會？對這些新職位的保護是否會因國家未履行承諾而被進一步加強？換句話說，企業不能擔心在制度下雇用的員工，未來會因為政權更迭而必須變回以前那種無固定期限的契約。

　　如同往常，國家兌現承諾的能力會影響政策成功與否。因此，需要在政治上達成最低限度的共識，確保改革勞動契約的必要性。就業是國家的重要課題，期盼能夠達成兩黨共識，最終解決失業和社會孤立的問題。

必須逐步過渡

　　在這種情況下，需要確保現有的無固定期限契約不會遭受損害。我們確實可以想像，可能會出現一波解雇潮，因為部分企業希望裁撤某些職位，只是暫時無法下手，但一有機會便會進行。借鑒環保稅收上的經驗（註32），可以考慮給予現有無固定期限契約員工「尊重舊制」的權利，也就是說，他們依然適用舊的解雇法規，而所有新的契約才適用新法規。這正是2014年義大利總理馬泰奧・倫齊（Matteo Renzi）所採取的辦法（註33）。

　　當然，即使受到「尊重舊制」原則的保護，持無固定期限契約的人仍

可能有所顧慮。他們可能擔心如果不轉為新契約，升遷機會更傾向給予那些簽訂新契約的員工；同時，他們和雇主一樣，可能會擔憂國家能否長期兌現承諾，因為未來新契約員工占大多數時，可能會完全廢除無固定期限契約，從而損及那些保留這一身分的人。

不過，在新制度下，找到新工作的機會將會增加，且未來員工子女在法國找到工作的前景變得更加明朗，而這些應該都能緩解他們的憂慮。畢竟，北歐國家明智地選擇了保護員工而非保護工作崗位，其施行之保護工作的改革比這裡提議的要少（他們的靈活安全政策沒有附帶賞罰機制）。正如我在本章開頭所提到，法國的特點是就業率低、失業率高、工作條件差、職業流動性低、工作關係對立以及普遍的職業憂患感。我們期待透過冷靜的討論來推動可以解決這些問題的改革。

另一個關於過渡的問題來自當前就業市場的狀況，而這個市場必然需要時間才能改善。當前就業市場復甦緩慢，員工失業時間較長，導致企業解雇新契約員工時的懲罰性費用較高。為避免企業負擔過重，建議逐步引入獎懲機制，直到失業率下降，以確保市場的穩定發展。

教育和社會接受度

雖然這個與解雇相關的改革提案比北歐國家的「靈活安全」制度要溫和得多，但它賦予企業管理階層的靈活性，在某些人看來，反而成為主要缺點。法國公眾對「責任機制」的態度成了一種特殊現象，而這種「法國例外」會阻礙改革的推進。對許多法國人來說，企業可以藉由支付費用來解雇員工仍是一個禁忌，因為那就等於默許這種不道德的行為，為其開了方便之門。

但對此有兩種回應：首先，在現行制度下，目前企業解雇員工只需承擔解雇成本的很小部分（即「解雇補償金」〔indemnités de licenciement〕），而未解雇員工的企業卻在為大部分社會成本埋單。把解雇問題完全視為道德問題，即認為解雇本身是不道德的行為，可能會讓人忽視更大的社會和經濟背景，陷入更加極端的道德評判，無法有效解決實際問題。

其次，環保稅的禁忌二、三十年前也曾存在，但如今大家已能普遍接受。在法國（以及其他國家），當經濟學家主張環保稅或可交易的排放權市場能夠帶來環保效益並降低企業遵守規定的成本，他們聽到的回應也是類似的論調：「為汙染埋單是不道德的！」但不為汙染付出代價就更道德嗎？最終，關於環保的禁忌在公眾輿論中逐漸成為少數，大家也逐漸接受環保稅了。不難想見，類似的變化也可能發生在解雇權問題（註34）。

勞動市場的運作不良「顯而易見」，而且這種由來已久的現象還因危機的影響繼續惡化。經濟學家有責任探討這種寸步難行的原因。然而，大多數法國人依然支持現行勞動市場制度；因此，政府不急於著手改革制度也就不足為奇了。歷屆政府實際上都採用相同的方法來應對失業問題。對於公民來說，理解在「靈活安全」的背景下，企業能夠更容易地結束與員工的無固定期限契約，這一點比較簡單。但對於那些員工、失業者以及處於不穩定工作狀態的員工來說，理解和分析一個更靈活的系統如何創造出更多、更好的就業機會則要困難得多。

經濟機制的複雜性並不是唯一因素。經濟性解雇在公眾意識中的突出程度、其對媒體和政治發揮的影響也是公眾對「靈活安全」機制表現冷淡的一個原因。被解雇的員工在「計畫性解雇」（PSE）過程中所經歷的實際痛苦是非常真實和嚴重的，因為市場可能不再提供類似的再就業機會。反之，企業由於態度保守而未創造出大量職缺一事並未具體涉及到誰：沒有哪個失業者或固定期限契約員工會與這些不存在的職缺有所關聯。破壞性的事件常成為新聞頭條，但創造性的事件則不那麼動見觀瞻（除非這種創造非常引人注目或被政治階層大肆宣傳），且創意匱乏的現象則往往不

易察覺。

心理學家已經反覆分析過「可辨識之受害者」（victime identifiable）的現象（註 35），也就是說，人們對可以明確識別的受害者會表現出更多的同情（甚至願意幫助他們）；相較之下，對定義模糊的受害者（即「統計學上的受害者」）同情的程度則較低。例如，某人的困境如經電視報導並為公眾所知，那麼捐款就會很多，而公眾對那些不知其姓名但可能更需要用錢的受害者則不太願意捐款。在勞動市場領域中，可辨識的受害者是面臨集體裁員的員工，而匿名的受害者則是沒能為其提供職缺的失業者。

第五節

與就業相關的其他重大議題

失業的多重原因

勞動契約問題雖是一個代表性的例子，但它並不是當前唯一該對失業現象負責的。對現行制度的其他常見批評包括：

- 由社會合作夥伴（partenaires sociaux）營運的職業訓練效果差、成本高：這些培訓沒有正確鎖定員工類型，只有少部分會頒發文憑或認證，加上學徒制的支出，每年花費高達 320 億歐元，占國內生產毛額 1.6%。
- 學徒制和工學交替（就業與學習結合）的不足（註 36）。
- 教育體系提供的技能與企業實際需要的技能之間存在差距，許多求

職者的技能水準或資格證書不足以滿足企業的招聘要求（高失業率與某些職位的勞動力短缺現象並存）。
- 法國在收入重分配的政策上，選擇了透過提高最低薪資來幫助低收入者，而不是主要依賴稅收政策（如稅收抵免）。這一政策使得法國的最低薪資在歐盟中處於最高水準。此外，法國政府為了提高就業率，特別是幫助新員工（如年輕畢業生）進入勞動力市場，可能會透過提供就業補貼和為新員工設定較低的最低薪資來實現目標。就業補貼能彌補低薪資帶來的收入不足，而較低的最低薪資能降低企業的用人成本，從而增加雇用新人的動力。
- 失業保險和公共就業服務在管理上存在問題（儘管已有相當龐大的公共就業服務體系可供利用，有些雇主依然在 Bon Coin 這樣的網站張貼小廣告來招聘員工）。法國的失業補償水準（即失業救濟金與失業前薪資的比例）雖然在歐洲達到平均水準，但對高收入者特別慷慨（例如，比德國高出三倍）。此外，法國對失業者的管理（即所謂的勞動力市場積極政策〔politiques actives du marché du travail〕）與北歐國家的做法很不一樣，後者更加鼓勵失業者儘快重返職場。
- 簽約過程不夠靈活。
- 某些職業圈子封閉（如計程車司機），阻礙了就業機會的創造，儘管社會有需求也不例外。

在這個問題上，除非拿來跟北歐或英語國家相比，否則法國其實並沒有什麼真正的「文化例外」。同樣的原因會導致同樣的結果，如前所述，南歐國家（西班牙、義大利、葡萄牙、希臘）由於制度類似，其失業率（尤其是青年失業率）的統計資料同樣糟糕，甚至更糟。想要全面探討這些問題，需要寫好幾本書才夠。這裡我僅扼要做些評論。

縮短工時並非良方

幾乎所有經濟學家一致反對（註37）「職位數量固定」（emploi en quantité fixe）的謬論。這一概念認為一個經濟體中的總就業數量是固定的，因此必須公平分配。法國推行35工時制出乎所有人的意料，其本意是透過分享工時來創造就業機會，卻幾乎得不到經濟學界的支持。然而，職位稀缺的觀點由來已久，尤其是在經濟衰退期間，這種想法更易重新浮現。

諷刺的是，推動縮短工時以實現就業分配的「職位數量固定」概念，與極右翼政黨宣揚的「移民奪走本國人工作」的言論如出一轍，因為後者的立論也是建立在「固定就業數量」的假說之上。此外，這一觀點還被用來支撐提前退休（老人是不是在搶年輕人的工作？）、實施保護主義（外國企業是否在搶我們的工作？），甚至當義務兵役取消時，部分人也表達了類似的擔憂。

職位稀缺的觀念從何而來？當然源自馬爾薩斯（Malthus）。在十九世紀初，稀缺資源主要指土地，因為土地的面積基本上是固定的，因此與土地相關的勞動也相對有限。如今，農業就業占總就業的比例已經極小。顯然，工作仍然需要其他產業要素加以輔助，比如機器、辦公室、電腦或工廠。但是與馬爾薩斯考慮之「土地」不同，其他生產要素的數量並不是固定的，至少從中長期看是如此。即使從短期看，生產要素在某些情況下也可以調整。例如，著名經濟學家大衛・卡德（David Card，現任柏克萊大學教授）曾研究了1980年古巴移民大量湧入邁阿密的情況（註38）。大約125,000名移民在幾個月內來到邁阿密，對當地勞動力市場（主要是與這些移民競爭的非洲裔美國人）幾乎沒有影響，既沒有提高失業率，也沒有壓低薪資。職位數量並不是固定的；對於紡織業的投資很快創造了所需的就業機會。

在討論工作時間的分配上，推理有所不同。一般情況下，我們可能假設減少工時的法律規定對員工有利（薪資保持不變的情況下尤其如此），但對企業不利，因為它必須承受相應的負擔。即使假設薪資保持不變，但在實際操作上，減少工時可能伴隨其他經濟措施，例如薪資協議的調整或政府補貼的介入。在短期內，減少的工時可能需要透過增加雇用人數的辦法來填補，因而帶來就業率的短暫成長。然而，針對這一假設可以提出兩個反對意見：首先，就業機會增加可能只是暫時現象，是三分鐘熱度。隨著時間推移，企業的訂單量、生產要素和員工數量都會逐漸自我調整，回到正常水準。因此，一個真正有效的就業政策必須能夠在中期和長期創造穩定的就業機會，而不是僅僅依賴短期的波動；其次，若政府政策需要實施，則必須考慮成本支出，因為這可能會造成兩個結果：一是麼增加稅收，二是削減其他領域的公共支出。

這讓我想到用來衡量工時分配或移民流動效應的方法論，它展示了進行嚴格的計量經濟學分析有其必要。正如上文所述，勞動力供需的衝擊（例如減少工時或移民潮）從來不會單獨發生。在同一時間裡，經濟可能處於成長或衰退期，失業率可能獨立於這些衝擊而自然下降或上升；此外，通常還會伴隨一些輔助措施，以緩解移民潮或工時減少所造成的影響。因此，即便我們只打算評估短期效應，也必須將工時減少或由於移民流動所導致的勞動力人口增加效果，與其他影響就業的因素區分開來。例如，大衛・卡德在其研究中即考慮到在古巴移民潮時期，失業率正處於上升階段以及其他因素的作用；同樣，若要衡量 35 工時制的效應，必須調整估算方法，考慮經濟週期的影響（1998 至 2002 年間的經濟週期較為有利）以及有助於創造就業機會的輔助措施（如稅收政策、凍結薪資協議、工時制等）。因此，必須執行能準確識別移民潮或工時減少政策（如 1981 年和 2000-2002 年間的魁北克、德國和法國）的因果影響研究（註 39）。而現有的研究似乎並未表明，即使在短期內，移民會造成就業機會

降低，或減少工時（註40）會帶來就業機會增加，這表明職位數量並非固定不變。

這種關於職位數量固定的錯誤觀念也反映在我們對科技進步的態度上。就業情況在不斷變化。至少兩個世紀以來，我們一直擔心自動化（從十九世紀初英國的盧德派〔luddites〕反對織布機，到二十世紀50年代的流水線，再到近代的機器人技術）會讓工作消失。所有這些技術變革的確會導致某些職位消失，但幸運的是，工作並沒有因此完全消失（否則我們早就全部失業了）。同樣，研究表明，移民對一個國家來說往往是機遇，甚至對東道國的工作者也是如此（註41）。簡言之，職位數量並非固定不變。我們應該為受到技術和經濟變革影響的人員提供支援。即便這些變革不可避免，仍會在短期內對人力帶來重大代價。新的工作機會不一定出現在那些發生大量失業的相同地區。例如，曾經非常貧窮的中國從貿易開放中受益匪淺，而美國的某些地區（如中西部）則遭遇了更多挑戰，因此總體情況較為複雜（註42）。

中國進口商品的滲透直接傷害了與之競爭的美國公司，及其所在地周遭的經濟，這比對於美國整體經濟的影響要大得多（註43）。

需要明確指出的是：經濟學家並不會對每週工作35小時、18小時或45小時的問題表示立場。這是社會的選擇問題，也取決於個人。在這個問題上，不同的人會有不同的選擇；有些人寧願選擇更長的休閒時間而犧牲收入，有些人則甘心選擇更高的收入而放棄休閒時間。然而，減少工時、提前退休、限制移民、採取保護主義措施或重新恢復義務兵役等措施是否能為其他人創造就業機會，目前還沒有理論或實證支持。

《勞動法》

法國的《勞動法》既複雜又具明確的指令性。它的複雜性是眾所周知

的。這部《勞動法》長達 3200 頁，並且隨著時間的推移不斷增加。即使是最精通《勞動法》的法學教授也無法完全掌握。因此，在這種情況下，「誰都不能推說不懂法律」這一通常很容易理解的名言就幾乎顯得可笑了。真能指望一家中小企業的業主掌握這部法律嗎？即使是擁有強大法律部門的大公司，也有可能在不知情的狀況下違反《勞動法》。

法國《勞動法》的「指令性」特點更能引發爭議。法國仍然是全球數一數二政府和產業協會（branche）在雇主與員工間契約關係中介入最深的國家。其他國家則更傾向多讓雇主與員工自行談判（例如英國），或多讓產業協會與員工自行談判（例如斯堪的納維亞國家）。部分國家（例如丹麥）則幾乎沒有勞動法，完全依賴契約安排，因此更能根據企業或產業的特定環境來調整勞資關係。

法國立法者確實為產業和企業層面的談判預留了空間。特別是 2004 年 5 月 4 日的法律規定，如果產業協定（accord de branche）沒有特別規定，企業協定（accord d'entreprise）可以偏離產業協定。然而，實際上，偏離上級規範（法律層級為：一、勞動法，二、產業協定，三、企業協定）的情況非常少。行業協定通常會系統性地延伸適用，導致企業協定的偏離可能變得無效。不足為奇的是，產業協定使得同一產業的企業可以達成一致，將成本的增加轉嫁給終端的消費者（尤其是在不受國際競爭影響的產業中）；出於同樣的原因，這些協定對市場上的商品與服務需求、以及就業並不友善（註 44）。由於產業協定幾乎總會延伸適用，超過 90% 的法國員工都處於集體協定的覆蓋範圍，而在德國，只有 1% 的協定會延伸適用（註 45），這就賦予企業協定更多自由（也改變了產業協議的性質，使其必須獲得企業內部社會夥伴的認可，如今已有超過一半的員工受到這些協議的約束）。

這並不代表產業協定在勞動契約中沒有作用。實際上，企業的管理階層和工會未必具備編寫這些契約的專業知識，在中小企業裡尤其如此。他

們可能對這些契約的後果也不夠清楚。因此，產業組織扮演一個重要角色，亦即提供服務，幫助社會夥伴更完善地管理他們的關係，或者設計制定產業協定，使協定成為企業談判的一個選項，而非限制。此外，即使企業協定可以偏離產業協定，《勞動法》仍然發揮關鍵的功能（註46）。正如賽局理論所預測，勞動法設定了談判的參考點，因此每一方都不能獲得低於勞動法規定的最低標準條件。

職業訓練

最後，經濟學家常嚴厲評判法國職業訓練和學徒制度。這些訓練和制度非常昂貴，而且效果備受質疑（註47）。複雜體系造成極大浪費，籌集資金和分配資金的辦法也很繁瑣，其效果也引發質疑。現有的體系往往無法滿足企業和員工的需求，也沒有完全關注最弱勢的群體（比方高等教育的學生占比超過四分之一），而這些群體才是職業訓練受益最多的對象。此外，訓練評估和認證系統也存在問題，未能提供真正有用的訓練。

第六節

緊迫性

我們的勞動市場制度，特別是南歐歷史上勝出的制度，都偏離了國際標準。雖然這些制度本應保護員工，但實際上卻讓員工面臨遭排斥和邊緣化的風險。要理解這種不符預期的後果，需要探究表面下的現象，這正是本章傳遞的主要訊息。

以前，我們勞動市場制度的缺陷不那麼明顯。因為「輝煌30年」期

間經濟成長快速，出現了很多無固定期限契約的工作，並且政府財政狀況良好，允許進行調整。然而，過去 40 年來，情況逐漸惡化。現在，我們面臨三大挑戰，每一個挑戰都可能加劇就業問題。

　　一、政府財政：公共債務已達國內生產毛額的 100%，財政狀況持續惡化。如前所述，公共就業政策成本很高，如果我們無法控制財政，整個社會系統可能遭受威脅。降低失業率且減少公共就業政策的成本，方能有助控制財政。

　　二、移民：歐洲移民危機引發對就業會短缺的擔憂。雖然移民問題很嚴重，但如果未來我們不能有效控制氣候暖化（註 48），則今天移民問題的規模才初露端倪。不管對哪個國家而言，移民實際上都是文化和經濟上的契機，我們需要以尊重的方式接納他們，避免透過就業政策將他們排除在勞動力市場之外。這也是我們需要改革制度的另一個原因。

　　三、數位化：數位革命（註 49）將加劇勞動力市場中的某些問題。首先，它加快了工作職務變化的速度，降低僵化的無固定期限契約工作對雇主的吸引力，也增加了對於高品質職業訓練的需求。其次，勞動市場正在變化，越來越多自雇人士和同時為多個雇主工作的人士出現。觀察家建議制定針對所有勞動者的法律，而非僅針對受薪員工的法律。然而，我們的《勞動法》主要針對傳統的員工類型，適應這種變化還有很長的路要走。

　　我們是否真的盡力解決上升的失業問題？我對此表示懷疑。在本章中，我嘗試解釋原因，並提出改革的方向。現在是採取行動的時候了。

註 1　根據國際勞工組織（BIT）的定義，如果一個人符合以下三個條件，則被歸為失業者：1) 基準週內沒有工作；2) 未來兩週內隨時可以上班；3) 前一個月積極尋找工作（或者已找到一份將在三個月內上班的工作）。

註 2　B 類：需要積極尋找工作的求職者，經歷重度的工時減少（即當月工時不超

過 78 小時），2015 年 11 月共計 716,400 人；C 類：需要積極尋找工作的求職者，經歷了輕度的工時減少（即當月工時超過 78 小時），2015 年 11 月共計 1,151,300 人；D 類：不需要積極尋找工作的求職者（由於參加職訓、上課、生病等原因），2015 年 11 月共計 280,900 人；E 類：不需要積極尋找工作的求職者，已經就業（如受惠於政府資助的工作契約），2015 年 11 月共計 420,000 人。

註 3　2008 年，16 至 74 歲的法國人工作時間分別比美國人和英國人少 28% 和 13%，而在 1968 年，他們的工作時間與這兩個國家相當（參見 Richard Blundell, Antoine Bozio, Guy Laroque, « Labor Supply and the Extensive Margin », *American Economic Review, Papers & Proceedings*, 2011, vol. 101, n° 3, p. 482-486）。這種差距的形成一方面是由於工時的減少，另一方面則是因為法國人的就業率停滯不前，而美國和英國的就業率卻顯著上升。雖然法國的中年女性和老年人的工作時間有所增加，但這一變化被年輕人（不論性別）和男性（不論年齡層）就業減少的情況抵消掉。

註 4　倒不是因為他們在接受職訓：15 至 24 歲的年輕人中有 17% 沒有工作，也沒有參加任何職訓。還有 90 萬人已經放棄努力，不再找工作了，但他們並未被正式統計為失業者。

註 5　參見：Voir Jean-Benoît Eyméoud, Étienne Wasmer, « Emploi des jeunes et logement. Un effet Tanguy? », IEP Paris，尚未正式發表，2015.

註 6　根據 2011 年法國審計當局公布的報告，「關於就業補貼契約對二度就業的影響，計量經濟學的模型顯示，營利部門的補貼契約具有積極效果，而非營利部門的補貼契約效果為零。」非營利部門提供的服務通常是免費或價格非常低廉的：例如公共行政機構、市政府、企業委員會（comités d'entreprise）、非營利組織等。

註 7　參見：Corinne Prost, Pierre Cahuc, Améliorer l'assurance chômage pour limiter l'instabilité de l'emploi, Conseil d'analyse économique, 2015, note 24.

註 8　儘管當局訂出十分嚴格的稅收措施以減少企業採用固定期限契約（如企業雇用固定期限契約員工時，必須支付比雇用無固定期限契約員工更高比例的失業保險費用）並鼓勵將固定期限契約轉為無固定期限契約（如契約結束時需支付至少相當於契約期間總薪酬 10% 的補償金，以及雇用 25 歲以下的年輕人時享有 3 至 4 個月的免稅優惠）。

註 9　參見：OCDE, « Perspectives de l'emploi 2014 », p. 182.

註 10　在法國，負責與企業和國家談判並會對現任政府造成麻煩的受薪員工很少受到

失業的影響，他們主要是公共部門和大企業中無固定期限契約的員工。因此，他們的立場往往未必能反映失業者或固定期限契約員工的利益，這點並不令人意外。

註 11　參見：OECD, Public Expenditure and Participant Stocks on LMP.

註 12　根據法國勞動部「研究推廣暨統計處」的資料，2012 年針對就業和勞動力市場的專項或普遍支出估計為 857 億歐元，相當於國內生產毛額的 4.1%（Dares analyse 019, mars 2015）。

註 13　參見：Thomas Philippon, Le Capitalisme d'héritiers, qui présente les classements internationaux de qualité des relations du travail (Paris, Seuil/La République des idées, 2007). 此外，Yann Algan, Pierre Cahuc et André Zylberberg (Paris, Albin Michel, 2012, p. 120) 亦細膩分析了法國不信任現象的根源和機制。

註 14　參見：Nicolas Lepage-Saucier, Étienne Wasmer, « Does Employment Protection Raise Stress? A Cross-Country and Cross-Province Analysis », 2011, préparé pour l'Economic Policy Panel 2012.

註 15　關於安全感的問題，可以參考 Andrew Clark, Fabien Postel-Vinay, « Job Security and Job Protection », *Oxford Economic Papers*, 2005, vol. 61, p. 207-239, 以及 Fabien Postel-Vinay, Anne Saint-Martin, « Comment les salariés perçoivent-ils la protection de l'emploi? », *Économie et statistique*, 2005, n° 372, p. 41-59.

註 16　近年來，法國的財政赤字在 4% 到 5% 之間。

註 17　請特別參考 Licenciements et institutions du marché du travail, rapport pour le Conseil d'analyse économique, La Documentation française, 2003, p. 7-50 以及 « The Optimal Design of Unemployment Insurance and Employment Protection. A First Pass », *Journal of the European Economic Association*, 2008, vol. 6, n° 1, p. 45-77. 此外也可閱讀 Pierre Cahuc, André Zylberberg, Le Chômage. Fatalité ou nécessité?, Paris, Flammarion, 2004.

註 18　詳見本書第八章。

註 19　關於美國機構的描述，請參見：Julia Fath, Clemens Fuest, « Experience Rating of Unemployment Insurance in the US. A Model for Europe? », *CESifo DICE Report*, 2005, vol. 2.

註 20　讀者可以跳過這些細節，直接跳到下一部分。更多細節請參見 Olivier Blanchard, Jean Tirole « The Joint Design of Unemployment Insurance and Employment Protection. A First Pass », *Journal of the European Economic Association*, 2008, vol. 6, n° 1, p. 45-77。讀者如果想了解關於企業如何融資或處理債務的問題，特別是在企

業集團內部或非正式商業關係中,請參閱這篇論文以及我的另一篇文章:Jean Tirole, From Pigou to Extended Liability. On the Optimal Taxation of Externalities under Imperfect Capital Markets », *Review of Economic Studies*, 2010, vol. 77, n° 2, p. 697-729. 如果企業面臨財務限制,它們可能希望共同互助承擔部分解雇的成本,因為不同企業可能會面臨一些獨立的衝擊(當然,總體經濟衝擊無法共同承擔,因此需要政府介入來穩定財務狀況)。

註 21 解雇補償金是公司要付的費用,最低標準是每年年資支付月薪的五分之一。如果員工年資超過十年,那麼每年年資額外再支付月薪的十五分之二。員工有可能根據集體協定或個人勞動契約獲得更高的補償,而不是只接受法律規定的最低補償標準。

註 22 這裡對法律程序的分析非常簡化,甚至可以說是過於簡化。我建議參考如下這本對法律細節分析非常詳細的著作:Jean-Emmanuel Ray, *Droit du travail. Droit vivant* (Éditions Liaisons, 2013, 22e éd.)。

註 23 整體而言,在勞動仲裁法庭(prud'hommes)提訴訟的時效期限取決於請求的性質:最短的時效為六個月(例如針對已結清之收據的異議),最長的時效為十年(例如工傷索賠)。

註 24 2013 年的數據:只有 6% 的案件達成和解。

註 25 我們確實注意到 2013 年的改革取得了一些進展:企業現在可以在經濟解雇的順序中優先考慮員工的職業技能。2013 年的改革還有新規定:企業可以在不解雇員工以及多數員工同意的前提下調低薪資以及縮減工時,以幫助公司度過重大的經濟困難。同樣,如果公司能與大多數員工達成一致,並且這個協議經過了行政審核,那麼制定和實施如何安置被解雇之員工的社會計畫會變得更加容易。儘管有了這些簡化措施,但在實際談判中,法官的決定仍然是重要的參考點。如果出現爭議或需要裁決,最終還需要依賴法官的判斷。

註 26 在像法國這樣的二元勞動市場中,通常會區分「局外人」(即沒有固定工作、被排除在外的勞動者)和「局內人」(即有固定工作、融入市場的勞動者)。

註 27 例如可以參考:Jean-Emmanuel Ray, « Une mue salutaire, pour que la France épouse son temps », *Droit social*, décembre 2013, n° 9, p. 664-672.

註 28 參見:Franck Seuret, « Licenciements. La grande triche », *Alternatives économiques*, décembre 2006, n° 253, rubrique « Tendances ».

註 29 參見他們的報告:« De la précarité à la mobilité: vers une sécurité sociale professionnelle ».

註 30 經濟分析委員會的第 7 號報告(Guillaume Plantin, David Thesmar, Jean Tirole, « Les enjeux économiques du droit des faillites », 2013）建議將困境企業的控制權移交給債權人。

註31 就業保護政策改革的作用很難透過實際的資料加以評量，因為有很多其他變數同時產生影響。這些變數可能是改革本身（比如 2014 年義大利的改革還提供了招聘補貼），也可能是總體經濟環境的變化。因此，經濟學家會設法分離出改革帶來的具體影響（也就是確定因果關係）。許多研究發現，靈活化對就業的總體效果是正面的，有時效果很明顯，有時則很微弱（靈活化對年輕人和女性的積極影響似乎更大）。David Autor, John Donohue, Stewart Schwab, « The Costs of Wrongful Discharge Laws », Review of Economics and Statistics, 2006, vol. 88, n° 2, p. 211-231. 是一個很經典的研究，而有關其方法論的綜述，請參考下列論文：Tito Boeri, Pierre Cahuc, André Zylberberg, « The Costs of Flexibility-Enhancing Structural Reforms, A Literature Review », OECD Working paper, octobre 2015. 下文描述的長期效果可能會更顯著。

註32 請參閱本書第八章。一般來說，汙染最嚴重的企業可透過免費分配的可交易排放權得到補償，但這並不意味改革無效，恰恰相反。一方面，配額的數量是有限的（例如 1990 年美國二氧化硫排放的配額為上一年排放量的一半）；另一方面，大型汙染企業是有動機減少汙染的，因為它們要麼可以出售多餘配額，要麼如果未能足夠減少汙染，還必須購買新的配額。

註33 義大利的改革還透過財稅誘因鼓勵和解（訴諸法院的案件大大減少）以及促使簽訂新契約的措施。同時，它還取消了員工復職的可能性。法國和義大利的一個區別在於，後者沒有簽署國際勞工組織第 158 號公約（要求所有解僱都必須有正當理由）。這一條款賦予員工向法官提出申訴的權利。因此，問題就在於確定什麼才能構成正當理由。公約第 4 條將正當理由解釋為「員工的能力或行為，或基於企業、機構或服務運作的需要」，然而其解讀方式不只一種。西班牙簽署了第 158 號公約，但在 2012 年也改革勞動力市場，設定解僱賠償的上限，並明確訂定經濟性解僱的條件。

註34 參見：Roland Bénabou, Jean Tirole, « Laws and Norms », 尚未正式發表論文，以及本書第一章討論公眾在理解經濟資訊時面臨困難的原因。

註35 例如可以參考：George Loewenstein, Deborah Small, Jeff Strand, « Statistical, Identifiable, and Iconic Victims », in Edward J. McCaffery, Joel Slemrod, Behavioral Public Finance, New York, Russell Sage Foundation, 2006, p. 32-35.

註36 根據蒙田研究所（Institut Montaigne）的資料，2013 年法國 15 至 24 歲的年輕人中有 5.2% 接受學徒訓練，而德國這一比例為 16%。

註 37　二十世紀數一數二傑出的經濟學家保羅・薩繆森在其著名的教科書中強烈反對這個概念。另請參閱保羅・克魯格曼在《紐約時報》上發表的專欄文章 Lumps of Labor（2003 年 10 月 7 日）。

註 38　參見：David Card, « The Impact of the Mariel Boatlift on the Miami Labor Market », Industrial and Labor Relations Review, 1990, vol. 43, p. 245-257.

註 39　這些方法類似於科學實驗中對照組和實驗組的比較方法，並用到經濟學中所謂的雙重差分法（méthode des doubles différences）。

註 40　相關研究成果的摘要請參考如下即將出版著作：Pierre Cahuc et André Zylberberg, Le Négationnisme économique. 另外也可參考 Tito Boeri et Jan van Ours, The Economics of Imperfect Labour Markets, Princeton University Press, 2013；Pierre Cahuc, Stéphane Carcillo, André Zylberberg, Labour Economics, MIT Press, 2014 以及如下這篇經典論文 David Autor, John Donohue, Stewart Schwab, « The Costs of Wrongful Discharge Laws », *Review of Economics and Statistics*, 2006, p. 211-231.

註 41　例如可以參考 Frédéric Docquier, Çağlar Ozden, Giovanni Peri, « The Labour Market Effects of Immigration and Emigration in OECD Countries », *Economic Journal*, 2014, vol. 124, n° 579, p. 1106-1145。研究表明，移民對東道國工作者的薪資，甚至對最低薪資的影響並非負面。而且，移民繳的稅通常比他們給東道國造成的負擔還要多。當然，如果勞動力市場的制度運作不良，比如在法國，這一論點會遭削弱，因為創造就業的機制若欠靈活，就會妨礙移民工人融入東道國的勞動力市場和社會。

註 42　參見：David Autor, David Dorn, Gordon Hanson, Jae Song, « Trade Adjustment. Worker-Level Evidence », *Quarterly Journal of Economics*, 2014, vol. 129, n° 4, p. 1799-1860.

註 43　Wolfgang Dauth, Sebastian Findeisen et Jens Südekum (« Adjusting to Globalization. Evidence from Worker-Establishment Matches in Germany », 2016, CEPR Discussion Paper 1145) 一文指出，那些在受到進口競爭的行業中失去工作的德國人並未在出口型產業的企業中找到新工作，而是必須去服務業中另謀出路。

註 44　請參閱皮耶・卡伍克於 2015 年 11 月 20 日於柏西（Bercy）舉行之「就業政策研討會」（séminaire sur les politiques de l'emploi）上的演講中提到的實證。事實上，產業協定會由勞動部加以延伸適用，後者有權讓集體協議的條款適用於整個產業的所有員工，並且幾乎總是這樣處理（可能是為了不冒犯大企業及其工會，畢竟這些工會由擁有正式契約的員工組成並且非常活躍，而那些受這些延伸適用影響但沒有聲音的群體，例如支付更高價格的消費者和未能在新企業中

找到新工作的失業者，則沒有受到足夠的關注）。

註 45　皮耶・卡伍克提到，德國自 2004 年以來去中心化的程度又更高了。有關詳情請參閱 Christian Dustmann, Bernd Fitzenberger, Uta Schönberg, Alexandra Spitz-Oener, « From Sick Man of Europe to Economic Superstar. Germany's Resurgent Economy », *Journal of Economic Perspectives*, 2014, vol. 28, n° 1, p. 167-188 這篇文章。這並不代表德國企業不採用產業協定。實際上，如果企業加入簽署這些協定的雇主組織，它們就會被這些協議約束。因此，企業是否採用產業協定通常是一個自願的選擇（將協定加以延伸適用的決策是由國家做出的；產業協會沒有法律能力予以延伸，否則它們大可以像法國的產業協會那樣做），而這個選擇通常是因為加入的雇主組織還提供其他服務。這代表採用產業協議必須對企業有吸引力，否則後者不會被迫遵守；這使得這些與勞工和企業管理相關的組織和機構更符合競爭法的要求。

註 46　在實際操作的過程中，《勞動法》在某些方面仍然具有強制性，並且不給予談判轉圜的餘地。這就是 2015 年康布雷克塞爾（Combrexelle）報告所說的「約定公共秩序」（ordre public conventionnel），社會夥伴是無法偏離那些約定的（例如最低薪資、35 工時後的加班規則、無固定期限契約的優先性）。該報告還建議法國擴大社會夥伴之間的談判範圍。

註 47　法國職業訓練體系中存在的分配不公和脫責及其複雜之行政架構效率不彰的分析，可以參考以下資料：Pierre Cahuc, Marc Ferracci, André Zylberberg, Formation professionnelle. Pour en finir avec les réformes inabouties, Institut Montaigne, 2011; Pierre Cahuc, Marc Ferracci, L'Apprentissage. Donner la priorité aux moins qualifiés, Paris, Presses de Sciences Po, 2015；以及 Pierre Cahuc, Marc Ferracci, Jean Tirole, Étienne Wasmer, L'Apprentissage au service de l'emploi, Conseil d'analyse économique, 2014, note 19.

註 48　參見本書第八章。

註 49　參見本書第十四及第十五章。

| 第十章 |

歐洲何去何從？

| 第一節 |

歐洲的建構：從期待變持疑

在一片被殘酷戰火摧毀的大陸上，歐洲的建設曾帶來巨大的希望。它承諾保障自由，其中包括人員、商品和服務及資本的流動，目的在於遏止保護主義。它還承諾促進團結，克服國家間的自私心態，透過建設基金幫助貧困地區獲得發展。後來，歐洲也回應了一些國家比較無法明確提出的願望，因為這些國家希望將經濟現代化的任務委託給第三方（即歐盟執委會），讓它代為推行被認定為必要的改革，而這些改革（例如開放競爭）是該國政治家不敢在國內倡議推動的。

在當前歐洲懷疑主義（euroscepticisme）的背景下，回想歐洲的團結行動是有意義的，因為這種行動減少了各國的收入差距，而且儘管近些年歐洲經歷了一些災難，但總體上，歐洲的跨國機構仍然促進了經濟成長。有時遭到責難的、所謂的「歐盟法」（acquis communautaire）的一系列義務迫使曾經存在問題的經濟體採取更加嚴格的管理方式，從而令其惠及民眾。

歐元本身也承載了希望。儘管從一開始就有人承認，成立貨幣聯盟的理想條件還未具備。歐元區成立之初並不存在一個財政聯盟允許經濟狀況良好的國家向經濟狀況較差的國家自動轉移資金以穩定經濟（下文我將詳

細討論）。此外，出於文化和語言的因素，工作者的流動性較低，勞動力市場對區域性波動的反應也較弱（當時，歐洲國家間的勞動力的流動程度只達美國州際流動程度的三分之一〔註1〕）。這兩個在聯邦國家體系中常見的穩定因素付之闕如，與此同時，利用貨幣貶值的辦法以恢復經濟競爭力的可能性也不復存在了。

歐元曾經是歐洲一體化的非凡象徵，其目標在於促進貿易。單一貨幣不僅讓從土魯斯去巴塞隆納的旅客可以繼續使用歐元付錢，也消除了匯率的不確定性，從而減少了企業因匯率波動而導致收入不穩定的問題。而且，歐洲內部的貿易量非常大：成員國的進口量超過60%來自其他成員國。我們也知道要維持貨幣匯率在一定波動範圍內有多困難，1992年英鎊在喬治·索羅斯（George Soros）的投機操作下退出歐洲貨幣體系（Système monétaire européen）即為一例。歐元也被寄望促進歐洲內部儲蓄的多樣化，有助於各國經濟的穩定。它還將促進資本流向南歐國家，增強這些國家的金融信譽，以透過融資進行發展。

許多歐元的支持者還認為這是走向歐洲一體化更深層次的一個環節。他們認為，歐盟和歐元是朝向真正的歐洲聯邦前進的第一步，而推動深化整合的選擇有兩個，或是逐漸形成共識，或是由於現實難以回頭，「路都走了，不如走到底吧」（註2）。然而，這種一體化至今尚未實現，而且很難斷言未來能如願。因為這種一體化需要放棄更多的主權，而這必須建立在互信、願意共擔風險和團結的基礎上，而這些條件目前在歐洲都還不完備。如今，歐洲一體化的建構，尤其是歐元，面臨了普遍的失望的情緒（不過南歐國家人民的這種情緒比較複雜，大多數人仍然希望留在歐元區）。

我們是如何走到這一步的？歐洲建構還有未來嗎？為了回答這些問題，我首先來探討在歐元危機之前發生的事，接著分析希臘的情況。由於主權債務問題是大家關注的焦點，也是過去五年衝突的根源之一，我將提

出一個更廣泛的問題：主權債務的永續性有多高？一個國家如果想待在舒適圈內，借貸上限是多少？最後，我將探討核心問題：我們能有哪些選擇？因此，我的討論將集中在歐元區的危機，而不是其他離心力的問題（如英國脫歐），也不是歐元區擴大的問題，或經濟以外的問題（如某些歐盟成員國不遵守歐洲價值觀的現象）。

第二節

歐元危機的根源

在歐元上路後的十年裡，歐元區的南方國家面臨兩大問題：競爭力不足（自加入歐元區以來，物價和薪資的成長遠快於生產力成長），以及政府和民間債務過高的問題。

競爭力問題

圖一顯示了自1998年以來歐元區國家的薪資變化，德國與南歐國家的差異十分顯著。為了方便分析（註3），本人暫將法國歸入南歐國家，因為法國在薪資成長方面的特徵與其南方鄰國更為相似，而與德國差距較大。德國始終在薪資成長這方面實施節制政策（該政策相對得到廣泛認同，尤其那些受國際競爭影響較大的產業，其工會對此都表態支持），而南歐國家的薪資則大幅上漲。

在南歐國家（包括西班牙、法國、希臘、義大利、葡萄牙）以及愛爾蘭，薪資上漲40%，但生產力卻僅成長7%（註4）。這種薪資與生產力之間的差異導致了商品售價的差異：德國商品價格較低，而南歐國家的商品價格較高。不出所料，歐洲內部貿易（占歐洲國家貿易60%）出現嚴

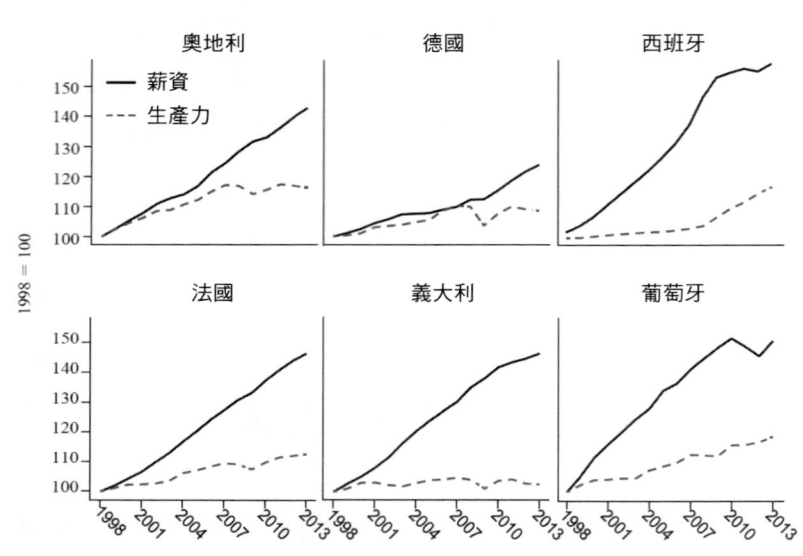

圖一 歐洲薪資和生產力的變化（1998-2013年）

資料來源：歐盟委員會、亞梅科（Ameco）資料庫和克利斯蒂安・提曼（Christian Thimann）
注：希臘未出現在本圖中，儘管其生產力的成長只與葡萄牙相當，但薪資成長卻更為可觀，2008年薪資達到了1998年水準的180%，超出圖示所有國家的範圍；危機爆發以來，薪資也只下降約20%，降至160%而已。

重的不平衡：德國成為出口大國，而南歐國家則大量進口。

如果一個國家的進口量超過出口量時，會發生什麼？為了彌補淨進口的資金，該國（最終是其居民）必須犧牲部分財富。這意味著：一、該國的資產被外國個人、投資基金或國家所購買。例如，現在50%的法國「巴黎券商公會指數」（CAC 40）企業的股票及部分巴黎或蔚藍海岸的房地產都被外國人買走；二、該國政府、銀行或企業向外國借款。無論出現哪種情況，該國都靠借貸維持運作，選擇今日消費較多，未來消費較少。

這些不平衡終令南歐國家陷入貧困。雖然南歐國家薪資相對於生產力成長過快的觀點幾乎沒有爭議，但許多觀察家也將部分責任歸咎於德國的重商主義政策。德國的政策對其他國家公民的福祉產生不同的影響。一方

面，這些國家的消費者很高興能以低價購買德國的商品。另一方面，身為與德國公司競爭的企業員工，他們看到自己的公司勉強掙扎、不招聘新員工，甚至裁員，而自己想找到新工作的機會微乎其微。雖說這些問題部分是由於這些國家本身的政策選擇所致（註5），但不可否認的是，與德國產品競爭的產業員工特別受到德國抑制薪資的政策所影響。

這就是歐元的難題所在。如果各國擁有自己的貨幣，德國馬克會升值，而法國法郎、義大利里拉、西班牙比塞塔或希臘德拉克馬會貶值。南歐國家的消費者會因貶值而看到購買力嚴重下降，但身為暴露於競爭中的員工，競爭力的恢復將保護他們免於大規模失業。在沒有貨幣貶值選項的情況下，南歐國家剩下的選項都不太吸引人（註6）。其中一種選擇是通過所謂的「財政貶值」（dévaluation fiscale）的方式來模擬貶值。例如，法國曾提出的「社會增值稅」（TVA sociale）的方案，也就是藉由提高增值稅來拉高進口商品的價格，並利用增加的稅收來減少對於勞動的社會負擔，以部分達到出口補貼和產品價格降低的目的。許多南歐國家都曾嘗試這種財政貶值的策略，但收效都非常有限。為了彌補 10% 到 30% 的競爭力損失，本來需要大幅提高增值稅，但這會造成公平性和稅務詐欺的問題。

另一種貨幣貶值的替代方案是薪資或物價的下降（經濟學家稱之為「內部貶值」〔dévaluation interne〕），而這種方案也被像西班牙、葡萄牙或希臘等國家採用。這是一種非常昂貴的替代方案，因為薪資雖然最終回到了引入歐元前的水準（註7），但引入歐元後薪資的大幅上漲已經導致家庭產生了預期和義務（例如借貸），而這些家庭未能料想到會走上這種回頭路。再者，這種替代方案也很難實施，因政府只能直接控制公共部門的薪資，無法確保薪資和物價同步下降。

負債

我們是否應該預見這種變化？2002 年，奧利維爾·布蘭查爾和法蘭切斯科·賈瓦齊（Francesco Giavazzi，註 8）即指出，葡萄牙從 1990 年代直到 2000-2001 年經常帳戶赤字擴大（與經濟繁榮相關），主要是因為家庭的私人儲蓄減少，而非投資增加。簡言之，1990 年代葡萄牙的經濟繁榮更多源自於泡沫形成，而非經濟生產部門（économie productive）的發展。

貨幣聯盟導致正在追趕的國家出現了負的實質利率，而當銀行監管失效時，這些負利率就演變成了經濟泡沫。我們看到，1999 年後的薪資成長和購買力提升，只能透過南歐國家背負債務和出售資產及企業來實現。然而，要出售「皇冠上的珠寶」也是有限度的，尤其當外國持有的比例達到一定程度後，這些珠寶便會失去部分價值：如果外國持有大量的法國企業，相關的稅收或管制政策未必對這些企業有利（註 9），因此外國投資者也不願花高價購買剩下的資產。

負債同樣是有限度的，因為到了某時間點，外國投資者會開始懷疑這些國家或其銀行償還貸款的能力，於是要求更高的利息（即所謂的利差〔spreads〕，指相對於可靠借款人的額外利率），甚至乾脆拒絕借款。

除非有別的情況發生⋯⋯正如圖二所示，直到 2009 年，儘管國際投資者大都察覺到希臘的財政問題，希臘仍能以與德國相似的利率借款。換句話說，投資者預期歐洲層面制定的法規或標準不會被嚴格遵守，並且還押注歐元區其他國家會出手救助希臘，以保護他們免於希臘債務違約的風險。一般來講，投資者認為，如果南歐國家遇到困難，歐盟內部的團結力量會發揮作用。但這也有個限度。引發危機的導火線是希臘新政府在 2009 年 11 月揭發了前政府謊報財政赤字的事實，實際赤字是公布資料的兩倍，而且債務也超過國內生產毛額的 120%。

南歐國家的低利率導致了公私部門的大量欠債。這種債務是當前威脅

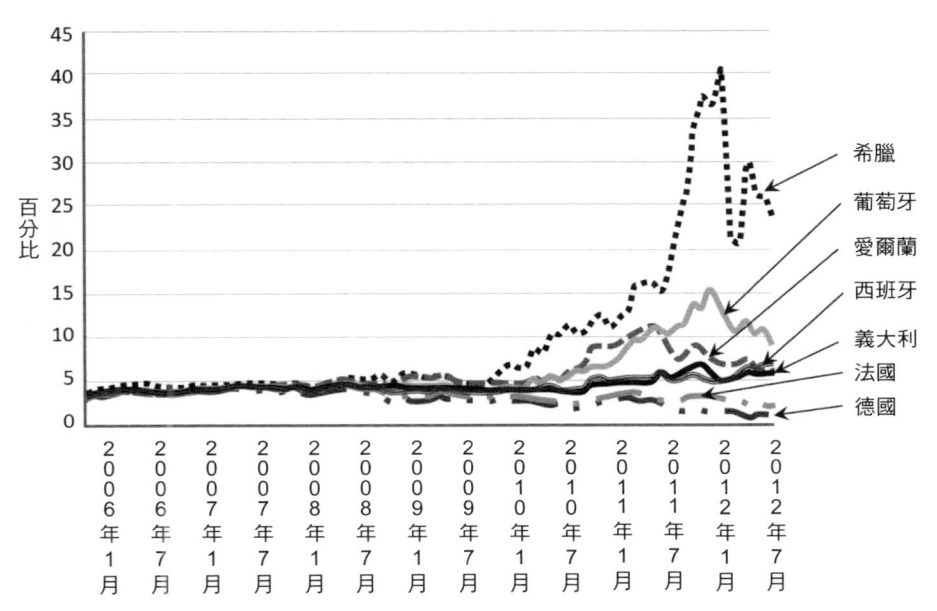

圖二 十年期國債收益率

（縱軸：百分比，0–45；橫軸：2006年1月至2012年7月）

曲線標示：希臘、葡萄牙、愛爾蘭、西班牙、義大利、法國、德國

資料來源：Niccolò Battistini, Marco Pagano, Saverio Simonelli, « Systemic Risk and Home Bias in the Euro Area », European Economy, avril 2013, Economic Papers 494. 數據取自 Datastream

到歐洲存續危機的根源。過度借貸的原因有時是因為公部門的過度開支或者不願徵稅（如希臘），有時則是因為金融業的問題（如西班牙和愛爾蘭）。例如，愛爾蘭的財政赤字在 2010 年突然從 12% 飆升至 32%，這正是因為該國必須撒錢救助銀行。

對房地產泡沫和風險承擔的消極態度，甚至助長

經濟學家卡門・萊因哈特（Carmen Reinhart）和肯尼斯・羅格夫（Kenneth Rogoff）在其經典著作《這次不一樣：800 年金融危機史》（*This Time Is Different: Eight Centuries of Financial Folly*〔註10〕）中指

出，歷史上的錯誤會重演，許多國家債務危機源於遭政府忽視甚至助長的泡沫（通常是房地產泡沫）。1999 年後，西班牙的借貸成本大幅下降，導致了由歐洲資本挹注的西班牙房地產泡沫，而這些資本本可用於幫助競爭力變弱的產業。結果，這些借來的錢沒能為未來做好準備，還拖累了銀行（特別是在地的「儲蓄銀行」〔Cajas〕），最終必須由西班牙政府出手搭救。西班牙的例子極具啟發意義（註 11）。大銀行基本維持健康，除了班基亞銀行（Bankia）以外，而該銀行不得不接受由政府挹注、占國內生產毛額 2% 的資本，政府因此成為其主要股東。而儲蓄銀行對房地產貸款的申請幾乎來者不拒，結果推高了房地產泡沫，最終陷入困境，被政府收購或是注資（註 12）。

我在第六章解釋過，聯邦和地方政府都決定不聽中央銀行的警告，贊成房地產泡沫的發展，只因這對政治有利就未出手抑制儲蓄銀行所承擔的風險。假設當時已經成立銀行聯盟，西班牙或許可以躲過災難。因為如今歐洲中央銀行已負責監督歐洲的銀行，會強迫西班牙銀行放慢在房地產領域的投資。類似的情況也發生在德國各處的地方銀行（Landesbanken），這些銀行與政界和在地關係緊密，為國家帶來嚴重的財政麻煩。

實際上，歐洲管制放鬆同樣影響了民營銀行和公家銀行，像富通銀行（Fortis）、比利時聯合銀行（KBC）、荷蘭國際集團（ING）、德國商業銀行（Commerzbank）以及英國和愛爾蘭的一些銀行都出現了問題。如果說歐洲危機有任何長處，或許是以下這一點：儘管許多政治家（不僅南歐國家如此，德國也希望在對地方銀行這種政治工具的監理上保留自由）的態度觀望，但歐洲確實需要建立銀行監理制度。政府的銀行監理機構預算有限，其監理團隊無法與大銀行的監理團隊互較高下，有時也可能對房地產泡沫等問題視而不見。這一切都支持歐洲建立一個統一銀行監理機構的必要性，而它在 2014 年終於成立了。

無論是因為公共開支過高或銀行監理都顯得過於寬鬆，結果正如圖三

圖三　歐元區的政府債務

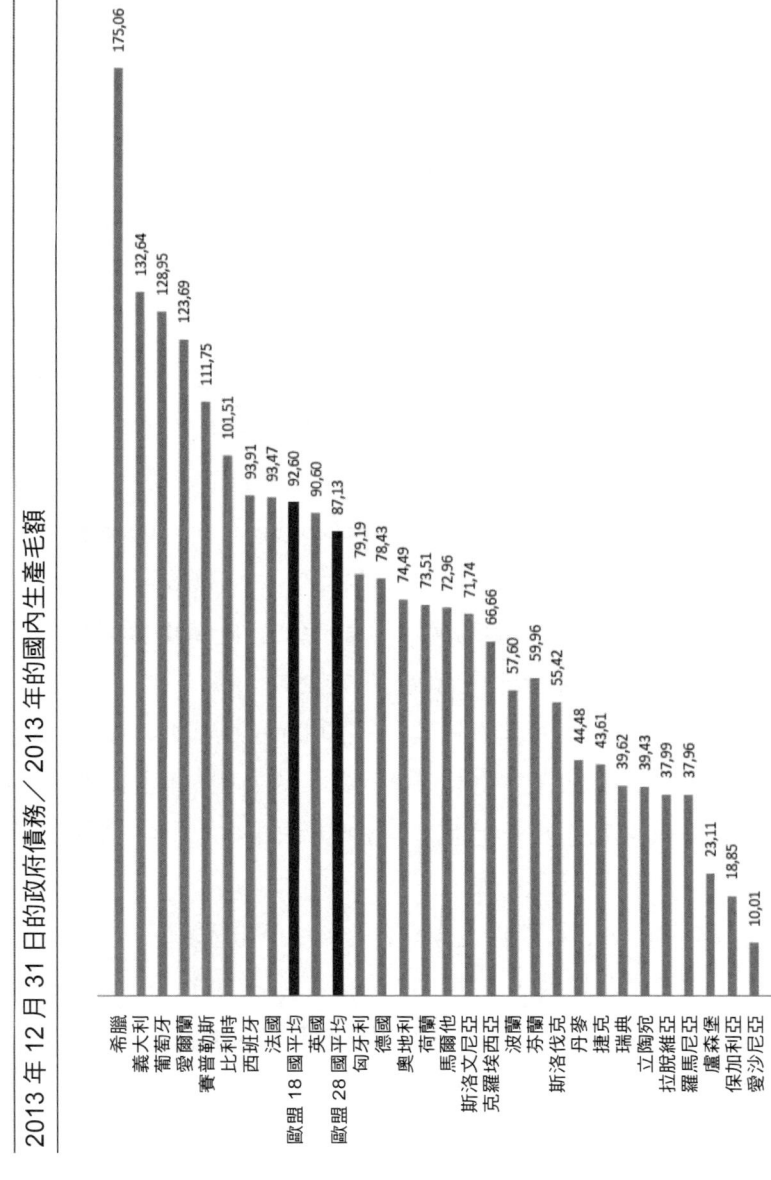

歐盟會員國的分類：政府債務在國內生產毛額中的占比
2013 年 12 月 31 日的政府債務／2013 年的國內生產毛額

國家	比率
希臘	175,06
義大利	132,64
葡萄牙	128,95
愛爾蘭	123,69
賽普勒斯	111,75
比利時	101,51
西班牙	93,91
法國	93,47
歐盟 18 國平均	92,60
英國	90,60
歐盟 28 國平均	87,13
匈牙利	79,19
德國	78,43
奧地利	74,49
荷蘭	73,51
馬爾他	72,96
斯洛文尼亞	71,74
克羅埃西亞	66,66
波蘭	57,60
芬蘭	59,96
斯洛伐克	55,42
丹麥	44,48
捷克	43,61
瑞典	39,62
立陶宛	39,43
拉脫維亞	37,99
羅馬尼亞	37,96
盧森堡	23,11
保加利亞	18,85
愛沙尼亞	10,01

資料出處：歐洲統計局（Eurostat）

所示,南歐國家的政府公債攀升至極高水準。

一道極其脆弱的防線

若說歐元區的架構讓人擔憂,也不能怪制定《馬斯垂克條約》(traité de Maastricht)的人沒能預見潛在的危險。他們已經看出,歐元區的某些國家可能會過度支出或對銀行監理不足,但只要市場預期歐盟國家之間將會互助,這些國家仍能順利進入金融市場。因此,《馬斯垂克條約》引入了幾項措施,其中包括:限制預算赤字(最初設定為占國內生產毛額的3%)、限制負債額度(占國內生產毛額的60%)以及「不得紓困條款」(clause de nonrenflouement)。共識很快形成:根據經濟週期調整這些要求,即在經濟衰退期間允許出現赤字,而在正常時期至少要求預算平衡。

《穩定與成長協定》(Pacte de stabilité et de croissance)也規定了多邊監督機制,以便在某個國家預算失控時,歐盟的經濟和財政部長可以向該國提出建議;當一個國家超過了設定的 3% GDP 赤字標準時,除非有特殊情況,即應啟動處理超額赤字的程序。如果該國未能採取有效行動,理事會理論上可以對其處以罰款,額度從該國國內生產毛額的 0.2% 到 0.5% 不等(這種政策本身也不夠可靠,因為對一個陷入財政困境的主權國家處以罰款可能並不合適)。這種方法在 2012 年 3 月的預算公約中獲得進一步改善(註 13)。

截至目前,《馬斯垂克條約》的方法並未成功。規定雖然嚴格卻執行不力,兩者結合構成了一種危險的組合(註 14)。實施過程中的困難主要表現幾個方面:無法適應個別國家的背景、債務的衡量過於複雜以及難以有效監視與執行。

「一體適用」的問題

雖從政治角度來看，由於擔心造成差別待遇，使限制一體適用的決定是可以理解的，然而情況並未因此變得簡單。衡量國家承受債務的上限並無固定標準，不存在「魔法數字」。甲國能承受的債務水準，乙國可能無法承受。例如，阿根廷的國債占國內生產毛額60%，便已陷入了嚴重困境，而日本的此一數字超過240%，但至今（尚）未引發信任危機。那麼，一國的公共債務要用什麼標準來看，才算仍可承受呢？

是否能負擔債務取決於多種因素。比方，如果符合以下條件，續背債務的可能性就比較大：一、經濟成長率高（稅收會增加，更容易償還債務）；二、債務是國內的。政府不願意對本國公民、銀行或中央銀行違約，尤其因為量化寬鬆（quantitative easing）政策，中央銀行手上持有大量國債；這就是為什麼截至2014年，儘管日本的債務估計已占國內生產毛額的240%，但因其中的90.6%由國內持有，因此至今並未引起太多擔憂（註15）；三、利率較低，債務的償還壓力較小；四、徵收和增加稅收的能力較強。例如像阿根廷和希臘這樣徵管稅收之基礎設施薄弱的國家，往往更容易因債務水準而面臨危機；美國增加稅收的空間比法國要大。

還有其他決定性的因素。他國如能提供援助，負債較容易承擔，2009年前的希臘情況就是如此；相反地，美國的金融市場認為聯邦政府不會對某個州或市政單位伸出援手，這就減少了這些地方政府的借款行為。國債發行的司法管轄地也發揮了作用；一般而言，國債的發行地是倫敦或紐約而不是哪個舉債國，則私人債權人會認為自己的權益較有保障，因此更願意把錢借出去。

此外，一個國家償還債務的意願也取決於違約成本，這也是決定借貸能力的因素之一。違約成本包括許多方面。例如，國家可能因為失去信譽

而難繼續借款（註16）（市場不再信任它）；新貸款國面臨法律風險（遭受損失的債權方可能要求新貸款國償還此前的債務）；海外資產可能會被沒收（如某個國營事業的飛機）；面臨貿易困難。

債務越高，問題越嚴重，出現經濟學家所說的「自我實踐恐慌」（paniques autoréalisatrices）的機率也越大。如果市場對某個國家的償付能力產生疑慮，他們就會要求更高的利率。這種利率的上升加重了償還債務的負擔，確實會使得償債能力下降，進一步「坐實」市場的預期（註17）。

總之，雖然大家都同意債務是否可以繼續負擔的跡象為何以及負債過重對國家有何危害，但最大負債上限卻很難準確斷定。

公共債務難以衡量

一國的公共債務只包括確定要償還的債務。讀者可能感到驚訝，退休金並不算在國家的債務中。這屬於「資產負債表外」（hors-bilan）項目，因為政府不一定要支付相應金額。換句話說，政府並沒有義務按照具體議定的金額支付，並且可以加以調整（不過真要如此，政府會三思而後行）。在法國，未計入公共債務的政府負擔占退休金90%以上（英國約為60%，荷蘭略少）。根據一項最近的研究（註18），經濟合作暨發展組織中的20個國家，未融資的退休金承諾高達78兆美元，而這筆債務還需加上這些國家官方正式統計的44兆美元債務。因此，這些數字是相當可觀的。

普遍而言，各國政府花費大量精力，將公共債務隱藏在目前尚未確定是否需要支付的負擔中，而審計部門則致力揭露這些巧妙的隱藏方式，包括對各種企業債務和公共或準公共系統的擔保、存款保障基金或資本不足的退休基金、透過歐洲各種機構（如歐洲央行、歐洲穩定機制〔mécanisme européen de stabilité，歐元區金融危機管理機構〕、再保險公司）向高風險國家提供貸款等。另一個令債務計算更形複雜的問題是，計算主要考慮負債，而不納進收入；這導致政府有動機出售資產，有時甚至低價出售收入來源，以換取現金或減少債務。

許多國家的潛在債務是與銀行風險密切相關的，例如美國、西班牙和愛爾蘭的案例。這種風險僅在特定情況下才可能爆發，因此被歸類為「表外」項目。實際上，政府面臨的帳面債務通常遠低於實際債務。假設存款保險不足以滿足存款人的需求，政府可能需要介入救助。在實際操作中，政府不僅會救助存款人，還可能會援助銀行的負債項目，比如中小企業的存款和銀行發行的債券。簡單來說，目前關於銀行改革的討論，一部分集中在什麼情況可以救，什麼情況不能救的問題上（註 19）。

此外，國家的主權債務和銀行的私人債務實際上是一個整體：如果銀行受到威脅，國家也會受到連累，反之亦然。然而，多年來，我們在評估歐元區國家的債務水準時，通常只關注國家的主權債務。

相互監督的可靠性

《馬斯垂特條約》設定管制防火牆，但這些機制並未真正落實。該條約要求對公共赤字和債務進行監控，並禁止救助成員國，但各方實際上都未遵守。參加「歐洲經濟暨財政事務理事會」（Conseil Ecofin）的歐洲各國財政部長未能對違反《穩定與成長協定》的行為施加處罰，法國和德國在 2003 年甚至規避這一協定。此外，歐盟對一些新加入歐元區國家的財政狀況採取寬鬆態度，如義大利。該國在加入歐元區前盡量降低債務，但一旦加入後便不再努力，結果 2011 年夏季利差飆升，導致總理西爾維奧·貝魯斯柯尼（Silvio Berlusconi）辭職下臺。

各成員國之間的相互監督和互相制約並不嚴格，這倒不令人驚訝，因

各國財政部長不願冒著激怒違規國家的風險提出申訴，尤其是這種申訴往往難以改變集體所做的決策。政治考量也發揮了作用，「歐洲建構」這一名正言順的目標往往成藉口，為某些可疑的會計操作或申請加入歐元區時的準備不足辯護。最後，每個國家都期待自己在遇到問題時能得到有用的回報。

至於不紓困原則，歐盟最終不得不打破自身規則，出手救援希臘；歐洲央行也是如此，它透過二級市場購買陷入困境之國家的公債，並接受品質較差的抵押品。在歐洲，不紓困的規則至今仍不具備公信力。因此，當面臨成員國迫在眉睫的違約局面時，歐洲國家過去和現在都表現出團結一致。而這種團結往往是出於對潛在後果的擔憂，包括經濟上的後果（貿易減少、制裁國子公司和銀行在違約國家的資產面臨風險、變數蔓延至其他國家），或者其他方面的後果（激起同情、危及歐洲一體建構、以及困境國家的擾亂能力）。

與美國比較

以身為另一個貨幣聯盟的美國（註 20）為例，歐巴馬總統在 2009 年拒絕出手拯救加州；最近，底特律市則需上法院解決其債務問題，說明無論是州政府還是市政府，都必須自行恢復財政平衡，不能指望聯邦政府相助。事實上，自 1840 年以來，美國就不再對各州或各市施行救助。或者更具體說，也有極少數地方政府破產後獲得聯邦政府救助，如 1975 年的紐約市，但這種救助並不是無條件的，伴隨而來的是聯邦政府對地方政府的嚴格管制。

1840 年之前情況並非如此。多個州在與英國打仗期間負債累累，瀕臨破產。從那時起，聯邦政府持續進行救助，時間長達 50 年。但隨後形成了一種政治共識，即反對救助並提倡更嚴格的財政紀律。如今，觀察家

都在關注波多黎各，因為該地區面臨巨大的麻煩，已接近無力償還債務的地步，而且非常窮困（使削減扶助赤貧市民預算的風險增加）。

民眾面臨的成本

過度負債國家的成本在其主權債務違約之前就已經開始顯現。償還債務的支出會占用本應挹注於其他用途的資源。此外，國家越來越難以實行「反景氣循環政策」（politique contracyclique，即在經濟衰退或銀行危機期間放寬預算限制），因為它必須向焦慮的市場證明其財政紀律，以便能夠重新獲得市場的融資。

借貸成本與違約行為密切相關。無論是家庭、企業還是國家，違約都會導致相關主體失去寶貴的自主權。債權人在貸款時要求能夠對未來債務施加約束，並在出現支付問題時干預財務管理。面對即將發生的主權違約，最具挑戰性的是如何說服公眾接受必要的經濟改革和緊縮措施，並確保這些改革和措施是切實有效的。因此，所要求的犧牲必須公正，優先保護最貧困的人群。此外，必須減少軍事開支、進行勞動力市場和退休制度改革，並加強稅收政策，同時對出口、教育和知識經濟等產業進行投資，以為未來做好準備。

最後，由於歐洲相關機構過於弱勢，無法為需要付出努力的國家創造重獲信任的條件，因此過程中尋求國際貨幣基金組織的協助有其必要。在此值得說明該組織的作用，因為世人有時會誤解其角色。簡單來說，國際貨幣基金組織是為財政困難的國家提供服務的機構。這些國家無法進入資本市場，或者只能以高得令人無法承受的利率借貸，引發陷入高額還款的惡性循環，導致國家債務沉重、利率上升，加劇償還負擔等。因此，該組織為這些國家提供流動資金，不過這並不是其主要角色，尤其因為它在這類國家中的投資通常需要償還，並不算真正的援助（註 21）。國際貨幣

基金組織會施加嚴格的管理條件,幫助這些國家恢復信用,使其能夠再次向國際投資者融資。儘管可以批評該組織所施加的某些條件,但其設立宗旨在於幫助申請援助的國家。更何況是否申請援助仍由這些國家自行決定。

回顧道德風險

前文已提過道德風險。一般來說,道德風險係指以下情況:某甲的行為影響某乙的福祉(或說對某乙施加外部性),而這種行為卻無法透過共同協議事先明確規定。在向外國借款的特定背景下,道德風險涉及一個國家所做的選擇,且這些選擇會降低其向外國債權人償還借款的可能性。我們首先想到的例子便是累積預算赤字及增加債務,選擇消費而非投資則是另一個常見的狀況。在投資選擇中,並非所有投資對債務的可負擔性都產生相同的影響。投資於可交易資產(或不可交易資產)的領域會增加(或減少)國家償還債務的能力;因為償還債務必須向國外出售商品,且不能過度仰賴進口。

部分國家,例如美國和加拿大,決定創立不紓困原則並嚴格遵守以便預防道德風險。這一點在 1840 年代美國聯邦政府拒絕提供援助時得以體現,導致八個聯邦州違約。到了二十世紀,儘管加拿大拒絕救助其省份,但並未因此引發破產。反之,阿根廷在 1980 年代末期出手救助負債的省份。10 年後,這些省份再次成為該國巨額債務主要的責任方,導致了 1998 年著名的金融危機以及 2002 年 1 月的主權違約。類似現象也發生在巴西,值得注意的是,德國聯邦政府自 1980 年代起持續援助某些聯邦州。比如,不來梅(Brême)和薩爾州(Sarre)都曾獲得救助,但這並沒有遏止隨後出現的預算失控,反而使問題更加惡化。這些聯邦州在德國過度負債中扮演了重要角色(註 22)。如此的放鬆管控部分導致了歐洲《穩

定與成長協定》的公信力下降，德國和法國都為了避免受罰而推動對該協定的改革。

第三節

希臘案例：雙方都苦

　　2015 年 7 月 5 日希臘公投結果為「否決」後的隔天，談判隨之緊鑼密鼓展開，執政者稍微感覺鬆了一口氣。希臘成功留在歐元區。他們接受「侵入性」（intrusives）的條件（或者根據不同觀點，只是條件更嚴格些罷了），但未能獲得債務重組。作為希臘主要出口收入來源的旅遊業為該國帶來了緩解，在遊客避開安全問題堪憂的北非和中東地區之後尤其如此。歐元區其餘的國家對希臘並未崩潰感到欣慰，並注意到阿萊克西斯·齊普拉斯（Alexis Tsipras）總理在公投後的轉變。公投後，他接受了比自己之前所反對的條件更為嚴格的協議，結果這一決策讓他在 2015 年 9 月提前舉辦的選舉中獲得了選民的支持。經歷五年的危機之後，各方都設法爭取時間，希臘政府需要安撫希臘民眾的情緒，以應對改革和緊縮措施帶來的不滿；而歐洲其他國家的領導人也需要處理本國民眾對希臘問題和歐盟政策的反應。因此，各國執政者的心思主要仍集中於短期問題上，對歐元區未來的視野則相對有限。

　　即便只針對希臘問題，也就是不考慮歐元區的整體形勢，意見仍然存在極大分歧。誠如紐約大學經濟學教授湯瑪斯·菲力彭（Thomas Philippon）所指出的：

　　每個人似乎都對希臘經濟及其巨額主權債務應採取的措施各有看法。但這些看法在本質上是隨意的，往往基於不完整或不一致的推理（註

23）。

　　部分支持「三巨頭」（Troika）（註24）的人沒能看到希臘改革的全貌（雖說這些改革猶豫不決且不完整），但希臘在2014年首次實現了正成長，工人的薪資也經歷了相當大的降幅，此外該國還進行了財政改革並縮減曾經膨脹到難以想像之公部門的規模（註25）。最重要的是，希臘的復甦不僅受到不良政策的阻礙，還受到所面臨之極端蕭條的影響。由於不確定希臘內需的情況，以及擔憂其政府未來可能為了公共利益而強制徵收私人財產，對希臘的投資明顯中斷。換句話說，投資者擔心自己的投資未來可能面臨如下風險：希臘政府出於償還巨額主權債務或繼續金援公共赤字的考慮而執行增稅或徵收的措施。其結果是，儘管該國政府對不利於創造就業的勞動市場制度進行了反思，但失業率仍然極高。由於擔憂勞動市場的改善是否得以持續，那些革新的辦法並無法發揮應有的效果。除了國際貨幣基金組織之外，還有一些人反對減輕希臘的債務。雖然之前實行債務重組，還款期限拉得很長，實際要從2022年才會開始執行，但目前該國甚至連微不足道的償還金額都難支付。

　　在反對「三巨頭」的陣營中，仍有部分人士不肯承認希臘已經獲得大量援助（註26）。他們在呼籲減輕債務時通常也忽視提出真正的改革建議的重要性。儘管已有許多改革方案，但大多只停留在紙面階段，未能實際執行。在稅務方面，儘管有人揭露富人享有特權，以及受雇員工（無法逃稅）與自雇人士（納稅較少）間存在不公平現象，卻幾乎沒有採取改善措施。在開放產品市場方面，除了一些象徵性的做法（例如放寬藥房營業時間）外，幾乎拿不出實質的措施，而這一領域仍有促進經濟成長的空間。同樣，儘管政府行政在管理方面已有進步，不過依然是阻礙民間部門經營的絆腳石。拿到國際上做比較，希臘在執行契約的司法效率上或在經商的便利上排名依然在後。希臘在某些產業（如公共交通）上暫停集體協議，而鼓勵在企業層面而非產業層面進行集體談判（négociations collectives）的法案也有進展，一般認為這是有意義的改革，只是這種改革有可能取消。一般來說，希臘的政黨輪替頻繁，執政黨經常推翻前任政府的政策，這很不利於國家的發展。國會剛剛通過退休金的改革方案，尚待實施。

反對「三巨頭」的陣營也拒絕承認，在一定程度上整頓政府財政（或稱「撙節政策」，看你愛怎麼說）是不可避免的。正如國際貨幣基金組織2007 至 2015 年的首席經濟學家奧利維爾·布蘭查爾所指出：

早在 2010 年實施救助計畫之前，希臘的債務就已達到 3,000 億歐元，相當於國內生產毛額的 130%，其赤字為 360 億歐元，相當於國內生產毛額的 15.5%，且債務每年成長 12%，顯然難以繼續背負下去。如果放任希臘自生自滅，它根本無法繼續借到錢。該國的年度融資需求為國內生產毛額的 20-25%，因此必須以同等比例削減預算赤字。即便希臘完全違約，鑒於其初級赤字（déficit primaire，即扣掉利息支出的赤字）已超過國內生產毛額的 10%，它也必須在一夕之間削減 10% 的預算赤字。如此調整會比救助計畫所要求的更加痛苦，社會代價也會更大。救助計畫至少給了希臘 5 年的時間來實現初級餘額（solde primaire）平衡（註 27）。

此外，反對「三巨頭」的陣營在呼籲取消希臘債務並建議推出類似布萊迪債券（obligations Brady，註 28）的東西時，忽視了歐元區國家與拉美國家的情況不同。拉美國家的債權人是商業銀行，銀行可以在債務重組後與債務國撇清關係，而歐元區國家的福祉都與希臘息息相關，希臘債務重組並不意味前者可以擺脫與希臘的財政連結。雖然我認為希臘的債務過高，阻礙國家未來的發展，但若單純勾銷債務，問題會比表面上看起來更要複雜。

無贏家的對抗

　　人們感到擔憂並非沒有充分理由。首先是經濟表現。對希臘的投資在短期內不太可能恢復。主要由於不良企業貸款加上抵押貸款，以及持有國家債務，銀行資產負擔過於沉重，因此銀行需要增加資本；這樣的資本結構重新調整在 2015 年秋季已經發生。

　　此外，採取強硬措施並不一定有效。儘管希臘私有化的要求是合理的，但管理公共資產的責任不能交給那些在政治或經濟體系中占有權力和地位的特定群體，應該尋求更專業和透明的管理方式，以確保公共資產得到合理的利用。儘管在理論上，低價出售資產可能看似有利快速解決問題，但實際上，這種做法幫不了希臘政府，間接也幫不了其債權人。國內買家非常少，國外買家則開出低價，因為他們合理擔心政府未來的政策可能為了滿足當地的利益團體或籌集資金而強制徵收他們一部分的投資。這裡同樣因看不到長遠的未來而造成嚴重的後果。

　　第二個擔憂是歐洲內部的關係。歐盟創始人的初衷本在促進各國和平，怎料各國人民關係卻在惡化。雖然 Pigs（歐豬各國〔註 29〕）這一侮辱性的縮寫已經消失（因葡萄牙、愛爾蘭、義大利和西班牙的情況有所改善），但對於各國人民的舊偏見，尤其是對德國人和希臘人的刻板印象卻在復甦。反歐盟的民粹主義者，尤其是右派，正逐漸贏得更多選票。

　　總之，威脅往往是達成協議的催化劑，逼使各方在不得已的情況下妥協。最近的一次是在 2015 年 7 月，雙方進行了一場賽局。一方面，希臘退出歐元區（Grexit，即「希臘脫歐」）威脅著歐洲，可能引發巴爾幹地區大規模的地緣政治動盪，以及拒絕償還債務（雖然這種情況某程度上不可避免，但與希臘有關的各國政府為了國內選舉更傾向於擱置問題）。同時，由歐盟提供必要支援和約束措施，幫助希臘克服經濟危機，同時維護歐元區穩定，此舉短期內被視為「勝利」，其背後動機在於向歐洲的民粹

主義運動傳遞一個訊息：天下沒有白吃的午餐，並指出希臘脫歐將在人道和經濟上危害希臘公民。希臘人明白，如果回到貶值的德拉克馬，他們將面臨極為複雜的法律問題（雖然這本身並不代表天要塌下來了），還需平衡預算、承受制裁、短期之內經歷生產下降、面對不平等加劇，甚至可能在強大民粹主義政黨的壓力下失去一些歐盟法（註30）。

兩個極端情境：希臘退出歐元區與「三巨頭」進駐雅典

媒體廣泛討論希臘退出歐元區甚至歐盟的可能性。希臘財政部長本人曾在 2015 年 7 月公投前夕設計了一份退出歐元區的計畫，而德國財政部長則提出暫時退出歐元區的可能性。

希臘退出歐元區的好處在於能迅速恢復競爭力。隨之而來的貨幣（重新啟用德拉克馬）貶值將使希臘的商品和服務變得非常便宜，反之，進口商品將變得極為昂貴。這將重新帶動經濟活動，並且促進就業。然而，正如我提到的，這樣退出對希臘公民而言，代價可能極高，遠不止購買力下降而已。首先，這將導致希臘政府和銀行違約，因為他們將很難用貶值後的德拉克馬來償還以歐元計價的債務。政府將不得不仿效阿根廷在 2001 年的做法，將銀行的債務（以及資產）和其他契約改以本國貨幣計價（在阿根廷的案例中稱為「比索化」〔pesification〕）。但這不過是另一種形式的違約，無法避免國際制裁，也會進一步損害國家的聲譽。希臘將無法再從國外借款，並不得不立即實現預算平衡，引發一次劇烈的調整。此外，希臘將失去每年從歐洲獲得的 50 億歐元資金。自 1981 年加入歐盟以來，希臘始終是歐洲資金主要的受益國之一。若希臘不償還債務，近年來成為其主要債權人的歐洲則有權停止來自結構基金（fonds structurels）的補貼。最後，希臘已然極嚴重的不平等現象將進一步加劇。將資金轉移到

國外的希臘人將因德拉克馬的貶值而變得更富有，而普通公民的購買力則將再次大幅下降。

關於希臘退出歐元區對歐洲其他國家可能的影響，意見分歧。與 2011 年希臘首次獲救助時不同，如今歐洲銀行幾乎不再大量持有希臘資產。如果希臘違約，德國和（尤其是）法國的銀行將不會蒙受重大損失。關於希臘退出歐元區對其他國家的影響，主要有兩種觀點：一種認為金融市場會恐慌，因為退出歐元區將不再是禁忌；另一種更值得注意的說法是，市場會意識到，歐洲不再擔保成員國的債務。事實上，歐洲在 2011 年就要求希臘的私人債權人承擔部分債務損失（註 31）。這是歐洲採取的一個重要舉措，意味不會全額承擔希臘的債務，要開始讓私人投資者分擔風險。此外，2013 年歐洲也對賽浦路斯的未投保存款人採取類似的措施。另一種觀點認為，儘管希臘退出歐元區代價高昂，但這會削弱南歐其他國家的民粹主義，因為這些國家的民粹勢力正利用反歐元的情緒自我壯大。此外，對希臘的強硬談判態度也有益於那些已付出努力或者未能像希臘那樣獲得資金救助的國家（如西班牙、葡萄牙、愛爾蘭和東歐國家）；值得一提的是，這些國家在希臘問題上與德國站在同一戰線，主張強硬立場。

希臘退出歐元區是一個冒險的選擇，但維持當前政策同樣存在風險。爭取時間的策略可以理解，但為避免更嚴重的後果，決策者需將目光放遠，考慮歐元區的未來。不論對目前形勢的看法如何，至少應該在一些基本問題上達成共識。

一、「三巨頭」（歐盟、歐洲央行和國際貨幣基金組織）不可能在長達 30 年間繼續管理希臘。儘管希臘的債務高達其國內生產毛額的 180%，且大部分為外資持有，這對財政能力有限的國家來說是個巨大負擔。但希臘的債務期限較長（約是其他主權債務的兩倍），且由於 2010 年和 2012 年的債務重組，利率相對較低。希臘的還款壓力將從 2022 年開

始大幅增加，並將持續許多年。我們能否接受「三巨頭」如此長時間的運作？希臘的公投結果及民眾的不滿已經表明這種安排有其局限。在其他國家，國際貨幣基金組織通常是在面臨困境的國家請求下，提供短期援助，幫助恢復其信譽並解決短期資金流動問題。民主制度要求該組織的干預必須是暫時性的。

二、除非有長遠的明確前景，否則對希臘的投資及其就業情況均難恢復。

三、即便改革的具體辦法難在協議中明確規定，但是總比緊縮政策更好。

四、債務減免可能勢在必行，但那只能爭取時間，且未來可能再度引發類似請求。

五、團結與責任相輔相成，歐洲需要加強這兩者。

六、團結是種政治決策；歐洲央行在某國經濟衰退或遭遇衰退風險時，提供反景氣循環性的流動資金並在特定情況下防止危機蔓延，以履行職責。然而，困難國家面臨嚴峻的經濟挑戰時，國家內部的團結應優先於依賴外部援助，不能因為從非民選機構獲得支持比從議會更加容易，就迫使央行長期支持此類國家。這種做法可能會損及歐洲央行至關重要的獨立性。

七、歐洲央行藉著挹注流動資金為歐元區爭取時間和機會來擺脫困境，但歐洲央行無法解決所有問題，各國必須雙管齊下，個別且集體地利用從歐洲央行爭取來的時效以調整自身制度。

第四節

歐洲今後的抉擇

　　歐盟創始人曾懷抱一個長期願景，以應對第二次世界大戰後可能爆發的危險，並且成功動員了足夠的政治支持來建設歐洲；如今，我們再次需要這樣的長期願景。簡單來說，管理歐元區有兩種策略：當前的策略依賴改善《馬斯垂特條約》，但沒有設立例如共同的預算或共同的存款保險、共同的失業保險等自動機制，以便穩住陷入困境的經濟；這意味風險的分擔非常有限。

　　第二種更具雄圖的解決方案，是建立代表更大程度的風險分擔的聯邦體制。銀行聯盟（union bancaire）是聯邦體制的雛形。如果它能伴隨歐洲的存款保險，保障小儲戶在受中央監督之歐洲銀行中的存款，這將是邁向風險共攤的重要一步，同時降低成員國的道德風險（因為它們不必再監督自己國內的銀行）。雖然對此各方看法不一，但可以說，執行得當的銀行聯盟將改變遊戲規則。當然，歐洲銀行監理體系仍處於起步階段，必須證明其獨立性，不會受成員國和銀行業的牽制。此外，銀行監理的某些特點，特別是其在政治和媒體上的低曝光度，都有助於各國在創建銀行聯盟的過程中放棄自我中心的立場，但在其他推動聯邦體制的行動中可能就看不到這種優點。因此，無法確定民眾是否會同樣輕鬆接受邁向歐洲聯邦國家的下一步做法。

　　我想知道歐洲人及其執政者是否充分意識到要讓任何一種方法生效所需的條件。我們不能一方面堅持主權，另一方面卻要求更大程度的風險共擔。這正是問題的核心。

《馬斯垂特條約》改善後的選擇

　　《馬斯垂特條約》的政策只在公共債務和赤字管制上違背成員國的主權。它在理論上排除了救助措施。然而，在實際操作中，當某個成員國面臨困難時，歐洲會表現團結。然而，這種事後相挺必然是有限的（實際上，所有關於誰會在德國財政刺激中受益或受損的討論，已經顯示事後團結有其局限）。正如我在最近的一篇文章中提到的（註32），那些經濟穩健的國家對於為高風險國家提供更多保障（比如共同承擔貸款）的興趣不大，因為後者無法在不增加更多債務的情況下補償前者所承擔的風險。這裡所說的「興趣不大」，並不僅僅出於經濟利益的考量：即使那些財政穩健的國家心存同情，擔憂地緣政治的後果，甚至擔心某個成員國會違約，它們依然傾向於在問題發生後再來處理，而不是在問題發生之前就承諾一定要出手相助，因為這樣會限制它們未來的行動自由。《馬斯垂特條約》的致命弱點在於對財政赤字的控制。這一控制機制雖然複雜，但因為政治階層缺乏在問題惡化前採取防範措施的意願，導致其效力降低。雖然引入要求對預算政策進行外部審查、名為「二項計畫」（Two-Pack）的改革措施後已取得了一定進展，但其有效與否仍待檢驗，畢竟如果某個國家不遵守規定，歐洲並沒有強制執行的權力。

　　既然政治程序幾乎不可能產生預期的結果，《馬斯垂特條約》似乎需要建立一個高度專業的獨立預算委員會，主要關注赤字本身的存在和影響，而不是討論具體降低赤字（如削減支出與增加稅收）或支出和收入的組成。近期的一項創新是在成員國之間引入獨立的預算委員會（德國和瑞典等國早有這樣的機構）。專家獨立進行評估（註33）可以指出異常情況，所以是有益的；例如，大多數政府在預算中常態性地援用樂觀的經濟成長預測，以膨脹稅收估計，避免（過度）凸顯赤字。有時，獨立預算委員會的職能更廣泛，例如瑞典的預算委員會，包括評量政府政策的結果及

其可行性（註 34）。

與 2011 年強加給成員國的國家委員會（conseils nationaux）不同，這個預算委員會應該是歐洲層面的（關鍵在於它和各成員國之間的「委託代理」關係），能夠立即採取糾正措施。此外，若某個國家已經面臨財務困難，實施金融制裁並不是一個好辦法，需要考慮其他的解決方案。然而，這些措施可能會引發合法與否以及損害主權的擔憂，因為國家可能不願意放棄部分決策權給這個歐洲的預算委員會。當前越來越強的主權主義趨勢顯然不利於《馬斯垂特條約》的改善。

總結一下，儘管在 2011 年引入獨立預算委員會是一個值得關注的進展，但不應對其寄予過高期望。令人遺憾的是，這些委員會的成員通常來自各自的國家，而他們的任務本質上卻是歐洲層面的。此外，這些預算委員會並沒有解決一個核心問題：如果某一國家無視警告，應該怎麼辦？而這種情況並非純粹理論上的問題。

聯邦體制，更完整的風險分擔

從歷史上看，許多國家，比如十八世紀末的美國，在面對其組成部分的經濟困境時，提升聯邦政府的舉債能力，並在其組成部分之間建立系統性的資金轉移機制。聯邦體制不可避免意味比當前歐洲體制更大規模的風險分擔。深入的整合將使歐洲各國共同負責彼此的債務，其具體表現在於由歐元區國家共同發行「歐元債券」，且由各國共同承擔償還責任：如果某一國違約，其他國家將共同承擔其債務。除此之外，共同預算、存款保險和失業保險也將成為「自動穩定器」，為暫時陷入困境的國家提供更多保護。例如，所得稅（特別因其累進稅率的特性）會在富裕地區與貧困地區之間進行大規模資金轉移。

關於透過共同預算和保險來分擔風險的重要性，人們各有不同看法。

在聯邦制國家（如美國）中，這種穩定效果似乎有限，並且不如金融市場所產生的穩定作用那麼顯著，也就是說，個人和企業如能將投資組合分散至本州之外，所獲得的風險緩解將更大（註35）。不過，這種風險分擔的機制無論來源如何，可能促使「不予紓困」的政策更加可以信賴。要知道，美國聯邦政府自1840年代以來未救助過任何州，這是因為穩定機制的存在使各州無法再為自己的表現欠佳找藉口。

聯邦制的前提要件

要實現聯邦體制，需滿足兩個先決條件。第一，任何保險契約必須要在「無知之幕」的情況下簽訂。比如，如果我的房子已經著火，你不會願意和我簽訂住房保險的契約。因此，關於風險高度分擔的想法，歐洲北部國家可能無法接受。當前北歐和南歐國家之間的差異，可能需要透過鑑別並剔除歷史沉積的問題，提出適當的解決方案。這確實是一個棘手的問題，但並非無法解決。舉例來說，設立一個歐洲存款保險制度，有困難的銀行過去的損失，可以透過各成員國負責的不良資產管理機構（structures de défaisance）來應對。

第二，更加關鍵的是，處於同一體系中的國家需要共同的法律來限制道德風險。這些共同的規則應該涵蓋那些一旦管理不善便會請求援助的領域。如前所述，銀行業的監理不應該由各國自行處理，因為銀行業和政府可能對管制機構施加過多影響。更複雜的問題則在於設立一個共同的失業保險制度。歐元區國家的失業率不僅受經濟週期的影響（假設失業率僅受經濟週期影響，則設立保險機制可能合情合理），還取決於各國在就業保障、勞動市場政策積極程度、社會保險費用分攤、職業訓練機構、集體談判，以及對特定職業或行業的保護措施等方面的選擇。顯然，失業率為5%的國家不會願意與失業率高達20%的國家共同承擔保險責任。同樣的

情況也可能適用於退休金和司法體系等方面。然而，即使在自稱為聯邦主義者的歐洲人中，仍有許多人反對放棄更多的國家主權。

創建聯邦體制不能僅僅依靠創建一個政治歐洲。首先，必須就一套共同的法律基礎達成協議。這種情況曾在建構歐洲的初期階段出現過，只不過當時的規模較小，隨後逐漸形成所謂的「歐盟法」。在政治上經歷過改革痛苦的國家可能會擔心自己獲得的成果前功盡棄。普遍看來，每個成員國都可能擔心，政治歐洲的契約不完全會導致最終結果與其期望偏離。所有人必須在走上聯邦體制的道路前充分理解其後果。

團結有其局限

聯邦制有時不僅是同一聯邦地區之間的保險契約。換句話說，地區之間的資金或資源轉移可能是結構性的，而非偶發性的。在美國，如加利福尼亞和紐約等富裕的州會盡力且系統地補貼如阿拉巴馬或路易斯安那等貧困的州；在過去 20 年裡，新墨西哥州、密西西比州和西維吉尼亞州平均每年獲得的轉移資金占其生產總值超過 10%（註 36）；更不用說波多黎各目前有 30% 的生產總值來自美國其他地區的支援。德國在各聯邦州之間進行可觀且可預期的資金轉移，各州的人均資源幾乎相同。義大利北部向南部、英格蘭南部向北部、加泰隆尼亞向西班牙其他地區，以及如今弗拉芒大區（Flandre）向瓦隆大區（Wallonie）的資金流動都是類似的（曾幾何時，資金流動是反向從瓦隆大區流到弗拉芒大區）。

歸根結底，這一切都取決於富裕地區是否願意資助貧困地區。我們對這種意願的決定因素尚不十分清楚。顯然，共同的語言和民族情感有助於形成這種單向的轉移，例如德國和義大利。可以說，加泰隆尼亞和弗拉芒地區高漲的分離主義運動正是與文化和語言的差異有關。更普遍的觀察是，福利國家通常在同質化社區中比在異質化社區中更易推行（註

37）。如果地域層面有此現象，那麼國家及國際層面可能亦復如此。無論好壞與否，民眾在面對文化、語言、宗教或種族與自己更接近的受益者時，對重分配的接受度會更高。

那麼，現在該怎麼辦？

很難預見歐洲將走哪一條路線來解決其問題，也許會著手改善《馬斯垂特條約》，伴隨一些特定的但必然有限的整合形式（例如銀行聯盟）。然而，若我們歐洲人希望在同一屋簷下生活，必須接受失去一些主權的想法。為了在目前主權主義盛行的時代實現這一目標，我們必須重振歐洲理想，並圍繞這一理想團結一致，但這不是一件容易的事。

註 1　參見：Barry Eichengreen, « Is Europe an Optimal Currency Area? », *National Bureau of Economic Research*, 1991, Working Paper n° 3579.

註 2　參見：l'article de Luigi Guiso, Paola Sapienza, Luigi Zingales, « Monnet's Error », *Economic Policy*, 2015.

註 3　法國的負債情況依然比較接近北歐國家的水準。

註 4　參見：Christian Thimann, « The Microeconomic Dimensions of the Eurozone Crisis and Why European Politics Cannot Solve Them », *Journal of Economic Perspectives*, 2015, n° 3, p. 141-164.

註 5　關於法國的情況請參見本書第九章。

註 6　我這裡只討論南歐國家的調整方案。如果只考慮歐洲內部的貿易，我們也可以想像德國物價和薪資上漲，以替代南歐地區物價和薪資下降。

註 7　參見：Jeremy Bulow et Ken Rogoff, « The Modern Greek », *Vox EU*, 10 juin 2015。文中提到，希臘的國內生產毛額與德國相比，從 1995 年的 41% 上升到 2009 年的 71%，然後在 2014 年又降回 47%。

註 8　參見：Olivier Blanchard, Francesco Giavazzi, « Current Account Deficits In the Euro Area. The End of the Feldstein-Horioka Puzzle? », *Brookings Papers on Economic Activity*, 2002, vol. 2, p. 147-209.

註 9　公共政策對金融資產所有權的反應具有內生性（endogénéité），這是經濟學理論中的一個經典主題。例如，主張資本化退休金制度的常見論點是：它讓普通民眾（而不僅是富裕階層）透過退休基金的持股成為企業的所有者，為有利於投資的政策創造民眾支持。在國際金融的背景下，關於投資者對投資標的國之偏好所帶來的好處（但會犧牲該國國內儲蓄的國際多樣化），或可參考拙文《Inefficient Foreign Borrowing. A Dual-and CommonAgency Perspective》, *American Economic Review*, 2003, vol. 93, n° 5, p. 1678-1702.

註 10　參見：Carmen Reinhart, Kenneth Rogoff, Cette fois, c'est différent. Huit siècles de folie financière, Paris, Pearson, 2010. Version originale, *This Time is Different. Eight Centuries of Financial Folly*, Princeton, Princeton University Press 2009.

註 11　關於這點，請參考國際貨幣基金組織的報告《Évaluation de la stabilité financière》, FMI, juin 2012.

註 12　另一個問題是：該銀行隨後籌集了資金，包括優先股（actions privilégiées，這是一種債務形式，其定期利息支付〔coupons〕可以在未分紅的情況下暫停，能為借款方提供了靈活性）和次級債務。這些資金是從新的機構那裡得到的，而這些機構又從西班牙的投資者那裡籌集了資金，而後者往往也是存款人。因此，這使得未來要讓民間部門參與救助的做法在政治上變得難以操作。

註 13　這一方案透過幾種方式予以補強：設定 0.50% 的最大赤字（結構性赤字，即經過經濟週期調整後的赤字）；儘管制裁是自動實施的，但取消需要經過正式的投票程序，這有助於防止隨意取消制裁，並確保該決定經過充分的審議和同意；交由歐洲法院（Cour européenne）執行決策。

註 14　除了以下提到的情況外，歐洲當時未做好準備，也沒有任何保護措施；不過，情況已經有所改善。

註 15　2015 年 11 月，儘管日本的債務已達國內生產毛額 240% 的高水準，其 30 年期國債的利率卻僅為 1.36%！

註 16　如想了解有關信譽和制裁作用的有趣比較，可以參考：Jeremy Bulow, Ken Rogoff, « Why Sovereigns Repay Debts to External Contributors and Why it Matters », *Vox EU*, 10 juin 2015.

註 17　參見：Guillermo Calvo, « Servicing the Public Debt. The Role of Expectations », *American Economic Review*, 1988, vol. 78, n° 4, p. 647-661.

註 18　參見：Citi Global Perspectives & Solutions, « The Coming Pensions Crisis », 2016.

註 19　最近歐洲進行了一些試驗，嘗試擴大不可救助之負債的範圍，不僅限於股票，還包括次級債務、SNS Reaal 銀行的混合證券以及賽浦路斯的大額存款（理論上

是未加投保的）。

註 20　美國與歐洲不同，是個聯邦國家。我將在本章末尾再來討論這點。

註 21　確實，私貸者願意以市場利率向國家提供貸款，前提是他們相信最終會獲得償還。除非國際貨幣基金組織願意承擔未能償還的風險，否則其貸款條件與市場貸款的條件會有所不同。

註 22　參見：Michael Bordo, Lars Jonung, Agnieszka Markiewicz, « A Fiscal Union for the Euro: Some Lessons from History », *CESifo Economic Studies*, 2013, ift001.

註 23　參見：Thomas Philippon, « L'état de l'union monétaire », août 2015.

註 24　「三巨頭」成立於 2010 年，係由國際貨幣基金組織、歐洲中央銀行和歐盟執委會組成，旨在落實對希臘的救助計畫，後來也針對愛爾蘭、葡萄牙和賽普勒斯。

註 25　根據歐盟執委會的一份報告，2014 年初的失業率為 25%。

註 26　參見：Jeremy Bulow, Ken Rogoff, « The Modern Greek Tragedy », *Vox EU*, 10 juin 2015. 確實，第一次紓困部分讓持有大量希臘債務的法國和德國銀行受惠；但給這些銀行的錢實際上等於代繳了希臘原本應該支付的款項。

註 27　參見：« Grèce: bilan des critiques et perspectives d'avenir », blog imf-Direct, 9 juillet.

註 28　在 1980 年代末期，拉丁美洲一些負債過重國家的銀行債權人拿到大幅折扣的可交易債券。由於這些債券具有流動性，債權人藉由出售債券將債務從帳面上剔除，因此得以順利脫身。

註 29　實際上應拚寫成 Piigs: Portugal, Irland, Italy, Greece 和 Spain。

註 30　「歐盟法」指的是適用於歐盟國家的所有法律。普遍認為，這些法律幫助保護各國政府，以抵禦國內強大的遊說團體，因此對加入歐盟的國家是有利的（可以比較波蘭和烏克蘭截然不同的發展軌跡，後者即使在最近的危機發生之前也是如此。）

註 31　要求私人債權人將其持有的希臘政府債務的到期日延長，降低利率，並將債務的面額至少削減 50%。

註 32　參見：Jean Tirole, « Country Solidarity in Sovereign Crises », *American Economic Review*, 2015, vol. 105, n° 8, p. 2333-2363.

註 33　委員會成員應該具備公認的專業能力和經驗，且其任命需經歐盟確認。該委員會需向歐盟和歐洲法院負責。

註 34　在法國，「財政高等委員會」（Haut Conseil des finances）由四名審計法院的法官和四名其他專家（包括總體經濟和財政學領域）組成，成員在五年內不可被辭退。該委員會的任務包括：一、驗證經濟成長預測；二、對財政法案和恢復財政平衡的計畫提出意見；三、必要時在年度內要求採取改正措施。

註 35　另一方面,歐洲之所以無法像其他聯邦那樣,是因為在危機時期,金融市場的分裂導致風險無法透過該市場進行有效分擔。
註 36　參見：*The Economist*
註 37　參見：Alberto Alesina, Ed Glaeser, Fighting Poverty in the US and Europe. A World of Difference, Oxford, Oxford University Press, 2004.

第十一章
金融的功用何在？

很少有經濟話題能像金融一樣觸發如此多的情緒。自 2008 年金融危機以來，撻伐金融的人數大幅增加，而支持它的人則保持低調。大家都同意，金融在所有已開發國家中仍然是一股重要的經濟力量。但這到底是好事還是壞事呢？要討論這個問題，我們需要了解金融的原理、功用、問題和監理措施。經濟學家的角色在於幫助彌補市場失靈。因此，在強調金融對社會組織的重要性之後，我將擇要探討金融可能帶來的問題，以及國家如何應對這些問題。接著，在下一章中，我將分析金融危機及其之後世界的新狀態。

第一節
金融的功用何在？

首先，有個事實顯而易見：金融對經濟不可或缺。如果金融並非必需，那麼只需加以禁止，就可避免危機以及對金融體系的救助。當然，沒有哪個國家選擇這種做法。簡單來說，金融對借款人有兩個主要功能：一是為企業（從新創公司到巴黎券商公會指數中的大公司）、家庭和國家提供資金或協助融資；二是為其提供解決方案，以避免可能使其陷入困境的風險。與此同時，金融系統還為上述各類行為者提供儲蓄產品。

金融主要為資訊不足的儲戶（就像你我）和借款人提供仲介服務。直到不久前，銀行的核心業務還是接受家庭儲蓄，並將其用來供應貸款，而這些貸款可以幫助其他家庭購買房產或耐用消費品，或者幫助中小企業融資以促進成長，甚至度過難關。傳統上，家庭和中小企業只能從銀行借款，而大企業則通常可以透過自我融資（autofinancement，譯註1），或是發行債券在債券市場上籌集資金。金融將家戶的錢導向最具發展潛力的企業，也就是選擇應當獲得貸款的企業，在資金的分配和重分配中發揮關鍵作用，使資金流向那些最能有效加以利用的企業。因此，金融是經濟成長的一個重要因素。

　　同時，銀行也在從事期限轉換（transformation de maturité，譯註2）和創造流動性（création de liquidité，譯註3）的業務，通常是短期借入而長期貸出。銀行存款通常可以隨時提取，或存款期限相對較短，但借出的資金常是長期貸款，比如房屋貸款或企業貸款，可能需要數年或數十年才能償還完畢。這種機制可能會讓銀行變得脆弱，因為如果所有存戶同時要求取回存款，而銀行尚未從其放出的款項中收回相應的資金，那麼它就必須藉由吸引新存戶或轉售債權（如房貸或企業貸款）來籌集現金，以履行其提供存款流動性的承諾。

　　金融還為企業、家庭和政府提供保險產品。正如保險公司提供我們車禍、房屋火災、職業失能或身故等風險的保險，銀行、保險公司和再保險公司也能協助企業防範可能影響其成長甚至存亡的事件。例如，空中巴士公司（Airbus）的收入主要以美元結算，而部分支出以歐元結算，因此若美元貶值，業務可能會受到影響。為此，該公司可利用外匯交換（swap

---

譯註1　指的是企業或個人透過自身的利潤或儲蓄來資助其專案或業務擴展，而不是依賴如銀行貸款的外部資金來源或是發行債券。
譯註2　獲得短期資金後將其投資於長期資產。
譯註3　指將資產迅速轉換為現金的能力。

de taux de change,〔註1〕）等金融工具，以對沖美元與歐元匯率波動的風險。

　　銀行經常受到利率波動的影響。如前所述，銀行通常是短期借入資金，但是長期放貸；當市場利率上升時，銀行的借款成本會立刻增加，但其收入大部分卻是固定的（因為貸款給企業和家庭時通常會設定不隨市場利率變化的固定利率）。為了應對這種風險，銀行可以使用一種叫做「利率交換」（swap de taux d'intérêt）的工具來自我保護。再舉個例子，如果某個重要的客戶或供應商遇到財務困難，可能會使公司陷入困境；這時，公司也可以利用「信用違約交換」（credit default swap，簡稱 CDS）來自我保護，萬一客戶或供應商違約，銀行還是可以獲得一定的收入。一般而言，許多衍生產品（其價值取決於匯率、利率或企業破產等其他變數的起伏）為經濟活動提供了多種風險對沖的機會。因此，這類產品對社會是有益的。

　　今天，銀行和其他金融仲介的業務比以往更加多樣和複雜。雖然金融仲介的破產始終會令社會損失不貲，但自 2008 年金融危機以來，整個金融體系受到了特別的關注。那麼，到底發生了什麼呢？

第二節

如何將有用的產品變成有害的產品？

　　為了說明金融可能出現的問題，我們來看兩個在 2008 年金融危機中扮演重要角色的產品：衍生性金融商品（produits dérivés）和證券化產品（produits titrisés）。這些原本有用的產品，為什麼會在危機中成為麻煩的來源呢？主要原因是資訊不對稱的問題，而這也是本書再三著墨的議

題。另外，這些產品還涉及到外部性問題，因為它們可能讓第三方（如納稅人和投資者）承擔損失風險。

衍生性金融商品的衍生問題

　　如同我們將在下一章詳細討論的，衍生性金融商品在金融業中造成嚴重損害。舉一個公部門購買這些「有毒產品」（produits toxiques）的例子；法國媒體曾報導，有1500個公部門機構（包括市政府、縣政府和醫院）曾向像德克夏銀行（Dexia）這樣專門提供這類貸款的金融仲介機構借入「有毒貸款」，後來也需要比利時和法國政府出手救助（註2）。第一個常見的問題是，這些貸款通常在一開始（註3）設定非常低的利率，隨後利率會大幅上升。這樣的貸款一定是有毒的嗎？也不一定，只要機構能在低利率的初期存下一些錢，未來就可以輕鬆應對高利率的還款壓力。不過，地方政府通常不會選擇積存資金來支付未來的基礎建設費用，原因在於這樣做會使初期的利率優惠失去效果，也無法產出任何經濟效益。這些優惠利率的設計正是為了讓地方政府在擴大支出或增加人事的同時，表面上看起來仍能維持預算平衡。

　　這種做法顯然對現任的執政者有利，因為他可以在下次選舉時，拿出低債務負擔和地方政府（如市政府或省政府）財政平衡的成績。為了爭取契約，金融機構會與相關地方政府達成默契，主動迎合地方官員的需求，提出未來支付的延遲還款方案。令人遺憾的是，這些政治人物在為地方政府設計貸款架構時，經常採用自己公開譴責、類似「次級房貸」的高風險辦法。儘管法國有地區會計法院（Cour régionale des comptes）監督，但這種監督通常事後進行，往往為時已晚。某些省長曾警告地方政府這些有毒貸款的風險，但並非所有政府都採納這些警告。也許增加更多監理工具會更有幫助，比如說，要求所有新增支出在接下來的幾年內必須在經費上

有保障（超長期投資也許除外，因這類投資需要更長的時間規劃）。公共審計制度並沒有簡單的辦法（註4），不同國家已嘗試了各種解決方案。但我認為，法國的制度若能更加透明，將更具優勢。

第二個問題或許看似瑣碎，但仍能讓人一窺端倪。這些貸款的高風險性來自它們被綁定在一些外部變數上，例如日圓或瑞士法郎的匯率。舉例來說，有 500 個地方政府和醫院的貸款跟瑞士法郎連動。換句話說，貸款的償還金額取決於匯率的波動，而這些匯率與地方政府的財務狀況毫無關聯。結果，地方政府不得不以 40% 到 50% 的高利率償還貸款，而當時歐洲央行的基準利率幾乎為零！

媒體頻繁報導「地方政府成為金融投機者的犧牲品」，這一說法說對也對，說不對也不對。一方面，確實有一些金融仲介機構，尤其是德克夏銀行，毫無顧忌地設計出這些高風險貸款。他們應該提供符合地方政府利益的方案，而不是僅迎合與他們談判的官員，但他們並沒有履行這一義務。

然而，雙方都有責任。不難想像，雖然某些缺乏財務知識或經驗的執政者可能被騙，但在其他情況下，地方政府的財務部門，特別是規模較大的地方（註5），可能存在某種默契。首先，這種「先低後高」的貸款機制並不難理解。其次，即便執政者不是金融專家，這問題本身也應該讓他們更加謹慎，誰會認為把貸款掛鉤到日圓或瑞士法郎的匯率，能有助於管理市政或地方財務的風險呢？有意無意之間，地方政府試圖在短期內美化財務報表而利用金融衍生品，但此舉等同引發風險，而非消除風險，是不折不扣的一場輪盤賭局。如果地方政府在金融操作中虧損，他們往往表現出強烈的不滿；但從中獲利時，則會保持沉默，或者宣稱這是良善管理所致，就怕被人指為投機。諷刺的是，法國政府最終設立了補償基金，專門替地方政府埋單，這也間接證實了某些貸款機構缺乏誠信，以及地方財務部門的默契或無能。

雖然地方政府的毒債案例在全球範圍內，只造成少量的金融損失，卻十分具代表性。大多數損失來自不當的金融運作，尤其是使用衍生產品作為承擔風險的工具，而非用於對沖風險。金融機制帶來的風險經常由缺乏資訊且無法控制風險的第三方承擔，例如某個市鎮的居民、銀行的存款人和納稅人。在這種情況下，融資行為可能迅速進入效率低下或無法正常運作的狀態。

金融衍生產品在審慎監理者與受監理的銀行、保險公司和退休基金之間造成了資訊不對稱。若說場外交易的產品（註6）非常複雜，有時這種複雜性是故意為之，目的在使監理者難以發現潛在的風險。需要區分的是，金融市場中那些熟悉交易風險的專業行為者與普通小投資者和政府資金之間的差異。華倫・巴菲特（Warren Buffett，註7）若是對某個複雜的衍生產品或高風險企業進行投資，並不必然引起擔憂，因為他所使用的是自己或其他專業投資者的資金。對於銀行、保險公司、退休基金以及更廣泛之金融仲介的審慎管制，其用意在於保護不理解金融產品複雜性或風險，以及沒有能力監督其金融仲介之資產負債表和表外項目的參與者。此外，這種監督的基礎還包括保護政府財政，因為金融機構一旦破產，公共資金常會出手救助。

另一個例子：證券化

當銀行提供為期15年的房屋貸款時，它可以選擇將貸款保留在其資產負債表上。如此，銀行將在接下來的15年裡持續收到全部利息和攤還的本金。但是，銀行也可以將這個貸款從資產負債表上移除，再將這筆貸款及其相關收益出售給其他機構，如另一家銀行或者投資基金；更準確說，銀行實際上會將多筆這樣的貸款匯總起來，並將其做為金融證券再銷售出去，其股息或利息將來自借款人攤還的房屋貸款。

在這兩種極端情況之間，銀行可以將一部分房屋貸款的組合予以證券化，同時保留另一部分貸款（保留在銀行資產負債表上的那部分在金融術語中稱為「切膚之痛」〔skin in the game〕）。保留下來的部分可以使銀行更負責任，因為如果銀行知道自己不能將全部風險轉移給他人，在發放房屋貸款時會更加謹慎。證券化會導致發行金融產品的機構或公司失去責任感，如果發行者知道自己無須承擔後果，就會失去監控貸款品質的動力（註8）。因此，風險在於證券化過程中發行金融產品的機構或公司可能會將風險過高的貸款賣出去，而買方可能無法察覺到發行方在審查貸款品質未嚴格把關（反之，買方應該注意發行方並未保留部分風險的行為）。實際上，具有幾乎相同特徵的房貸，在是否容易被證券化方面的差異可能導致違約率增加20%！（註9）這就是道德風險的體現……

證券化的做法由來已久，而且幾乎涉及所有領域，包括中小企業貸款、購車貸款、消費者信用卡債務、保險或再保險契約等。它有什麼用處呢？

首先，證券化為貸款的借出方提供再融資的機會。一旦獲得流動資金，他們可以利用這些資金來支援自己在市場上的其他活動。證券化能將「死資本」轉變為「活資本」。此外，在某些情況下，如果所面對的特定借款人風險過於集中，證券化還可以幫助貸款的借出方實現多元化，也就是說降低某一筆特定貸款違約不還款的風險。因此，如果使用得當，證券化是一種非常有用的辦法。然而，正如金融衍生品的情況一樣，這種做法在危機發生前的幾年中被誤用了。

實際上，貸款借出方開始轉移大部分相關的風險（註10），而以前通常會保留相當一部分的貸款在自己的資產負債表上。房屋貸款的證券化率從1995年的30%成長到2006年的80%。尤其是那些次級貸款（即借款人很有可能無法還款的高風險貸款），證券化的比例從2001年的46%上升到2006年的81%。然而，正如上文所述，貸款借出方不應將風險撇

得一乾二淨，應當保留一部分風險，正如保險公司在將部分風險轉移給再保險公司時也會保留部分風險那樣。此外，證券化的大幅成長常發生在貸款風險上升的時期，然而理論和實務表明，當貸款風險更高且資訊不對稱的可能性加大時，銀行理應保留更多的風險。

此外，證券化還應該附帶某種「認證」程序；這是一種將金融仲介轉向市場的過渡儀式，類似於公司上市前的審查。通常，這種認證須由買家和評等機構進行嚴格審查。然而，正如下一章中將探討的，買家有時在購買證券或金融產品時並未太在意品質（由於他們可以避開資本管制的審慎要求），而評等機構也明顯低估風險。這從許多被評為 AAA 的證券最終卻違約的狀況可見一斑，而這些 AAA 證券本應是市場上最安全的金融商品（註 11）。

難題：不要顧此失彼

沒有任何金融工具本身是不可接受的，但前提是：一、運用這些工具的各方充分理解其風險；二、不要將風險施加於不知情的第三方（如投資者、擔保基金、國庫等）。如果使用得當，這些近年來被曲解的金融工具可活絡全球經濟活力。開展一場必要的技術性辯論，討論市場和監理的失效，比起全面否定現代金融的成就更具建設性。然而，無可否認的是，這些工具使金融系統的監理變得更加複雜，所謂的「金融創新」（innovation financière）實則往往只是一種逃避規則的手段，並將重大風險轉嫁給那些並未要求這麼多的行為者（如小型投資者、納稅人），因此必須追查許多濫用的技倆。我們並不打算否定證券化的原則或衍生性金融產品，但需要回歸經濟的基本原則，防止這些做法可能引發的偏差。

投機：幻想還是現實？

在經濟領域，沒有什麼比被稱為「投機者」更嚴重的侮辱。實際上，投機者是那些在金融市場上下賭注的人。首先需澄清一點：我們每個人都以自己的方式投機。試試這個實驗：如果你的朋友跟你談論國際上大規模投機造成有害影響，說這些投機者出售希臘資產並拒絕向希臘政府貸款，使希臘經濟陷入危機（這確實是事實），你可以問他是否投資過，或是否計畫將儲蓄帳戶或人壽保險轉換為希臘國債。又或者，當我們買房時，都希望該區域房價能夠維持（或在我們轉售時會上漲），那麼我們其實是在對某項資產的價格下賭注，這也是一種投機。事實是，無論是個人、企業、金融機構還是國家，只要擁有任何儲蓄，我們就會將資金投放到某個地方，目的在於至少能保障它，甚至尋求最佳收益（根據我們的風險偏好，在風險和收益之間做出折衷）。

股票市場的角色

讓我們暫時離開債務這個主題，來觀察股票。企業發行可交易的股票有什麼好處？這些股票並未明確規定還款，而僅承諾未來可能分發股息，且股息的金額是由股東大會依董事會建議決定。

發行股票的好處有幾個。首先，支付給股票持有者（股東）的金額並非事先確定，與債務上的利息不同，這賦予企業在缺乏現金流時更多的靈活性，不會像背債時那樣有「頸上懸刀」的壓力。當然，這也有負面影響，就是管理階層創造業績的壓力較小。最終，企業的負債水準（更確切地說是槓桿比率）應取決於其收入。例如，新創公司可能多年間的收入都很少，若承擔償還債務的壓力，可能會將其扼殺。反之，對收入穩定但投資前景有限的公司（如某大香菸品牌〔註12〕），定期支付債券利息可

能更為合適。

第二個好處與以下事實形成某種矛盾：股票持有者比債務持有者承受的風險更大（註 13）。這促使股市分析師更仔細地審視股票的實際價值，包括管理團隊的策略是否能在未來產出利潤，帶來股息與資本增值？從這個角度看，一家公司的股票價值反映了市場對管理團隊管理品質的看法。當然，也有反對這種看法的意見，如股市價格可能會泡沫化（稍後會談到），且波動性較大。管理團隊有時可能策略性地透露公司資訊，試圖在短期內人為抬高股價。但儘管有這些缺陷，比起年度財務報表，公司的股票價值仍然是衡量長期表現更好的指標。事實上，與業績掛鉤的高階管理人員薪資會令他們過於注重短期利益，而忽視長期規劃。

最後，雖然投資或撤資主要是受私人利益所驅動，但這對普通儲戶並非沒有好處。舉例來說，當掌握資訊優勢的金融行為者賣出被高估的股票時，股價隨之下跌。此時，我們這些消息不靈通的小儲戶就有機會以更接近其真實價值的金額購入這類股票，比如透過投資型保險或股票儲蓄帳戶（PEA），降低被「坑殺」的風險。儘管這種金融套利本質上是一種投機行為，但它也能產生積極的效果。

有害的投機

然而，也存在有害的投機，這與純粹尋租行為或明顯的欺詐行為有關。例如，某些投機活動僅基於內部消息，如即將執行的併購或管制上的變化。此即所謂的「內線交易」（délit d'initié）。透過內部管道了解即將發生的事並不會提供什麼真正的資訊，因為這些事實最終會在幾天後向公眾披露。利用這些資訊來獲取利潤（如果是好消息）或出售股票（如果是壞消息）只顯露出希望致富的意圖，但這種意圖往往以犧牲小股東的利益為代價。因此，內線交易不僅無法創造經濟價值，反而會破壞價值，因為

它會打擊一般投資人將其儲蓄投入企業融資的意願。

內線交易的另一種花招是：某個經紀人在接到客戶大額購買的訂單時，因為預期該訂單會推高股價，所以搶先透過自己的帳戶購入該股票（即「先行交易」〔frontrunning〕），然後在客戶訂單執行後迅速轉售，在短時間內獲利了結。這種做法儘管依然存在，但是明顯違法，市場監理機構如法國的金融市場管理局（Autorité des marchés financiers，簡稱 AMF）和美國的證券交易委員會（Securities and Exchange Commission，簡稱 SEC）都對此進行監督。然而，如果只借助公開資訊進行操作，則為合法。例如，喬治·索羅斯在 1992 年藉由賣空英鎊，試圖說服其他投資者相信該貨幣即將下跌，而這種預期最終得到了印證。

除了防範各種詐騙手段，市場監理機構應保護投資者免受損失。這裡我們還需考慮一個問題：金融市場的投資行為是否足以使市場維持效率？接下來，我將探討這個問題。

第三節

市場有效率嗎？

金融危機，尤其是 2008 年的危機，總是引發質疑：金融市場及其行為者是否可能做出非理性的行為？許多新舊觀察都印證了這一質疑，例如：股票、原物料及利率產品的價格激烈波動、之前非常活躍的金融市場的突然凍結、房地產和股市的泡沫、匯率或主權債券利差的波動，以及大型金融機構的破產。基於這些觀察，我們是否還能根據金融市場參與者乃依理性行事的假設建立一套經濟分析呢？

在提供經濟學家的看法之前，我想先指出一點：認為經濟學家對金融

市場效率有絕對信心的觀念，至少已經過時 30 年。如今一般公認，理性這一前提假設只是分析金融市場的起點，尚需進一步豐富其概念架構，才能正確理解觀察到的現象。以往的界限已被打破，我們對金融市場運作的理解變得更加深入，這主要基於五個面向的考量，包括金融泡沫、代理人理論（théorie de l'agence）、金融恐慌、行為經濟學，以及金融市場中的摩擦。這些領域在過去幾十年中被人大量研究，值得我們進一步加以評論。

金融泡沫

「金融市場有效率」的假說認為，金融資產的價格反映其「真實價值」，也稱為「基本面」，即未來收益的價值（技術上是將未來收益按照一定的利率折算成當前的價值）。舉個簡單的例子來說明基本價值的概念：假設某金融工具每年給我們賺進 1 歐元，且利率為 10%。在這種情況下，這個資產的基本價值為 10 歐元：如果你擁有 10 歐元並將其存入年利率 10% 的帳戶，則長久下去你每年都能賺進 1 歐元（註 14）。因此，擁有這個資產和擁有 10 歐元所產生的現金流是一樣的。

「金融市場有效率」的假說部分是正確的。例如，當某公司傳出壞消息（如法律判決、技術瑕疵、失去市場或重要管理人才），股票價值就會下降，除非這些壞消息已被市場完全預期並反映在資產價格中；某國無法償還國債的壞消息一旦傳出，就會增加利差並降低已發行之國債的價格；地鐵路線會經過附近的消息一經披露，我們房子的價格就會上漲；土地使用計畫預測某區段的人口密度會提高，房價則會下跌。

然而，金融資產的價格有時並不等於其真實價值。造成這種偏差的第一個原因是泡沫的產生。當一個金融資產的價值超過其「基本面」時，就會形成泡沫，這意味資產的價格高於其內在價值（即資產當前和未來的分

紅、定期利息或租金的折現值）。在上述例子中，如果資產的價格高於 10 歐元，則表明該資產存在泡沫現象。

我們可以找到許多泡沫的例子。以黃金為例，其價值與它在醫療、電子或牙科等產業上的實際用途相較，實則不成比例（更準確地說，如果黃金只被視為一種普通的原物料，而中央銀行和個人持有的金條全數供工業用途，其價格將會低得多）。1849 年發行、面值 1 法郎的朱紅郵票極其稀有，其價格甚至高達 10 萬歐元，但它本身並不具備任何金融或美學價值（更不用說，由於其價格高昂，因此往往藏在銀行保險箱裡）。即使是畢卡索或夏卡爾的作品，也可視為泡沫；雖然其美學價值無可否認，並且能為擁有者帶來某種「收益」，但這種美學價值可以透過現代技術以幾千歐元的價格複製出肉眼無法分辨的贗品（註 15）。正因稀缺，1 法郎的朱紅郵票或畢卡索的作品才能形成泡沫並攀至極高的價格。另一個泡沫的例子是貨幣。最近有關虛擬貨幣的新聞報導給我們上了一課。如果有一天市場決定比特幣沒有任何價值（投資者對比特幣失去信心），那麼比特幣將一文不值。因為比特幣背後並沒有基本價值，這與股票或不動產大不相同。

各類資產都可能出現泡沫現象，亦即其價格超過其內在的基本價值。2001 年的網路泡沫破裂就是一例，所幸當時影響有限，因為持有其股票的人並非高負債機構，不像 2008 年金融危機時的銀行那樣。房地產泡沫非常普遍，正如卡門・萊因哈特和肯尼斯・羅格夫在其著作《這次不一樣：800 年金融危機史》（註 16）中所論述的那樣，銀行和主權債務危機通常發生在房地產信貸泡沫之後。

經濟學文獻早已認識到泡沫可能發生。1980 年代初，奧利維爾・布蘭查爾（曾任麻省理工學院教授和國際貨幣基金組織首席經濟學家）和我分別發表了幾篇論文，探討在經濟理性假設下資產泡沫的可能性，表明泡沫的出現並不需要以非理性的行為做為前提。隨後，我在 1985 年又發表

一篇論文（註17），總結了我的研究成果，並分析泡沫出現的總體經濟條件及其對實體經濟的衝擊。簡單來說，市場上的利率不能超過經濟成長率（註18），因為泡沫必須以利率的速度成長（持有泡沫資產的回報平均而言必須和其他資產相同）（註19）；如果利率高於成長率，這會導致金融資產規模以指數速度超過實體經濟的成長，使購買這些金融產品的人無法負擔資金成本。

在個體經濟層面，也就是單個資產的層面，泡沫只能出現在具有特定特徵的資產上。首先，資產必須數量有限；否則，市場會因其價格過高而大量生產，從而導致價格下跌。例如，畢卡索的畫作可能形成泡沫，是因為其數量有限，但其複製品不會，因為它可以無限生產，價格自然接近複製成本（具體價格則取決於市場上不同品質複製品之間的競爭狀況）。

其次，資產必須有較長的持有期限。若某張債券的期限只有一年，就無法形成理性泡沫（bulle rationnelle，譯註4）。投資者不會僅因為想要持有而購買被高估的資產，一旦他們這樣做，相較投資於其他市場利率水準的資產，將會虧損。因此，投資者必須在資產到期前將這一「燙手山芋」賣出去。舉例來說，假設一張債券在12月1日到期，發行者向持有人償還100歐元的金額（這種債券稱為「零息債券」〔zéro-coupon〕），且債券只能在每月1日進行交易，市場利率為0。則在12月1日，債券償還後就失去價值。而在11月1日，投資者願意為該張債券支付100歐元，因為12月1日他可以拿回100歐元。同理，在10月1日，投資者也會願意支付100歐元購買債券，因為可以在11月1日賣出債券以獲得100歐元，或者一直持有至12月1日領取100歐元。因此，在每個到期日前，債券的價格會始終等於它的基本價值（此處為100歐元）。

譯註4　理性泡沫是指在資產價格高於其基本價值的情況下，投資者仍然願意購買該資產，因他們預期將來可以更高的價格賣出。

這幾年，關於泡沫形成條件及其影響的研究日益增加（註20）。舉個例子，在2012年發表的一篇文章中，哈佛大學教授艾曼紐‧法爾希（Emmanuel Farhi）和我共同證明，泡沫不僅會增加相關資產的價值，還提高了金融體系的整體流動性和利率。此外，泡沫也提升了持有這些被高估資產之機構的借貸能力，進而刺激經濟（註21）。然而，一旦泡沫破裂，便會產生反向的「財富效果」（effet richesse），導致資產價值下跌，持有該資產的機構面臨資金緊缺；若持有這些資產的是高負債機構，就像2008年那樣，就會引發經濟衰退，這和2001年網路泡沫破裂時的情況並不一樣。這也是為什麼要特別關注銀行，不要讓它們在泡沫資產上投資過多的原因，而這方面可以透過幾種方式來實現，比方銀行的監理者可以要求銀行增加準備金，以反映泡沫破裂帶來的風險。政府也可以限制對相關資產的需求（例如在房地產領域，政府可以要求購房者支付一定比例的首付款，或設定借款人月收入與還款比例的上限）。

從實證上看，許多重要研究已表明金融市場確實存在泡沫。特別是2013年諾貝爾獎得主羅伯特‧席勒（Robert Shiller）曾多次對既有的泡沫發出警告，不過未必總被採納（註22）。然而，識別泡沫並不容易。一個常用的方法（尤其是在羅伯特‧席勒開創性的研究中）是區分資產的基本面和泡沫，將資產價格與其股息或收益進行比較。例如，可以將一處房地產的租金報酬率與該房產的購買價格進行比較。屋主擁有房產，因此他們可以自由支配房產的使用權，幾乎不用擔心搬家的不確定性。這種穩定感和自由度是購屋者看重的優勢。反之，有些人不願購買房產，因為屋主要承擔維修、維護等責任，這對他們而言是一種負擔，因而可能更傾向於租房。此外，稅收也會影響人們的購房或持有房產決策。若房價遠遠高於租金報酬率的現值，這意味投資該房產的收益不合理，房價很可能脫離基本面，形成泡沫。

另一個重要的比例，是償還貸款的負擔與借款人收入的比例。這項指

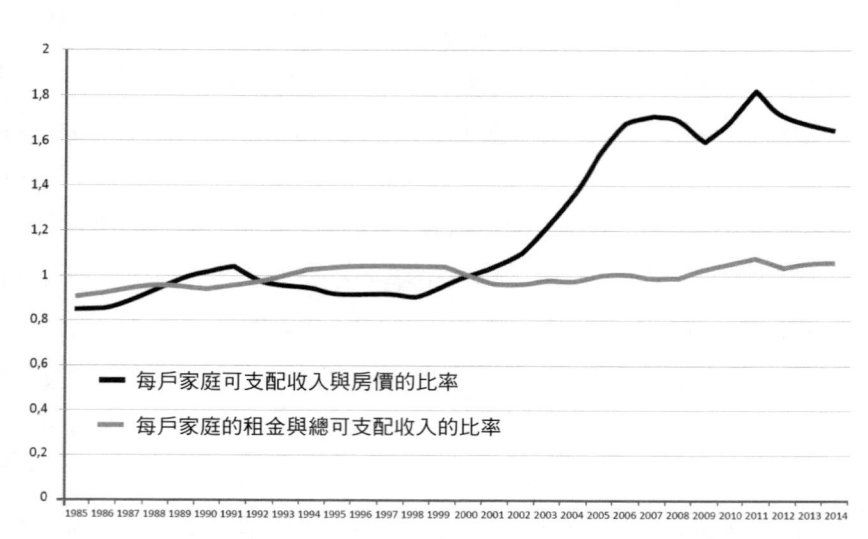

圖一　法國的房價／租金比率

每戶家庭可支配收入與房價的比率
每戶家庭的租金與總可支配收入的比率

資料來源：紀堯姆・夏佩爾（Guillaume Chapelle），根據環境與可持續發展總署（Conseil général de l'environnement et du développement durable）的數據。

標之所以重要，是因為家庭負債有其上限。簡單來說，借款人的還款能力決定他們能借多少錢，而還款能力又取決於收入。借款能力反過來決定了新購房者或想改善住房條件的人是否能夠支付賣家的要價。若銀行預期房價會上漲，借款人即便收入不變也能借到更多，因為如果借款人無法償還貸款，銀行可以接管房產，此時銀行承擔的風險就比較低。

觀察房價與租金或收入的比例變化是很有意義的。比如，法國的房價與租金比率在 1998 到 2006 年間幾乎翻倍（見圖一），即便到現在也更接近 2006 年的水準，而非 1998 年的水準。事實上，法國的房價比德國高出很多，但在 2003 年前情況正好相反。如今，法國的房價與收入比率較德國高出 25% 到 30%。這意味著需要密切關注大量暴露於法國房地產風險之金融機構的償付能力。

分析股票時，我們可以藉著觀察本益比（price earnings ratio）來推測

是否存在泡沫。如果本益比異常高，通常意味股票價格遠高於其基本面價值，暗示泡沫可能存在。然而，這一分析並不單純。我們必須假設股利的成長（類似於房地產租金的變化）以及折現所採用的利率。如果這些假設不準確，可能導致錯誤判斷股票價值。羅伯特・席勒在 1981 年曾指出，股票價格的波動遠大於股息的波動，這進一步支持了泡沫存在的可能性，因為價格在時間上可能會偏離基本面。

代理人理論：個人利益與集體利益之間的差異

第二個分析角度就是區分個人理性與集體理性。一個經濟系統中的行為者可能從自己的角度做出理性行為，但從社會整體來看，這種行為有可能會造成傷害。管制經濟學經常提及這一經典主題。

且讓我們拿一家高度暴露於風險資產的銀行為例。若一切順利，這項資產將產出豐厚的回報，股東將獲得大量資金；如果情況不妙，資產將會貶值，股東就得不到任何回報，而債權人，甚至可能連員工也將受到影響。這時，所有利益關係方都會受到負面外部性波及。此外，如果貸款方認為政府會在銀行遇到困難時出手搭救，銀行也許仍能繼續借款。在這種情況下，個人利益與集體利益之間的差異變得非常顯而易見；套用老生常談，收益是私有化的，而損失是社會化的。

對於納稅人會出手搭救的預期，也解釋了一些看似非理性的行為。在歐元危機之前，許多購買希臘國債的投資者都很清楚，希臘的安全性遠不及德國，但他們相信德國和其他歐元區國家在出現問題時會援助希臘，於是接受了低至接近德國國債的利率。

同樣地，或許讀者並不認為，雷曼兄弟的執行長理查・福爾德（Richard Fuld）在自家銀行即將破產時，仍然繼續購買更多已知具有問題的次級貸款產品的行為合乎理性。他能繼續在金融市場上借款，也讓人

感到不解。但許多繼續貸款給雷曼兄弟的銀行家其實都寄希望於聯邦政府出手干預，以避免這家投資銀行破產（註23）。雷曼兄弟就這樣得以維持市場融資的管道，使自己能承擔更大的風險，並且希望藉此扭轉困境。就像一支在比賽中落後2-0的足球隊，在比賽剩15分鐘時，為了扭轉局勢必須冒險，甚至不惜落得4-0的慘敗。雷曼兄弟與所有面臨困境的機構一樣，出於生存的希望增加風險，而這並不符合債權人和員工的利益。

代理人問題導致的另一個弊端源自於薪酬機制。無論是由於董事會薪酬委員會與管理階層之間的串通，還是為了留住或吸引頂尖人才，獎金紅利制度在2008年金融危機前大大鼓勵了短期行為。（我將在下一章詳細討論薪酬及其管制問題。）

個人利益與集體利益分歧的最後一個例子，是高頻交易（trading haute fréquence）。若以從事高頻交易機構的角度來看，這是一種理性的行為，但它對社會的附加價值效果並不明顯（這已是最保守的說法）。如今，金融機構在資訊技術的基礎設施上投入大量資金，以便能比競爭對手更快速地執行訂單。電腦能夠在幾毫秒內對市場消息（如價格變動）做出反應，搶在競爭對手之前完成不同資產價格之間的套利機會。但這樣的速度提升為社會帶來了什麼好處尚不明確。如今，許多人呼籲引入延遲機制，以便買賣訂單經過稍微延遲後再執行，以便終結這場速度競賽，因為這實際上是個負和遊戲（註24）。

金融監理旨在減少個人利益與集體利益之間的差距。然而，它面臨了資訊上的問題。經濟學文獻大篇幅討論所謂「代理問題」，即經濟代理人利用資訊不對稱來達成自身目標。這些資訊不對稱使得儲戶難以監督基金經理、銀行難以監督交易員，甚至連審慎的監理部門也難以有效監理金融機構和評等機構。

過度膨脹的金融

法國經濟學家湯瑪斯・菲力彭研究了金融領域的就業變化（註25）。他特別指出，金融業的去管制化使就業結構發生了變化，工作要求變得更具技術性。然而，在相同的教育水準和資格背景下，金融業的薪資在 1990 年到 2006 年間成長了 50%。金融仲介在經濟中的比重也在 1980 年到 2006 年間快速成長（註26），而且這一現象在英美國家尤為顯著。要理解金融過度膨脹的原因，首先要明白，這種現象由「過於容易」獲取的利潤所推升，吸引了大量菁英參與這些活動。正如我們將在第十二章探討的，監理機構對銀行的冒險行為和（合法）逃避監理要求視而不見。比方，銀行透過「管道」，幾乎不需要自備資金就可以進行投資。當然，納稅人提供的保護傘大大鼓勵了這種風險承擔，當一切順利時，這能帶來巨大的利潤。因此，代理人問題可以說是金融在 1990 年代和 2000 年代迅速膨脹的根源。

金融恐慌

金融市場的一個潛在局限是可能出現投資者的「反常」協調行為，導致不良結果（註27）。我在關於歐洲主權債務危機的章節中已經提到過這個問題，這在銀行恐慌的情況下也很明顯（讀者可能還記得迪士尼電影《歡樂滿人間》（〔Mary Poppins〕中對銀行恐慌那段幽默而又貼切的描述〔註28〕）。

銀行仲介的一個重要特點是「期限轉換」業務。雖然消費者在銀行有許多長期存款的例子，企業也有短期的銀行借款，但整體銀行系統實際上是將存款人（即存款）所借的短期資金轉化為對企業的長期貸款。如果所有存款人同時要求提款，銀行就必須賣掉資產來應對。如果這些資產流動

性不好，不能快速以公允價格出售（註 29），價格就會被壓低，銀行可能無法支付所有存款人，大家就會開始爭先恐後地提取資金。這個現象稱為「自我實現（譯註 5）的預言」（prophétie autoréalisatrice）。即使銀行本身體質健康，仍有可能破產。這展現了個人理性與集體非理性的矛盾。

　　由於零售銀行現在一方面有存款保險，另一方面可以從中央銀行獲得流動資金，能為其爭取時間以合理的價格變現資產，因此過去在聲譽較差的銀行門前排隊的現象幾乎已消失。2007 年 9 月，全世界對於英國北岩銀行（banque Northern Rock）分行門口出現的排隊人群感到驚訝（這是自 1866 年以來，英國的存款人首次到銀行擠兌）。原因在於，當時英國的存款保險設計非常不合理：前 2,000 英鎊可獲得 100% 的賠付，而之後的 33,000 英鎊則只有 90%。任何少於 100% 的存款保險，都會讓存款人在聽到風聲時決定立即領款。相比之下，現今歐洲的存款保險為 100,000 歐元，美國則為 250,000 美元，且兩者都提供 100% 的賠付。因此，如今來銀行擠兌不再是小額存戶，而是未受保險保障的大額存戶，例如銀行間市場和貨幣市場（即金融機構、政府和大企業之間的短期借貸市場）、企業和富裕家庭的銀行存款等。事實上，儘管當時北岩銀行小額存款者擠兌的情況引起媒體廣泛關注，但真正的問題在於其存款的四分之三來自不受保險保障的大額存款，且大多為短期存款。

　　存款保險能有效穩定小額存戶的存款，而對於大額存款的撤資，穩定機制則主要依賴中央銀行流動性的支持，但這種機制並非全部自動化運作。傳統上，缺乏流動性的銀行可以拿抵押品向中央銀行短期借款。2008

譯註5　「自我實現」指的是某個預測或信念的產生，導致行為或情況的變化，最終使這個預測成為現實。在「自我實現的銀行擠兌現象」中，當存戶認定銀行可能會破產時，就會急著提出存款，這種行為反而可能使銀行真的面臨破產的風險，從而使原本的預測成為事實。

年金融危機過後，許多其他流動資金的供應機制也相繼出現。例如，歐洲銀行可以透過「長期再融資」（refinancement à long terme）的操作向歐洲央行獲得三年期的融資。此外，歐洲央行還在二級市場上購買風險變得較大的國債（稱為「直接貨幣交易」Outright Monetary Transactions，簡稱OMT）。這些措施的目的都在讓銀行爭取時間。如果問題只是流動性不足（例如銀行擠兌），銀行可以掌握更多時間，以合理價格出售其資產；但如果問題更嚴重，涉及到銀行資產負債表的品質，就必須採取更嚴格的措施來改善經營並降低風險。

在主權借貸（emprunts souverains）方面，採用的機制稍微不同，但也可能出現協調不良的問題。假設一個國家能夠按市場利率償還債務（亦即幾乎沒有利差）。可是如果投資者認為該國家可能違約，則他們很合理地會要求更高的利率以補償違約風險。這便導致償債成本增加，進而導致預算赤字、債務增加以及更高的違約風險，進一步加劇投資者的擔憂，驅使他們要求更高的利率，自此形成惡性循環。因此，可能會出現第二種平衡，即對該國抱持懷疑而非信任。這又是個體的理性與集體的非理性在相互作用。

對一個國家而言，為其提供流動性資金比對銀行提供流動性資金更複雜，但實際上也存在多種應對方式。2012年7月26日，歐洲央行行長馬里奧・德拉吉（Mario Draghi）表示：「在我的任期內，歐洲央行準備採取一切必要措施來保衛歐元（註30）」，從那之後，該行即成為歐洲流動性的供應者。一般來講，一國政府可向國際貨幣基金組織尋求援助，而後者將提供流動性，並為其招徠投資者，但會附加一些條件，要求該國整頓財政。然而，政府應提前預測這些困難，而不是在問題發生後再亡羊補牢，例如可以向國際銀行聯盟或國際貨幣基金組織申請信貸額度。

行為財務學

「行為財務學」（finance comportementale）的目的，在於將認知偏差及其他背離理性人模型的現象，納入對於金融市場的分析中（更廣泛看，過去20年來，心理學在經濟學分析中的作用有所增加〔註31〕）。這裡不再對比個人理性與集體非理性，而要探討個體的非理性。涉及的主題很多，無法逐一細述，包括過度樂觀（如基金經理認為自己比同事更優秀的傾向）、注意力有限或過度關注某些風險（註32）、信念錯誤（可能源於對貝氏定理的誤解或其他偏差）、厭惡損失、內化的道德標準（moralité endogène，個體的道德標準並非固定，而是受環境、情境或利益等外部因素影響，且操作空間靈活時尤其如此）等。

這個研究領域包含實證和理論兩大範疇。實證方面，研究者記錄了許多資產定價中的小規模異常，而這些異常未必會被「套利」：市場行為者有時並未察覺某些關聯或因果關係；反之，他們也可能將資產歸類得過於粗略。這裡可以看出理性與非理性之間的微妙界限：市場行為者可能是理性的，但會在選擇使用更複雜的模型、以及複雜模型所需要的成本之間權衡；或者，經濟個體也可能是不理性，對於金融環境有所誤解。

理論方面，我只舉普林斯頓大學教授羅蘭·貝納布（Roland Bénabou）關於「否認現實」（dénis de réalité）的研究。他認為，這種否認在金融界對次貸危機的集體錯覺中發揮了作用（註33）。為了更深入理解這種集體盲目的現象是如何蔓延，貝納布將情緒因素（如焦慮）導入對不確定性和重大風險的考量。受情緒驅使，個人可能會選擇忽視實際存在的風險，即使這可能導致錯誤決策也一樣。由於人類的記憶力和注意力有限，我們在接收訊息時可能會產生偏見，進而影響對事實的理解和信念的修正，例如選擇性地記住或遺忘接收到的訊號、事後合理化等等。這些假設基於大量實證研究，表明人們對好消息和壞消息的處理方式不對稱，

甚至可能一開始就對資訊產生抗拒（註34）。

　　隨後，貝納布系統地探討參與者之間經濟或社會的互動方式，並分析在一般均衡中，這些互動形成的思維模式。他對「群體思維」（groupthink）的分析揭示了整個社群可能傳染性地集體陷入對現實的否認（註35）。這些研究成果有助於解釋企業、機構或政權一再因集體盲目而自毀滅前程的案例。市場金融領域中的這種集體盲目現象，在著作（後被改編為電影）《大賣空》（The Big Short）中成為核心主題，容我稍後再進一步討論這現象。

金融市場的摩擦

　　分析差異。過去30年中，有項特別活躍的研究聚焦在資訊未均勻傳播的金融市場，以及「合理價格」為什麼難以企及。這項研究源於喬治·阿克洛夫（George Akerlof）於1970年發表的研究成果。他與麥可·斯彭斯（Michael Spence）和喬·斯蒂格利茨因在資訊理論上做出的卓著貢獻而於2001年共同獲得諾貝爾獎。簡言之，從自身利益上考量，除非交易的利益非常可觀，否則我們不願也不應與那些擁有更多資訊的人進行交易。例如，假設我建議你購入一種只有我知道真實價值的金融證券（且我們之間並無頻繁往來，缺乏信任基礎）。這種證券可能帶來50或100的收益，並且這兩種情況的機率相等。那麼，你會願意以75的價格買下嗎？你應該這樣推理：如果這個證券真實價值是100，那麼我應該會決定自己保留，而不會以75的價格賣出去。因此，你應該不願意以75購入，因為如果我願意以低於100的價格出售，這個資產必然品質欠佳，只值50。在這個例子中，價格會定在50，因為你知道，只有在這個證券是「劣貨」的情況下，我才會賣給你。當然，這種推理對於不習慣這樣做的人來說稍顯複雜，但專業人士無論是藉由經驗還是推理，都對這種現象十分了

解（註36）。

　　在參與者之間存在資訊不對稱的情況下，金融市場的流動性並不如預期。有時市場甚至會完全凍結，這時可以說是「有行無市」。更準確說，由於賣方無法接受能促成交易的價格，市場上已沒有交易。因此，許多市場在2008年危機期間瞬間消失（註37）。一般而言，關於「金融市場個體結構」（microstructure des marchés financiers）的研究突顯資訊摩擦，導致這些市場無法像效率市場理論所預測的那樣順利運作。

　　價格可能無法正確反映資產真實價值的資訊，特別是當掌握資訊者財力不足，無法在市場上大規模介入時尤其如此。一些行為者可能察覺到某些資產被低估或高估，而他們原本可以糾正資產定價的錯誤，但由於缺乏流動資金，無法在市場上進行操作。如今，我們對「套利的局限」（limites de l'arbitrage）有了更清晰的理解（通常由於上文提過的代理問題〔譯註6〕）。不過儘管如此，這方面的知識仍需要進一步深化。

　　在《大賣空》的原著和改編電影中，有一群被稱為「賣空者」（vendeurs）或「套利者」（arbitrageurs）的金融市場行為者，他們選擇賣空（英文稱sell short）房地產泡沫。賣空的意思是，他們相信與房貸相關的金融產品被過度高估，認為評等機構沒有盡到責任，錯誤地給予高評等。賣空的操作在於，賣空者並不持有某一金融產品，而是承諾在未來某個特定時間向交易對手交付一定數量的該項產品（例如一個月後、六個月後）。如果在此期間，產品價格下跌，賣空者就可以用現金低價買回來，從中賺取利潤；而對方則因持有價值下跌的產品，相較於沒有簽約進行交易的情況，便虧損了金錢。反之，如果產品價格上漲，賣空者就會賠錢。如果賣空者因賠得太多、資金不足而破產了，對方將無法獲得原本應有的

譯註6　由於代理人和委託人的目標不總是一致，並且代理人通常擁有更多的資訊（資訊不對稱），他們可能會做出有利於自己的決策，而非委託人的最佳利益。代理問題會引發許多經濟後果，比如效率損失、成本上升、甚至投資錯誤。

收益。跟許多借貸契約一樣，在這類契約中，對方會要求賣空者提供稱為「保證金追繳」（appel de marge）的擔保品（collatéral）。問題在於，即便這些套利者的判斷正確，即產品的確被高估，但他們並不知道這種高估會在什麼時候獲得修正。在等待修正的過程中，對方會要求他們提供越來越多的擔保品，最終可能會破產，甚至無法等到自己的預測實現。正如《大賣空》所描述，儘管這些套利者準確判斷次貸市場問題，但因為市場價格的調整遲遲沒有到來，他們險些因資金不足而賠光最初所有的投資。

此外，套利局限還可能帶來更嚴重的後果。例如，一些投資機構（investisseurs institutionnels）可能因為一些限制而觸發可預見、對於流動性的衝擊（註38）。對這些衝擊的預期將導致對沖基金賣空這些機構未來會脫手的金融產品，這種操作會進一步加劇市場的動盪（註39）。

第四節

那麼，為何實施監理？

金融監理有兩個方面：一是對證券交易所及更廣泛金融市場的監理；二是對金融機構償付能力的監理。這兩項任務對應於兩個不同的監理機構，在法國分別是金融市場管理局和金融審慎監理總署（註40），且兩者均為獨立的行政機構。市場監理的目的在於遏止金融市場上的有害行為，保護在這些市場上持有證券的投資者免受操控和詐騙影響。

而審慎監理（réglementation prudentielle）涉及的對象則是金融仲介機構，其主要目的在於保護這些機構（如銀行、保險公司、退休基金等）中不太了解情況的客戶（如存款人、被保險人、儲戶等〔譯註7〕）的債權。由於政府可能會在金融仲介機構（特別是像法國里昂信貸銀行〔Crédit lyonnais〕或美國國際產險（AIG）這類大型機構）陷入困難時加以資助，因此也涉及到保護納稅人的資金。因此，審慎監理局的首要責任就是代表小債權人在金融機構中的利益（註41）。

　　審慎監理的第二個功能是防止骨牌效應，也就是所謂的「系統性風險」。換句話說，監理者擔心一間金融機構倒閉後，可能因其他機構持有其債權或資產價格暴跌，而引發連鎖性的倒閉風潮。若監理者希望避免對商業銀行造成連鎖衝擊，那麼這種動機便與第一種動機（保護存款人、儲戶和納稅人的責任）重疊，只不過這種動機涵蓋的範圍通常更廣，且其目的在於保持整個金融體系的穩定。即使部分金融機構未直接服務小儲戶或保險人，監理機構仍可能基於系統性風險的理由進行救助。2008年美國國際集團金融控股公司（AIG Financial）和貝爾斯登投資銀行（banque d'investissement Bear Stearns），儘管其客戶並非小儲戶，但仍獲得救助。因為這些機構一旦崩潰，可能在整個金融體系中造成連鎖反應，產生系統性的影響。

　　若想理解銀行監理的理念，回顧最早的國際架構是有幫助的，儘管這些架構如今已過時也無所謂。1980年代，國際社會曾設法遏制監理「比爛」的現象，也就是說，某些國家藉由降低銀行資本準備要求，或者允許銀行在既定資本的基礎上過度舉債，促進其銀行業在國際上的擴張。對於零售銀行（也稱為商業銀行），1988年的《第一版巴塞爾資本協定》（Bâle I）要求金融仲介機構必須擁有足夠資本（自有資金），以大幅降低虧損的風險，而且此一最低資本水準在各國間是統一的。

譯註7　存款人（déposants）和儲戶（épargnants）的不同，在於前者指將資金存入銀行或金融機構的個人或實體。這些存款可以是活期存款、定期存款等。他們通常透過銀行帳戶進行交易和管理資金，主要關注資金的安全性和流動性，通常希望獲得利息收益。而後者指為未來目的而積蓄資金的人，通常透過儲蓄帳戶、投資帳戶或其他形式進行投資。儲戶的資金可以用於像股票、債券、基金等各種投資，且通常關注長期的資本增值和回報，可能更願意承擔一定的風險，以獲得更高的收益。

銀行資本化規則必須在兩個目標間找到折衷。一方面，銀行必須有足夠的資本，以確保儲戶或納稅人不會因銀行可能的損失而吃虧。另一方面，過於嚴苛的資本化規則可能會限制信貸供應，阻礙金融仲介機構履行其經濟職能，例如為企業（特別是中小企業）提供融資，或為企業和市場提供流動。

　　對於金融監理可以要求得更嚴格，例如應監理以前不受或幾乎不受監理金融領域的發展（理論上，這些領域既不能加入存款保險，也不能向中央銀行調度資金）。這種業務性質的變遷（如目前在中國觀察到的「影子銀行」）可能會引發問題，正如 2008 年五大投資銀行（雷曼兄弟、貝爾斯登、美林證券、高盛和摩根士丹利）的案例所呈現的：當時對於它們的監理工作僅由六個人負責。

　　圖二描述了一家零售銀行簡化的資產負債表。零售銀行係指專注於傳統活動的銀行，例如對中小企業和個人放款（資產）及接受存款（負債）。

　　1988 年的《第一版巴塞爾資本協定》是首個國際審慎管制標準，主要聚焦在違約風險上。它要求銀行須根據貸款風險持有相應資本。例如，銀行借出安全貸款（如持有國庫券）並不需要資本，而借出高風險貸款則需要為每 1 歐元準備 8 歐分的資本。銀行的每項資產都被賦予介於 0 到 1 之間的不同權重：對地方政府或其他銀行的貸款權重為 0.2，房產抵押貸款為 0.5（註 42），對企業的貸款和其他證券則為 1。例如，銀行每借出 1 歐元的房貸需準備 4 歐分的資本。

　　在計算資產負債表中的自有資本時，必須區分基礎資本（或稱「一級資本」，如股本和未分配的利潤）和附加資本（或稱「二級資本」，銀行中相對穩定的債權，如長期次級債務、混合型證券等）。其中一級資本必須至少占自有資本的一半（即至少占加權資產總值 4％）。

　　監理機構意識到，不考慮市場風險和不同風險之間的相關度，加上機

圖二　零售銀行簡化的資產負債表

資產	負債
・中小企業貸款 ・房屋貸款 ・其他證券（貨幣市場貸款等） ・安全資產（國債、政府借款等）	・自有資金（股票、未分配利潤） ・混合債務：可能被審慎監理機構視為資本的債務，包括次級債務、可轉換債券（obligations convertibles）、優先股等 ・無保險的存款（超過 10 萬歐元的個人存款、中小企業、大企業、貨幣市場借款等） ・有保險的存款（不超過 10 萬歐元的個人存款）

械化的資本要求規定（例如對企業貸款不考慮信用評等），以及未對流動性進行衡量，都對識別風險造成很大限制。舉個例子，計算資本要求的公式只是簡單相加，就是把每筆貸款的資本要求直接加起來，而不考慮它們之間的相關性。這種方法沒有考慮到各種風險（如利率風險、匯率風險、對手風險〔譯註 8〕和房價風險等）如何互相影響，因此也無法判斷這些風險是互相抵消，還是加劇問題。這種情況讓銀行在面臨困難時，更傾向於將自己的風險狀況相互聯繫，可能導致風險進一步上升（註 43）。

在 1990 年代設計並在 2007 年前實施的第二代國際監理機制《第二版巴塞爾資本協定》（Bâle II）試圖更精確地評估風險。首先，它允許使用認可之評等機構的評分，並根據資產品質調整資本要求（註 44）。例如，信用評等高的資產需要的資本少，而評等低的資產則要求更多資本。同

譯註8　在金融交易中，一方未能履行合約義務所導致的損失風險。例如，在借貸、衍生性金融商品交易或其他金融合約中，借款人未能按時還款，或交易對手未能履行協定時，另一方可能會遭受經濟損失。對手風險的管理通常涉及對交易對手的信用評等、財務狀況及其市場環境的評估。

樣，《第二版巴塞爾資本協定》還引入了以市場價值計價的會計方法，也就是說，允許使用流動性較強之市場相似資產價格以衡量銀行某些資產的當前價值。相比之下，傳統的「歷史成本」（coûts historiques）會計方法只記錄資產的初始價值，除非發生重大事件（如借款人違約），否則不會重新調整。

此外，《第二版巴塞爾資本協定》允許（大型銀行）使用經過認可的內部模型來評估風險和相應的資本要求，如此一來，當風險訊號變得嚴重時，政府可加以干預，要求銀行增加資本或對其活動施加限制。為了加強監理，《第二版巴塞爾資本協定》還導入所謂的「第二支柱」，即銀行監理者與受其監理銀行間的定期對話，以確保銀行遵守資本要求。最後，「第三支柱」則提高了金融機構的透明度，使市場能更理想地評估銀行體質是否健康，並在銀行出現問題時限制對其貸款。然而，這種市場監理無法收效的原因在於，若金融市場預期國家會在銀行遇到困難時進行救助，市場便認定政府默認擔保銀行的債務。

從《第一版巴塞爾資本協定》到《第二版巴塞爾資本協定》的轉變經典地體現了兩難情況：究竟應施加嚴格規則，還是給予市場更多自由？《第一版巴塞爾資本協定》實行的是一板一眼的資本要求體系，儘管這些要求有時與經濟現實不符，但其剛性可有效防止操縱。相較之下，《第二版巴塞爾資本協定》給予銀行更多的彈性，允許它們在評估風險時做出更合理的判斷，但前提是此一過程誠信且透明。然而，讓銀行更靈活就意味著監理需更嚴格。儘管銀行內部模型通過監理者的審核，但這種自由度可能會讓那些不誠信的銀行利用與管制者之間資訊不對稱的落差，掩蓋其真實的風險。同樣，廣泛依賴信用評等機構的辦法也要求這些機構不可與其客戶（銀行）勾結，否則評等可能會被虛假抬高。

經濟學理論提供一些基本原則：評估越靈活有彈性，評估者（如評等機構、監理者）和受評估者（銀行）之間的距離就必須越大。因為靈活性

增加監督難度，也放大了受評估者所面臨的利益，進而增加壓力以及勾結的風險。反之，如果擔心評估和管制的公正與否受到影響，那麼最好降低靈活度，甚至回歸更嚴格的規則框架（註 45）。

註 1　交換交易（swap）是兩方之間交換金流的契約。舉個例子，空中巴士公司和某家銀行可以約定，將來公司用 1 美元換取 x 歐元。這樣一來，公司就能減少美元貶值的影響（當然，如果美元升值，它也可能吃虧，但此時收入也會增加）。

註 2　例如，2012 年，隆河省（Rhône）和塞納聖丹尼省（Seine-Saint-Denis）分別有 4.18 億和 3.45 億歐元的有毒貸款；阿讓特伊市（Argenteuil）也有 1.18 億歐元的有毒貸款。

註 3　結合公部門意志與民間部門效率的公私合夥模式，可能成為公共基礎建設資金來源值得一試的解決方案。然而，從歷史上來看，這類合夥關係往往是基於不良的理由——由民間部門承擔初期支出，而公部門則承諾在長遠以後支付大筆款項（或是放棄未來與投資相關的收益權）。公共會計制度已設法懲罰對這類推遲支付的策略。

註 4　國際貨幣基金組織特別定期發布關於財政規則運作的研究。例如工作文件《Expenditure Rules: Effective Tools for Sound Fiscal Policy? », février 2015。

註 5　Boris Vallee, Christophe Perignon, « The Political Economy of Financial Innovation. Evidence from Local Governments », Review of Financial Studies（即將發表）一文指出，較大的地方政府（通常擁有更專業的財務服務和外部專家支援）更傾向於採用結構性借款（emprunts structurés）；同樣，教育程度較高的市長（例如曾擔任高級官員的市長）也更常選擇這種借款方式。

註 6　場外交易市場（marché de gré à gré）是指買賣雙方透過一般不太標準化的契約進行雙邊交易的市場。相對而言，組織化市場（marché organisé）則涉及證券交易所，許多買家和賣家在這裡交易相對標準化的證券。

註 7　全球數一數二有錢的華倫・巴菲特以其卓越的投資眼光聞名。他的波克夏基金（fonds Berkshire）四十多年間的表現超過了標準普爾 500 指數和道瓊指數，這一成就是非常罕見的。

註 8　關於證券化之誘因效果以及危險的討論，請參見 Mathias Dewatripont, Jean Tirole, *The Prudential Regulation of Banks*, Cambridge, MIT Press, 1994. 不過這個問題在經濟文獻中已被廣泛討論，因此其他值得參考的文獻還有很多。

註 9　參見：Benjamin Keys, Tanmoy Mukherjee, Amit Seru, Vikrant Vig, « Did Securitization Lead to Lax Screening? Evidence from Subprime Loans », *Quarterly Journal of Economics*, 2010, vol. 125, n° 1, p. 307-362.

註 10　我無法在這裡詳細說明證券化過程的複雜性，但可以概述其因果關係。發行機構將貸款組合轉交給「管道」（即結構性投資工具），而這些管道會將貸款分級，根據不同的風險級別銷售給投資者。這樣做的原因是，投資者依據風險管理或法規需求，傾向購買評等較高的證券。以商業銀行為例，審慎監理規則要求它們為風險加權資產準備 8% 的資本金。然而，AAA 級的證券風險僅被評估為 20%，因此每歐元此類資產只需要 1.6% 的資本金。由於這樣的風險分散和資本金要求的降低，通道獲得信貸支持時也沒有嚴格的限制。因此，證券化讓銀行得以在有限的資本金下承擔更多風險。更多詳情可參考我在 2008 年所撰寫的專著及相關文章。

註 11　信用評等機構（標準普爾、穆迪、惠譽）採用從 AAA 到 D 的評等體系（D 代表「違約」）：AAA、AA+、AA、AA-、A+……等。評等在 BB+ 以下的投資被稱為投機性投資，不過這種劃分標準多少是主觀的。

註 12　讀者可能會反對投資者從一家損害其客戶健康的公司獲得定期利息收入（即 coupons）。事實上，一些社會責任投資基金（參見第七章）會避免投資這類公司；此外，國家也應承擔起責任。重點在於，既然已產生利潤，應將這些利潤分配給儲戶，而非重新投資於這家公司。

註 13　或者，優質債務。因為垃圾債券的風險可能和股票一樣高。

註 14　這種金融工具稱為永續債券。如果 r 是利率（在這裡等於 0.10），則永續債券的基本價值為：$[1/(1+r)] + [1/(1+r)^2] + [1/(1+r)^3] + \cdots = 1/r = 10$。

註 15　這種推理忽略了瓦爾特・本雅明（Walter Benjamin）所重視的「光環」（aura）概念（參見：*L'OEuvre d'art à l'époque de sa reproductibilité technique* [1939], Lausanne, Payot, 2013。光環指的是我們與非凡的藝術真跡之間幾乎是神祕莫測的關係。隨著複製技術（如印刷、攝影，以及班雅明時代的電影）的出現，這種神祕感雖然消失，但其真實性是無法複製的。不過，複製品卻可以讓我們意識受到原作的光環。從經濟的角度來看，必須指出的是，無法複製對於泡沫和光環的存在都是至關重要的。

註 16　Op. cit., Paris, Pearson, 2010. 英文原著書名：*This Time is Different. Eight Centuries of Financial Folly*, Princeton, Princeton University Press, 2009.

註 17　參見：Jean Tirole, « Asset Bubbles and Overlapping Generations », *Econometrica*, 1985, p. 1499-1528. 比較利率和成長率的條件在科學界有著悠久的傳統，最早可

以追溯到莫里斯・阿萊（1947 年）和保羅・薩繆森（1958 年）關於貨幣的研究。

註 18　很難確認這個條件是否成立，因為它需要對利率和成長率這兩個變數進行長期預測。如下這篇文章指出，對於大多數經濟合作暨發展組織中的國家來說，這個條件似乎成立：François Geerolf, « Reassessing Dynamic Efficiency », UCLA, 2014。

註 19　可以注意到「平均」這個修飾詞。在泡沫尚未破裂的情況下，所需的收益率必須高於利率，以彌補泡沫破裂所帶來的風險。因此，利率的平均成長規則僅在近似情況下成立。由於投資者對風險的厭惡，以及泡沫破裂時利率會下降，這些因素都表明該規則需要進行一些修正。

註 20　例如，已有研究表明，對沖基金有時會加劇泡沫的成長，並且通常會在泡沫破裂前退場 (Markus Brunnermeier, Nagel Stefan, « Hedge Funds and the Technology Bubble », *Journal of Finance*, 2004, vol. 59, p. 2013-2040)。

註 21　參見：Emmanuel Farhi, Jean Tirole, « Bubbly Liquidity », *Review of Economic Studies*, 2012, vol. 79, n° 2, p. 678-706.

註 22　例如可以參考他如下的著作：L'Exubérance irrationnelle, Hendaye, Valor, 2000.

註 23　投資銀行（也稱為商人銀行）的定義可能有所不同。在本章中，我們將區分零售銀行（也稱為商業銀行，接受小額存款並通常同時向中小企業提供貸款）與投資銀行的不同。投資銀行不接受小額存款（並且直到最近幾乎沒有受到監理）。投資銀行的工作包括首次公開募股、發行證券、為大公司進行併購、為政府發行債券、設計衍生產品，並在市場中擔任造市者（teneur de marché）以及在場外交易市場（OTC）中充當對手方（contrepartie）。

註 24　這賽局最初是零和賽局，一方的收益剛好抵消另一方的損失。但是，如果考慮到軟體、光纖和數據中心的投資成本時，賽局變成了負和賽局。

註 25　參見：Thomas Philippon, Ariell Reshef, « Wages and Human Capital in the US Finance Industry. 1909-2006 », Quarterly Journal of Economics, 2012, vol. 127, n° 4, p. 1551-1609.

註 26　參見：Thomas Philippon, « Has the US Finance Industry Become Less Efficient? », *American Economic Review*, 2015, vol. 105, n° 4, p. 1408-1438.

註 27　關於銀行恐慌的問題，開創性的經濟論文章是道格拉斯・戴蒙德（Douglas Diamond）和菲力浦・迪布維克（Philip Dybvig）的 « Bank Runs, Deposit Insurance, and Liquidity », *Journal of Political Economy*, 1983, vol. 91, n° 3, p. 401-419。而關於主權貸款恐慌的文章則有吉列爾莫・卡爾沃（Guillermo Calvo）的 « Servicing the Public Debt. The Role of Expectations », *American Economic Review*, 1988, vol.

78, n° 4, p. 647-661

註 28　在《歡樂滿人間》這部電影中，保姆瑪麗・包萍（Mary Poppins）的雇主是個銀行職員，有一天他帶著兒子去自己的工作地點。銀行經理拿了他兒子的錢，建議他把錢存在銀行；後來兒子要求提錢，其他在銀行現場存款的人聽到這個請求後，誤以為要發生銀行恐慌，謠言迅速傳播。於是，存款人也紛紛開始要求取錢，最終導致了真正的銀行恐慌。

註 29　例如，針對中小企業的貸款就體現了銀行掌握的許多資訊，而這些資訊是其他金融仲介所沒有的。

註 30　英文原文：*Within our mandate, the ECB is ready to do whatever it takes to preserve the euro.*

註 31　也請參考本書第五章。

註 32　例如，市場可能會對非常顯著的趨勢反應過度（研究人員可能使用例如谷歌趨勢〔Google Trends〕等工具，來捕捉這些趨勢），進而導致資產價值評估的一時偏差。

註 33　參見：Roland Bénabou, « Groupthink. Collective Delusions in Organizations and Markets », *Review of Economics Studies*, 2013, vol. 80, n° 2, p. 429-446.

註 34　這些觀點的一個經典應用在於健康方面。無論是針對自己還是親人，人們往往會壓抑與疾病和死亡有關的想法。這種態度多少是有用的：它能讓我們過上比較平靜、無憂的生活，因為大部分時間我們不需要面對非常焦慮的想法。然而，它也帶來了一些負面問題，例如不做健康檢查和不良的生活習慣等。

註 35　羅蘭・貝納布認為，當人們否認某種情況的現實認知時，這種否認的行為會在社會中蔓延，而且當這種行為會引發負面的外部性（即對他人造成不良影響）時尤其如此。

註 36　在拍賣場上，此即所謂「贏家的詛咒」。獲勝者應該考量到自己贏得拍賣這一事實的涵義，即其他買家並不願意為拍賣的物品支付高價。

註 37　國家可以讓這些市場「復活」，但這需要付出一定的財政成本。參見：Thomas Philippon, Vasiliki Skreta, « Optimal Interventions in Markets with Adverse Selection » et mon article « Overcoming Adverse Selection. How Public Intervention Can Restore Market Functioning », *American Economic Review*, 2012, vol. 102, n° 1, respectivement p. 1-28 et 29-59.

註 38　例如，某些保險公司必須脫手評等降低的債券，或某些投資基金面臨大規模的資金贖回。

註 39　參見：Markus Brunnermeier, Lasse Pedersen, « Predatory Trading », *Journal of*

Finance, 2005, vol. 60, p. 1825-1863.

註 40　自 2014 年起，該機構與歐洲央行針對銀行事務進行合作，而後者透過銀行聯盟（union bancaire）已成為管制歐洲銀行的責任機構。

註 41　關於這點，建議參考我與馬蒂亞斯・德瓦特里蓬特（Mathias Dewatripont）合著的《銀行的審慎監理》（*The Prudential Regulation of Banks*）一書。該書對「代表性假說」（hypothèse de représentation）的主題進行更全面的討論，並且說明為何股票市場的情況有所不同。

註 42　這個權重後來降到 0.35，表示大家覺得房地產的風險變小了。

註 43　例如可參考 George Pennacchi 和 Giuliano Iannotta 在 « Bank Regulation, Credit Ratings and Systematic Risk »（尚未正式發表論文），探討「監理套利」（arbitrage régulatoire）的可能性，而 Matthias Efing 則在 « Arbitraging the Basel Securitization Framework. Evidence from German ABS Investment »（尚未正式發表論文）中也進行相關研究（他還探討了其他形式的巴塞爾監理套利）。

註 44　國家資助的退休基金、經紀商和共同基金本身都必須或被鼓勵將資金投入信用評等較高的資產。這樣可以降低投資風險，並確保資金的安全性。

註 45　依照這個邏輯，如果評等機構在評等過程中沒有展現出比 2008 年金融危機前更高的誠信，就需要降低評等對銀行操作的重要性。以《第二版巴塞爾資本協定》為例，當資產評等從 AAA 或 AA 降至 BB+ 至 BB- 時，銀行所需的自有資本會增加 7.5 倍。這麼大的差異對銀行盈利的影響極大，因此監理機構和銀行對評等過程的信任至關重要。如果這種信任不足，監理機構就需要減少資本要求對評等的依賴。

| 第十二章 |

2008 年金融危機

真可怕。怎麼沒有人看出會發生這一切？

——英國女王伊莉莎白二世（註1）

2008 年的金融危機對民眾造成重大影響，導致經濟成長下降，失業率上升。儘管美國的經濟成長如今已回歸正常，失業率降至 5%，經濟信心有所恢復，但危機初期的經濟損失至今仍未回補。歐洲的情況則更為複雜，除了金融危機外，南歐國家還面臨嚴重的高失業率。這場危機也對政府財政造成沉重打擊，削弱了國家在未來危機中出手干預的能力。

包括經濟學家在內，沒有人能在 2007 年 8 月 9 日（即美國聯邦儲備系統和歐洲中央銀行首次介入時）預見國家將出手全面救助整個金融體系。那時，五大投資銀行幾乎都消失了，包括：雷曼兄弟和貝爾斯登徹底崩潰，美林證券被美國銀行收購，而高盛和摩根史坦利雖然倖存，但請求轉型為受監理的零售銀行以獲得支持。同時，曾經輝煌的公司如花旗集團、蘇格蘭皇家銀行和瑞士聯合銀行因不明智的冒險行為而面臨崩潰。一家保險公司和兩家房地產抵押貸款擔保機構共動用美國政府約 3,500 億美元資金。一年多後，美國政府投入的金額甚至達到其國內生產毛額的 50%。美國和歐洲各國政府亦向工業界直接提供大量貸款，各國中央銀行則超出其原本職責，採取非常規貨幣政策，將利率壓到極低水準，並支持政府和金融體系。

在歐洲，英國、比利時、西班牙、冰島和愛爾蘭都遭遇了嚴重的銀行

問題（註2）。在這種情況下，某些國家（如法國）的相對表現較好，不過法國部分銀行因與美國國際產險集團有風險連結，也得到了美國納稅人的救助。這種情況是否源於法國從之前例如里昂信貸銀行破產的教訓中吸取了經驗？也許斯堪的納維亞和日本在1990年代經歷重大銀行危機後也是如此。

那麼，這場金融危機的原因是什麼？我們是否從中汲取了教訓？我們未來是否能避免新的危機？為了解決這些問題，我必須先加以診斷，再來討論危機後的情況。最後，我將思考各方的責任以及經濟學家在危機預防中的角色。本章比其他章節技術性更高，並且是唯一不完全獨立的章節（雖然非必要，但還是建議先讀完上一章）。

第一節

金融危機

讀者可以找到許多關於經濟危機的著作（註3），所以我在這裡只會扼要談談這個主題。有個事實是確定的：2008年的金融危機已成為經濟學課堂上關於資訊理論和誘因機制的經典案例。在風險轉移鏈的每個環節上，某一方擁有的資訊如果多於另一方（即資訊不對稱），就會影響市場的正常運作。

與資訊不對稱相關的市場失靈長期存在，不過「金融創新」（即引入的新型金融工具，通常非常複雜）及市場行為者不熟悉這些新工具，都可能加劇這種失靈。因此，僅憑與資訊不對稱相關之市場失靈因素，無法解釋危機的發生。要理解危機，還必須考慮另外兩個因素，而這兩個因素是與市場失靈相結合的。首先，不適當的監理以及執行上的鬆懈，尤其在美

國（但歐洲也是），都給市場行為者提供了誘因，讓他們以社會（特別是納稅人）背負重大風險的代價進行操作。其次，如果不存在一個有利於冒險的環境，市場失靈和監理失靈的影響也不會如此重大。

過度的流動性與房地產泡沫

許多危機往往源於景氣時期的鬆懈管理。2000 年代，美國是危機的發源地，期間出現尋求投資標的的大量資金。一方面，美國聯邦儲備銀行將短期利率維持在異常低的水準（某些時期甚至低至 1%），提供非常廉價的流動資金。這種貨幣政策，再加上投資者希望獲得高於市場低利率的回報，進一步推動了房地產泡沫（註4）。

另一方面，美國的金融市場發達，能夠創造大量可在市場上交易的證券，吸引了意欲投資的人。來自阿拉伯和亞洲主權財富基金的儲蓄盈餘，以及像中國這樣的出口國累積的外匯儲備，部分流入美國市場，因為這些錢無法在本國的金融市場找到合適的投資機會。而且這些國際過剩儲蓄同樣讓金融仲介有能力將其挹注於房地產。隨著對證券需求的增加，加上對證券化過程的監理（在危機後才進行修正）非常寬鬆，進一步鼓勵債務的證券化。這些總體經濟因素形成一個寬鬆的環境，促使市場行為者利用市場和監理的缺陷加大投資。

當時，美國家庭的高風險房貸大幅增加（註5），且這些房貸具有幾個特點：家庭投入的自備款少，還款能力弱（註6），前兩年採用極低的固定利率，之後轉為高利潤的浮動利率，且貸款方往往不會核實借款人提供的資料（註7）。房價停滯不前、利率上升，導致這些浮動利率房貸逐漸出現問題，很多家庭無法繼續支付房貸，而有些家庭則根據美國的個人破產法規，選擇不再償還貸款，因為房屋的價值已經低於未償還的貸款金額。這樣的風險在於，總體經濟的不利變化可能導致大量房屋被強制收

回，屋主被迫搬離，貸款機構在轉售時面臨巨大損失。當其他貸款機構也這樣處理時，房價進一步下跌，導致損失更加慘重（註8）。

美國政府對此的應對措施為何？它採取類似其他政府面臨銀行危機（如同時期的西班牙）所採取的方針，目標就是鼓勵家庭購房。在2000年代，政府允許房地產泡沫膨脹，更嚴重的是，允許銀行過度暴露於其中。美國本應減少對購房者的稅收補貼（如擴大房貸利息抵扣範圍）以及半公營機構房地美（Freddie Mac）和房利美（Fannie Mae）提供的擔保，並藉由落實嚴格的貸款條件來規範借貸，具體而言，應訂定貸款與房產價值比例的上限，以及年還款額與年收入的比例。然而，政治考量占了上風。

確實，高風險貸款使得低收入人群也能擁有房產，但許多家庭缺乏認知，不懂利率上升或房價停滯帶來的風險，致使他們無法申請新的貸款來應對新的還款安排，這一問題十分明顯。貸款發放方如往常一樣，利用家庭想要擁有房產的渴望，向他們推銷風險契約。聯邦政府至少應幫助消除貸款發放方和借款人之間的資訊不對稱，然而，只有少數州採取規範房貸發放條件的措施，以遏制不正當的行為。

針對借款人和貸款人之間的資訊不對稱，政府可提供適當的資訊來加以應對，尊重借款人的自由選擇。因此，對借款購房的家戶提供保護可以視為一種旨在防止家戶免受衝動決策的影響、較為「家父長主義」的做法，只不過這種辦法可能存在一定的風險。其背後的理念是，消費者往往會被衝動驅使，傾向於過度消費，而不是在冷靜思考後做出選擇。這種「家父長主義」的干預也體現在多種公共政策中（詳見本書第五章）。根據這一監理方式，應禁止短期內看似有利的貸款（如前兩年利率極低的促銷貸款），並設定貸款與房產價值比例，以及年還款額與年收入比例的上限。

過度的證券化

我們在這裡提醒，良好的證券化需滿足兩個條件：一是發放貸款的銀行必須保留足夠的風險份額，以鼓勵認真落實貸款的審核和選擇，減少不良貸款的產生，保障金融體系的穩定；二是負責評估市場上貸款組合品質的評等機構也須給予誘因，以盡職履行調查。我們在前一章已經觀察到，銀行保留的風險份額如果過低，便無法得到充分誘因去發放良好貸款。

評等機構是美國證券化過程中不可或缺的參與者（註9）。我們要記住，銀行的資本需求取決於其資產的風險。自2004年《第二版巴塞爾資本協定》在美國生效以來，這種風險可以透過評等機構對資產的評等加以衡量。如果一家銀行購買了一種評等為AAA的證券化產品，則它對資本的需求將遠低於評等為BB的產品。因此，監理機構必須信賴這些評等機構，因為後者在監理中發揮重要的輔助作用。

當年主要的問題是，評等機構將AAA評等授予風險遠高於企業或地方政府發行之AAA債券的證券化產品。這意味這些金融產品雖被標記為「非常安全」，實際上卻隱藏著很多風險。究竟是經驗不足還是存在利益衝突？很難判斷，但評等機構的誘因機制與監理機構的目標並不完全一致。評等機構的佣金是與受委託評估之金融產品或證券的發行金額成正比，這導致它們傾向給出較高的評等（想像一下，如果老師的收入與他們給學生的分數掛鉤……）。最終，為了迎合那些占其收入重要部分的投資銀行需求，評等機構的行為無疑也造成了負面影響。

過度的（期限）轉換

簡單來說，銀行以短期借款的辦法來進行長期放貸，使其暴露於銀行恐慌的風險中。在這種情況下，銀行的債權人因擔心銀行會變成空殼而一

窩蜂要求提取存款。在危機發生前的幾年裡，許多金融仲介（不僅只有零售銀行）冒著極大風險，在短期之內向批發市場（如銀行同業拆款市場以及貨幣市場）借款。這種策略在短期利率保持在極低水準時很有利可圖，但也使銀行面臨利率上升的風險（如果未購買對沖工具來避險的話）：如果利率從 1% 上升到 4%，那麼幾乎完全依賴短期融資的機構（如為了將房貸證券化而創立的實體管道）的融資成本將增加四倍。

無存款的銀行特別容易受到恐慌衝擊（自從引入存款保險以來，受保障的個人存款非常穩定）。如上所述，五家大型投資銀行要麼破產，要麼與商業銀行合併或依靠商業銀行的支持，還可能獲得美國政府的援助。然而，表面上看似較穩定的零售銀行實際上也增加了對短期資金的仰賴。

這種藉由過度的期限轉換所帶來的普遍風險承擔，使得貨幣當局陷入了困境：要麼袖手旁觀，不出手壓低利率，導致整個金融系統崩潰；要麼做出妥協，操控利率，令其維持低位，相當於間接救助了那些曝險過度的機構。這種做法實際上是認可了金融機構的高風險行為，導致後續需要付出成本，我將在下文進一步討論。因此，在短期資金與長期借貸過度轉換的行為普遍會困擾貨幣當局，而這點尤其在危機過後立即明顯呈現。目前的問題對中央銀行和商業銀行來說是不同的。中央銀行面臨的挑戰是無法將利率調降到零以下，因為如果這樣做，市場參與者寧願持有現金，而現金在不考慮交易成本時所提供的利率為零。與此同時，商業銀行則抱怨利率過低，因為其客戶更傾向於持有現金而非投資。

逃避充足自有資金的要求

受管制的金融機構（如存款銀行、保險公司、退休基金、經紀商）必須遵守最低資本的要求。在銀行的情況下，《第一版巴塞爾資本協定》規定一系列國際通用的原則，其目的在於維持銀行的「資本」或自有資金，

使其較能吸收所面臨的風險，保護存款人或其保險機構（即存款保險基金，最終等於保護納稅人）。反之，相對於監理要求，銀行實際上更希望減少（甚至在極端情況下，降至最低）自有資金，以便在特定資產負債表的規模下實現更高報酬率，因為自有資金越少，股東從中獲得的報酬率就越高。

負責金融監理的機構面臨的任務十分複雜。一方面，金融機構的資產負債表和金融技術不斷演變；另一方面，它們用於進行持續監理的資源有限，難以在與受監理機構、分析師或評等機構的競爭中吸引優秀人才。此外，監理者之間的競爭也未使他們的任務變得輕鬆。當年在美國，銀行有時可以選擇自己的監理機構，藉由恰當界定自家的核心業務以獲取最寬鬆的監理（例如，選擇房地產業務能使其接觸到要求較低的監理機構）。因此，擔心一國範圍內對資本要求降低的趨勢也成為各代《巴塞爾資本協定》要求審慎監理規則在國際上必須統一的重要動機。

許多金融機構利用審慎監理規則中對風險分析的缺陷，來降低其資本需求，進而提高自有資本的報酬率。因此，它們為包含已證券化投資組合的資產的信貸管道提供了要求較低的資本信用額度（註10），儘管其承擔的風險與將這些貸款留在資產負債表上的風險是相當的。最後，監理機構未能有效限制這些有害行為。一個典型的例子是全球最大保險公司的美國國際集團，它不僅實際上變成一家投資銀行，還在美國政府出手救助前的兩週向股東撥付高額股息。

監理範圍界限太模糊，且公私部門間時有不當牽連

簡言來說，對銀行的審慎監理是一種條件交換，包括：零售銀行接受監理，並需滿足資本要求以及其他限制；做為回報，它可以獲得中央銀行的流動性支援並獲存款保險保障，而這兩個因素有助於穩定其風險。存款

保險可防止小儲戶在銀行財務困難的消息公開時恐慌逃跑；而憑藉央行提供的流動性，銀行可從容選擇是以合理價格出售資產，還是藉由發行新股補充資本。未受監理的銀行（影子銀行體系如投資銀行、對沖基金、私募股權等）至少理論上未享有這種待遇。

2008 年的金融危機顯示，受監理部門與未受監理部門之間的風險暴露缺乏嚴格把關，可能導致當局不得不藉由挹注資本、收購資產或保持低利率等方式拯救監理範圍外的實體。這引發了資訊不對稱及缺乏相對應約束的問題，因為未受監理的部門可以取得納稅人的資金與央行的流動性支援，卻不必接受審慎監理的規範。

這種模糊性在 2008 年美國政府拒絕拯救雷曼兄弟所引發的爭論中有所展現。相較之下，美國納稅人的錢先前已用來拯救另一家投資銀行貝爾斯登（註 11）。雷曼倒閉幾天後，美國政府又救助另一家未受監理的大型機構美國國際產險，隨後對零售銀行和投資銀行展開一系列公共援助。很難估算當時提供這些援助時所投入的成本。以美國為例，事後發現這些成本相對較小：銀行最終償還大部分款項。但很明顯的是情況本來可能更糟，損失也可能更大。

且讓我們回到美國國際產險的案例。乍看之下，拯救一家大型保險公司並沒有什麼不尋常的。然而，該集團的保險業務正常營運，且分開資本化，以保護其免受控股公司投機行為導致的破產所連累。因此，即使控股公司破產，本來可以不對保險業務造成任何損失。美國國際產險的控股公司竟在沒有受到任何監理，且管理不善的情況下仍使用納稅人的資金，這似乎是有悖常理。然而，由於該機構與受監理的銀行之間交織複雜（例如透過金融衍生品的場外交易市場），導致系統性風險的產生，因此「合理化」了對其救助的必要性。

受監理和未受監理部門之間有個模糊地帶，但公私領域之間何嘗沒有混淆現象。2008 年 9 月，美國兩家負責保險或擔保 40% 至 50%（2007 年

約為80%）之房貸餘額的半公營房地產信貸機構——房利美和房地美（註12）也獲得了救助。仍然是與房地產相關⋯⋯這兩家公司的性質在金融體系中是很獨特的。身為民營公司，它們無法讓公共部門享受其利潤（註13），卻享有美國政府擔保（由國庫提供的信用額度），且預期在面臨困難時還能獲得美國政府救助，而後來這確實也發生了。按照慣常說法，利潤是私人的，而損失則是公家的。此外，對它們的監理並不十分嚴格（註14）。相較歐洲，歐盟委員會援引國家援助法，阻止歐洲各國政府擴大政府的隱性擔保（註15），並限制這種類別混淆的情況。法國在2007年借鑒美國經驗，放棄了一項要求銀行必須確保所有客戶都能獲得信貸的法案。

第二節

金融危機後的新環境

至少可以歸納出兩個危機後的現象：低利率與追求新管制。

史上新低利率

第一個現象原本被視為是暫時性。然而，當危機爆發時，美國、歐洲和英國的中央銀行迅速將利率降低至接近零的水準，換句話說，若將通貨膨脹考慮進去（即以實際方式而非帳面數字計算），則實質利率甚至為負；而日本自1990年代中期以來，利率一直低於1%，如今則為0%。因此，到了2016年，有人預測日本和歐洲的利率將有很長一段時間繼續維持在接近0的水準，而美國則開始非常謹慎地逐步提高利率。

這些低利率背後的動機十分明確：它們使金融機構能以低成本進行再融資。這實際上是凱恩斯的邏輯，也就是在金融行業遇到困難時為其提供流動性（註16）。最終，只有政府能夠為經濟體系提供流動性。事實上，它能夠做到市場永遠無法實現的兩件事：首先，它可以拿家庭和企業（無論是現有的還是未來的）未來的收入做為抵押，或者更確切說，是公權力將從這些收入中徵收的稅款，藉由發行國債或向銀行提供流動性加以實現（註17）。這種徵稅權為政府在總體經濟調控中的角色提供了立場：政府今天可以向銀行和企業提供金援，以換取明天加稅的權利。其次，中央銀行可以促成通貨膨脹，改變以帳面金額（即契約上所載明的金額）計算之契約的實際價值，而這包括債務契約，以及未經指數調整的勞動契約。（如今，中央銀行在引發哪怕是十分溫和的通貨膨脹預期上也面臨困難，因此第二種方法並未真正奏效。）

　　這種流動性的供應並非旨在拯救因決策草率而陷入困境、無法在面臨難關時獲得再融資的銀行。相反地，主要用來保持對經濟運作至關重要之金融仲介機構的存續。中小企業尤其無法進入金融市場（例如發行債券或商業票據〔billets de trésorerie〕來獲得融資和再融資），因為這些企業通常未在金融市場上建立起信譽，且缺乏可抵押的有形或無形資產，業務也較為單一。因此只能依賴銀行，並由銀行負責加以監督，同時確保其抵押品具有足夠價值。一旦銀行遭遇困難，中小企業將會首當其衝，正如我們在所有信用緊縮（credit crunch）事件中所觀察到的那樣。

　　然而，儘管低利率在危機時期有其必要，但此措施並非沒有代價。

- 首先，低利率會導致大量資金從儲戶轉移到借款人。事實上，這正是我們在設法重振受困的銀行體系時所追求的效果。然而，此舉的影響常超出預期。利率下降會推高資產價格，例如房地產或股票（這些資產未來的回報收益相較於債券市場，更具吸引力），因此導致財富重新分配：擁有這些資產的人在出售時能獲利更多（註

18）。所以，低利率帶來了巨大的財富重分配效應，其中一些是刻意設計的，而另一些則是意料之外的。

- 低利率為金融泡沫的產生提供有利環境。如前一章所述，金融泡沫往往會在這種低利率環境中發展。

- 低利率還鼓勵金融機構冒險，特別是那些向客戶承諾保證回報的機構。例如這在德國曾引起極大擔憂，因為保險公司向壽險客戶承諾的最低報酬率可高達 4%。而德國 10 年期國債的報酬率僅為 0.5% 至 1%，這使得上述承諾難以兌現，除非那些機構投資於高收益債券甚至是「垃圾債券」（junk bonds），而這些債券雖然回報很高，但無法還款的風險也很大。理論上，壽險公司應該將與其負債期限相匹配的資產妥善配置。當利率下降時，資產價格會上漲，可以用於向客戶承諾的返還。但實務上，投保人會選擇延長他們的舊契約，尤其在利率下降、其他儲蓄產品吸引力下降的情況下，這終會導致資產和負債之間的到期日產生錯配風險。

- 或許更好的方法是直接透過審慎監理來處理觸發冒險行為的誘因，而不是放棄對經濟有幫助的低利率。不過，我們仍然需要清楚認識到，這樣的利率水準會造成風險。

- 短期的低利率可能為下一次危機埋下伏筆，因為這會鼓勵銀行借入更多的短期資金。不過，這個問題目前不那麼嚴重，原因有二：一是量化寬鬆政策對長期利率的影響與對短期利率的影響相當，因為長期利率也非常低；二是銀行監理機構正在推出工具，以限制銀行的短期借貸。

除了低利率可能帶來的四種成本之外，還有第五種成本：當名目利率（taux nominal）降到零時，便無法再進一步降低，在這種情況下，經濟個體會更願意持有現金，因為現金的票面價值保持不變（即名目利率為零

〔註19〕）。這種情況被稱為「零利率下限」（Zero Lower Bound，簡稱ZLB）。如果需實施負利率，中央銀行就再也無法透過降低利率來刺激經濟，這樣可能會迅速導致經濟衰退和失業。為了刺激經濟，中央銀行必須使用一系列的複雜工具，而這些工具目前還未完全成熟（註20），這裡我就不再詳細說明。

利率持續低下？

在危機發生之前，總體經濟界的共識是立基於「大平穩期」（譯註1）（great moderation）概念之上。在那段時間裡，貨幣政策有時會與財政政策相結合（稱為政策組合〔policy mix〕），且似乎在過去20年間表現得相當不錯。這些政策的目標在於保持物價穩定（例如以2%的通脹目標為基礎），並根據經濟狀況和失業率進行調整。然而，如今這種「貨幣政策優先」的共識正面臨挑戰，部分原因是當利率達到零下限時，這種貨幣政策就無法再發揮作用了。

如果我們註定要長期生活在低利率的經濟環境中，而貨幣政策因此無法有效重振疲軟的市場，也無法阻止經濟衰退和失業，可能會面臨一種稱為「長期停滯」（stagnation séculaire，註21）的現象。在這個問題上，經濟學家的意見不一。然而，可以肯定的是，自1980和90年代以來，無風險的安全資產（如政府債券）的利率一直在下降。實質利率（即扣除通貨膨脹後的利率）在1980年代為5%，1990年代為2%，到了2008年雷曼兄弟破產前下降到1%，而現在（編按：指本書初版出版的2017年）

譯註1　指在1980年代末至2007年間，許多已開發國家經歷的一個經濟時期。這一時期的特點是：低通貨膨脹、持續成長、金融穩定、有效的貨幣政策。然而，2008年的全球金融危機使這一概念受到質疑，因為在危機後，許多國家的經濟面臨嚴重挑戰，貨幣政策的有效性也受重新審視。

大約為 -1%。

導致降息的原因是什麼呢？第一個結構性原因與安全資產的供求關係有關：如果安全資產的供應少而需求多，資產價格必然會上升；就金融資產而言，價格高意味報酬率低（直覺來說，資產持有者為資產支付高額成本是因為該資產屬於「安全資產」，需求大於供應。由於市場上對這類安全資產的需求過高，推動價格上升，因此，即便資產報酬率低，投資者仍願意支付高價格，因為他們追求的是資產的穩定性和安全性，而非高收益）。這種供需失衡不僅帶來低利率，還表現出其他癥候。在 2008 年危機前，這種失衡表現為過度的證券化，目的在於創造可在金融市場交易的安全資產（豈料最終這些證券化資產變成風險資產，背離最初提供安全資產的目的）。另一個癥候就是泡沫的出現。

對安全資產的需求增加，主要是因為一些新興國家（如中國）和依賴原材料的國家（如石油價格曾經高漲的國家）缺乏發達的金融市場，所以傾向將資金投放到已開發國家。這就是之前提到的「儲蓄過剩」現象。另外，自金融危機以來，隨著風險管控法規的強化，銀行、保險公司和退休基金等機構被限制承擔過多風險，因此它們更偏好安全的資產，因為這些資產所需的資本要求較低。同時，個人在前景不明朗的時期也傾向選擇最安全的資產。比如，法國人壽保險中，有將近 85% 的資金挹注於歐元基金（主要投資於評等高的國家債券和企業債券，且名目上是保值的），而非風險更高且無保障的投資型保單，這就是一個好例子。

與此同時，安全資產的供應卻減少了。像多元化的不動產投資組合和經合組織國家的主權債務，這些過去一般人視為全然安全的資產，現在卻被認為具有風險，導致全球資金的流動大幅下降。根據里卡多·卡巴列羅（Ricardo Caballero）和艾曼紐·法爾希的研究，全球安全資產的供應量從 2007 年占全球國內生產毛額的 37%，下降至 2011 年的 18%（註 22）。

低利率的另一個原因與儲蓄有關。隨著貧富差距擴大，富裕家庭的儲蓄率遠高於貧困家庭，因此整體儲蓄增加。儲蓄增加之後，根據供需關係，會導致儲戶所獲得的報酬下降。最後，人口減少也是導致低利率的因素之一（註23）。人口成長放緩，尤其是在像日本這樣的國家，對經濟產生複雜的影響，不過大多數人認為這會壓低利率。因為人口減少會降低勞動力的供應，進而影響資本的報酬，導致利率下跌。此外，在部分依賴現收現付制度的退休金體系（即依賴現役勞動者的繳費而非儲蓄）中，人口減少會降低現役勞動者的數量，削減退休金，進而促使人們提高個人儲蓄，這點也壓低利率。

　　利率可能持續低迷，這樣一來，我們就須重新考慮總體經濟政策。

新環境的監理

　　零風險並不存在。若想積極應對監理失靈，降低危機的頻率和規模，必須意識到，完全消除危機發生的風險是不可能的。就像一個從未錯過電影開場、約會或火車的人，往往過於謹慎，一個完全未經歷危機的經濟體系可能運作得遠遠低於其潛力。若要徹底避免危機，我們必須限制風險承擔以及創新，並專注於短期利益，而不是投資於因不確定性較高而較具風險的長期發展。真正的挑戰不是消除所有危機，而是消除那些促使經濟行為者採取對整體經濟有害行為的誘因。這特別需要限制金融系統對儲戶或納稅人所施加的「外部性」。

　　法規與審慎監理更像一門藝術而非科學，畢竟取得可用數據來準確衡量理論所預測的影響非常困難。然而，即使對於每項原則的適切性存在爭議，我們仍可以找到一些普遍原則。我在2008年的專書（註24）中建議保護受監理的機構，令其免遭不受監理之機構引發的風險波及，此外還須提升償債能力比率（ratios de solvabilité），更加重視流動性，讓監理措施

更穩定，不隨經濟的循環週期而改變，監控銀行高階管理人的薪酬結構，維持證券化的同時還關注其細節，監控評等機構，並且思考「監理基礎設施」（infrastructures de régulation），在歐洲範圍內，則要在歐洲中央銀行的內部設立一個歐洲監理機構（這項已經實現，可以參考本書討論歐洲的章節）。在那時期，許多其他的經濟學家也提出類似的建議。那麼現在情況如何呢？

魚與熊掌不可兼得

金融危機使得監理者、中央銀行和政府不得不採取措施，例如進行救助、購買有毒資產或實施寬鬆的貨幣政策，以防止未受監理的金融機構破產。例如美國的大型投資銀行貝爾斯登和美國國際集團就說明了這種現象。唯一未獲紓困的雷曼兄弟則引發了人盡皆知的恐慌。

對於系統性風險的恐懼在公共政策的設計中占據過大的比重，結果衍生許多問題。這部分是因為相互持有的風險情況太不透明。監理者對相互持有之風險的具體情況以及場外交易市場中對方的品質了解很少。此外，管制者幾乎無法理解並扭轉全球金融系統中相互持有的體系結構，尤其是因為部分行為者並不受監理，或者只受其他管制者的監理。

為了盡可能將有害產品排除在公共領域之外，我們必須注意，公共領域指的是受監管的領域，理論上只有這些領域的產品可以由國家進行救助。為此，已經有幾項改革陸續實施。

第一項改革是將產品加以標準化，並在有組織的市場上進行交易。雖然為客戶量身定製產品是金融行業的重要業務，但這讓監理者面臨重大的挑戰，使他們難以評估這些債券及其相應價值。顯然，我們並不想完全禁止金融創新或為客戶量身定製工具，而是應透過合理的資本要求，鼓勵受監理的金融仲介向標準化的產品轉型，讓那些產品可以在證券交易所進行

買賣，而未受監理的仲介當然可以繼續專注於場外市場交易。正如上一章討論的，企業和銀行尤其需要一些防範基本風險的保險契約，這些風險包括匯率波動、利率變動以及與它們往來之對手方的違約風險（註25）。

這些標準化產品可以在管理相互持有風險之衍生品的交易平臺上進行交易。監理者需要清楚了解受監理機構是否暴露在其他機構違約的風險中。仰賴資本充裕的清算所，並且要求參與者提供保證金，以及集中供需，都開創了令人鼓舞的前景（註26）。《第三版代巴塞爾資本協定》在危機後採取的新管制便朝著這個方向發展，對場外市場交易契約提高資本要求做為懲罰。我們應當繼續堅持這一方向。同時，我們必須確保清算所遵循嚴格的審慎規則，否則監理者只能降低銀行的破產風險，反而增加清算所的風險。更嚴格的想法是將零售銀行與投資銀行進行結構性分離，是由美聯儲前主席保羅·沃爾克在美國所提出的，而歐盟專員李卡寧（Liikanen）也提出了相當不同的版本，至於英國，經濟學家約翰·維克斯（John Vickers）則以最嚴格的標準進行構思（註27）。

對自有資本的逆週期要求

逆週期償債比率（ratio de solvabilité contracyclique）是有其理論依據的，也就是在景氣好時提高償債比率，但在銀行危機時則降低要求。一方面，銀行資金不足通常伴隨信用緊縮而來，造成仰賴銀行體系的公司面臨困難；尤其是中小型企業，或者不得不支付更高的利率，或者根本貸不到款。另一方面，當流動性不足時，公共政策必須支援金融體系，尤其是因為流動性衝擊為罕見事件（因此民間部門為了應付這類罕見事件而累積流動性的成本會非常高）在這樣的時期，放寬償債比率要求，連同其他方法如貨幣政策，是提供援助的一種辦法（註28）。

根據理論，《第三版巴塞爾資本協定》確實設立了逆週期資本緩衝

（countercyclical capital buffer）機制，以應對銀行所面臨的總體經濟環境變化。

對流動性和償付能力的管制

在危機發生前，不論是在巴塞爾協議的層面還是歐洲層面，都沒有監理流動性的統一標準，且當時對流動性的要求也相當低。雖然除了償付能力比率（ratio de solvabilité）外，理論還建議應增加流動性比率（ratio de liquidité），但實務操作上則複雜多了。事實上，建立有效衡量金融仲介流動性的方法是一個眾所周知的難題。銀行的流動性取決於兩方面，其一是資產負債表的資產端（市場流動性）能否在需要時不以過大折扣出售證券（如國庫券、存單／商業票據、證券化產品、股票、債券等）；其二是負債端（資金流動性）能否在快速且良好的條件下籌集資金（如活期存款、存單等）。此外，銀行聲譽也影響其變現資產或籌集新資金的能力。

無論如何，巴塞爾委員會正著手改善兩個新的比率：第一個是為期一個月的流動性覆蓋率（Liquidity Coverage Ratio），要求銀行持有大量高度流動的資產，如國庫券，且其數量至少等於在未來 30 天內可能因市場再融資機會枯竭、存款流失（主要是未投保的存款）以及其他因素所導致的淨現金流失額；另一個則是為期一年的淨穩定資金比率（Net Stable Funding Ratio）。

計算自有資本是否充足的標準始終不斷變化。適當的自有資本水準取決於政府願意承受的風險、經濟環境的波動、監理的品質（能否正確執行規則）、銀行資產和負債的構成，以及業務活動向未受監理之影子銀行轉移的風險等因素。由於可用於估計適當之自有資本的資料稀少，計量經濟學家很難準確訂定其合理的水準。因此，在這方面總要經過一番摸索。唯一明確的事實是，危機前自有資本的水準顯然過低。

自那以後，《第三版巴塞爾資本協定》便提高了相關要求：一級資本（註29）比率從4%提高到7%，再加上0到2.5%的逆週期緩衝；總資本要求（一級資本加二級資本）從8%提升至13%。此外，還加上新的要求，包括引入槓桿率（ratio de levier），並對監理機構衡量風險能力的信任持高度保留態度。根據目前的方案（尚未獲得最終確定），銀行必須持有至少3%的一級資本，而且這一比例是按照未經風險調整之資產規模計算。被認定為對整個金融系統穩定至關重要的大型銀行，則可能面臨額外要求。

這樣是否足夠（註30）？很難斷言，但對自有資本要求的提高無疑是一項重要進展。

總觀審慎監理的方法

當前改革趨向總體審慎，也就是說，銀行的穩健性不僅取決於自有資本和流動性，還與其他銀行是否穩健密切相關。原因不只一個。

首先，銀行之間可能存在相互依賴，如果其中一家倒閉，可能引發連鎖反應，產生傳染效應。此外，銀行之間還有間接依賴關係。若多家銀行同時遇到問題，它們就會一起拋售資產，導致二級市場賣單大量湧現，結果價格下跌，削弱每家銀行的流動性（即英文所謂的 fire sales〔火損物品大拍賣〕現象）。

危機時期，銀行倒閉的後果遠比平時嚴重。首先，如果其他銀行也受到總體經濟衝擊，資本不足，某家銀行倒閉的系統性風險就會更高。其次，政府救助的成本更大，在政府已救助其他銀行的情況下尤其如此。因此，如果銀行的策略會使其破產風險與總體經濟的衝擊密切相關，這時對它的資本要求應該更高。最後，如果許多金融仲介同時進行大量資產轉換，央行將不得不降低利率加以應對。

薪酬問題

銀行業的薪酬引發了兩個相異的爭論點。首先是薪資水準。金融行業的高薪問題（尤其是英美國家的）十分引人關注。儘管如此，高薪本身並不應該讓金融業得到特別對待。無論國家的重分配偏好如何，政府的角色在於透過稅收來分配收入，而非決定與電視節目主持人、成功企業家或足球運動員相比，銀行家是否不該拿高薪。另一個爭論點在於，高薪往往並不反映業績良好，反而可能形成不良誘因。管理高層獲得巨額獎金，隨後營運失敗（註31）；股價暴跌之前執行股票選擇權；表現不佳的管理高層領取巨額遣散費（即「黃金降落傘」〔parachute doré，註32〕）。凡此種種不僅引發道德質疑，甚至從效率的角度來看也是問題。簡單來說，這些薪酬並沒有妥善發揮誘因作用。

「獎金文化」（culture des bonus）與金融的偏差行為及不平等問題密切相關。管理高層的薪酬體系往往注重短期業績和超額收益，因此鼓勵高風險的承擔。這在「極端損失風險」（risque de perte extrême，英文為 tail risk，亦即「尾部風險」）方面尤其明顯。如果某個高風險策略在 95% 或 99% 的情況下是盈利的，僅 1% 或 5% 的機率會導致極端損失，那麼管理高層通常能保證自己獲得豐厚報酬，同時將那些雖不太可能發生但卻巨大的損失留給股東、債權人和政府。

為什麼股東會縱容這樣的策略呢？首先，只要風險沒有變成現實，他們也能從中獲利；然而一旦發生，他們就得「自食其果」。其次，銀行為了吸引人才，往往過於注重短期薪資。這種傾向在 2008 年危機前的金融業中表現得尤為明顯。理論上，激烈的獵才競爭導致獎金制度優先考慮短期利益。這不僅使平均薪資上升，也加大了在管理層之間或交易員之間的薪酬差距。換句話說，吸引並留住人才的競爭並非透過提高固定薪資來實現，而是以增加浮動薪酬的辦法來取代（註33）。

仍然有一個問題需要解釋，那就是為什麼債權人會在這種情況下同意貸款。首先，他們不一定知道風險正在增加。但更重要的是，銀行業能承擔這些風險，部分原因是有明確或不言自明的政府保護網。這讓銀行（不僅僅是零售銀行）即使在風險加大的情況下，也能繼續獲得貸款人的資金。這可能是金融行業的一個特點，像電視主持人、企業家或足球運動員在遇到困難時通常不會依賴公共資金。

因此，國家有理由確保受管制的民間部門或有可能獲得政府救助的產業，建立延遲支付的薪酬系統。這些系應該更加注重長期管理，並包含股票授予（vesting，譯註2）和更長的保留期（註34）。此外，根據《二代巴塞爾資本協定》第二個基礎原則，若薪酬方案導致追求短期利益以及風險過度暴露，政府應要求銀行增加自有資本。當然，僅延後幾年報酬可能不夠。某些風險只會在更長的時間後產生（例如，保險中的長壽風險〔risque de longévité，譯註3〕）。但延長到很長的時間（比如10年）後，則會變得難區分一位經理人與其繼任者的貢獻（註35）。因此，我們需要找到一個合理的折衷方案。

最後，銀行的薪酬委員會可能對高層管理人員過於寬容。不過，這並不明顯是金融業特有的問題。公司治理的問題在所有產業中普遍存在，因此僅基於這個理由來考慮對金融業施加特殊管制並無太大意義。

與此同時，不同意對高層薪酬進行管制的人提出兩個主要論點。

第一個論點是，銀行業和其他企業一樣，吸引頂尖人才是非常重要的。假設一家銀行能聘來一位更優秀的執行長，並使銀行的價值提高

譯註2　簡單來說是讓新創中包含創業者及員工在獲得股東權益（像是股票或是股票選擇權）的一個機制，但相關人員並非一次全部獲得，而是依照規範的時程，分次拿取屬於自身的權益。如果在規範的時程結束前，獲得權益的相關人員離開了公司，便喪失還沒分配到的權益。

譯註3　指保險公司在退休基金和人壽保險中面臨的風險，具體表現為投保人在其預期壽命以上仍存活的機率比預期的要高。這種情況可能導致保險公司在支付養老金或理賠時的負擔加重。

0.1%。如果這家銀行的市值為 1,000 億美元,這微不足道的 0.1% 即相當於 1 億美元;因此,這家銀行願意為獲得這位頂尖管理者的服務支付高額薪酬(註 36)。這個論點換個表述方式即是「我們別無選擇」:不受管制的仲介機構,比如對沖基金和私募股權公司都為那些他們認為最頂尖的管理人才提供優渥的薪酬,結果令零售銀行在吸引頂尖人才時面臨困境。

第二個論點則認為,金融業的過分行為不會因為管制高層管理人員的薪酬而立即獲得解決。這些人的自負心態可能和高額報酬一樣,都會導致問題出現。

總結來說,薪酬水準的問題已經超出了金融業的範疇,並引發了一個更廣泛的問題:政府究竟希望在銀行業或其他行業中實現多大的累進(重分配)幅度。而薪酬結構及其所帶來的誘因問題更特別針對金融業,因為一旦銀行破產,可能會動用到公帑。因此,對那些鼓勵風險和偏向短期收益的薪酬進行監控,應該是監理計畫中的一部分。

《第三版巴塞爾資本協定》提出了一些指導原則,而這些原則的具體落實則取決於各國如何將其轉化為國內適用的法規或具體的執行措施,例如在歐盟內部,各國對相同原則的轉化方式可能存在差異。這些指導原則包括降低浮動薪酬的比例,以減少風險誘因(例如確保浮動薪酬的比例不超過固定薪酬),以及延遲發放部分薪酬(延遲 3 至 5 年),以懲罰那些短期有利但長期有害的策略。如同提高自有資本的要求,這些改革雖難以精確訂定,但至少看起來是朝正確方向邁進。

評等機構

雖然評等機構在現代金融體系中發揮關鍵作用,例如能向投資者(無論是個人投資者還是機構投資者)以及監理者提供有關各種金融工具風險的資訊,但在次貸危機中卻未能履行這個職責,所以也開始受人質疑。為

什麼至少要對評等機構實施最低限度的管制？主要原因是，隨著時間推移，這些機構已經成為「監理幫手」，並從這一角色中獲得豐厚的收入。那些受監理的機構（如銀行、保險公司、經紀人和退休基金）如果持有評等高的債權，對他們的自有資本要求會大幅下降。評等機構既然享有這種特權，為了求取平衡，就必須對其評分方法和利益衝突的情況予以監理。反之，與審慎管制要求無關的評等活動則無需受到額外管制，除非這些活動會引發利益衝突。

《第三版巴塞爾資本協定》以及針對保險公司新的審慎監理規則（即「償付能力二代監理機制」〔Solvabilité II〕）仍然保持使用評等制度來評估銀行資產風險的原則，而美國目前對評等制度則抱持非常謹慎的態度。

監理的基礎設施

此次金融危機令人質疑的不僅是現行規則，還包括執行機構的運作方式。因此，大家開始討論，監理機構是否能在銀行倒閉前採取強硬的糾正措施？一國內部不同的監理當局如何協調？各國間的監理機構如何合作（涉及跨國公司時，它們間的協調問題尤為迫切）？跨國監理協調所面臨的挑戰還有：各國在存款保障制度、資產可轉移性和破產法方面存在差異。督導（包括監控與落實資本要求）危機管理（例如救助一家機構或允許其破產、購買不良資產等）都是典型帶有外部效應的情況。畢竟這些情形經常導致各國只顧自己的利益，而忽略對於整體的影響。為求簡潔，我暫時不再詳細討論這個議題。

金融系統現在是否安全了？

　　如前所述，從目前我們掌握的認知來看，更何況我們掌握的資料有限，無法準確設定對資本和流動性的要求，需要保持謙遜。不過，如果這些改革能夠真正落實，不遭扭曲，那麼金融體系會比以前更安全。《第三代巴塞爾資本協定》的改革總體上是往好方向走的。對自有資本更高的要求、最低流動性比率的設置、把總體經濟因素納入考慮（例如逆週期資本緩衝）、增加使用集中化市場並減少使用場外交易市場、歐洲銀行業聯盟的成立等方面都取得了進展。

　　不過，一些重大的風險區域依然存在。其中部分與總體經濟環境有關，比如全球成長預期下降、金融市場波動以及如何在不影響經濟成長的情況下擺脫低利率政策的疑問。還有一些風險源自各地區的特殊問題，比如歐洲在政治上就面臨建構統一歐洲的不確定性、部分經濟體的結構性疲軟、歐洲銀行資產負債表上仍有相當比例的非生產性貸款（prêts non productifs，譯註4），以及銀行與主權國家間的緊密連結（註37）。在中國，經濟從追趕型轉向技術領軍型以及體制轉變（例如建構福利國家、包括金融市場在內的市場管制）帶來的不確定性。新興國家面臨的問題則是：過度依賴原材料的出口、風險管理不足（註38）、以外幣（通常是美元）借款（這可能在本幣貶值時為企業和銀行帶來負擔，因為貶值會使債務負擔自動增加）。在比較個體經濟的審慎監理層面上，經濟學家對許多問題的了解還不夠完善，例如投資者應負責任的範圍（註39），以及如何恰當設定對資本和流動性的要求。

　　我將以「影子銀行」（banques parallèles）這一特殊範疇為本章收尾。由於監理越來越嚴格，銀行業務也逐漸轉移到「影子銀行」中，但是

譯註4　指那些未能為借款方帶來收益或未能有效推動經濟成長的貸款。

這些機構要麼不受監理，要麼受到的監理很少。這種轉移只要不損害脆弱群體（如小儲戶和中小企業）和政府財政，本身並無不可。然而，正如我們在 2008 年看到的，這個不受管制的領域實際上可能會受惠於公共流動性以及資金救助，原因在於相互間的曝險以及資產低價拋售風險。另外，也有其他原因可能會牽涉到政府財政，例如個人將資金投入影子銀行，中小企業從影子銀行借貸並依賴其融資，這些現象今日在一些國家（如中國）已經發生。

第三節

該歸咎誰？
經濟學家與危機預防

因為政府不願意好好履行管制責任，2008 年的金融危機其實也暴露了政府角色的危機。正如第十章提到的歐元危機，這些危機的根源在於監理機構失靈；金融危機是審慎監理上的失敗，而歐元危機則是對各國督導上的無效。在這兩個情況下，只要表面上一切看起來正常，大家就放鬆警惕，持續容忍金融機構和各國的冒險行為，直到風險變得無法忽視為止。與一般看法不同的是，這些危機其實並非市場自身的問題，因為經濟行為者會根據自身所面對的誘因做出反應，而一些不那麼謹慎的行為者則利用監理漏洞，欺騙投資者，並從公共安全網中獲益。因此，這些危機實際上更多反映了政府和國際監理機構的缺陷，而非市場本身的技術性失敗。

人們動不動就批評經濟學家（註 40）沒能預測到危機，甚至有人認為他們要對危機負責。實際上，多數金融危機的原因都跟資訊問題有關，而且早在危機爆發之前就已經被研究過，例如過度證券化對發行者行為的

影響、短期負債的增加及金融機構的流動性不足、銀行風險的評估不當、信用評等機構的道德風險、場外交易市場的不透明、流動性枯竭及市場價格消失、從眾現象（「羊群效應」），還有監理的順週期性影響。

不過，儘管研究提供了許多了解導致危機的關鍵因素，但在預防危機方面卻未同樣成功。必須承認，經濟學家在危機發生前的影響力非常有限。造成這種情況的因素有四個。

首先，這些新知識的傳播非常零散。責任在於研究者，也在於決策者，因為前者常常沒有做出足夠努力，至於後者，當一切順利時，他們往往對經濟學的教訓不太關心。雖然在監理機構工作的經濟學家可能會負責將研究者的知識傳遞給決策者，但這並不代表決策者會因此對高度技術性的文章產生興趣或願意閱讀。簡而言之，雖然知識的傳遞有其管道，但若決策者本身不重視或無法理解這些技術性文章，則知識的傳遞效果仍然有限。因此，必須對這些知識進行深入剖析，使其易於理解，並展示如何加以運用。這些都是頂級經濟學家通常不太願意進行的工作，因為他們往往更喜歡專注於創造知識，而不是傳播知識，更何況他們的學術聲譽是建立在同行之間，而非決策者之上。

當然，大多數研究者並未意識到當時所承擔風險的範圍，例如表外承諾（engagements hors bilan，譯註 5）的金額，或場外交易契約的規模與其間的關聯。監理機構對此掌握部分了解，然而一旦出了這個圈子，大多數人幾乎一無所知。那麼，學術界的經濟學者是否應該更清楚這些資訊呢？我對這個問題並沒有好的答案：一方面，如果決策者能聽進經濟學者的聲音，這將有所助益；另一方面，儘管研究與教學以及應用經濟學之間應該相互提升，但兩者的專業分工依然有其必要。

譯註5　通常指的是企業或金融機構在財務報表外的負債或承諾，雖不會直接反映在資產負債表上，但可能對財務狀況和風險產生影響。這類包括租賃合約或其他合約義務在內的承諾在報表上不易察覺，但實際上會對公司未來的現金流和信用風險產生影響。

第三，一部分面臨利益衝突的經濟學家有時過度宣揚場外交易市場或其他不透明操作的好處，或者低估了金融監理的重要性，而這些觀點很快被某些經濟利益團體所採納。查爾斯・費格森（Charles Ferguson）於2010年上映的電影《陰謀辦公室》（Inside Job），清楚展示了科學界與專業界之間密切勾結的危險。這部影片立場雖然偏向批判，但資料充足，值得推薦給經濟學學生參考。

這類行為必須受到抵制，它們與其他科學領域中因公私利益干擾研究圈而出現的問題並無太大不同。然而立刻浮現如下這個困難：那些掌握資訊並因此能對公共決策發揮重大影響的人，往往也在相關領域工作，因此面臨利益衝突。

這沒有萬能的解決方案，但我們可以考慮一些有助於緩解此問題的措施。關於科學知識的傳播，培養高素質卻不走進學術界的應用經濟學家，還有與業界、監理機構、中央銀行及金融機構共同舉辦的研究和會議，這些將帶來很大的好處。至於利益衝突，目前大多數研究機構、大學和公共機關都採用一套倫理章程，規定研究者需要申報潛在利益衝突；這雖然有用，但也不是萬全之策。最終，研究者的個人倫理仍不可或缺。

最後，這是一個在相關討論中至關重要的觀點：經濟學家在識別可能導致危機的因素上通常比預測危機的發生或發生時間更有把握，正如醫生在識別疾病或心臟病發作的因素，會比預測其發作時間來得更有自信（註41）。金融危機像流行病和地震一樣都難以預測，但可以識別出好發的條件。由於金融數據非常不完善，且世界局勢不斷變化，因此對於相關影響的規模總存在高度不確定性；更別提因自我實現現象而引發的銀行擠兌（註42）等，畢竟這些在本質上是無法預測的，正如凱恩斯所說的那樣，只依賴於「投資者的情感」。

註 1　女王 2008 年 11 月 5 日訪問倫敦政經學院時的談話。

註 2　相較之下，義大利、葡萄牙和希臘的銀行問題，更常由於其經濟表現不佳所導致（參見本書第十章）。

註 3　例如可以參考：Gary Gorton, *Slapped by the Invisible Hand: The Panic of 2007*, Oxford, Oxford University Press, 2010; Paul Krugman, *The Return of Depression Economics and the Crisis of 2008*, New York, Norton, 2009; Robert Shiller, *The Subprime Solution. How Today's Global Financial Crisis Happened, and What to Do about It*, Princeton, Princeton University Press, 2008,《經濟展望雜誌》（*Journal of Economic Perspectives*）在 2009 年秋季討論信貸收緊的問題，2010 年秋季討論危機後的總體經濟，2010 年冬季討論金融「管道」（tuyauterie）的問題，2011 年冬季討論危機後的金融監理，以及 2015 年春季討論與危機相關的救助措施。同時，紐約大學的經濟學家也出版了幾本書：Viral Acharya, Matthew Richardson (dir.), *Restoring Financial Stability. How to Repair a Failed System. An Independent View from New York University Stern School of Business*, New York, John Wiley & Sons, 2009; Viral V. Acharya, Thomas Cooley, Matthew Richardson, Ingo Walter (dir.), *Regulating Wall Street. The DoddFrank Act and the New Architecture of Global Finance. An Independent View from New York University Stern School of Business*, New York, John Wiley & Sons, 2010. 或者參考我在 2008 年出版的專書 *Leçons d'une crise*, Toulouse School of Economics, TSE Notes, #1（英文翻譯收錄在與 Mathias Dewatripont 和 Jean-Charles Rochet 合撰的專書 *Balancing the Banks*, Princeton, Princeton University Press, 2011）。

註 4　幸運的是，因歐洲央行採取較為嚴格的政策，所以歐洲並未發生類似的情況。當然，貨幣寬鬆只是一個促成因素，正如英國和澳大利亞的情況所示，這兩個國家在利率較為正常的情況下依然出現房地產泡沫。

註 5　法國在很大程度上避免了這種現象。法國銀行傳統上只向有還款能力的家庭提供貸款，這一做法得到了法理支持（法國最高法院認為，如果信貸機構向借款人提供與其當前或未來還款能力不相符的貸款，則該機構未履行警告義務）。在美國長期以來非常受歡迎的可變利率貸款在法國一直只占少數（2007 年貸款餘額中的占比為 24%），且純粹的可變利率貸款，即沒有設定利率上限或限制分期期數的貸款，占比始終低於 10%。

註 6　以較低標準來篩選借款人的做法，被戲稱為 Ninja（「忍者」），即 No income, no job or assets（無收入、無工作、無資產）。

註 7　例如，貸款發放方相信借款人自報的收入，而非其實際的收入。

註 8　如此的降價出售增加了銀行的成本,而這些成本包括行政費用、空置和房屋損壞、未支付的稅款和保險費用,以及房地產仲介的傭金。

註 9　評等市場高度集中。大型評等機構只有三家,其中穆迪和標準普爾兩家占了約 80% 的市場占有率。由於通常要求落實雙重評等,這些機構經常處於準獨占的地位。

註 10　換句話說,金融機構雖然保留了從其資產負債表中拆分出來之產品的風險,但此時這些風險對資本的要求卻很低。它們還利用了那些評等被高估的信用強化工具,且在沒有資本對價的情況下犧牲了自身的聲譽(例如,貝爾斯登銀行超出其法律義務,為其所創建的信貸管道提供救助)。

註 11　對於未受監理的機構進行救助並不是第一次。早在 1998 年,美國聯邦儲備系統已經為對沖基金「長期資本管理公司」(Long Term Capital Management)組織過救助計畫,並多次降低利率,以避免破產。

註 12　這些「政府擔保企業」(GSE)購買發貸機構的房貸,因而形成其資產結構。具體來說,他們的資產總額為 5 兆 3,000 億美元,這其中包括 1 兆 6,000 億美元的投資組合,以及 3 兆 7,000 億美元的證券化資產(該部分資產也參與了證券化投資組合)。因此,這種資產配置使其在房貸市場中扮演重要角色。

註 13　但是,由於它們最終還是以分紅的形式償還在 2008 年獲得的公共資助(接近 2000 億),因此顯示出其財務的恢復能力。

註 14　它們由一個特定機構加以監理,而不是由銀行監理機構負責。其監理機構「住房暨城市發展部」(HUD)不僅在審慎監理方面缺乏專業知識,且還因具有支持房地產市場的誘因,所以進一步降低了監理的有效性。

註 15　不動產信貸銀行(Crédit foncier)的例子即為明證。

註 16　從信用管制理論出發的一個模型提出了如下主張:政府在困難時期提供流動性的能力是市場所不具備的。我與 Bengt Holmström 的研究發展這個觀點(《 Private and Public Supply of Liquidity 》, *Journal of Political Economy*, 1998, vol 106, n° 1, p. 1-40 以及 *Inside and Outside Liquidity*, Cambridge, MIT Press, 2011)。此外,我也與 Emmanuel Farhi 合作研究這一看法(《 Collective Moral Hazard, Maturity Mismatch, and Systemic Bailouts 》, *American Economic Review*, 2012, vol. 102, n° 1, p. 60-93)。後面這篇論文還說明,儘管國家可以透過量身訂做的資金或資產轉移來救助銀行,但仍需輔以寬鬆的貨幣政策。

註 17　從技術上講,當中央銀行透過接受低品質的擔保品來提供流動性時,它並非真正負債。然而,如果中央銀行在這些貸款上遭受損失,它將別無選擇,只能選擇多印鈔票,或者間接地從納稅人獲取資金。若它多印鈔票,等於藉由通貨膨脹向持有貨幣的人「徵稅」。

註 18　倫敦對沖基金馬歇爾韋斯(Marshall Wace)的主席於 2015 年 9 月 23 日在《金

融時報》上發表一篇標題為《中央銀行讓富人更富》（Central Banks Have Made the Rich Richer）的評論。

註19　當然，持有現金會產生交易成本，因此可能會出現輕微的負利率，這也是一些中央銀行當前的做法；但利率不可能真正為負。

註20　需要製造通貨膨脹的預期。前瞻性指引（forward guidance）是指宣佈當前和未來都會維持低利率。量化寬鬆（quantitative easing）則指中央銀行接受高風險資產作為抵押品，比如企業發行的高風險債券、票據、抵押貸款證券，甚至是經濟狀況欠佳的國家的債券。此外，還有財政刺激措施，只是這並不在中央銀行的職能範圍內。

註21　「長期停滯」這個概念由來已久，但在 2013 年由哈佛大學教授、比爾‧克林頓時代美國財政部長拉里‧桑默斯（Larry Summers）再次提出並引發討論。若想深入了解相關討論，可參考由考恩‧杜林斯（Coen Teulings）和理查‧包德溫（Richard Baldwin）共同編輯的《*Secular Stagnation. Facts, Causes and Cures*》, CEPR Press / VoxEU.org Book.

註22　參見：Ricardo Caballero, Emmanuel Farhi, « The Safety Trap »，尚未正式發表。

註23　還有其他觀點。例如，有些人認為創新速度放慢，導致投資需求下降，雖然我個人不太相信這個說法，但這問題確實難以斷定。也有人提到投資領域的技術進步，同樣會減少投資需求。

註24　參見：Jean Tirole, *Leçons d'une crise*, op. cit.

註25　然而，有些契約（例如匯率契約）仍在場外市場交易。

註26　2006 年，專門在集中交易平臺上進行天然氣期貨契約交易的大型對沖基金阿馬蘭特（Amaranth）雖然破產，但幾乎沒有造成系統性影響，而且也不需要任何救助。這點表明，當金融工具在受監理的市場中交易時，系統性風險會有所降低。

註27　若想更深入了解對於這種方法的評估，可以參考我的論文：« The Contours of Banking and the Future of its Regulation », in George Akerlof, Olivier Blanchard, David Romer, Joe Stiglitz (dir.), *What Have We Learned?*, Cambridge, MIT Press, 2014, p. 143-153.

註28　這兩個論點分別在 Holmström-Tirole（1997 和 1998）中有詳細闡述。我與馬蒂亞斯‧德瓦特裡龐合著的書（*The Prudential Regulation of Banks*, op. cit.）則建議，透過引入本身具有順週期波動特徵的保險費用，以求減少監理的順週期性。

註29　請參考前一章。

註30　有些經濟學家主張設定更高的資本水準，尤其是如下這本專書的見解：Anat

Admati et Martin Hellwig, *The Bankers' New Clothes*, Princeton, Princeton University Press, 2013.

註 31　我雖拿高層管理人員為例，但這些給薪原則並不僅適用於這一階層而已。在金融業中，基層員工獲得的獎金往往也很豐厚。

註 32　所謂的「黃金降落傘」係指企業在解雇高層管理人員時支付給他們的補償金。

註 33　參見我和羅蘭・貝納布合撰的論文《獎金文化》（Bonus Culture）。

註 34　當然，我們都知道這個論點有其局限。其實，長期薪酬計劃（尤其是那些執行期延後很久的股票選擇權計劃），往往在出現壞消息接連出現，導致這些計劃的誘因效果完全消失，或者變得有害，就會被系統性地重新協商。

註 35　請參考我與 Bengt Holmström 合撰的論文：« Market Liquidity and Performance Monitoring », *Journal of Political Economy*, 1993, vol. 101, n° 4, p. 678-709.

註 36　Xavier Gabaix 和 Augustin Landier 合撰的論文（« Why Has CEO Pay Increased so Much? », *Quarterly Journal of Economics*, 2008, vol. 123, n° 1, p. 49-100）把薪酬的分配和企業規模聯繫起來，認為企業規模可以做為衡量管理才能的重要指標。他們的研究發現，1980 到 2003 年間，企業規模的變化和執行長薪酬的變化有很強的關聯性，但這項研究並不專門針對銀行業。

註 37　自 2010 年以來，金融市場的「再國有化」（renationalisation）使得銀行資產負債表中持有的國債基本上都是國內債務，因此，銀行暴露於主權風險的程度非常高；反過來看，國家也面臨著需要為銀行提供救助的風險。這種銀行與國家之間的相互依賴，可能導致惡性循環（被稱為「死亡迴圈」〔doom loop〕或「致命擁抱」〔deadly embrace〕）。在這種情況下，市場對一個國家償付能力的擔憂會導致該國發行的債券貶值，使持有這些債券的本國銀行變得脆弱。這迫使國家不得不拿出資金來救助這些銀行，進一步加劇了市場對國家償付能力的擔憂，進一步降低主權債券的價格，形成一個不斷循環的負面情況。

註 38　當商品價格高漲時，政府往往很容易產生享受當下的誘惑，而不是像挪威和智利那樣，建立一個主權財富基金，以利經濟活動平順並幫助度過原料價格陷入低迷時的時期。因此，智利自 2001 年以來就實行了一項預算規則，其公共支出不再僅依賴於收入（因為收入受銅價影響很大），而是基於經過銅價週期調整後的收入。這種規則能避免在原料價格上漲時大量支出，而在價格下跌時則面臨預算短絀。

註 39　過去頻繁動用公帑進行紓困（bailouts）是很常見的辦法，但現在越來越傾向於讓不謹慎的投資者自己承擔損失（bail-ins）。不過，關於這種做法的具體範圍，仍然沒有明確的政策方向。

註40　當然，我們不會太相信那些僅預測危機卻未能解釋其運作機制的人。套用保羅‧薩繆森的說法，有些經濟學家總是愛預測經濟危機，但實際上預測常常不準，像保羅‧薩繆森就開玩笑說，他們預測了五次危機中的九次，意思就是他們的準確度根本不高。不過，有些知名經濟學家是有根據地對當時的風險提出警告的，像是拉古拉姆‧拉詹（Raghuram Rajan，當時任教於芝加哥大學，現任印度央行行長）和努里爾‧魯比尼（Nouriel Roubini，紐約大學教授）。還有羅伯特‧席勒（耶魯大學教授），當時他便對房地產泡沫表達了擔憂。

註41　請參考本書第四章關於科學領域預測的討論。

註42　請參考本書前一章。

第五部分

產業面臨的挑戰

| 第十三章 |

競爭政策與產業政策

　　如今我們已超越自由主義與計畫經濟之間那無意義的二元對立概念，並清楚了解到，政府對市場的聰明調節不僅能有效改善市場的無效率，還能限制其不當干預對創新和創造力的負面影響。由於經濟行為者之間互動的複雜性、資訊的不對稱，不確定性以及研究背景的多樣性，使得我們需要費勁思考以便確定管理競爭與管制的最佳機制。理論上的突破，在經由實證檢驗後，讓經濟學家提出諸多如何管制市場與管理組織的改革建議。這些努力都是為了讓經濟體系能更加有效運行，進而促進整體經濟的健康發展。

　　即使在市場經濟中，政府及其相關機構仍以至少六種身分扮演經濟生活的核心角色。第一，做為政府採購的買方，政府組織供應商之間的競爭，例如公共建築的興建、交通的特許經營（高速公路、鐵路、城市交通）、醫院和其他機構的物資供應等。第二，身為立法者與行政機關，政府發放超市或附帶司機之觀光車輛的營業許可，分配航空公司降落權和電信、廣播及電視的頻道，間接影響消費者在購物、出遊、通話或收看喜愛節目時所需支付的價格。第三，身為市場的仲裁者，政府維護公平競爭，藉此保證創新與消費者可負擔的產品。政府透過競爭法規制定遊戲規則，讓競爭法主管機構打擊濫用市場優勢地位的行為，並禁止可能導致價格過度上漲的協議與結合（註1）。第四，身為電信、電力、郵政和鐵路的管制者，政府確保獨占或高度集中市場下的用戶不會被傳統的營運業者剝削。第五，身為金融業的監理者，政府確保銀行或保險公司不會為了提高

利潤而承擔過多風險，進而損害儲戶、保單持有者的利益，或在金融機構獲得公帑救助時，損害國庫的利益。第六，身為國際條約的簽署者（特別是與全球貿易組織相關的條約），政府決定了各產業受到外國競爭衝擊的程度。

有時，國家無法履行這些職能（如同金融危機所揭示），原因可能在於疏忽，或者更常見的是受到組織性遊說團體的強烈影響。為了避免與這些團體發生過於激烈的衝突，政府往往選擇迎合他們，而不是保護數量眾多，但常因資訊或動員不足而顯得無動於衷的普通民眾和納稅人。

遊說團體特別有影響力的一個領域便是對競爭的限制甚至禁止。現有企業（上從股東下到員工）自然不希望新公司進入市場，或者，若他們失去獨占地位，就希望國家給予財務補償。令人意外的是，國家有時會滿足這些要求。政治人物不總是支持競爭。他們不是想向反對競爭的遊說團體示好，就是認為競爭會限制其行動和政治權力。而消費者這個因市場缺乏競爭而減損其購買力的受害群體，幾乎沒有組織，也因為不關注或不理解而忽略了公共的影響。特別是在法國，令人驚訝的是，消費者和消費者組織對競爭抱持懷疑，無疑是搬石頭砸自己的腳……

法國並不是唯一在面對遊說團體時表現軟弱的國家，這種現象世界各國都有，只是程度不同而已。正因為意識到這一點，歐洲立法者在歐盟法律的框架中，確立了高標準的泛歐規範，以管理競爭和經濟活動的組織。這些規範讓許多國家較能保護政治階層免受遊說團體的影響，進而推動其經濟的現代化。波蘭（歐盟成員國）和烏克蘭（非歐盟成員國）各自的發展軌跡是一個鮮明的例子。這兩個國家在波蘭加入歐盟時經濟水準幾乎相同，但在烏克蘭悲劇性事件發生（譯註1）兩國的國內生產毛額已出現明顯差異。在波蘭，競爭法在市場自由化時防止形成獨占；而在烏克蘭，私

譯註1　指2014年開始的烏克蘭危機，包括克里米亞被俄羅斯吞併和烏克蘭東部的衝突。

有化和政治腐敗則導致相反的結果。愛沙尼亞可能是更典型的成功例子，因為它在市場自由化方面走得更遠。

第一節
為什麼要有競爭？

在競爭可以運作的市場中，經濟學家一向推崇競爭的益處。然而，競爭很少是完美的，市場存在缺陷，市場力量（即企業將價格定在成本之上，或降低服務品質的能力）需要加以控制。競爭的支持者和反對者有時會忘記，競爭本身並不是最終目標，它只是服務於社會的一項工具。如果競爭導致低效率，就應該被淘汰或加以修正。為什麼競爭對社會有利？主要原因有三：

物價可以負擔

競爭最明顯的好處是降低消費者所支付的價格。獨占或企業卡特爾可以提高價格，並在達到一定程度前，只失去少部分的客戶。無論是追求利潤的民營企業，還是追求高收入來抵銷昂貴管理成本的公家企業，都會一直設法將產品和服務的價格訂高或將其品質降低，導致消費者消費不足（sous-consommation），公民的購買力也因此降低。新競爭者的加入使消費者不再是企業的「俘虜」，產生價格下降的壓力。

這體現在法國計程車的案例中，例如車資昂貴、服務品質低落、車輛供給不足。除非非常有錢，否則法國一般人如今很少坐計程車，但如果他們住在巴塞隆納或都柏林，就可能會頻繁叫車，因為這些城市的市場開

放，促使價格下跌和服務品質提升。類似情況也出現在城市間的長途客運市場，而該市場部分的自由化正是《馬克龍法》（loi Macron）的目標。這部法律即以當年推動該專案的經濟、工業及數位部長的姓氏命名。

非洲國家的行動電話或網路是體現競爭效果另一例證。過去，有線電話業務是精英階層的「搖錢樹」，僅富裕階層才能負擔。非洲國家的固網電話不僅受制於地理條件，難以覆蓋偏遠地區，還受到獨占利益的束縛──固網電話一直掌握在獨占企業手中，價格極其高昂。結果，不僅大多數非洲人無法打電話，甚至絕大多數人根本沒有電話。隨著行動電話營運商之間的競爭，情況發生徹底改變。如今，數百萬貧困人口透過電信營運商的低成本服務也可以獲得醫療或金融服務，甚至還能藉由慈善組織和民營企業的協作，免費使用一些例如線上教育的服務。

在大多數的已開發國家中，以前民眾擁有電話的情況雖然較為普遍，但使用電話的頻率很低。因為在開放競爭之前，長途電話和國際電話的價格高得驚人，以至於一般人幾乎不用電話。然而，競爭的引入大幅降低了電話費用，電話的使用率隨之顯著提高。

有個能體現因缺乏競爭而導致弊端的「有趣」例子（不過對於家庭，尤其對於弱勢家庭而言並不有趣），是法國 1996 年的《拉法蘭法》（loi Raffarin）和《加朗法》（loi Galland）。《拉法蘭法》在 1973 年《羅耶法》（loi Royer）的基礎上進行強化，將開設超市須獲得政府許可的營業面積門檻降至 300 平方公尺。這本應限制超市權力的法律，反而立即推高大型連鎖超市的股市價值，因為人們很快意識到這些超市之間的競爭將因此減少（譯註 2），現有的大型賣場將從中受益。事實上，這部法律在接下來的 10 年反而抑制新超市的開設（註 2）。同年，《加朗法》禁止零

譯註2　儘管在理論上，面積的放寬可能會增加市場上的競爭，但由於實際的監管障礙及市場的反應，結果卻是加強了現有大型超市的市場地位，反而減少了競爭。這種情況下，市場的邏輯和政策的初衷出現了偏差。

售商將從供應商處獲得的價格折扣（註3）讓利給消費者，導致大賣場的零售價格上漲。我個人住在市中心，很喜歡鄰近的社區商店和活力滿盈的街坊，即使必須支付更高的價格。但我從上述例子得到的教訓是，立法者優先考慮像我這樣的消費者，而犧牲許多同胞的購買力（更不用說可能還有其他辦法可以讓市中心的小型商店存續下去）。

最後一個例子是針對國際競爭的保護措施。1990年代初，法國汽車工業在技術上落後競爭對手，尤其是日本廠商。其成本較高，品質較低，但競爭壓力卻相對較小。歐洲對進口的開放極大地改變汽車產業的組織和生產力，相較於國際最佳實務，雷諾和標緻－雪鐵龍的效率顯著提高（註4）。另一個有關國際貿易對效率及創新影響的例子，是2001年加入世界貿易組織的中國。經濟學家發現，這種競爭開放所造成的衝擊顯著提升了紡織業的創新和生產力（註5）。此外，競爭對消費者的影響也不容小覷。在法國，進口的消費品中有四分之一來自低薪資國家。法國每戶家庭每月因此省下大約100到300歐元（註6）。當然，這部分收益的重要來源是薪資差異，而不僅僅是法國的獨占或寡頭企業受到競爭影響的結果。

創新與效率

競爭不僅意味著價格更低，還能讓企業提高生產效率及進行創新。競爭促進了多樣化的方法和測試，也推動了更有效率的技術選擇以及商業模式，在網路領域尤其如此。生產力的提升可分為兩部分：一部分是現有企業在競爭的壓力下進行改良，另一部分則是產業結構的更新，使效率低下的企業退出市場，被生產力較強的新興企業取代。在美國和法國，至少有四分之一（有時甚至更多）的生產力成長都是歸功於這種產業更新（註7）。

如果缺乏競爭，在受保護的市場中，企業管理階層和員工可以過安穩

的生活。然而獨占企業不僅生產成本往往較高，且整體上很少創新，因為創新可能「侵蝕」其現有業務（新產品雖能賺得利潤，但可能會部分影響到現有產品，導致銷售量下降）；而且，它們實際上也不需要創新，因為管理者並不擔心自己會因不如競爭對手積極而遭指責。

這些現象很常見。產品和服務的創新並非總是出自於技術上的重大突破。以計程車為例，優步、Chauffeur privé、SnapCar、Lyft 等公司可利用手機應用程式連結司機與乘客，並推出多種簡單且親民的付費方案。透過地理定位，乘客可以即時追蹤司機前來接送的路線及預估抵達時間，還有到達乘客目的地所經由的路線。此類可供追蹤的性質能保護消費者。透過預先註冊的簽帳金融卡支付車資，並直接將電子收據發送給乘客的辦法，簡化了支付車資和企業用戶後續的核銷報帳流程。另一個「創新」則是使用者回饋，它能提供資訊，使司機和乘客得以建立良好禮貌及守時原則。至於提供免費瓶裝水和手機充電的便利……雖稱不上什麼革命性的創舉，但傳統計程車業要不是從未考慮過這些細節，就是不願花力氣落實這些小事。

誠信

自由競爭的另一個重要好處，與「自由」這個形容詞有關。行為者無法從公共決策者撈到額外好處。因此，他們不會耗費大量資金，也不會為了獲取利益而對社會造成額外成本。追求額外利益的極端情況就是貪汙。在某些開發中國家，控制進口的一個重大問題是其許可證由部分官員負責發放。這些官員通常與當權者關係密切，往往會犧牲公眾為自己謀取不當利益。假設我們希望限制進口，最好是透過徵稅或者以官方拍賣來分配進口配額，而相關收入便能納入國庫。

除了極端情況外，缺乏自由進入市場就可能導致負責分配的公共決策

者，因私人關係或者選舉考量而偏向本地供應商。我們本能地認為，向在地供應商採購是好事，有時確實如此，但前提是不可對其偏袒。因為吃虧的外地供應商，其實是其他地方、其他區域或其他國家的在地生產者。這種「圈地為王」的心態在國家和國際層面，分別由政府採購法規和世貿組織規則予以譴責。此外，偏袒本地供應商的做法，也無法讓本地供應商完全取代外地供應商，不是能抵銷其影響的「零和賽局」。競爭能讓公民走出自己的角落，享受到全球最好的產品和服務。那些優待本地供應商的決策者，實際上是讓使用者或納稅人付出更多代價，或接受品質較差的服務。

最後，在民主社會中，試圖影響公共決策的行動，會隨著國家權力的擴張而增加。這些行動有時是隱祕的，例如在巴黎或布魯塞爾進行的遊說；有時則明目張膽，例如法國的道路封鎖或公共服務中斷（譯註 3）。所有這些都會為社會帶來成本。

產業經濟學

產業經濟學源自悠久的傳統，最早起源於法國，安端・奧古斯丁・古爾諾（Antoine Augustin Cournot）和朱爾・杜比（Jules Dupuit）兩位重要經濟學家分別於 1838 和 1844 年所發表的研究成果。他們關注實際問題，為了更深入地理解而致力於構建分析框架。舉例來說，身為公共工程師的杜皮伊曾設計出一種估量方法，用以計算使用者願意為享受道路、橋樑或鐵路等服務而支付的金額。此一在經濟學中被稱為「消費者剩餘」（surplus du consommateur）的概念非常重要，因為它可以藉由與提供該

譯註3　通常是由工會、行業組織或社會運動發起的抗議行動，主要在於表達對政府政策或企業決策的不滿，也是法國抗議文化中的常見手段，目的是藉由影響日常生活和經濟運作，迫使當局回應抗議者的訴求。

服務的成本進行比較,來判斷該服務是否值得存在。此外,杜比還提出了有關定價的重要問題。他觀察到鐵路車廂分為三類,於是心生疑惑:為什麼三等車廂的服務品質如此有限(例如甚至沒有車頂)。他認為,營運商理應能藉由小幅增加成本來提供更高品質的服務。杜比的回答清楚易懂:如果三等車廂的服務品質提高,則二等車廂的乘客勢必選擇三等。這樣一來,二等車廂的服務品質就必須提高,或者必須降價,結果導致一等車廂乘客改搭二等。這個簡單但開創性的分析後來發展為複雜的市場區隔理論,並廣泛應用於從交通運輸到軟體等多個產業。

接著,產業經濟學轉向公共政策領域,特別是1890年美國通過抑制限制競爭行為的《休曼法案》之後。同時,競爭法和市場管制的出現也推動了此干預政策的形成。哈佛學派的結構－行為－績效(Structure-Conduct-Performance)敘述性理論進一步支援和完善了公共干預在市場組織中的作用。然而,到了1960和70年代,卻出現「反動浪潮」。芝加哥學派正確地批評許多競爭法領域缺乏理論基礎,並對整個體系提出質疑。然而,他們並未提出替代理論,可能是因為對整體的管制作為抱持懷疑態度。進入1970年代末和80年代初,競爭法和管制的理論需要重新加以審視。新的思想體系為重建更堅實的公共干預基礎提供了支援。

競爭是否總是有利?答案顯然是否定的。競爭有時會導致成本的重複投入。例如,設想現在有三到四個高壓電力輸送網或低壓電力分配網,或者巴黎和土魯斯之間有多條平行的鐵路,甚至巴黎設有多個火車東站。在現實中,存在高額的「固定成本」(coûts fixes),即基礎設施成本,如鐵路和車站,但這些成本與交通量關係不大。此外,還可能出現「網路效果」(effets de réseau,譯註4)。即使某位競爭者能建設第二條從巴黎到里昂的高速鐵路,也無法提供從里昂到聖德田(Saint-Étienne)的轉車

譯註4　隨著使用者數量的增加,產品或服務的價值也隨之提升的現象。

服務或繼續前往馬賽的行程。如此一來，根本別談第二條高速鐵路對巴黎到聖德田、或巴黎到馬賽的交通有什麼競爭力了。

這些固定成本和網路效果使真正的競爭變得困難，甚至不太可取。因此，基礎設施實際上成為一個由獨占經營者（如法電配電公司〔ERDF〕、法電輸電公司〔RTE〕、法國鐵路線路事業公社〔SNCF réseau〕、法國橙子公司〔Orange〕部分的本地迴路等）管理的「瓶頸」。管制機構會控制這些獨占者對使用基礎設施所訂定的價格，例如其他鐵路營運商需要使用的鐵路、信號系統和車站。管制機構要求這些價格必須「無歧視」。這種開放接取的政策旨在避免價值鏈的某個環節產生自然獨占，致使整個產業變成獨占。

如果公平競爭無法實現，將服務與基礎設施徹底分離就十分必要了。以美國的電信巨頭 AT&T 為例，它在 1984 年被拆分，形成一個負責長途電話服務的電信營運商（也稱 AT&T）以及負責地方迴路的區域公司（即「區域貝爾公司」〔baby bells〕）。同樣，機場提供起降權和機場服務，但通常獨立於航空公司之外。法國也曾從上述概念出發，考慮設立一個管理鐵路運輸基礎設施的獨立機構。然而，1997 年的改革雖然創建了管理基礎設施的獨立公司（法國鐵路系統公司，Réseau ferré de France，簡稱 RFF），卻依然讓傳統營運商──法國國家鐵路公司──負責車站管理、車輛調度、訊號系統，並且獨占維護業務。實際上，如果著眼於經濟，沒有理由不將這些基礎設施功能交給法國鐵路系統公司。最近，這些問題有所修正，但該公司又重新受法國國家鐵路公司的管轄。

此外，還有一些為了意識形態而引入競爭的情況。1986 年，英國城市公車引入競爭就是一個著名的案例。當時，種種令人痛心的景象如公車司機為了爭奪乘客而相互競速，在車站靜待乘客到來，甚至阻擋對手巴士（讓人聯想到今日的馬尼拉），加上未能產生網路效果，此一實驗很快就失敗了。在智利聖地牙哥，公車司機沒有固定薪水，只按乘客數量領取

報酬，這些公車甚至被稱為「黃色怪獸」（yellow monsters）。

然而，市場之內缺少競爭並不必然代表沒有競爭的存在。爭奪整個市場的競爭取代日常的競爭模式，例如在公共服務的供水或汙水處理領域，會透過競標決定由誰來提供服務；另外，公共交通的巴士或區域列車（TER）的經營權，甚至高鐵（TGV）路線的經營權也是如此。

最後，競爭如果可行，就應該以用戶的利益為重。競爭不應被那些想透過不正當手段來排除競爭對手的企業所扭曲，而所謂的不正當手段係指並非透過投資、創新或吸引人的優惠來實現競爭的其他手段。對市場行為的管制是競爭法的一個重要部分。

競爭與就業

大眾常將「競爭」和「就業機會喪失」聯想在一起。顯然，將競爭等同於失業率的升高並不是普遍的現象。增加競爭通常意味著價格降低和／或品質提高，將吸引更多客戶，潛在市場因之擴大，並且創造出更多的工作機會。因此，從邏輯上講，競爭會促進就業。就拿以前計程車這個受保護的產業來說，如能發放更多營業執照，就能提高計程車的搭載率，並降低車資價格（例如優步出現後，收入較低的消費者也搭得起計程車），進而刺激需求，創造就業機會。

然而，公民的擔憂也是合情合理。因為導入競爭勢必伴隨重組及調整，這可能對受影響的受雇員工造成高昂的成本。競爭引發的反應與過去伴隨技術進步所產生的反應相似。如下是個著名的案例：十九世紀初英國紡織工人發起的盧德運動（luddites）對於採用省時省力的織布機反應激烈，甚至摧毀這些機器。雖然競爭的場面未必總是如此極端，但歷史往往重演，每一次的技術進步都會令相關產業的員工心生不安。

網路產業的自由競爭可能導致傳統營運商的員工減少，因為他們再也

無法承擔冗餘的員工或服務。如果這些失去的職位沒有被新加入的競爭者創造的職位所補足，便會產生人道問題。即使從長遠來看，結構的調整能提升使用者的福利，並讓企業活動和工作職位得以維持，但短期內的人道問題依然存在，必須藉由各種辦法加以解決，例如採用員工退休或離職後不再補缺的方式來避免裁員，或讓員工再接受職業訓練與調職來應對。和往常一樣，關鍵在於保護員工本身，而非維持某個特定職位（註8）。

同時，也可以考慮逐步開放市場競爭，讓傳統企業有機會適應新環境，前提是這種緩慢推進的過程不能成為延遲開放競爭的藉口。例如，1991年歐盟鐵路指令就曾提議在鐵路服務營運商之間引入競爭；德國、瑞典和英國已開放鐵路服務市場，且貨運和客運量都有增長；而法國則表示可能會在2019年開放市場。儘管部分業內人士做出努力，但法國鐵路業的表現依然不夠理想。

第二節
產業政策在這其中的角色

產業政策通常指的是針對特定產業、技術，甚至是特定企業的公共補貼或減稅措施。在公共討論中，產業政策的概念經常以各種方式出現，例如扶持小企業或針對某些特定產業。

然而，一項好的產業政策首先必須處理一個重點：「我們究竟想解決什麼問題？」任何討論「產業政策」的人，首先應考慮「市場失靈」的性質，否則無法解釋為何需要政府出手干預。然而，僅僅分析市場失靈並不夠。

以環保為例（註9），市場失靈在於經濟個體未能將其汙染對他人的

負面影響納入自身成本考量。然而，減少二氧化碳排放的經濟學方法是對其徵稅，而非決定以何種方式來減少汙染。例如是發展電動汽車好呢？還是發展可再生能源、碳捕捉與封存、節能減排比較好？哪一種技術才是最理想的選擇呢？同樣，再生能源勢在必行，但到底是風能、太陽能，還是其他替代能源較好？我們是否應該專注於單一某種能源，還是廣泛分散投資？大家應該還記得之前在生質燃料方面犯下的錯誤（譯註5）。

這些問題引出另一個關鍵問題：與其預先決定某些技術必定成功，是否更應創造有利於多種能源發展的條件？「且讓百花齊放，百家爭鳴！（註10）」碳稅是一種不會扭曲市場競爭的政策，能夠讓各種對抗氣候暖化的解決方案公平競爭。事實證明，在市場競爭中保持中立的產業政策，往往比其他政策更有利於經濟成長（註11）。

在制定產業政策時，可以採取的理性考量包括以下幾點：

- 中小企業融資困難；
- 民間部門研發不足，特別是基礎研究，原因在於其投資報酬無法完全由進行研發的企業所獨享，而其他公司可以不花錢便部分受益於所獲得的知識。有一種情況是，當一家公司在生產過程中因為學習到新的技能或知識而降低成本時，其他競爭對手也會因此受益。簡單來說，這家公司在生產中所獲得的知識會不自覺地被其他公司習得，結果是，原本降低成本的公司並不能完全享有這個好處；
- 相關行業之間缺乏協調，無法建立一個地理專區（如產業聚落）或產業鏈（舉個「舊經濟學」的例子：一家工廠專門使用特定種類的煤炭或鋼鐵，且該工廠的生產活動與這些原材料的生產相關）。

譯註5　例如：部分生質燃料需要占用大量的農地來種植原料，對糧食供應產生了不利影響，甚至引發了糧食價格上漲和農業生態問題；某些生質燃料的生產過程比傳統燃料耗費更多能量，導致碳排放反而增加；過度使用水資源、過度砍伐森林來種植燃料作物，導致生態失衡。

用所謂的橫向政策（politiques transverses）來因應前兩項問題是合理的，例如對研發或中小企業的補貼，但這類政策並不針對特定公司、技術或地點。這裡我們先來看看那些專門針對某些領域或公司的產業政策（註12）。

選擇性的產業政策

政治界時常一再提起政府在產業組織中的作用這一問題。當一些產業界希望獲取公共資金時，有些人對會對這種呼籲特別在意，但另一些人則真誠認為當局必須出於公共利益採取行動，以發展或拯救自己認定（無論是錯誤還是正確）能夠創造財富和就業機會的產業。經濟學家對產業政策的冷淡態度（除了少數值得注意的例外，如哈佛大學的達尼・羅德里克和哥倫比亞大學的約瑟夫・斯蒂格利茨）讓這些人感到驚訝，因此需要加以解釋。

無頭緒的方法……選擇贏家

經濟學家一般對產業政策的不信任，原因在於政治家及其選民缺乏未來哪種技術、產業和企業可以締造經濟財富的資訊。無論決策者專業素養和誠信如何，都無法預測將會出現哪些創新（更不用說，如果這些決策者與遊說團體過於親密，其決策將是重大的失誤）。稍微誇張一點說，負責設計這些政策的委員會常羅列一系列希望實現的行動，但這些行動往往缺乏嚴謹的預算評估。同時，他們也會提出一些看似無懈可擊的理由，強調本國在相關技術領域能夠確保參與是多麼重要。這種缺乏實證支持的做法，導致政策難以有效推展。

國家並不具備識別未來產業和活動的特殊能力，英美人士常說，國家並不適任「選擇贏家」的任務。在最好的情況下，他們只能隨機選擇；在

最壞的情況下，他們偏差選擇，以嘉惠某些利益團體。

支持這一觀察的例子包括部分大型計畫，如協和飛機（Concorde）、布爾電腦（Bull，法國一家試圖與 IBM 超級電腦競爭的公司，最終未能在大型 IT 公司中立足，且其維持生存的代價極其高昂），以及湯姆森（Thomson，試圖在 1980 年代前半期與蘋果電腦競爭的公司）。一個較少為人知但同樣具有啟發性的例子，是 2005 年創建的產業創新局（Agence de l'innovation industrielle），其目的在於資助如 Quaero 那樣未必具備生產力的計畫。Quaero 專案獲得法國政府 9900 萬歐元的資助，以便以湯姆森為核心成立一個財團，開發多媒體內容的檢索、索引及自動轉錄的工具（考慮到 Quaero 起步時的技術滯後，它真的能超越谷歌等網路巨頭嗎？）。在二戰後的年代，進行產業政策相對容易，因為當時的任務在於重建法國並縮小差距。當時，基礎設施、可掌握的技術及社會的需求都非常明確（交通、電力、鋼鐵工業），都亟需建設或重建。然而，如今的結構性產業，如數位產業、生物技術或奈米技術，已不再符合這些標準。

產業群聚

在比較去中心化的層面上，我們可以提到在法國和其他國家形成的大量產業群聚，而這些群聚旨在圍繞某一主題（生物技術／醫學、軟體、奈米技術等）且在較小的地理範圍內推動研究及產業發展。建立產業群聚的經濟理由包括：

1. 產業群聚可形成一個足夠大的規模，從而在快速發展的產業中提供勞動力市場更好的匹配，這在流動性較高的企業間尤為重要。
2. 基礎設施共用。
3. 地理上的接近有利於非正式互動，因此帶來技術外溢效應（註 13）。

然而，公權力的這些干預措施往往未能達到預期的目標。這些目標通常過於繁雜，可能是為了回應地方政府的要求（註 14），而不是基於明確的策略（註 15）。

我們必須面對現實，主導高科技領域的產業群聚往往是自發形成。一個顯著的例子是靠近麻省理工學院、在已成為生物科技中心的肯德爾廣場（Kendall Square）。麻省理工學院雖未設立醫學院，但有些著名的生物學家，例如菲力浦‧夏普（Phillip A. Sharp）、大衛‧巴爾的摩（David Baltimore）和薩爾瓦多‧魯里亞（Salvador Luria）。菲力浦‧夏普（因其對核糖核酸的研究於 1993 年獲頒諾貝爾獎）於 1982 年與他人共同創辦了百健（Biogen）。麻省理工學院的研究品質吸引全球人才，學生常在教授的幫助下成立新創公司。而這些公司如今不僅在研究方面扮演先鋒，還在該領域的經濟活動中占據重要地位，比如安進藥品（Amgen）、百健、健贊（Genzyme，現已歸屬賽諾菲）等。大型製藥公司（如阿斯特捷利康、諾華、輝瑞、賽諾菲等）也在這裡設立研究實驗室，希望像那些新創公司一樣，能從這裡的大學研究中心（如布羅德〔Broad〕、科赫〔Koch〕、懷特海德〔Whitehead〕等研究所）中受益，並享受到這種環境帶來的正面外部效應。

展望未來，如果我們想將全球暖化控制在可接受的水準內，顯然需要一些重大的技術創新。而且，誰也不知道到底哪些技術能推動這樣的成果。就我個人而言，我很難想像在此情況下政府能夠選出最有勝算的技術。對奈米技術、生物技術以及更廣泛的未來技術，也是如此。

最後，我會從不同的角度對產業政策提出批評。無論公私機構，在技術方面下賭注都充滿風險。因此，公共決策偶爾出錯是正常的，沒有「零風險」這種事，也不值得追求（若要求零風險，我們就什麼事都不能做了）。然而，重要的是能認錯，並中斷支持那些已證明為不太有前景的計畫，因為這些資金可以更有效地用來支持其他較有希望的計畫。不過，政

府官員常禁不住以大量資金解決問題的誘惑，不是為了證明自己終究是對的，就是為了取悅那些因政府財政資助而壯大的利益團體。話說回來，公共計畫一旦開始運行，即使這些計畫在一開始是合理的，後來也可能因資金投入過多、管理不善或利益團體阻力等原因，導致難以取消該計畫。從經濟角度來看，補貼新興技術以「啟動」市場並獲得從做中學的效益是合理的。但問題在於補貼的受益者會組織起來，確保資金來源不致斷絕，即便屆時計畫已不再合理。在這方面，私人資金具有一個優勢——對那些看不見成效或不再需要的計畫，它能停止投入資金，並將資源重新分配給更有前景的用途。

……是否有前瞻性的方法？

之前提到產業政策失敗的例子，大多只是零星事件，這就是問題所在。因為這些例子並未由嚴格的統計分析加以證實，很遺憾的，我們對這些政策的事後評估十分有限。少數支持產業政策的人則引用一些同樣零星的成功案例，例如，他們會提到像空中巴士那樣歐洲產業政策成功的案例。空中巴士的發展背後邏輯有所不同，其創辦確保了航空市場的競爭，避免市場被波音完全壟斷。若沒有空中巴士的加入，波音很可能會藉由其市場的主導地位，向航空公司賣出價格過高的飛機，最終成本會轉嫁到旅客身上。值得注意的是，歐洲的努力促進了全球的公共財，不僅讓承擔成本的歐洲國家受益，也惠及全球。達米安・內文（Damien Neven）和保羅・西布賴特在20年前便證明，美國和歐洲分別補貼波音和空中巴士，這種競爭實際上造福了全世界（註16）。總之，空中巴士維持了市場競爭，讓航空公司得以購買品質更佳且價格較低的飛機，而消費者也因此受益。

支持產業政策的人也常舉出一些成功的案例，例如，他們會提到負責

先進國防研究計畫、隸屬於美國國防部的高級研究計畫局（DARPA），因該機構開發出第一個超文字系統的網際網路前身 Arpanet。此外，他們還會舉出韓國和臺灣的發展做為成功範例（註 17）。最後，他們還會提到美國高等教育和研究機構的例子。雖然許多美國著名大學（如麻省理工學院、加州理工學院、哈佛大學、史丹佛大學、耶魯大學、普林斯頓大學和芝加哥大學）是私立的，但政府透過競爭性資金分配為美國的科學研究提供全球性的關鍵支援；我稍後會進一步探討這一點。在此，我只想強調，無論歐洲還是美國，公共干預的成功案例往往並非出於產業政策的考慮，而更常是基於國家安全等主權方面的需求（如軍事獨立）。

哪種產業政策？

在這些情況下，應採取什麼立場？達尼·羅德里克在 2014 年 6 月受邀來訪土魯斯經濟學院，並與喬·斯蒂格利茨一起發表了如下的明智見解：無論人們對產業政策持有何種看法，政府都會繼續推行這些政策，這個話題不會在短期內消失。因此，我們無論支持哪種觀點，都需要建立一套原則，以便讓這些措施達到最佳效果，即使知道，對於這些議題的理解在未來仍會不斷變化。

根據我的經驗，可以採納以下七項指導原則（註 18）：

1. 識別市場「失靈」的原因，以便對症下藥；
2. 邀請獨立且合格的專家來挑選計畫，及受公帑資助的受益者；
3. 同時關注供需兩面；
4. 採取不會影響企業間競爭的產業政策，即不會扭曲市場競爭的政策；
5. 進行事後評估並公布評估結果；設置「日落條款」，即在評估不佳時終止計畫；

6. 緊密串連民營部門，使其共同承擔風險；
7. 理解經濟體的演變。

　　第一項建議（即識別市場失靈的必要性）前文已經提過，無需贅述。我們必須了解國家為何介入，這不僅有助於將干預行為合法化，還有助於思考解決市場失靈的辦法。

　　第二項建議強調事前評估。政府應透過非常專業且能抗拒政治干預的機構做出選擇。事實上，之前提到的美國成功的產業政策（如國防部的高級研究計畫局和大學研究中心）都採用了同儕審查的方式。不過，找到既具備專業知識又能保持獨立、不受干預的評估人未必容易，因為最優秀的專家通常都很忙，並且有可能已經被相關產業所吸納。但這種評估程序是最可靠的。在學術研究界裡，最優秀的科學家會被動員起來，幫助選出優先計畫並擬定一個不會因政治原因而受到質疑的排名，這就是同儕審查的好處。例如，身為獨立機構的美國國家科學基金會和國家衛生研究院會依循專家提出的意見，成立於2007年的歐洲研究理事會（Conseil européen pour la recherche）也是如此，它也建立了傑出專業和公正的聲譽。在研究、教育和創新領域，2011年啟動的大規模貸款及其卓越計畫（譯註6）也依賴主要聘自國外的專家評審小組，以減少利益衝突，這是法國產業界的一項創新。當然，挑選頂尖專家至為重要，還要確保排除或減少利益衝突（例如，迴避審查熟識同事的資料）。研究人員、團隊和大學之間的競爭，對創新有非常正面的影響（註19）。

　　羅德里克也從同樣的視角指出，智利的鮭魚養殖業幾乎由獨立的專業人士所推動。而當今法國一些公共決策者也明白，他們無法獨自預測未來

譯註6　法國政府於該年啟動的經濟計畫，目的在於促進法國的經濟增長和創新能力。這項計畫主要透過發行國債來籌集資金，並將這些資金投入到一些被視為具有重大潛力的領域，如科技、教育和永續發展等。

的變化，必須尋求專家的協助，例如聘請創業投資專家或尋求私人共同融資。

第三項建議建議關注供給面，這是因為我們發現，目前思考的重心往往過於集中在國家或地方社會的需求上。然而，這些需求通常會讓人專注於一個自認為（有時完全合理）具潛力的研究領域，例如環境保護或生物技術。鑑於這種情況，如果供給無法跟上，即使在應優先考慮的領域上挹注資金也毫無意義；也就是說，若該領域的研究人員未達到國際水準，則投資將無法產生預期效果。因此，供給問題不僅適用於科學研究，也適用於其他資金配置（如創建產業群聚）。公權力的風險在於，它可能會在沒有充分考慮的情況下大興土木，或資助那些前景不明的研究，然後寄希望於其他要素能自動水到渠成，但這樣的期待往往不會實現。

這就是我所稱的「夢幻成真」（Field of Dreams）心態。這一名稱源自電影《夢幻成真》。在這部影片中，由凱文・科斯納（Kevin Costner）飾演的愛荷華州農夫認定，只要他在自家偏僻的玉米田裡蓋一座棒球場，便能實現「你蓋好了，人就會來」的預言，也就是說，農夫相信只要自己將棒球場蓋好，奇蹟就會自動發生，吸引人潮前來。儘管片尾主角的父親和一些往日出名的棒球選手及觀眾確實蜂擁而至，但經濟和科學發展的關鍵行為者未必總會在新計畫或新產業群聚出現時急著趕來。找出能吸引同儕和優秀學生的核心科學家，對於以推動突破技術尖端為職志的計畫至關重要。

第四項強調競爭中立性的建議，前文已有著墨。這不僅在經濟上可取，還因為它能做為一種防範措施，以避免公共決策者可能偏向某些企業，或偏向某些公共資金的受益者。

第五項建議所強調的事後評估雖不容易（因為沒有人會熱衷於回顧過去的失敗），但卻非常重要。這可以幫助我們從過去的錯誤中學到教訓，並找出該為「白象」計畫（花費巨資卻未能兌現承諾）負責的人。當然，

進行事後評估不僅適用於產業政策，也涵蓋一切公共政策（註 20）。

第六項建議是要設計一種私營部門共同出資的架構，讓它們也承擔風險。如果私營企業不願意承擔風險，那麼這個計畫很可能本身就存在疑問。合理的做法是把私營部門是否願意真心投入當作判斷計畫潛力的指標。

最後一項建議則是要預測經濟未來的走向。許多法國人仍懷念產業輝煌的過去。不過，我們不能因為這份懷舊便排斥有潛力的產業計畫，尤其是德國的成功也證明了產業活力帶來的好處。若過度沉迷於過去，未來可能會變得更加艱難。

就此來看，有些人將製造業占國內生產毛額的比例從 18% 降至 12% 一事，當作推動國家再產業化名正言順的理由，但他們似乎沒有抓住問題的核心。與其把振興當作目標，不如先探討這一比例下降的原因。

南韓常被視為產業政策的典範國，如以它為借鏡，我們可以看出南韓經驗應用了多項這些原則：企業間的競爭、同儕審查、設定計畫的有限時程、找出出口成功的企業以及讓民營部門一同承擔風險。

「產業振興」（renouveau industriel）更像是一個口號，而不是清晰的戰略。至少在發達經濟體中二十一世紀的經濟將主要以知識和服務為基礎。如果過於專注于產業振興，不僅可能浪費公共資金，還可能讓國家陷入低附加值的活動，從而導致人民的生活水準下降。不過，像德國那樣由企業自主推動之高附加價值的專業化策略是有意義的。這並不意味著我們要放棄產業。想看到有價值的產業計畫湧現，最有效的辦法是給企業提供良好的融資和發展環境，同時確保它們能夠融入一個整體生機勃勃的創新環境。

法國與歐洲的中小企業以及產業結構

法國產業結構很弱是眾所周知的事，大型的中小企業不多，雖有一些大型企業存在，但是少有新創立者，導致這個圈子缺乏活力與變化。大約 15 年前，經濟分析委員會的一份報告（註 21）即指出，在包括全球 1,000 家最大企業的樣本中，美國自 1980 年以來，296 家公司中有 64 家是新創立的，而歐洲的 175 家公司中只有 9 家如此。巴黎券商公會指數公司（註 22）平均立業 101 年，而財富 500 強公司（註 23）平均立業才 15 年。這代表歐洲的企業更新換代緩慢，缺乏新生力量。此外，歐洲只有兩家於 20 世紀後半期誕生、在產業競爭中表現極為出色的企業──沃達豐（Vodafone）和 SAP（譯註 7）。

第二個問題是關於中小企業的發展，這在法國尤為明顯。法國的中小企業很難壯大，只有 1% 的公司員工超過 50 人，而德國比例是 3%。在德國，有 12,500 家中型企業（ETI），而法國僅有 4,800 家。

如何支持中小企業？

應該優先扶持中小企業嗎？主要理由是中小企業獲取信貸的能力較弱。大企業擁有更多自有資金，且具備穩固的聲譽以及貸款時可充作抵押品的資產。大企業還能進入債券市場，這一般是中小企業做不到的。特別是在法國，中小企業非常依賴銀行貸款。這也是為什麼《羅馬條約》（traité de Rome，譯註 8）不不將普遍適用的措施（如研發稅收抵免或對

譯註7　SAP係Systeme, Anwendungen und Produkte in der Datenverarbeitun（系統應用與產品）的縮寫，是一家總部位於德國、成立於1972年的跨國企業。它是全球領先的企業資源規劃（ERP）軟體的供應商，提供集成的業務解決方案，幫助各類企業優化其營運和管理流程。

中小企業銀行貸款的擔保）視為通常會被禁止的國家補助，而允許針對中小企業或科技研發的補助並允許針對中小企業或科技研發的補助（尤其若這些研究處於前期階段或由小企業執行，那麼補助更名正言順了）。

目前，關於中小企業是否真的需要額外的資金來源，各方見解依然莫衷一是。事實上，中小企業已享有多種政府支援和貸款上的稅務優惠以及其他融資管道，例如：鄰區投資基金（FIP）、創新投資共同基金（FCPI）、法國存托銀行（Caisse des Dépôts et Consignations，簡稱 CDC）補助，還有中小企業發展銀行（Banque du développement des PME）子公司 Sofaris（現改稱 Oseo）提供的擔保，以及法國國家投資銀行（Banque publique d'investissement，簡稱 BPI）的地區基金。此外，還有開放給所有企業的其他融資支援措施，比如研發稅收抵免（crédit d'impôt recherche，簡稱 CIR）。

然而，複雜的系統和眾多稅務優惠政策，讓企業變成尋覓優惠的「獵人」。例如，法國的創新資助機制過於龐雜（註 24），企業需耗費大量精力去找出合適的行政分類，才能為現有的計畫申請政府資金。

這種情況不僅在社會上不值得提倡，因為它摧毀價值而非創造價值，更重要的是，中小企業在這場遊戲中往往處於劣勢，因為缺乏足夠資源來利用這種繁瑣的行政體系。我在此稍作補充：這種大量資助計畫以及負責管理這些計畫之機構同時並存的現象，顯示出法國產業政策的一個特殊問題。具體來說，這些計畫和機構的堆疊不僅造成資源浪費，還使得企業在

譯註8　《羅馬條約》是1957年3月25日由六個歐洲國家（比利時、法國、義大利、盧森堡、荷蘭和西德）簽署的條約，正式名稱為《建立歐洲經濟共同體條約》（Treaty establishing the European Economic Community，EEC）。該條約的目的是透過建立一個共同市場，促進成員國之間的經濟整合與合作。條約確立了成員國之間自由流動的原則，包括商品、服務、資本和勞動力，並為歐洲經濟共同體（EEC）的成立奠定了基礎。《羅馬條約》被視為歐盟成立的基石，隨著時間的推移，它的影響擴展到經濟以外的其他領域，最終促成了歐洲聯盟（EU）的創建。

尋求資助時面臨複雜的行政程序，進而影響其發展和創新能力。因此，法國的產業政策亟需重新評估，以便簡化流程同時提高效率，才能更有效地支持企業成長。正如在其他體系（大學、勞動法或稅法）那樣，政府經常推出大量新計畫，但幾乎不會取消任何舊計畫。相較之下，市場的優勢在於不會一味地在過去無效的舊方法上浪費資金，而是選擇不再繼續。

總體來看，中小企業會從改革中獲益，而這些改革應當消除公共部門對它們的種種阻礙。例如：

- 門檻效果（註 25）。許多專家報告指出，這種門檻效果對企業的擴充構成了障礙。法國企業員工人數一旦超過 10、20 或 50 人時，會面臨額外、昂貴的約束，例如：會計義務、社會保障攤付費用提高、交通津貼、50 名員工（含）以上需成立各種委員會、經濟裁員時需提出社會計畫。舉個例子，當企業雇用的員工數從 49 名增加到 50 名時，該企業會多出 34 項額外義務。若一家企業確信未來會有成長，一定會超過這些門檻，因為它別無選擇。然而，如果一家企業對未來的成長沒有把握，就會三思而後行，可能選擇加班、外包或創辦其他公司，而不是跨越這個門檻。綜上所述，門檻效果使得企業不願意加速發展，以致形成一個「中小企業陷阱」（piège à PME）。圖一顯示在法國企業中，50 名員工這一門檻所造成的嚴重不利。這類門檻效果在世界各地都存在，例如在美國小於 50 名員工的企業，可能會有專屬補貼；但在法國、義大利或葡萄牙等國家，這種效果尤為明顯，因為這些國家勞動市場制度的特殊性質導致失業問題更為嚴重。根據一些研究（註 26）推測，門檻效果對國家帶來的成本可能占國內生產毛額的幾個百分點。
- 勞動法、稅制和進入公共市場的規定極其複雜，使得中小企業特別容易成為弱勢（尤其在支援創新的政策下），因為它們沒有能力組建專業團隊來應對這些問題。

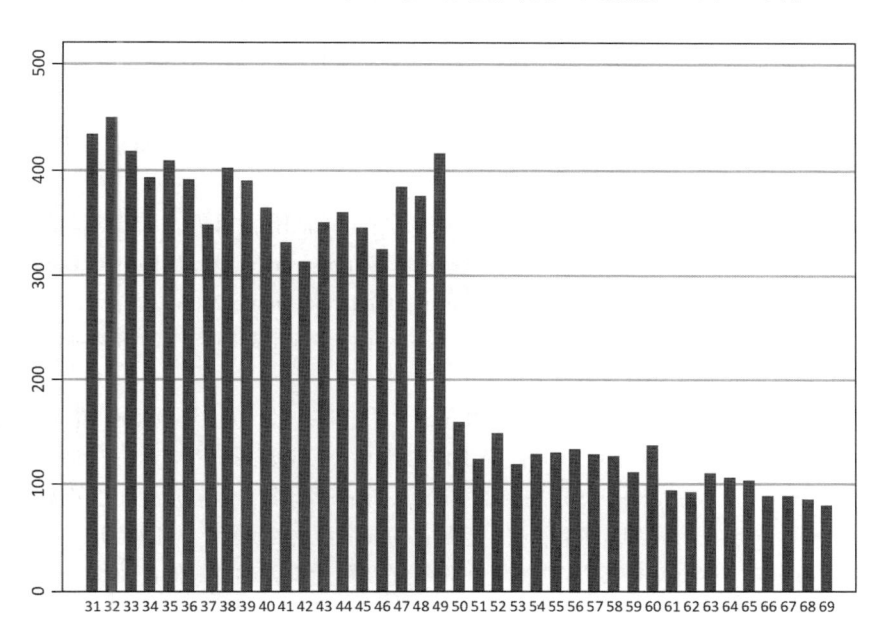

圖一　法國企業數量與員工人數的對照（員工人數從 31 到 69 人）

資料來源：Ficus（稅務檔案），2002 年。

- 破產處理（註 27）。法國在這方面有其獨特的法律規定，在某些情況下給予股東與管理者很大權力，即使他們可能出現失誤也一樣。與世界其他地方不同的是，在企業出現問題時，債權人未能得到很好的保護，因此中小企業在這種情況下很難獲得貸款。
- 公家大企業的採購經常延遲付款。
- 政府和產業集體協議對薪資管理的限制（註 28）。
- 稅制支持企業在家族內部或在非本地居民之間轉讓（註 29），等等。

註 1　法國直到最近才真正轉向競爭與監管。1986 年的法令結束由國家控管經濟和價格，並成立了競爭委員會（Conseil de la concurrence）。而德國則是更早在跨黨派支持下轉向。美國反托拉斯法的基礎《休曼法》（Sherman Act）則早在 1890 年就已制定。當然，也有前例如在十七世紀初，英國就已有反獨占的相關決定。

註 2　更確切說，直到 2008 年的《經濟現代化法》（Loi de modernisation de l'économie）為止。

註 3　從技術上講，這些價格折扣是透過商業合作（即回扣）獲得。法國經濟部的一項研究（« Les relations commerciales entre fournisseurs et distributeurs », Direction générale du Trésor et de la Politique économique, novembre 2006）估計，若改革《加朗法》，消費價格指數將下降 1.4%，國內生產毛額將增加 0.3%，並將在四到五年內創造 80,000 個就業機會。

註 4　根據麥肯錫管理諮詢公司（McKinsey）的資料，從 1992 年到 1999 年，法國汽車行業的勞動生產力（每小時工作的產值）年均成長接近 8%（在 1996 年至 1999 年間成長 15%），這主要得益於更好的採購政策、管理重組和生產簡化。不過，現在標緻面臨嚴重危機，因為它的效率不及競爭對手。根據 2012 年的最新資料，汽車行業每位員工創造的附加值仍然比德國和英國低近 50%，也低於歐盟的平均水準。

註 5　例如可參考 Nicholas Bloom, Mirko Draca, John Van Reenen, « Trade Induced Technical Change? The Impact of Chinese Imports on Innovation, IT and Productivity »，尚未正式發表論文。

註 6　參見：« (Not) made in France »，國際生產與貿易經濟中心（Centre d'Économie de la Production et du Commerce International，簡稱 Cepii）信件，2013 年 6 月。

註 7　美國部分請參考：Lucia Foster, John Haltiwanger, C .J. Krizan, « Aggregate Productivity Growth. Lessons from Microeconomic Evidence », *New Developments in Productivity Analysis*, National Bureau of Economic Research, 2001, p. 303-372. 法國部分則請參考：Bruno Crépon, Richard Duhautois, « Ralentissement de la productivité et réallocations d'emplois : deux régimes de croissance », *Économie et statistique*, 2003, n° 367, p. 69-82.

註 8　參見本書第九章。

註 9　已在本書第八章詳述。

註 10　這裡我當然是脫離背景，引用毛澤東在 1957 年 2 月「百花齊放」講話中的著名言論，他當時號召對共產黨進行批評。

註 11　有關中國的研究，參見：Philippe Aghion, Mathias Dewatripont, Luosha Du, Ann

Harrison, Patrick Legros, « Industrial Policy and Competition »,《美國經濟學雜誌》即將刊。

註12　我在這裡先排除了那些政府必定是買家的產業（如教育、衛生、軍火、基礎設施等），因為國家無法不加以干預。

註13　請讀者參考如下著名的研究：Anna Lee Saxenian, *Regional Advantage. Culture and Competition in Silicon Valley and Route* 128, (Cambridge, Harvard University Press, 1994). 該研究指出，矽谷的非正式交流文化使其相較於位於128號公路周邊的波士頓舊高科技中心更具優勢。

註14　Gilles Duranton, Philippe Martin, Thierry Mayer, Florian Mayneris, « Les pôles de compétitivité: que peut-on en at que peut-on en attendre? », Cepremap, 2008 指出：「其實支持產業群聚之政策的成功例子非常少。」截至2007年，法國共有71個競爭力中心。

註15　例如，2005年在法國提交的105個競爭力中心計畫中，只有67個獲得批准。

註16　參見：Damien Neven, Paul Seabright, « European Industrial Policy. the Airbus Case », *Economic Policy*, 22, septembre 1995.

註17　戰後日本的經濟發展主要由私人企業集團主導，不過政府確實也扮演了規劃者的角色（例如著名的通商產業省），但其干預程度相對較低。

註18　其中一些建議的適用範圍遠超過產業政策，還涵蓋就業政策、教育政策等領域。

註19　參見：Philippe Aghion, Mathias Dewatripont, Caroline Hoxby, Andreu Mas-Colell, André Sapir, « Universities », Economic Policy, juin 2010. 這篇論文章強調大學自主性與競爭之間的互補關係。簡單來說，競爭只有在大學能夠自由制定自己的策略時，才能發揮重要的作用。此外，該論文還指出，像國家科學基金會和國立衛生研究院這類的資助對專利的產出有顯著的影響。

註20　Marc Ferracci 和 Étienne Wasmer 在 *État moderne, État efficace. Évaluer les dépenses publiques pour sauvegarder le modèle français* (Paris, Odile Jacob, 2012) 一書中提議應該顛倒舉證責任。根據他們的觀點，某項計畫實施了若干年後，應該由支持該計畫的人來證明其有效性，證明應該繼續推行。若無法提供有效的證據，該項計畫就應該終止。

註21　參見：Élie Cohen, Jean-Hervé Lorenzi, « Des politiques industrielles aux politiques de compétitivité en Europe », in *Politiques industrielles pour l'Europe*, Paris, La Documentation française, 2000.

註22　法國市值最高的四十家公司。

註23　美國前五百家企業，按營業額的高低排序。資料摘自經濟分析委員會的第26號

報告。

註 24　讀者可以參考表一，其中總結了法國政府的創新援助措施，內容取自《法國推行了哪些創新政策？一張地圖》（« Quelles politiques d'innovation a-t-on déployé en France? Une cartographie », France Stratégie, 2015 年 11 月 10 日，工作文件）。

註 25　門檻效果的評估相當複雜。例如可以參考 Nila Ceci-Renaud, Paul-Antoine Chevalier, « L'impact des seuils de 10, 20 et 50 salariés sur la taille des entreprises françaises », *Économie et statistique*, 2010, vol. 437, p. 29-45 這篇論文。需要強調的是，法國政府並不是唯一該為形成門檻效果負責的一方。因為當歐洲議會決定減少銀行對中小企業貸款時，也對門檻效果產生了影響。不僅是國內政策，還包括歐洲層面的決策，都會對企業的發展造成直接或間接的影響。

註 26　參見：Luis Garicano, Claire Lelarge, John Van Reenen, « Firm Size Distortions and the Productivity Distribution. Evidence from France », *American Economic Review*, 即將刊登。這些作者估計，法國的「門檻效果」的成本約為 5%，主要是因為法國的勞動市場比較僵化。他們認為，在像美國這樣的國家，這種管制造成的成本最多為 1%。不過，這個成本當然會因國家和時期的不同而有所變化，因此它依賴於具體的制度背景，但看起來並非可等閒視之。

註 27　例如可以參考本人與 Guillaume Plantin 和 David Thesmar 合撰的論文 « Les enjeux économiques du droit des faillites », *Conseil d'analyse économique*, 2013, note 7，其中提出了一些改革建議。2014 年 3 月頒布的一項關於破產法的法令，也朝著這個方向發展，因為它允許債權人將其債權轉成資本，並提出一個與管理者重組計畫相競爭的方案。

註 28　經濟分析委員會的報告 « Faire prospérer les PME » (octobre 2015) 指出，法國的產業協議的覆蓋率異常高，2008 年已達到 93%，而經濟合作暨發展組織的平均水準只有 56%。可參考第九章以了解更多資訊。

註 29　參見：Yves Jacquin Depeyre, *La Réconciliation fiscale*, Paris, Odile Jacob, 2016.

| 第十四章 |

當數位化改變了價值鏈

現在，我們越來越常在網路購物和處理銀行業務，透過網站閱讀新聞，利用優步叫車，在 BlaBlaCar 上尋找拼車共乘，以及藉由 Airbnb 預訂住宿。數位化是二十一世紀經濟和社會變化的核心。它將影響所有人的活動，並已經重塑了商業、金融、媒體、交通和旅宿產業。

包括公共部門在內的所有行為者都必須適應這一變化。面對傳統媒體和新聞產業的衰退，美國公共廣播電臺（National Public Radio，簡稱 NPR）自 2014 年 7 月起已搖身一變成為「廣播界的 Spotify（註 1）」。它會讓你對不同的節目進行評分，並觀察你在每個節目上花了多少時間，分析你下載的播客，最終推薦符合你興趣的節目。而這僅僅是個開端。未來，數位化將徹底改變保險、醫療、能源和教育等產業。醫療、法律或稅務等專業服務將受到基於機器學習（註 2）之智慧演算法的影響，很多其他服務也會被機器人改變。

經濟上的交易關係只是此變化的一個面向，數位化影響了人際關係、社交團體甚至政治。企業現在關心的是產業變革、新的工作模式及網路安全。數位化還會影響智慧財產權法、競爭法、勞動法、稅法，以及比較一般的公共管制。數位經濟除了促成節省時間和提升購買力的可觀進步，也造成多個需要我們認真考慮的風險。本章和下一章的目的在於分析一些重大挑戰，以便更好掌握這場深刻的變革（它重塑了我們的生產領域、就業市場、管制體系，也改變了整個社會），並為這些變革做好準備。

本章首要關注企業在數位市場中的策略，以及對這些市場的管制挑

戰。分析的核心聚焦於雙邊平臺（plates-formes bifaces），因為它們讓市場的不同行為者（如供需雙方）能彼此接觸和互動。這些平臺的經濟影響是具體的，而且還在不斷增長。如今，全球前五大公司中有三家都是雙邊平臺：蘋果、谷歌和微軟。同時，估值最高的前十家新創公司中，也有七家為雙邊平臺。我會分析它們的商業模式，並探討這種模式如何影響我們的生活品質。

第一節
平臺做為數位經濟的守護者

你的 Visa 卡、家庭用 PlayStation、谷歌搜尋引擎、WhatsApp 即時通訊系統，還有你家街角的房地產仲介，其間的共同點實際上可能比你想像的更多。它們都屬於「雙邊市場（註3）」的模式，也就是使中介的擁有者（如 Visa、索尼、谷歌、臉書和房地產仲介）能讓賣家和買家在其上互動的市場。這些「平臺」聚集許多希望能彼此互動的用戶社群。例如，在電子遊戲產業中，玩家和遊戲開發商之間會有互動；在作業系統領域（如 Windows、安卓、Linux、Mac 電腦的 macOS 或 iPhone 的 iOS）中，作業系統的使用者和應用程式開發者之間會有交流；在搜尋引擎或媒體方面，用戶和廣告主也會互動；而在刷卡交易中，持卡人和商家之間也會發生聯繫。

這些平臺解決了兩個不同的問題：一方面是如何讓用戶彼此連接起來，另一方面是如何提供一個技術介面，使這些用戶能有效互動。這個問題值得解釋。

圖一　雙邊平臺

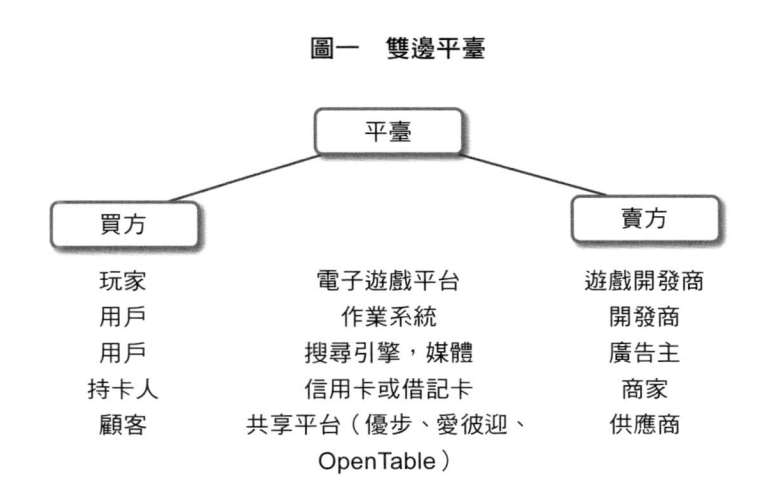

```
                    平臺
                   /    \
              買方          賣方
```

買方	平臺	賣方
玩家	電子遊戲平台	遊戲開發商
用戶	作業系統	開發商
用戶	搜尋引擎，媒體	廣告主
持卡人	信用卡或借記卡	商家
顧客	共享平台（優步、愛彼迎、OpenTable）	供應商

注意力經濟

長期以來，經濟學一直認為經濟進步即是發明新產品、降低生產成本並改進交易方式。改進交易方式的主要辦法是降低交易成本，尤其是運輸費用和妨礙國際貿易的關稅（實證研究驗證了「國際貿易引力理論」〔théorie gravitationnelle du commerce international〕，顯示隨著運輸成本下降，貿易量會逐漸上升）。

五十年前，人們獲取資訊的途徑十分有限。他們必須購買報紙來看新聞；想要讀書或聽音樂，得依賴市立圖書館的館藏目錄；有些條件較好的家庭可能會有個小書架，但藏書量始終有限，購物也大多局限於附近的商店；要交朋友或尋找伴侶，只能依靠村莊或社區中的人脈。現在，隨著數位技術的發展，將數位商品從地球此端傳輸到彼端的成本幾乎為零，商品目錄也變得無限多。我們面臨的問題不再是選項太少，而是太多，現在的挑戰是如何合理分配我們用來參與這些活動的時間和注意力。這種注意力經濟徹底改變了內容產業中的行為和互動（註4），要理解其中的來龍去脈，需要經濟學家、心理學家和社會學家攜手研究。

如今，最主要的交易成本已不再是運輸費用，而是瀏覽各種報價、挑選合適的交易對象，以及透過展示自己的信譽向潛在合作夥伴證明自己值得信賴的成本。我們的祖先在漫長的歷史中經常難以找到交易夥伴，現在的問題則是需從成千上萬的潛在合作對象中，挑選出最符合我們期望的人選。資訊來源幾乎無窮無盡，但處理和理解這些資訊的時間卻有限，這使得某些能幫助我們找到合適之合作夥伴的中介（亦即平臺）成為經濟活動中的關鍵角色。隨著其他成本（如運輸、關稅、刊登）的下降，資訊傳遞、閱讀和篩選的成本變得更加重要，我們對更複雜平臺的需求也隨之增加。

　　這些平臺不僅向我們提供關於商品品質和匹配程度的寶貴資訊，還透過傳遞賣家的商譽幫助我們做出選擇（如 Booking 上的酒店和餐館評分，eBay 上的賣家評價，優步上的司機評分），並推薦符合我們品味的產品（如亞馬遜、美國公共廣播電臺和其他網站的推薦）。藉由這些平臺，我們能以較低成本找到更可靠的合作夥伴，或是更符合需求的物件，更輕鬆地在紛繁複雜的選項中做出選擇。

　　共享經濟也屬於這一類。它的邏輯是更理想地利用那些未充分利用的資源：如利用 Airbnb 出租公寓，利用 Drivy 出租個人車輛，利用 Wingly 共用私人飛機，利用 BlaBlaCar 提供拼車共乘服務，或者透過 Amazon on my Way、You2You 送貨等。然而，找出交易好處（例如，遊客尋找符合特定條件和日期的公寓，屋主則希望在外出期間增加收入）需要中介介入。為使用者在巨量資訊中導航，這離不開他們對平臺的信任，包括：信任推薦的公正性及品質，信任在提出要求時平臺會刪除個資，信任這些資料不會轉移給第三方。關於這些問題，我將在下一章進一步討論。

　　找到商品供應商的便利性不僅促成原本難以想像的交易，還因供應商彼此間的競爭，通常導致價格下跌。不過，並非總是如此……麻省理工學院的格連和莎拉・艾利生（Glenn and Sara Ellison）發現，網上一些需求

不高的二手書，價格實際上經常更貴（註5）。在網上尋找這種「利基產品」（produits de niche，譯註1）的人，願意支付高價，而偶然在舊書店或跳蚤市場看到這類書的人，購買意願通常較低。然而，這種價格上漲並不一定代表電子商務造成低效率。畢竟，如果沒有搜尋引擎和這些平臺，買家很可能永遠找不到這本書。

平臺技術

信用卡、PayPal 或比特幣並不像谷歌、eBay 或 Booking 那樣直接連結賣家和買家。在前者這些支付系統平臺，我們已經與商家建立了聯繫，一旦進入商店（無論是實體店還是線上店），我們只是尋求一種快速且安全的支付方式，而無需去自動提款機領錢或進行轉帳。

同樣，電子遊戲設計師除了 PlayStation 或 Xbox 之外，還有其他不同管道讓我們了解他們的產品，包括廣告、報紙評析、店頭展示，以及在谷歌搜尋引擎上的關鍵字。相較之下，索尼或微軟製造的作業系統和遊戲機可讓我們玩它們設計的電子遊戲；Windows 同樣允許我們使用與電腦上軟體相容的商業或非商業的應用程式；而 Skype 或臉書則讓我們彼此保持聯繫，而非單純接觸。由此可見，平臺的另一個功能是盡可能順暢促進用戶間的具體互動。

譯註1　意指針對特定需求的產品，因需求者少，通常潛在客戶的忠誠度更高。

第二節

雙邊市場

雙邊市場經濟學發展出一種理論，可用於闡明在這些看似各異市場中企業的行為。管理諮詢公司和競爭管制機構都普遍採用這一理論。

經濟模型

平臺的挑戰在於找到一套可行的商業模式，以確保各個使用者社群的參與。事實上，任何雙邊市場都面臨「雞生蛋或蛋生雞」的問題。一家電子遊戲機製造商必須同時吸引玩家和遊戲設計師。玩家希望擁有豐富的遊戲選擇，而設計師則希望接觸到盡可能廣大的客戶群。遊戲機製造商的目標在於激發雙方的熱情，媒體（報紙、電視臺、入口網站）面臨的情況也是如此，它們試圖吸引大量觀眾的注意力，同時激發廣告商的興趣，因為後者將為其收益平衡作出貢獻。而像美國運通、PayPal 或 Visa 這類支付系統在吸引大量消費者的同時，還需確保商家接受這種支付方式。這類業務都需要吸引兩類客戶，並從他們各自的經濟利益、需求或期望中獲益。

經過一番探索，一套新的商業模式逐漸浮現出來。為了介紹這套模型，我們先借用經濟學家的術語，然後再回到一些熟悉的例子。這套商業模型取決於需求的彈性，以及市場不同面向之間的外部性。對於市場的每一面向，需求的彈性是一個數字，反映出商家在價格上漲 1% 時會失去多少百分比的客戶，這是定價決策中一個至關重要的概念。因此，彈性高的需求迫使商家抑制價格，而彈性低的則鼓勵抬高價格。雖說這個概念相對偏向理論，但它仍反映出每個企業的日常運作，也解釋了為何競爭通常會導致價格下跌：企業抬高價格會流失較多客戶，因為客戶可以轉向其競爭

對手,而非停止消費。在確立這一前提後,市場各面向之間存在外部性,代表用戶能從市場另一端的其他用戶身上獲益(譯註 2)。

我們需要提出的一個問題是:誰對這項服務最感興趣呢?也就是說,誰可能願意支付更多費用又不會停止使用這項服務呢?在某些情況下,某方甚至可能無需支付任何費用,甚至獲得補貼,而另一方則為雙方買單。許多報紙、廣播和網站並不向公眾收費,免費提供資訊和娛樂。支持他們生存的完全是廣告商。PDF 軟體讓我們可以在電腦上免費查看文件,但如果你想創立 PDF 文件,就需要付費。為什麼?因為撰寫並發布文本到網路上的人,通常希望他人能讀到,而潛在的讀者則不一定有同樣需求;反之,暢銷書的讀者則甘願掏錢買書。

一般來說,平台的發展往往是由市場某一方的低價所驅動,如此可以吸引該方的使用者,並間接在另一方獲得收入。兩邊的價格結構充分利用了彼此的外部效果。基礎概念很簡單:用戶實際造成的成本不只是使用服務的直接費用,還要扣除因其使用而帶來的其他方收益。舉個例子,當買家使用信用卡付款時,發卡銀行會從中賺取一部分手續費,即所謂的「商家手續費」(commission commerçant),通常在 0.5% 到 3% 之間。美國運通的信用卡手續費是由該公司直接向商家收取,不像 Visa 卡和萬事達卡那樣,透過銀行間的「跨行交易手續費」(commission d'interchange,註 6)機制,由商家的銀行向發卡銀行支付相關費用。這就是為什麼很多信用卡是免費提供,或甚至倒貼用戶一些優惠(像是哩程或現金回饋)。

同樣,谷歌也提供許多免費服務(如搜尋引擎、電子郵件、地圖等),因為用戶的活動及其偏好資訊會吸引廣告商,讓後者願意花大錢在平臺上精準地下廣告。免費電視和一些免費報紙(像是 Metro 或 20

譯註2 例如在某些平台上,用戶之間的互動和資訊共享可幫助他們做出更好的決策。消費者可以參酌其他用戶的評論和評分來選擇產品,由此獲益。

Minutes）的商業模式也類似（註 7）。一般情況下，價格結構對市場的一方非常有利，而對另一方則非常不利。這種現象可以透過兩種極端情況來理解：一是掠奪性定價（prix prédatoires），即價格異常低，以至於對競爭對手造成壓制；二則是剝削性定價（prix abusifs），即價格異常高，以獲取過多利潤。雖然這似乎是普遍存在的情況，但其實情況並不那麼簡單。實際上，這樣的價格結構不僅在某些行業中常見，許多並不具備優勢地位的公司也會採取這種定價策略。

支付卡行業在這方面尤其引人注目。其商業模式是向消費者提供低廉的簽帳金融卡或信用卡（持卡人甚至在使用時可利用折扣或里程累積賺錢），同時向商家收取每筆交易一定百分比的費用。儘管這些費用可能較高，例如 Visa 卡和萬事達卡的費率在 0.5% 至 2% 之間（註 8），而 PayPal 則約為 3%，但商家仍然有動機接受這些卡，因為若不接受，可能會失去客戶。這一點在美國運通發行的卡上尤為明顯，因為它向來走高端品牌形象，並擁有龐大的商業客戶群，因此能收取特別高的費用。這種模式常常被其他行業的公司所模仿。例如，OpenTable 是一家高級餐廳的線上預訂平臺，每月處理 1200 萬次訂位，但它不向消費者收費，而是向餐廳收取每位顧客 1 美元的手續費。這種做法表明，支付卡行業的成功模式在其他行業中也能產生類似的效果，顯示出不同市場之間的相似之處以及彼此所發揮的影響。

圖二　不對稱但有效的分配

價格低的一端	價格高的一端
消費者（搜尋引擎、入口網站、報紙）	廣告商
卡片持有者	商家

如果是蛋生雞⋯⋯

　　雙邊平臺面臨的另一個重大挑戰是，其中一方的用戶在另一方進入市場之前，必須提前進行投資。這種情況常需要依賴對市場前景的預測。例如，當一款新的遊戲主機準備推出時，獨立的遊戲設計師往往在還不確定該主機是否暢銷的情況下，先投入大量時間和資金進行遊戲開發。這使得他們面臨高昂開發成本的風險，若遊戲銷售平臺未能吸引到足夠多的玩家，可能就無法收回投資。為了讓這些設計師對未來市場具有信心，主機製造商通常會承諾，每當銷售出一款遊戲軟體時，他們將從中抽取 5 到 7 歐元的授權費。此一政策不僅讓設計師感到更有保障，也讓主機製造商有了動力，以較低的價格來出售主機，以吸引更多消費者。實際上，許多遊戲主機往往會賠本出售，每台主機的虧損可能高達 100 歐元（註 9）。這種策略讓遊戲設計師能在主機正式上市前放心著手開發遊戲軟體。此外，遊戲平臺本身也可以在主機上市之前自行開發遊戲，這一點可以透過微軟的實例來說明：在 2001 年推出 Xbox 時，微軟便提前開發著名的遊戲《最後一戰》（Halo）。這樣的安排不僅為設計師鼓舞市場信心，也為主機製造商和遊戲銷售平臺在競爭中贏得更大的優勢。藉由這種方式，所有關係方都能在一定程度上降低風險，促進整個市場的健康發展。

　　在電子遊戲領域，兩邊用戶加入平臺的時間差距很大，所以這個例子尤其特殊。不過，這種情況其實並不罕見。微軟推出《最後一戰》時，其策略核心就是在消費者規模尚未形成之前，率先自行開發應用程式。這種策略廣泛應用在許多領域中。例如，2007 年 iPhone 首次推出時，蘋果還沒有 App Store，因此便自行開發了應用程式。網飛（Netflix）一直自己製作影片，並且還提供從外面影音內容製作方購入的影片。

　　關於雙邊市場時機策略的安排，可參考大衛・伊凡斯（David Evans）和理查・施馬倫西（Richard Schmalensee）最近的著作（註 10）。書中非

常清楚地說明時機安排在雙邊市場中的重要性。

平臺相容性

第三個議題是雙邊市場中的各行為者是否需要彼此合作。在大多數情況下，消費者會同時使用多個平臺。那麼，這些平臺是否應該合作，以確保提供的服務能彼此相容呢？在電信產業中，這種合作是受規範的。比方說在法國，電信營運商 SFR 的用戶不可能無法打電話給另一家電信營運商法國橙子公司的用戶。在房地產業，越來越多仲介公司也開始聯手合作，為顧客提供更多房源選擇。

有些平臺選擇不要彼此相容。例如，如果商家只接受 Visa 卡和萬事達卡，消費者就無法使用美國運通卡。一個只以 Windows 系統編寫的應用程式也無法在 Linux 作業系統上使用。由於不相容，客戶可能同時利用多個平臺來擴大其用戶圈，這種現象稱為「多棲」（multihoming），即用戶同時存在於多個彼此不相容的平臺上。例如，消費者可能擁有多張支付卡，而商家也接受多種卡片；遊戲設計師可以為不同主機格式設計適配版本；買房或賣房的人可能同時接觸多家仲介，因這些仲介尚未形成網路。

手機應用程式也是一個例子，市場上存在相當穩定的蘋果－安卓雙占（註 11）。不難想像，「多棲」的特徵在最受歡迎的應用程式上更常見。的確，應用程式不僅要為每個系統重新編寫軟體，行銷成本也要針對不同平台重複投入，因為應用程式必須進入每個生態系的「熱門清單」，消費者才會注意到。四個最受歡迎的應用程式（臉書、Pandora、推特、Instagram）在兩個系統上的使用體驗都是相同的；一般來說，採用「多棲」策略的應用程式中，有 65% 都是最具人氣的（註 12）。

這種行為會影響商業模式的選擇。營運商之間的競爭會左右其定價方

式。例如在美國，美國運通在客戶向別家金融機構申請第二張卡片後，不得不降低商家支付的高額手續費。這是因為 1990 年代，出現了免年費的 Visa 卡和萬事達卡。客戶認為，辦一張免收年費的第二張支付卡很有用，尤其是美國運通卡遭拒或失效時。商家也開始思考：「既然使用美國運通卡的客戶也使用 Visa 卡和萬事達卡，況且對我來說成本更低，那即使我拒絕美國運通卡，客戶也不至於流失。」因此，美國運通卡被迫降低商家手續費，以便將其留在自家平臺上。

開放

有時候，平臺可能會選擇直接參與，成為市場的其中一邊參與者。此時，平臺的考量回歸傳統企業的經營模式，專注於吸引終端消費者。換句話說，平臺會將重心放在直接服務和滿足消費者的需求上，而不是僅在兩方之間進行撮合。這樣一來，平臺就能更理想地掌控用戶體驗，並可能搶占更多市占率。一個著名的例子是蘋果公司。1980 年代，蘋果占據個人電腦市場的主導地位，決定大幅限制運行在自己作業系統上的應用程式和硬體。蘋果公司自己生產電腦，並對開發應用程式所需的軟體開發套件（software development kit）收取高額費用，導致其系統幾乎是封閉的。微軟則不同，它在 1990 年代初藉由其開發的 DOS（後來稱為 Windows）作業系統成為市場的領導者。微軟選擇開放的方式，不生產電腦，並幾乎免費分發開發套件（註 13）。從那以後，蘋果吸取這個生態系彼此競爭的教訓，逐漸開放系統（目前在 App Store 上可以下載 150 萬個應用程式〔註 14〕），但仍然掌控其作業系統（iOS）以及電腦和硬體（如 iPhone）的製造。儘管谷歌也曾類似較早的微軟，因限制外部產品的接取而受到指責，但由於安卓作業系統為開源軟體，開放程度還是比蘋果強。

除了下文還要討論之可能的進入障礙外，系統開放程度的選擇可以這

樣分析：蘋果的封閉策略使其能夠更完善地控制硬體供應，但同時也迫使消費者只能選擇蘋果的產品，降低了品牌的吸引力。然而，正如我們所見，新的平臺並非總有選擇餘地，即使採用開放架構，它可能仍需自行生產硬體和應用程式。或者像比爾・蓋茲（Bill Gates）在 1980 年代初與 IBM 簽署的協定那樣，確保 IBM 的電腦可以運行 DOS 作業系統。通常需要時間，平臺才能充分享受開放性的好處。

第三節

一種不同的經濟模式：平臺開始監管

傳統組織與雙邊市場的區別

如欲理解為什麼平臺與傳統市場不同，我們可以看看製藥產業所謂的「垂直」商業模式。近年來，越來越多藥品創新來自於小型的生物技術新創公司。然而，這類公司在開發、臨床試驗、獲得管制機構批准（如美國食品藥物管理局〔Food and Drug Administration〕和法國的國家藥品和康健產品安全局〔Agence nationale de sécurité du médicament et des produits de santé〕）以及銷售方面相對不具優勢。因此，這些生物技術公司通常會出售自己的專利、給予獨家授權，或由大型製藥公司（如安萬特〔Aventis〕、諾華、輝瑞、葛蘭素史克等）收購。

無論情況如何，最終只會有一家製藥公司銷售藥品。為什麼呢？很簡單，因為若多家製藥公司透過多個授權銷售同一款藥物，價格便會下降，

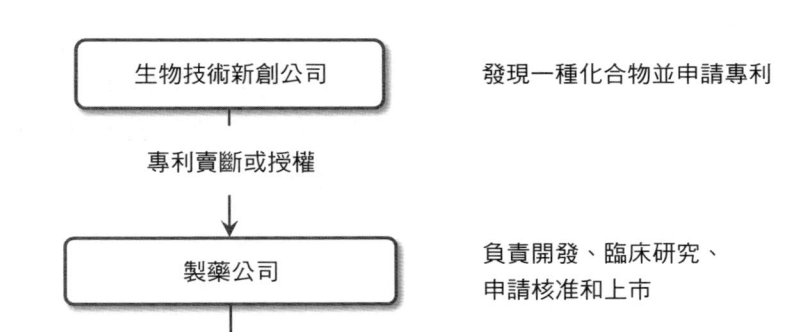

圖三 「垂直」模式

```
┌──────────────────┐
│  生物技術新創公司  │     發現一種化合物並申請專利
└──────────────────┘
          │
    專利賣斷或授權
          │
          ▼
┌──────────────────┐     負責開發、臨床研究、
│     製藥公司      │     申請核准和上市
└──────────────────┘
          │
          │
          ▼
┌────────────────────────────┐
│          顧客               │
│（政府、照護醫療網絡、醫院、個人）│
└────────────────────────────┘
```

導致專利的價值降低，減少授權許可的收入。因此，生物技術公司會確保在下游創造一個壟斷，以便在銷售時獲得最大利潤。

平臺模式（圖一）和垂直模式（圖三）的比較很能給予啟發。在垂直模式中，生物科技新創公司與終端客戶沒有直接接觸，僅與製藥公司互動。因為不會直接獲益，新創公司沒有動機促使製藥公司採取低價策略。畢竟如果製藥公司降低價格，即使藥物消費增加，對新創公司也沒有好處。這個發現會產生一些重要影響，我們接下來將詳細加以討論。那麼，製藥公司同時與新創公司和客戶互動，是否可以將其視為一個平臺呢？並不是，因為新創公司和客戶之間並沒有直接的互動。

另一個例子可以闡明垂直結構和平臺結構的區別：蔬果市場（真正的平臺，因為賣家可以直接與客戶互動，但是需要市場提供空間）與超市（供應商與客戶沒有互動，前者直接將產品賣給超市，超市再將其轉售給客戶）。在蔬果市場裡，賣家不僅關心擺攤的條件及需向市場繳納的營收

抽成，還希望市場能吸引顧客。而超市供應商和超市簽訂的契約只規定供應一定數量的商品，因此並不關心超市內顧客的數量。這個例子表明，數位技術雖然確實明顯增加了平臺的數量，但平臺並非數位時代獨有的現象。例如，亞馬遜在1994年剛成立時，並不是一個雙邊平臺，最初它只是直接向出版商購入書籍，然後在網上轉售。

平臺的管控作用

雙邊平臺同時與賣家和客戶互動，這意味它會關心終端客戶的利益，但不是出於慈善，而是因為若客戶滿意，會願意付更多錢給平臺或更想加入這個平臺。這一現象解釋了雙邊平臺的許多經濟模式特點。

賣家之間的競爭：第一個影響是，平臺和擁有藥品專利的公司不同，前者通常不反對賣家間存在一定程度的競爭。比如，像Windows這樣的作業系統，其成功很大程度上歸功於平臺對外部應用程式開放，而這些應用程式經常彼此競爭，甚至與平臺自家的應用程式競爭（註15）。這種競爭讓價格下降、品質提升，並吸引更多消費者，讓平臺更具吸引力。平臺的運作方式就像是給多個賣家發放許可證；由於它同時與買家建立關係，所以更傾向保護買家的利益，而對賣家利益的保護相對較少。法國早期的Minitel（譯註3）系統就是因為採用了封閉的應用程式模式，很快就敗下陣來。

譯註3　Minitel的名稱是法文 *Médium interactif par numérisation d'information téléphonique*（數位化電話資訊的互動式媒體）的縮寫，係由電話線路連接的線上服務，一般認為是全球資訊網出現前世界上數一數二成功的線上服務。該服務於1978年在布列塔尼試驗性推出，1982年在全法國推出，由PTT（郵政、電報和電話總局）提供。在該服務早期，使用者就可以進行網路購物、預訂火車票、檢視股票價格、搜尋電話簿、並申請一個電子信箱，以及以類似現今網際網路的方式互動聊天。2009年2月，法國電信表示Minitel網路每月仍有1000萬連接。2012年6月30日，法國電信讓該服務退役。

價格調控：同樣，平臺有時候會調控賣家設定的價格。例如，蘋果的 iTunes 音樂商店會限制每首歌曲的最高售價為 0.99 歐元，專輯最高 9.99 歐元。另一例子是，很多支付平臺禁止商家對使用信用卡支付的顧客收取額外費用。

品質監督：平臺為了保護客戶，也會盡量禁止不受歡迎的對象進入平臺，例如夜店和聯誼機構會對想加入的會員進行篩選。證券交易所會制定有關償付能力的規範（更具體說，它們要求提供擔保），以避免某個會員一旦破產，會對其他會員造成不良影響；交易所也禁止某些不道德的行為，如「先行交易」（類似內線交易，經紀人在替客戶下大單之前，先為自己買進或賣出）。像蘋果會嚴格控制 App Store 上應用程式的品質，臉書則僱用大批員工來監控傷風敗俗的內容和行為。許多平台還會暫時保管買家付的錢，等買家確認收到商品且表示滿意後，才會把錢轉給賣家。

資訊提供：最後，平台會透過評分系統來提供賣家可靠的資訊，保護使用者安全。某些平台甚至具備類似司法的功能，提供爭議仲裁的流程，比如一些二手車拍賣網站就有這樣的功能。

近來廣受熱議的共享經濟也採用這些策略。像優步這樣的平臺會檢查司機的背景資料，對司機提出服務品質的要求，並讓乘客為他們評分，對於評價過低的司機，則會暫停其平台的使用權。此外，共享經濟平臺有時還提供仲裁機制，並在客戶不滿意時提供退款保證。

第四節

雙邊市場面對競爭權的挑戰

我們應該怎麼看待雙邊平臺的商業行為呢？目前各國負責管制競爭的

機構都面臨這類十分獨特的市場狀況。在這樣的背景下，傳統競爭法的理論已經不再適用。我們要記住，平台經常在市場的一邊訂出非常低的價格，而在另一邊則收取非常高的價格。市場的一邊採用低價甚至免費的定價，往往會引起競爭法專家的疑慮，因為這可以視為一種掠奪行為，目的在於打壓財務結構脆弱的競爭對手，或是表達強硬的市場競爭意圖。反之，市場另一邊的高價可能顯示出平台擁有強大的獨占力量。然而，即便是剛進入市場的小公司，如新興的入口網站或靠廣告收入維生的免費報紙，也會採用這種價格策略。

因此，假如管制者不理解雙邊市場的特殊性，就可能錯誤地指控平台在價格低的一邊進行掠奪，或者在另一邊實行定價過高的行為（註16）。其實，這樣的價格結構也是一些剛進入市場的小型平台所採用的。基於這些理由，管制者應該避免死板套用傳統的競爭法原則，因為這些原則在雙邊市場中往往無法適用。若要制定適合雙邊市場之競爭法的新指導方針，應該將市場的兩邊一起納入考量，而不是分開來分析，這也是目前某些競爭管制機構仍會犯的錯誤。

競爭法管不到這類產業了嗎？

雖然把競爭法套用到雙邊市場需要深思熟慮，但這並不代表應該放任這類產業生存在法律真空地帶，讓競爭法鞭長莫及。

向競爭對手的顧客收費⋯⋯

讓我們來看一個有間接影響的做法：有些平台要求商家對透過該平臺消費的顧客與那些直接向商家購物的顧客一視同仁，不能在收費上實施差別待遇。畢竟很多時候，顧客可能不是經由平台消費的。舉例來說，美國

運通這個平臺提供信用卡交易服務，但消費者也可以用現金、支票或其他信用卡付款。同樣，飯店房間或機票可以經由線上平臺（例如Booking）預訂，也可以直接向飯店或航空公司訂購（詳見圖四）。

這些平臺通常會向商家收取一筆費用，稱為「商家手續費」。另外，無論交易管道為何，平臺要求商家向終端顧客開價必須一樣，即所謂的「均一」價格（prix unique）。也就是說，商家不能因為顧客透過平臺消費就收取較高的價格。舉例來說，以美國運通卡支付的價格必須和現金付款一樣（或者更低）。同樣，無論顧客是直接向Accor平臺預定Accor集團旗下Ibis、Novotel或Mercure等飯店，還是透過Booking或Expedia訂房，房價都應該一樣（註17）。亞馬遜也常對其供應商（如圖書或唱片出版社等）採取類似政策，但英國和德國已不再允許亞馬遜對均一價格的要求。

就使用支付卡的情況而言，一些國家競爭法主管機關的做法是重新賦予商家定價的自由，允許他們對用支付卡消費的顧客收取額外費用。然而，這些主管機關忽略一點，那就是均一價格其實也有好處：它可以

圖四　均一價格

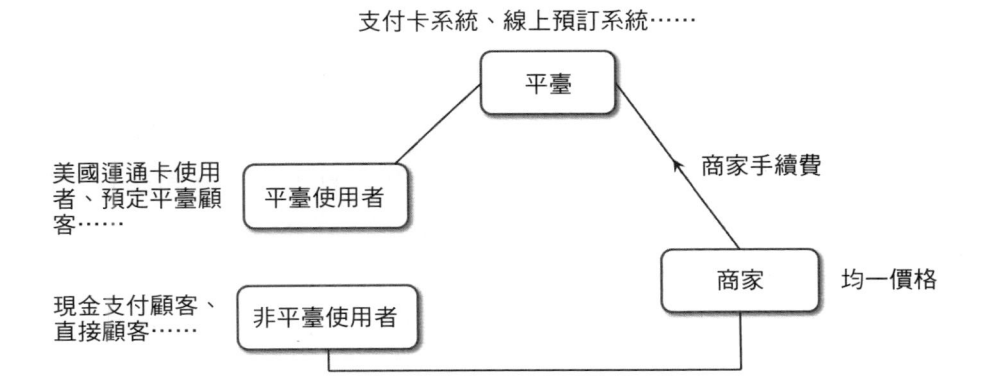

避免商家在最後一刻向顧客收取額外的手續費，使顧客陷入被迫接受的局面（註 18）。我們應該都有過這樣的經歷：在某個網站找到合適的機票，填了一堆資料，結果到了最後確認的頁面，才發現用信用卡支付會多出 10 歐元的附加費……網路上的這種遭遇，在實體店面也會發生，尤其是在英國、荷蘭、美國、澳洲等鬆綁價格限制的國家，商家收取的附加費有時甚至比信用卡手續費還要高很多。至於在 Booking 這樣的線上旅行社（OTA）消費，均一價格還有另一項好處：避免消費者先在預訂平臺上找到產品，再轉去酒店或商家的官方網站以更低的價格預訂，這樣一來，預訂平臺就不會因為幫助消費者找到合適飯店卻反而失去收入。

不過，必須找出一個平衡點。均一價格不一定對消費者有利，原因很簡單：高昂的商家手續費會轉嫁給第三方，也就是那些沒有使用平台的消費者。例如，Booking 向酒店收取的 15% 到 25% 的手續費，部分費用會由沒有使用 Booking 的顧客來承擔。假設某家酒店 20% 的訂單是透過 Booking 來的，那麼使用 Booking 的客戶只需支付飯店給平臺手續費中的小部分（20%），而其他 80% 則由那些未使用訂房平臺的客戶支付。這多少像是一種「私人徵稅」（註 19）。因此，結果顯然隨之產生過高的商家手續費（註 20）。這種市場失靈的情況不是因為價格結構不對稱（這本是雙面市場的特徵），而是對那些不使用平臺的消費者施加了負面的外部性。

我們可以舉出許多例子。平台應該創造價值，而不是成為寄生蟲。然而，連接市場兩邊的服務往往只為汲取利益，而這通常是藉著收取「買路錢」或強迫消費者接受廣告和品質較差的服務來實現的。你我都曾經有過這種經驗：我們在網上尋找一家小餐館，卻找不到它的網站或至少在搜索引擎的第一頁上面找不到，這是因為有許多平台介入於顧客和餐館之間。未來的問題是，我們是否需要規範手續費，如果需要，又該如何規範呢？

以優步為例，它顯然創造了附加價值；但這個價值是否值得向司機收

取車資 20% 的手續費？各平臺之間是否有足夠的競爭，使得其間的競爭能夠壓低利潤？經濟學的分析在這方面才剛剛起步。但這些分析能幫助我們確定這類行業的管制原則。在使用支付卡的情況下，它顯示出商家手續費應該遵循把外部影響也考慮進來的原則（註 21）。商家手續費應該等於商家與其他支付方式相比較、在信用卡支付上所獲得的利益（註 22）。具體來說，手續費不應僅是固定的費用，而是反映出商家透過特定支付方式所獲得的額外價值，這樣一來，消費者選擇支付方式時，就不會對商家造成外部性的影響。這一原則如今已被歐盟委員會採納，以規範 Visa 卡和萬事達卡的開放系統。

這個領域就像其他領域一樣，既不能完全放任不管，也不能隨便用強硬規範的方式來處理問題。只有透過深入的經濟分析才能找到合適的解決辦法。

賣家有時候會反抗⋯⋯

並不總是平臺說了算。有時候，平臺也會遇到比自己更強大的對手，例如美國的機票比價網站即為一例（註 23）。這些比價網站的商業模式是基於能獲取航空公司票價和機位的可用數據，這樣它們才能提供空位票價的資訊。但美國的航空業市場高度集中，一些大型航空公司開始限制這些比價網站，尤其是較小的網站很難獲取它們的數據。為什麼航空公司不願意讓這些網站列出其航班資訊呢？

官方的說法是，航空公司想保有客戶的數據，以便根據個別客戶的特徵，量身推送廣告和優惠（無論是直接由航空公司發送，還是透過與他們合作的網站）。此外，航空公司有時不願意支付比價網站向航空公司索取的類似於商家手續費的費用。然而，比較不願意明講的原因是，航空公司不希望消費者輕鬆就能比較票價。其他行業也觀察得到這現象：若消費者

能輕易比較價格，通常會產生價格下調的壓力。航空公司飛航某地的航班如夠密集，即便比價平臺不列出其航班的相關資訊，旅客還是可能直接前往其官網購票。因此，這種拒絕被比價平台收錄的行為，可能限制競爭！

可競爭性

觀察資訊技術市場的人很快就會發現，這些市場通常高度集中。經常是由一家公司（像谷歌、微軟、臉書等）主導市場。但這並不奇怪，因為有兩個因素促使使用者集中在一或二個平台上，然而這也引發了對競爭能否正常運作的擔憂。

第一個促使市場集中的因素來自「網路外部性」（externalités de réseau）：我們必須和想互動的人在同一個網路上。這就是臉書的模式。如果我們的朋友都玩臉書，那麼我們也必須在那上面，就算我們比較喜歡另一種社交網路也一樣。我們想用 Instagram 分享照片，因為我們的朋友同樣也在上面。這種現象在電話剛問世時就已存在：不同電話網路之間的競爭終於導致獨占局面，因為使用者最後都希望能相互通話。1980 和 1990 年代電信業自由化、重新引入競爭時，必須確保各個網路相互兼容，也就是說它們必須彼此開放連線。如果沒有相應規範，傳統的電信業者原本不會急著讓新業者（起初規模也較小）進入市場。

網路外部性可以是直接的，例如臉書那樣，我們因為朋友都在這個平台上，所以也跟著使用。也可以是間接的，像是我們會偏好某個平台，因為有很多應用程式或遊戲都是在這個平台上開發的。用的人越多，開發的應用程式就越多。因此，就算使用者未直接與其他人互動，也會因為有很多人利用這個平台而受益；這就像住在城市裡的人，可能永遠不會認識其他市民，但因為大家都住在這裡，所以會有更多的公共設施、咖啡館或電影院可以使用。

第二個因素是所謂的規模經濟。某些服務需要大量的技術投資，例如設計一個功能強大的搜尋引擎，不管一年只有 2000 次搜尋請求，還是像谷歌那樣有 2 兆次，投入的成本是一樣的。但是，顯然從廣告收入或用戶數據的價值來看，這兩者的收益差別很大（註 24）。另外一種類型的規模經濟也讓像谷歌這樣的公司有利可圖；就算其他搜尋引擎可以在熱門搜尋方面與谷歌一較高下，它們在處理較少見的搜尋時，可能就沒有足夠的數據來提供精確結果。因此，這些力量導致了所謂的「自然獨占」（monopole naturel）。

基於網路效果和規模經濟，在網際網路經濟中，常常會出現「贏者全拿」的情況。比如，瀏覽器市場先是被 Netscape 主導，接著是 Internet Explorer（微軟），現在則是 Chrome（谷歌）。當然，也有例外：規模經濟和網路效果並不總是那麼強大，所以市場並不一定只由一兩家公司壟斷。就像線上音樂平台就有很多種（這些平台之間也有所區別，比方與使用者互動的程度不同）：蘋果、Deezer、Spotify、Pandora、Canalplay、網飛等。

數位市場的高度集中引發了對於競爭的疑慮。如果一家公司在市場上占有優勢地位，很可能會導致價格變得很高，並且創新會減少。當新公司比現有的獨占企業更有效率、或更具創新性時，市場必讓這些新的公司進入。根據經濟學的專業詞彙，市場必須是「可競爭的」（contestable）。即使某一時刻沒有很多公司投身激烈競爭，「動態競爭」（concurrence dynamique）也不可免，就像熊彼特（Schumpeter）所說的創造性破壞（destruction créatrice）。今天的優勢廠商會被那些實現下一個技術或商業躍進的公司取代。

這一「可競爭性」的問題一再浮現：1969 年，IBM 輸掉在美國的反托拉斯訴訟後，被迫將硬體與軟體／服務業務拆開，因為當時 IBM 在硬體方面非常強勢；1995 年和 2004 年，微軟在美國和歐洲也因為 Windows

作業系統的優勢地位而遭提告，當局要求它區隔作業系統與附加服務，比如 Internet Explorer 瀏覽器和 Media Player 播放器；今天的例子則是谷歌。這些反托拉斯訴訟經常涉及所謂的「搭售」問題，也就是優勢廠商把互補服務（像是 IBM 的軟體）納入基本服務（IBM 的硬體），用一個價格一起賣出，或者是互補服務定價非常低，因此使用者在購買基本服務的同時也順便加價買下互補服務。

為什麼這種搭售會有問題呢？其實這個問題比表面上看起來得更為複雜。假設 IBM 的軟體比競爭對手的差，IBM 理論上應該會讓客戶使用競爭對手的軟體，這樣可以提高自家硬體的吸引力，進而把硬體賣得更貴。反過來說，IBM 進行搭售的行為可能表明它的軟體比競爭對手的好，不然它就沒必要綁在一起賣。根據這個論點，或許不用擔心這個問題；反而，禁止 IBM 推廣它的軟體可能會讓用戶的體驗變差。

在反托拉斯訴訟中，優勢廠商常常提出其他理由（有時不失合理）來為搭售行為辯解。例如，他們強調這樣可以釐清責任歸屬（如果產品出問題，使用者不知道該怪瀏覽器還是作業系統，這樣責任歸屬就模糊了）；或者是保護智慧財產權（如果要讓自家產品與競爭對手的產品相容，可能必須把製程機密透露給對方）；還有市場區隔（像 IBM 曾經援引此一論據，說明賣打孔卡片這類的附加服務可以幫助自家區分使用頻率低的客戶和使用頻率高的客戶，進而向後者收取更多費用）；以及避免重複支出分銷成本（因為賣家只有一個，不過這個理由在如今的數位時代中變得不太有說服力，因為很多產品都能透過網路銷售）。

經濟學中「可競爭性」這一概念有助於理解為什麼搭售行為可能發生問題。市場必須保持可競爭性才行。新進入市場的公司通常是從一個特定產品起步的，而不是一次推出完整的產品線。這樣的策略讓他們可以從利基市場入手，像谷歌當年一開始就是從搜尋引擎起家，後來才發展成我們今天所熟悉的公司。但要進入市場，新創公司必須能夠先賣出其核心產品

（如果這產品真的比現有企業的產品好）。然而，現有的優勢廠商可能會想阻止這種部分進入，倒不是因為短期內能馬上讓自己獲利，而是因為這樣可以防止新創公司未來在它目前獨占的市場上進一步擴張（註25）。搭售行為在這種情況下就變成限制競爭。

這樣的分析告訴我們，並沒有一套通用的答案。競爭法主管機關是否應該禁止優勢廠商強迫客戶購買綁定產品，或類似「買越多折扣越多」的優惠，凡此種種無法一概而論。這是因為這類商業行為，有時候是合理的。但在某些情況下，這些行為可能只是為了鞏固優勢廠商的市場地位。因此，必須依個案來分析，才能做出正確的判斷。唯一合理的方式是競爭法主管機關個案處理，依照經濟分析來評估每一個案例，以確保數位產業的競爭能夠發揮其潛力。

註1　Spotify 提供了一種訂閱服務（可以使用免費版，但會包含一些廣告，同時在使用功能上也有一些限制），讓你可以享受音樂串流服務，還提供購買歌曲或專輯的連結。使用者可以自己搜索歌曲，或者讓 Spotify 根據你喜歡的風格自動推薦音樂。
註2　機器學習其實就是透過某種演算法進行統計學習的過程，可以讓機器人或電腦逐步學會完成一些任務。比如說，它可以慢慢學會如何識別人臉與走路姿態，或者完成其他複雜的學習任務。整個過程就像是它們藉由不斷學習，變得越來越聰明。
註3　或者可以稱為多方（multiface）平臺；比如微軟的 Windows 系統能吸引使用者（像你和我）、電腦製造商以及應用程式設計者。
註4　內容供應商提供軟體、音訊、影片檔案、定位應用程式等多種服務，讓網路使用者能夠加以利用。至於消費者如何獲取這些內容，則需透過仲介平臺的協助，從網路服務供應商到電視頻道（Canal+ 等）平臺，都是關鍵管道。
註5　參見：Glenn et Sara Ellison, « Match Quality, Search, and the Internet Market for Used Books »,尚未正式發表論文。
註6　「跨行交易手續費」是由 Visa 卡和萬事達卡系統統一設定的，在交易時由商家銀行支付給我們持卡人銀行的費用。較高的跨行手續費會反映在商家銀行收取

的「商家手續費」（commission commerçant）中。反之，較高的跨行手續費也促使發卡銀行提供更好的優惠條件來吸引我們辦理他們的信用卡。

註 7　目前還不確定這套商業模式能否一直使用下去。雖然對同一個目標對象（也就是我們）來說，重複廣告的效果會更好，但過度曝光同一則廣告會讓效果變差。而且，人們可能會開始厭倦廣告，注意力也會下降。此外，現在有越來越多的軟體可以幫助我們避開商業廣告，比如電視上的 TiVo。

註 8　實際上，這些數字會隨著時間變化，並取決於交易的類型和其他因素。

註 9　印表機製造商也會以虧損或微薄的利潤出售印表機，並自行生產墨盒或碳粉匣，藉此獲取利潤。兩種狀況產生承諾的問題。消費者擔心可能需要為墨盒或碳粉匣支付高價。然而，這種情況與電子遊戲有所不同。對於印表機來說，市場只有一方；購買印表機和墨盒或碳粉匣的都是相同的消費者。印表機製造商有兩種解決方案來安撫消費者：一是將印表機的售價定得非常低，以吸引顧客；二是承諾採用開放機制，讓其他墨盒或碳粉匣製造商能夠為印表機買家提供產品，這樣就能降低墨盒或碳粉匣的價格。在這種情況下，印表機製造商可以以更高的價格出售印表機，從而在印表機上獲利，而不是依賴於墨盒或碳粉匣的銷售。

註 10　參見：David Evans, Richard Schmalensee, Matchmakers. *The New Economics of Platform Businesses*, Cambridge, Harvard Business School Press, 2016. 也可以參閱他們另一本著作 *Catalyst Code* (Harvard Business School Press, 2007) 以及他們與安德烈·哈吉烏（Andrei Hagiu）合撰的 *Invisible Platforms. How Software Platforms Drive Innovations and Transform Industries* (Cambridge, MIT Press, 2006)。我也推薦大家閱讀 Marshall Van Alstyne, Geoff Parker et Saugeet Paul Choudary, *Platform Revolution*, New York, Norton, 2016.

註 11　蘋果的用戶雖然較少，但他們的消費支出比安卓的用戶多，因此對應用程式設計師來說更有吸引力。

註 12　參見：Tim Bresnahan, Joe Orsini, Pai-Ling Yin, « Demand Heterogeneity, Inframarginal Multihoming and Platform Market Stability. Mobile Apps »，尚未正式發表論文。

註 13　儘管有人批評微軟沒有提供足夠的程式碼存取權限，並且偏向採用自己的瀏覽器，但總體來看，它一直是一個非常開放的系統。

註 14　2015 年，iPhone 和 iPad 的用戶花費了 200 億美元來購買應用程式。

註 15　這種對外開放是透過發佈應用程式介面（API）來達成的，而透過這些介面，外部開發者能夠為該平臺設計各種服務。當然，事情並非總是順利。有時候，平臺和那些為它設計外部服務的開發商會因為「搭售」問題發生衝突。這種衝突

通常是由於外界質疑平臺在推廣自家應用程式時存在偏袒，讓外部開發者覺得競爭不公平。這類爭議有時甚至需要交由競爭法主管機關來調解。具體情況會在後文進一步解釋。

註16　在歐洲競爭法這是可能的（但在美國法則否），不過實際上這種做法並不常見。

註17　某些國家已推出一些新規定，例如法國的馬克宏法案已經限制了這些要求。馬克宏法案規定，旅宿業者可以完全自主決定價格。．

註18　例如可以參考 Hélène Bourguignon, Renato Gomes, Jean Tirole, « Shrouded Transaction Costs »，尚未正式發表論文，以及有關「套牢效果」和消費者看不見之隱藏費用的文獻。這篇論文還指出，美國、英國和澳洲限制支付卡附加費用的新規定過於寬鬆。

註19　Booking 在 2015 年向法國競爭法主管機關作出承諾，讓飯店在定價上將享有更大的自由度。具體來說，飯店不僅可以在其他平臺上設置低於 Booking 的價格，還可以透過自己的線下管道（如電話或電子郵件訂房）或在自己網站上的會員系統提供折扣價格。這些變化意味 Booking 可能將這些承諾擴展到整個歐洲。理論上，Booking 會將這些承諾擴展到整個歐洲。

註20　參見：Jean-Charles Rochet et Jean Tirole, « Cooperation among Competitors. Some Economics of Payment Card Associations », *The Rand Journal of Economics*, 2002, vol. 33, n° 4, p. 549-570 以及 Ben Edelman, Julian Wright, « Price Coherence and Adverse Intermediation », *Quarterly Journal of Economics*, 2015, vol. 130, n° 3, p. 1283-1328.

註21　例如討論環境保護的那一章也著墨此一原則。

註22　這個原則被稱為「避免成本測試」（test du coût évité）或「觀光客測試」（test du touriste）。這個測試的目的是要幫助商家評估顧客在可以選擇用信用卡或現金付款的情況下，哪一種支付方式對他們來說更具吸引力。例如，當顧客進入商店後，假設他們有兩種付款方式可以選擇，但這位顧客未來可能不會再來購物。在這種情況下，商家需要考量，這位顧客用信用卡付款是否能帶來更大好處，還是用現金付款會更划算。因為如果顧客使用信用卡，商家能即時獲得付款，而不必擔心現金交易的安全性和處理成本。因此，這種情境讓商家可以評估，信用卡支付是否能夠在短期內提供更多的現金流和交易便利性，並最終決定哪種付款方式能帶來最大的利益。這不僅影響商家的收益，也可能影響他們對顧客支付方式的接受程度。

註23　這裡指的是所謂的「元搜尋網站」（les sites de métarecherches），它們與一般的預訂平臺有所不同。這類網站不會直接處理訂位流程，而是負責搜尋並匯總

各大平臺的資訊，幫助消費者進行價格與選項的比較。換句話說，這些網站提供的是資訊整合的服務，而非實際的預訂操作。

註 24　請參考下一章。

註 25　如果想更全面了解有關競爭法和搭售銷售的討論，可以參考我的論文：« The Analysis of Tying Cases. A Primer », *Competition Policy International*, 2005, vol. 1, n° 1, p. 1-25.

| 第十五章 |

數位經濟：
社會所面臨的難題

　　數位革命帶來豐富的機會。不論我們是否有所期待，它都會發生，並影響所有產業。因此，我們必須提前應對數位革命帶來的各種挑戰，讓自己能夠適應，而不是被動承受這些變化。這些挑戰包括：如何建立對網路平臺的信任、保障數據隱私、維持醫療體系對我們的保障、應對工作零散化與失業的擔憂，以及日益複雜的稅制。這些複雜問題的背後都存在重要的經濟議題，迫切需要我們建構一套思考框架。

　　我會先討論建立網路使用者對數位生態系統的信任感的重要性。這種信任有兩個層次。正如上一章所述，我們今天面臨過多選擇、過多資訊、過多互動對象，而平臺的存在是為了引導並幫助我們克服注意力有限的問題。這就引發了平臺所推薦的內容是否可靠的問題。我們接下來關注的是個資的使用，因為今天，對於擁有這些數據的人來說，個人數據意味巨大的經濟與政治資源，而他們使用這些數據的方式未必總能符合我們的期望。這也引出了關於數據所有權的複雜問題。然後，我會說明為什麼過多深入的資訊可能威脅我們基於社會互助精神的醫療保險體系，並勾勒出應對這一風險的管制措施。

　　數位革命也引發許多關於就業及其安排的擔憂：哪些工作正在消失或將要消失？當智慧軟體和機器人取代需技術和無需技術的工作時，是否還有就業機會？剩下的工作會不會「優步化」？我們是否正朝向傳統受薪工作的終結，被自由業或「零工」所取代？誰也無法對這個主題做出精準預測；因此，此處我僅提供幾個思考的大方向。

第一節

信任

如今，我們透過電腦、智慧手機或平板電腦連接網路，未來我們將更進一步連接到「物聯網」（Internet des objets）。智慧型家居（domotique）、感應器（如智慧手錶、智慧衣物、谷歌眼鏡等）和其他可以連接到網路的物品，將使我們無論願意與否，都持續保持連線狀態。這一演變帶來希望與擔憂。當前我們擔心放置在電腦上的Cookies（註1），未來公共和私人網站可能會透過快速先進的臉部識別技術，為我們建立更完整的資料檔案（註2）。對於像喬治·歐威爾（George Orwell）筆下所描述的「老大哥」監視我們的焦慮，自然會再次浮現。數位技術的社會接受度，取決於用戶對所提供的數據不會反過來傷害自己的信心，以及我們連接的網路平臺會遵守與我們達成的契約條款，還有其推薦的內容是可靠的。簡而言之，這一切都建立在信任之上。

在許多領域裡，我們向來依賴比我們更了解情況的專家來提供意見，例如：醫生之於醫療，銀行家之於投資和貸款，建築師或承包商之於房子的建造，公證人之於各種財產交易，以及銷售員協助我們在各種技術複雜的產品間做出選擇。這種信任可以建立在聲譽之上，餐廳即為一例。我們依賴其他顧客對這家餐廳的評分、朋友的建議或美食指南；若是住家附近的餐廳，當我們不滿意時，則決定不再光顧。然而，如果我們在使用某個產品或服務之後，方可根據自身經驗來判斷推薦的好壞，那麼聲譽才有意義（註3）。如果無法評估，就可能需要進行管制，以改善相關市場的運作。

信任不僅與專業能力有關，還與是否涉及利益衝突有關。當不同產品提供的佣金多寡不同時，銷售者或中介可能會更傾向推銷那些佣金較高的

產品,而這可能與客戶的最佳利益不一致,導致引發衝突。此外,如果銷售者或中介與某些供應商有金錢交易或私人交情,即使產品未必是最適合客戶的選項,可能仍會推薦那些供應商的產品,結果也會導致利益衝突。就像我們經常懷疑,大賣場的店員推薦某款相機或洗衣機,是不是因為他能拿到更高的佣金;同樣我們也有理由懷疑,某些購物網站之所以推薦一些產品,究竟是基於我們的偏好和性價比,還是因為他們能從中賺取更高的利潤?

現在,美國或法國等地越來越要求醫生揭露自己的利益衝突。因為藥廠提供的贈品或佣金可能左右醫生的建議,令其推薦效果較差或者即使療效相同但價格較高的藥物,或者推薦績效較低的診所。未來,這個問題也會出現在網路上的醫療應用程式,因為它們會建議我們使用某些療法,這些應用程式會不會基於自身利益來推薦呢?而且,這個問題並不僅限於醫療服務。越來越多的職業(包括研究領域)都在法律的強制下或自我的要求下負起交代潛在利益衝突的義務。

個資保密

我們信任自己的醫生,因為他們通常肩負遵守職業保密的義務。但在我們瀏覽網站和社交媒體時,所透露的機密資訊情況又如何呢?對於我們的數位互動,隱私問題同樣重要,尤其是病歷資料,但在這方面我們的保障卻相對較少。

那麼我們在網站和社交媒體上透露的私密資訊,情況是否也是如此呢?就數位互動而言,其隱私問題和病歷資料雖然一樣重要,但我們所獲得的保障卻相對較少。我們會擔憂上網瀏覽、購物或交流時所提供的資料遭到濫用,許多網站的回應是載明隱私政策(不過我們不一定會閱讀),也告訴我們會在電腦上設置 cookies,並努力提高透明度。不過,根據

經濟學家的用語，使用者和網路企業之間的契約是一種「不完全契約」（contrat incomplet）。我們無法確切了解自己面臨的風險。

首先，我們無法得知平臺在資訊安全方面的投資。媒體近來十分頻繁報導的許多案例顯示這並非純粹理論層面的問題。例如，2013年目標百貨（Target）有4000萬客戶的信用卡資訊被盜，2014年家得寶公司（Home Depot）有5600萬客戶的個資遭竊；就連美國的行政機關，例如2015年的人事管理辦公室（Office of Personnel Management）和2013年的國家安全局（National Security Agency），也發生過資料被盜的事件。此外，經營婚外情交友的網站Ashley Madison也發生37萬名客戶的電子郵件、姓名、地址、信用卡資訊及性幻想等個資遭竊的事件，結果引起極大關注（註4）。由於企業聲譽受到威脅，網路公司在安全上投入大量資金，但若想徹底杜絕客戶個資的安全漏洞，需投入的成本應會更高。

隨著物聯網的發展，我們的汽車、家電、醫療設備等日常用品都能部分或完全加以遙控，這使得駭客惡意入侵的可能性越來越高。雖然這些科技進步令人十分期待，但我們必須注意不要重蹈微型電腦的覆轍，當時這種電腦的安全措施是在經歷駭客攻擊後才被採納並實施，而非在最初設計就整合進來。

此外，規定不得轉售客戶個資的條款也可能相當模糊。例如，如果一家企業免費將這些數據轉交子公司，後者使用這些個資來提供服務，算不算違約呢？企業之間共享個資的問題非常棘手。一般來說，收集個資的公司應對直接或間接提供這些資料的使用負責。如果有人不當使用這些個資，收集的一方應承擔一定的責任。這有點像某一供應商汙染環境或剝削勞工的情況。最終，委託這些供應商的企業也可能因為問責範圍擴大而被追究法律責任。

公司破產會發生什麼事？一間網路公司或其他任何產業的公司破產時，債權人可以買下或轉售公司的資產來回收部分損失。這項保障能讓

企業比較容易獲得貸款。數據在我們這個以無形資產為主的經濟中扮演重要的角色，因此債權人自然會關心企業所收集的個資。然而，這樣的**轉讓**是否真的可取？尤其當企業的客戶信賴企業會遵守隱私政策時該怎麼辦？這種可能性不僅止於理論層面，例如，美國電子產品零售連鎖店RadioShack曾經承諾不會洩漏客戶個資，但2015年該公司破產時，這批資料卻被賣出去（註5）。

另一個難處是，我們身為用戶，未必有時間或專業知識來理解隱私政策的後果，這些後果往往複雜且影響深遠（例如許多年輕人在網路上貼出照片和其他資訊時，並未預料到這些資料可能會在求職或貸款時被如何使用）。

因此，我們不禁要問，我們在網路上勾選「知情並且同意」時，是否真的「知情」。在這裡，保護消費者的規範就像在傳統商業中那般重要。當我們將車輛停在公共停車場時，在入口取的停車票券會合情合理載明，進入停車場代表接受某些規則。然而，我們通常不會閱讀這些票券上的文字，因為浪費時間，還可能在停車場入口造成交通堵塞。因此，法律必須保護我們不受不合理條款的壓迫，也就是那些賦予賣方不成比例權利的條款。在網路上也是如此，我們不能要求用戶每次登入網站時，都仔細檢查那些複雜的文件。

第二節

數據的所有權

附加價值未來主要將體現在數據的處理上。我們是否能掌控自己個資的存取權和隱私，還是會被某家公司、某種職業或某個國家控制，緊緊掌

握資料存取的權限?

目前,法國以及許多其他國家都非常擔憂像 GAFAM(谷歌、亞馬遜、臉書、蘋果、微軟)這類公司,以及其他企業(如 IBM 和其分析電腦 Watson)涉足許多領域,尤其是醫療服務產業。這部分源自我們對美國主導地位之某種無理的嫉妒,因為該國成功地在企業和大學創造了尖端研究的條件,特別是在資訊技術和生物技術領域。該國或少數幾個國家之所以處於主導地位絕非偶然。更讓人擔心的是,資料的所有權可能會形成進入障礙(註6)。

無論在哪個領域,網路公司都能利用他們擁有的大量客戶資料來提供更精準、更符合需求的產品或服務。這表面上沒什麼不對(儘管我們不能忽視這些資料可能用來做出對社會團結和諧不利的事,這點將在下文論述)。說到廣告,與其完全不相關的,不如收到對我們有用的廣告。然而,問題在於,如果競爭對手因為缺少數據,無法提供類似的產品或服務,那麼擁有這些資料的公司就會處於強勢地位,並可能因此獲得巨大利潤,最終損害了消費者的利益。

這引出了一個根本問題:擁有客戶資料的企業,是否應該因為掌握這些資訊而獲報酬?合情合理的回答(我們還將在第十六和第十七章中進一步討論)是,如果這些數據的收集是企業透過大量創新或投資取得,則企業應可保留且藉此獲利。但若是數據容易收集,且收集成本極低,那麼這些資料應該歸屬個人。

舉個簡單的例子來說明這個觀點:使用者在某個平臺上登錄的個資,或者與平臺互動之交易雙方(如消費者、賣家)所產出的數據。我們在 eBay 上賣二手商品時會被評價,而顧客也會為優步司機或 TripAdvisor 上的餐廳評分(在優步的案例中,司機也會為乘客評分)。這種去中心化的評價模式在網路上已經很普遍,並不涉及什麼創新。因此,這些數據理應屬於使用者。如果 eBay 提高抽成費用或服務品質下降,我們希望切換到

其他平臺，卻不希望失去在 eBay 上辛苦建立的聲譽。此外，優步的司機也可能想把自己的評分帶去 Lyft 使用。

但現實情況卻是另一回事：從社交媒體到電商網站，網路平臺取得並保有我們的個資（多數情況下我們是同意的）。甚至透過智慧手錶以及植入我們身體的醫療設備所收集到的健康數據，通常也會被傳輸到供應商的網站上，而他們則有權擁有這些數據。

如果客戶提供的數據和這些數據的處理能明確區隔開來，那麼該依循的政策將很簡單：數據應歸屬客戶，且應可攜帶，也就是說，如果客戶願意，這些數據可以轉移給第三方（註 7）。從 2014 年開始，美國的患者就可以參閱自己的病歷，且數據都以標準化和安全的方式存儲。通過「藍色按鈕」（Blue Button）系統，患者可以查看自己的醫療檔案，並與他們選擇的醫療服務提供者分享。然而，這些數據的處理需要企業投資，因此應當視為企業的智慧財產。基於這點，雖然將數據（屬於平臺用戶）與數據處理（屬於平臺本身）區隔開來似乎合理。但在實際操作中，數據本身和數據處理之間的界限，可能相當模糊。

首先，資料的品質可能取決於企業所付出的努力，例如像 Booking 或 TripAdvisor 這樣的網站所面臨的一個主要挑戰，就是如何保證數據可靠，以防止數據遭人操縱（例如利用虛假評分使某家飯店看起來更好，同時讓競爭對手的飯店評價下降）。同樣，谷歌也必須小心，確保其「網頁排名」（PageRank）的演算法不會因為針對特定網站的不實搜尋而被扭曲，從而虛假地提高該網站的「人氣」。如果 Booking 上沒有操縱評分的行為，這個線上預訂平臺就沒有理由主張對飯店評分的所有權；只有當 Booking 投入大量資金來提升推薦的可信度時，才算參與到個別飯店聲譽之經濟價值的共創過程，並且主張享有一定的所有權。

其次，數據的收集與處理是相互關聯的。收集的數據類型可能取決於這些數據的使用方式。這樣一來，就很難清楚區隔數據（用戶的財產）和

數據處理（企業的智慧財產）。

人們常說，平臺應該為我們所提供的資料付費。然而實際上，有些平臺並不是以付錢的方式進行補償，而是提供免費服務。我們事實上是用數據來換取免費使用某些附加服務（例如搜尋引擎、社交媒體、即時通訊、線上影片），或者我們在進行商業交易時（如使用優步或 Airbnb），也同樣是在用數據換取服務。網路企業常常主張，它們已經花錢來獲取這些數據。

問題還有最後一個面向：企業向用戶轉移數據（也可能轉移到另一家企業，例如「藍色按鈕」系統）必須使用標準化的介面。由誰決定應該收集哪些資料及其組織方式？標準化是否抑制創新？可以看到，數據當今已占據創造價值的核心地位，因此似乎迫切需要制定一套使用規範。這個問題的答案必然很複雜，並且必須基於對這個議題深入的經濟分析。

第三節

醫療保險以及互助精神

醫療保健產業很清楚展示了數位化將如何徹底改變未來企業的運作以及公共政策。

我們的醫療資訊過去都是在診所、醫院或實驗室裡，與醫療專業人員接觸後才產生的。而在未來，這些資料也將透過我們本身持續加以收集，比方使用連接到智慧手機或智慧手錶的感測器（就像目前心臟起搏器、血壓監測或糖尿病貼片等設備已能辦到的那樣）。這些健康資料若與我們的基因資訊結合，便形成一個極為強大的診斷和治療工具。

大數據（即收集和分析海量資料）對醫療來說既是機會也是挑戰，它

提供極佳的機會，將使我們能夠進行更精準、成本更低的診斷，同時減少醫療專業人員的介入，因為後者必然因其專業水準以及花費時間與患者接觸而成本高昂。未來的檢查和診斷將由電腦進行，這將大大減輕醫生和藥劑師的負擔，使他們從日常繁瑣的任務中解脫出來。然而，問題在於，機器是否會取代人類？毫無疑問，相較於人類，電腦能夠處理更多的患者資料，並與其他具有相似症狀和基因之患者的經歷進行更全面的交叉分析。電腦在某些方面的不足之處，未來將透過機器學習的進步逐漸克服。機器學習使電腦能根據以往的經驗不斷修正自己的處理方式。人工智慧不僅模仿人類的思維，還藉由嘗試和發現新的策略，在過去二十年裡讓電腦在國際象棋比賽中脫穎而出，並於2016年擊敗世界圍棋冠軍。電腦科學家、生物技術和神經科學的研究人員將在醫療產業的價值鏈中扮演核心角色，也將贏取該產業相當大比例的附加價值（註8）。有一點是肯定的：未來的醫生職業將與今天大相逕庭。此外，數位醫療將加強預防醫學的功能，而目前預防醫學與治療醫學相比，仍然相對薄弱。數位醫療也能為我們提供解決方案，以應對當前因醫療費用高漲和政府財政脆弱而導致之享受醫療照護不平等的問題。

　　對我們的社會來說，這確實是個絕佳的機會，但對於我們醫療體系的特徵之一──「互助」（亦即風險分擔）來說，則是個巨大的挑戰（註9）。

保險經濟學的基本原則

　　在經濟學的術語中，「道德風險」和「逆選擇」的區分非常重要。「道德風險」是指我們投保後，因為不必完全承擔自己行為的後果，所以會鬆懈，變得不那麼謹慎，也不願多做努力。更簡單說，這種道德風險就是我們在不被要求負責時，做出對他人不利的行為，像是因為不須支付全

額電費而一直開著燈，或因為不須支付全額水費而盡量澆水。再舉個例子，某些銀行冒險投資，因為他們知道，如果出現問題，還是可以透過再融資，讓預期中的公家資金來填補虧損。又或者，企業和員工串通，把後者的辭職偽裝成被解雇，藉此領取由第三方（社會保險體系）支付的失業津貼（註10）。這類例子不勝枚舉。至於「逆選擇」則指那些「非我們所能控制」的事情，例如雷擊毀壞房屋、乾旱導致農作枯死、長期疾病或先天疾病，又或者責任完全不在我方的車禍事故。

理論上，事情並不複雜。如果風險並非由相關行為者引起，則應該由大家共同承擔；然而，如果行為者的做法對風險有直接影響，就應該讓他們承擔相應的責任，如此才能促使他們採取有利於整體社會的行動，而不只是考慮自身利益。如果有人因低價而選在洪氾地區建房，打著「萬一有事，國家總會幫忙」的如意算盤，則此風險就不該由社會承擔（註11）；反之，如果損失是由不可預測的事件引起，那麼這種風險可以完全算在理賠範圍內。同樣地，在醫療領域中，應該完全保障重大疾病所支出的費用，但是對於治療效果有限的藥物或療程，像是沒必要卻搭計程車就醫、過度使用溫泉療程或過度頻繁就醫，都應該讓病患負起部分責任。

然而實際情況比理論複雜，因為有時很難區分道德風險與逆選擇，所以不確定責任劃分算不算合理。是農民未盡心力才導致歉收，還是因為土質或天氣不適合耕種？我們違規停車，是因為大意還是因為急著送家人去看病？我們去找第二位醫生，是因為認定第一位醫生可能沒盡全力或不夠專業，還是因為我們過於焦慮或本身就有疑病症（註12）？

這種對責任歸屬的不確定性，說明了為何經常出現被保險人和保險公司共同分擔風險的情況，並且常為此引入「自負額」的機制。在醫療保險領域，自從法國創辦醫療保險制度開始，就設有「部分負擔」的辦法，例如病人看醫生要自付30%、住院自付20%的費用等等。然而，因為現在這些部分負擔的費用常會被額外的保險完全吸收，所以引入其他部分負擔

（copaiements）的制度，試圖讓病人重新負起責任：病人現在必須負擔一定的固定支出。

今天……

有時候，保險市場不需要或幾乎不需要太多監管。例如房屋保險就是讓大家分擔風險的好例子（如果我的房子燒了，你們的保費會支付部分重建費用，反之亦然），而這類保險通常不會面臨嚴重的風險選擇（sélection de risques，譯註 1）問題，因為大家的房子失火的風險基本相當。因此，我可以用合理的保費為我的房子投保，因為它和你的房子失火的機率差不多。

在醫療領域，情況並非如此。因為個人之間差異非常大，若不加監管，互助精神的作用將發揮有限。保險公司偏愛選擇所謂的「好客戶」（即低風險客戶）：在法國，醫療費用（註 13）半數用來支付僅占 5% 的投保人。例如，一個患有慢性病的人可能找不到願意以合理價格出售健康保險的保險公司。這種風險選擇——保險公司可以對低風險客戶提供更優惠的條件，而高風險客戶則無緣享有——會造成個體之間巨大的不平等，而這種不平等卻僅基於他們自身無法控制的因素（例如健康與否全憑運氣）。資訊會毀掉保險的公平性（註 14）。

這就是為什麼世界上大多數醫療體系，無論公私立，都禁止風險選擇，至少在基礎保險方面是這樣。在法國，社會保險是一體適用的，基礎保險上的風險選擇問題並不存在。在德國、瑞士和荷蘭，基礎保險由多家

譯註1　在保險行業中，保險公司在承保時評估和選擇承保物件的過程。保險公司會分析申請人的風險因素，包括健康狀況、生活習慣、財務狀況等，以決定是否承保及制定相應的保險費率。選擇風險的核心在於，保險公司希望確保所承保的風險可控，以減少潛在的賠付成本。

彼此競爭的私人公司提供，且禁止這些公司進行風險選擇：它們不得利用問卷選擇客戶，必須接受所有投保人；收費標準對所有人都應相同（有時按自付額比例和按年齡層收費的做法不在此限）。當然，選擇低風險客戶也有間接方式，其中一種就是減少針對高風險族群的廣告宣傳，然而如果做得太過火，管制機構必須採取行動（在瑞士，還設有保險公司之間的風險補償機制，進一步減少選擇低風險客戶的動機〔註15〕）。

在補充保險方面，情況就不一樣了。法國是唯一採用混合制度的國家，也就是說有公共的基本保險打底，外加私人公司提供的補充保險。如此投保人就有兩家保險公司，但會導致行政成本加倍，也讓醫療成本的管控變得複雜（其他國家則選擇了更加連貫的體系，比如英國都由是公家經營，而德國、瑞士和荷蘭則全由私人公司接手）。在這種情況下，補充保險通常會做風險選擇。

法國的健康保險並不總是遵循體系的創立原則。這些原則被稱為「1945年契約」（pacte de 1945），可以簡單地總結為：「根據各自財力分擔，根據各自需求分配。」政府甚至還會透過補貼集體保險契約的辦法來鼓勵這種風險選擇（註16）。這是因為平均來看，員工的健康狀況會比整體人口好，然而公家在補貼個人契約與團體契約之間所造成的歧視，特別是會對失業者和年長者造成不利影響，因為後面這兩種人被迫支付更高費用才能獲得補充保險（註17）。

將來……

資訊更方便取得會損及互助精神（亦即風險共擔）。這種新局面的一個有利方向是，我們可以更完善地控制道德風險。對我們駕駛行為的低成本監控，比如我們開車的公里數或維持健康的努力，可以讓保險公司調低那些負責任人士的保險費和自負額，也可能促使保險公司將更健康的生活

習慣推薦給我們。

然而，經濟數位化和基因技術的進步儘管令人興奮，卻也產生新的風險，特別是對社會互助精神的危害。

先談基因。基因是我們無法控制的，是一個不涉「道德風險」的典型例子，也就是說，不像我們可以小心駕駛以減少車禍的風險，或是把車子停在車庫、鎖好門以降低車子遭竊的可能性，我們完全無法選擇自己的基因。未來，若是基因檢測顯示某人一生都會健健康康，那麼他可能在毫無任何規範的情況下，聯絡法國或國外的保險公司，拿著這些檢測結果去買非常優惠的保單。你可能會覺得這沒什麼不對，但問題是，天下沒有白吃的午餐。對那些基因檢測顯示可能罹患慢性病或健康狀況較差的人來說，保險費可能飆升到非常高的金額，這樣就失去風險共擔的意義了。在沒有道德風險的情況下，保險極有必要，但資訊透明卻能毀掉這個制度。

即便我們禁止根據基因或健康數據來對客戶有差別對待，這樣也不足以重建社會互助體系。這就是經濟數位化產生負面影響的地方了。從我們的消費習慣、網路搜尋紀錄、電子郵件及社群媒體互動中，網路公司可以了解到許多有關我們健康狀況或潛在疾病的訊息。像推特、臉書或谷歌，雖然沒有我們的病歷資料，但依然可以大致猜到我們是否有病史、是否有高風險行為、是否吸毒或抽菸。這些網路公司未來可能會根據這些網路上的資訊，精確篩選出風險較低的對象，並對其提供個人化或集體的保險方案。不要誤判形勢，未來和安盛（Axa）競爭的對手可能不再是安聯（Allianz）、忠意保險（Generali）或日本生命保險（Nippon Life），而是谷歌、臉書或亞馬遜。

反思未來社會的互助精神有其必要。我們需要提前預測變化，而非被動接受這些變化。這對各國政府和經濟學家來說，都是一個挑戰。

第四節

二十一世紀新形態的就業

新形態的就業？

　　世人對未來就業情況的憂慮主要集中在兩方面：一是自雇工作（獨立工作）的前景，二是失業問題。雖然預測未來的就業及其結構並非易事，但經濟學家仍可提供一些思考線索。首先，讓我們來談談新的就業結構。

　　自雇工作其實自古便有：農民、商人及自由業者都是雇主兼雇員，通常也是自身生產工具的擁有者。臨時工、自由撰稿記者、演藝圈的臨時演員和自由顧問等，則都是為多個雇主工作。此外，業餘掙第二份收入的情況也相當普遍，例如高中數學老師擔任家教、學生打零工等等。

　　經濟學並不評價就業結構的優劣，重要的是每個人都能選擇適合自己的工作。有些人偏好傳統穩定的全職工作，享受固定薪水所帶來的安全感。他們重視團隊合作和組織內的支持，並且擔心單獨工作可能帶來孤立感。為了克服這種孤立感，這類工作者會選擇聚集在共享辦公空間，例如為程式設計師和高科技創業者設立的「自造實驗室」（FabLabs），以及其他創客空間，這樣做不僅為了分享想法，也為了保持人際接觸。而另一些人則喜歡創業所帶來的高度自由。每個人都有自己的偏好。

　　獨立工作和微型工作越來越普及。如今已被法國政府禁止的「優步 Pop」（UberPop），曾讓社會上的在職員工或退休人士每天只為它工作幾個小時以補充收入。亞馬遜的「順路計畫」（On my Way）則是鼓勵人們在自駕過程中順便送貨，意即個人可以取代企業在短途運輸中的角色。此外，亞馬遜於 2005 年架設「土耳其機器人」（Mechanical Turk）網站，使用者可以挑選並完成微型任務，並獲得些許報酬。使用「土耳其機器

人」的客戶中，有些人將此視為正職，其他則為臨時性質，目前全球約有50萬名這樣的工作者。在「任務兔」（TaskRabbit）這個零工服務平臺上，用戶可以任意雇用某人來割草、架設網站、進行家中修繕，或是在搬家時協助打開紙箱、取出物件。

這些概念並非新穎，但數位科技的進步讓生產過程可以更方便地分解成小任務，也就是柯林頓總統的勞工部長羅伯特・賴希所稱的「剩餘資源共享經濟」（économie du partage des restes，註18）現象：

資訊新科技使得幾乎所有工作都可以在需要時，劃分成可由不同工作者執行的小任務，而這些任務的報酬則由特定時間對該工作的需求來決定。

支持這種改變的人認為此舉提高了市場效率，因為它讓供需雙方得以接觸，完成雙贏交易。首先受益的是富裕家庭，他們可以享受許多以前不存在或價格昂貴的服務；中產階級也能受惠，例如優步 Pop 的經驗就很明顯。在法國，計程車的價格非常高，此服務主要針對一小部分人，一方面是富裕階層，另一方面則是能讓第三方支付部分或全部計程車費用的人，如企業的高階主管或公務員（車資由雇主支付〔註19〕）、自由業者（計入個人所得稅或公司稅的扣除額，並向國庫請求支付），以及病人（社會保險依「人員坐式載運服務」〔Transports assis de personnes〕項目支付其前往醫院的車資）。隨著優步的出現，之前幾乎不使用或很少使用這種交通工具的人（例如收入較低的人、晚上出門的年輕人）開始加以嘗試。

那麼，應該如何看待優步？

光是提到優步就足以引發激烈爭論。經濟學家對這一現象的看法如何？我只能提供一些思考方向。

一、首先，無論支持還是反對優步（稍後我再交代各方的論點），我

們都不得不承認這背後的技術進步。不過這項技術進步並非點石成金的東西，只是點出缺乏競爭會對創新造成什麼傷害。優步推出哪些創新呢？例如以預先登錄信用卡自動支付車資，讓乘客可以快速下車；對司機和乘客的評分系統；不需要打電話並等待調度人員的回應；地理定位技術使乘客得以在搭乘前及搭乘中知道計程車的行駛路線，並掌握等待時間的可靠預估；最後，出乎意料之外的是反映尖峰時段車不好叫的定價。這些「創新」幾乎微不足道，但之前沒有任何計程車公司想到或願意落實這些措施。

這些創新中最有爭議的是交通尖峰時段的定價。雖然我們可以想像一些極端的濫用情況（例如在一場毀滅性颶風來臨之前，司機要求客戶支付 5,000 歐元的車資，否則不願將其載離該地區），但這種定價整體來看是一件好事。事實上，全球首創尖峰時段／非尖峰時段定價的正是法國電力公司，其藍白紅的定價方案（如今稱為 Tempo）早在 1949 年就由當時一位年輕工程師、未來公司總裁的馬塞爾・布瓦特提出。這個想法現在已經應用於飛機票和火車票、飯店房間，及滑雪場的浮動定價上，使得企業在非尖峰時段以較低的價格吸引客戶，以填補空置的房間或座位，同時不損害公司的財務平衡。回到附帶司機的交通工具上，在車源短缺的時段中，與其讓乘客無止盡地枯等下去，還不如引導那些可以步行、搭乘地鐵或搭朋友便車的人選擇這些替代方案，而讓那些沒有其他選項的人可以叫得到車。

二、任何技術進步都會遇到既有企業的阻力，因為它們總對新變化抱持懷疑的態度。捍衛既得利益並不是公共政策良好的指導方針。在我們所關注的這個特定案例中，現狀真是乏善可陳。計程車又貴又難叫到，且許多工作機會都被犧牲掉，其中包括社會上最弱勢群體的工作機會。值得注意的是，在法國，優步讓許多移民背景的年輕人能在對他們不太友善的勞動市場中找到工作。

支持計程車業的理由主要有兩個。首先是公平競爭的問題，而這一觀點非常重要。在業務量相等的情況下，應該比較傳統計程車和優步司機所需繳納的社會保險費和所得稅，看他們的實際支付的金額是否一樣。2015年 6 月法國發生計程車司機抗議的事件時，政府應該先檢視這些數字，確保沒有不公平競爭，而這其實只是個事實的爭論，應該可以理性加以討論。

　　第二個論點是政府過去在發放計程車執照方面犯了錯。當時，政府為了控制計程車的數量，免費發放張數有限的執照。儘管理論上這些執照只是行政授權，不可轉讓，但之後政府卻默許將其轉賣。因此，政府對當前的情況必須承擔很大一部分責任。這讓一些原本花大錢購買執照的個人計程車司機，如今因為優步等的競爭而面臨退休金縮水的風險，所以這就引出了補償的問題（如果當初禁止計程車執照轉售，問題就不會出現，因為政府收回一張本就免費授予且已讓司機賺取大筆收益的執照，似乎是名正言順的事）。都柏林計程車的數量多了一倍，當局將新增的計程車執照優先發放給以前已領有執照的司機做為補償，這在當時是個不錯的政策，但隨著優步和 Lyft 等科技平臺的出現，情況變得較複雜。

創新的挑戰

　　在這些爭論的背後，其實還有創新所帶來的挑戰。就業需要企業，但對法國而言，令人擔憂的是缺乏具有國際競爭力的新創公司。目前在法國大型企業中，具有國際競爭力的幾乎都是老公司，這和美國相當不同，因為美國前 100 大市值企業中只有少數在 50 年前即已存在。若想增加就業機會，我們需要推動創業的文化和環境，也需要國際一流的大學，因為未來的經濟發展將以知識、資料分析和創意做為價值鏈的核心。事實上，大學校園已從某種程度上反映出企業的變革，包括橫向合作模式、重視創造

力、多工（pluriactivité），以及強調在工作中實現自我。在美國，矽谷和麻州劍橋的企業工作模式深受當地大學文化的影響，而這些企業的年輕創業者本身即成長在這樣的大學環境中。

薪資制或將終結？

我們會不會進一步將「獨立工作者」的型態全面推廣開來，進而如許多觀察家所預言的那樣，讓「雇用關係」消失呢？我不知道，但我傾向認為，這將會是一個逐步出現更多獨立工作者的趨勢，絕不至於讓薪資制消失。

獨立工作者的比例將會增加，因為新科技讓自由工作者和客戶之間的連結更加便利。更重要的是，這些科技讓個人得以建立名聲，並且以較低的成本呈現給大眾。過去我們看中的是計程車公司的聲譽，所以公司有動機去監督司機的行為。同樣，我們選購洗衣機時，也是根據品牌的信用，而非具體哪一位員工的聲譽。如今，使用優步的服務時，在下單時每位司機的評價就會呈現給客戶，而客戶可以拒絕交易。公司整體的聲譽加上對員工行為的集體管理已經讓位給每一位具體個人的聲譽（註20）。個人聲譽的建立和數位化服務的追蹤，都能幫助解決本章一開始提到的信任問題。

然而，科技有時也可能產生相反效果，反而促進受僱型態的發展。喬治‧貝克（George Baker）和湯瑪斯‧胡巴德（Thomas Hubbard，註21）舉出以下例子：在美國，許多卡車司機是自營業者，但這帶來一些不便，因為司機擁有自己的卡車，而這是一筆龐大的投資。如此一來，他的積蓄等於悉數投在與勞動密切相關的產業中，使得司機面臨極大的風險。一旦出現短期或長期的景氣低迷，工作收入和轉售卡車的二手價會一同下跌。一般的常識是，個人的儲蓄不應該挹注在他的工作行業裡，但這個例子卻

違反常識。此外，自營司機需要自行負責卡車維修，並可能必須承受車輛暫時無法使用的不便。

那麼，為何卡車司機不乾脆成為某家公司的員工，讓公司來負責卡車的購買和保養呢？原因在於道德風險：雇主擔心員工不愛惜車輛，導致車輛受損，而自營的司機則會珍惜並細心維護自己的車。如今，數位科技可以解決這個問題，進而促進受雇型態的發展。由於車載電腦的普及，物流公司如今在擁有卡車的同時，也很容易監控司機的駕駛行為。

一般來說，形成受雇制的因素有許多個。有時，所需的投資金額過高，是單一勞工或甚至一群勞工無法負擔的。或者，即使負擔得起這種投資，但個人可能不想承擔相應的風險和壓力，例如有些醫生或牙醫會選擇受雇於醫療機構，而非自行開業。

對雇主來說，有幾個原因使得員工也同時為其他人工作的安排並不理想。出於製程祕密或工作中其他機密的考量，雇主可能要求受雇者的工作具專一性。此外，當工作需要團隊協作，且無法對每位員工的生產力進行精確的個別評估時，勞工的工作安排通常會受到團隊需求的限制，難以隨個人意願自由調整。在這種情況下，如果勞工同時為多個雇主工作，勢必會因任務分配和工作節奏的不同要求而產生衝突。

簡言之，受雇型態不會消失，但在不久的將來，其重要性可能會逐漸減少。

不適合新環境的勞動法

我們的《勞動法》是針對工廠的受雇工人設計的（註 22），因此它對固定期限契約的著墨非常有限，更遑論考量到遠距工作者、自營業者和自由工作者了。像兼職的學生或退休人士、按件計酬的特約記者、優步司機等，都不是原先法規設想的模式。當然，目前法國的無固定期限契約仍

然占非公部門就業的 58%，但這一比例正不斷下降。在許多國家中，尤其是英美國家，受雇制正在減少，取而代之的是多雇主受雇制、數位游牧，以及在多地點工作的趨勢。因此，需要從傳統的「出勤監控」文化轉變為「成果導向」的文化。這在許多受雇者，特別是管理階層中已經實現，其出勤變成次要因素，況且出勤也難以嚴格監控。

面對這種發展趨勢，立法者往往試圖將新型態的就業形式納入既有分類框架中，並提出類似問題：優步司機究竟是不是受薪員工？

有些人認為是，理由是司機無法自由決定自己的服務價格，且必須接受優步的培訓，符合車輛類型及清潔度等要求。對某些司機而言，優步是他們唯一的收入來源（但也有些人從事其他計程車服務或餐飲等商業活動）。另一方面，自由業的醫生也無法自行訂定收費標準（需依規定收費），且必須遵守醫師公會的規範，否則可能被吊銷執照；自營的葡萄農也要遵循原產地命名管制（appellation d'origine contrôlée）的規定。換句話說，許多自營職業者同樣因需維護行業或品牌的集體聲譽，而受限於一定的規範。

另一方面，也有觀點支持優步司機並非勞動者的論點，認為這些司機可以自由決定工作量、工作地點、工作時間表及行駛路線，而且也由自己承擔經濟風險。因此，優步司機的身分確實處於模糊地帶，既具備自營工作者的特點，又與員工身分接近。

在我看來，這一爭論不會有明確的結果，因為無論何種分類都將顯得主觀，可能帶有對這類新型態工作的疑慮或支持。此外，此爭論忽略分類的根本目的。如要回答這個問題，必須回到勞動法的基礎。我們已經習慣了《勞動法》的存在，以至於忘記其初衷在於保障勞工的福祉。重要的是在各種組織形式之間維持公平競爭，不應偏向聘僱制或自營制。唯一可以確定的是，面對快速變遷的科技環境，我們有必要重新思考《勞動法》及其相關的工作環境，例如培訓、退休、失業保險等。

不平等

在數位社會中,我們也面臨著不平等可能加劇的情況。

首先是個人之間的差異。美國收入最高 1% 的人所占收入比例,從 1978 年的 9% 上升到 2012 年的 22%(註 23)。正如愛瑞克‧布林約爾松(Erik Brynjolfsson)和安德魯‧麥卡菲(Andrew McAfee)的詳細分析,數位時代最大的贏家是那些「明星和超級明星(註 24)」。許多專研勞動議題的經濟學家(特別是在美國)分析過去 40 年來薪資的變化。大學研究所畢業生(碩士和博士)的薪資暴增;完成大學四年學業的人(即高中後的四年大學)薪資也有明顯增長,但增幅遠低於前者;而其他人則面臨薪資停滯,甚至減少的情況。

這種分化的趨勢未來可能會加劇,高技術和創新的工作將在現代經濟中繼續占據主要地位。重分配問題會變得更加嚴重,其中牽涉到選擇的問題。為了確保大家都有一定收入,我們必須在兩種協助方式中做出選擇:一種是由政府設定薪資,將其提高到高於市場水準,這樣雖然能幫助提高收入,但也可能導致失業;另一種是以固定金額的方式給予補助。這樣的選擇不僅會影響每個人收入的公平性,還會引發更多社會爭論和挑戰。我們是否正邁向其中相當一部分人無法工作,並依賴數位紅利提供的補助維生的社會(類似於阿拉斯加居民每年獲得的石油紅利〔註 25〕)?還是朝向部分人口將在公共部門,從事低生產力工作的社會發展(如目前的沙烏地阿拉伯)?

接下來談談國與國之間的不平等。讓我們描述一個極端的情景來說明這個危險:未來,那些能吸引數位經濟最佳人才的國家,將會介入所有產業的價值鏈,並獲取巨大的財富,而其他國家則只能吃吃麵包屑。正如我先前提過,這種不平等可能源自於各國在高等教育和研究上的公共政策差異。簡單來說,不同的政府對於大學教育的投入和支持的程度,以及他們

在研究和創新方面的政策，都會直接影響到國家的發展潛力。這樣的政策差異最終會加劇國家之間的財富差距，但也會受到稅制競爭（concurrence fiscale）的影響。人才流動如今已徹底全球化，這與過去不同，因此很多創造財富的人會選擇條件更好的國家，包括稅制優勢（這裡又回到個人收入不平等的問題）。那些沒有參與競爭的國家，甚至因為只剩窮人，也談不上把財富重新分配給窮人了。雖然這種看法過於簡化，並且故意誇張，但很深刻地突顯我們將面臨的問題。

第五節

數位經濟與就業

最受威脅的工作

幾乎每天都在報導因經濟數位化而導致大規模失業的憂慮。舉個例子，2014 年，台灣電子產品製造公司富士康（主要在深圳及中國其他地區設廠，擁有 120 萬名員工）的執行長曾表示，公司的裝配工作即將由機器人取代，尤其是在生產新 iPhone 手機的製程。當然，數位化的範圍遠不止於機器人化。許多從事日常工作（即容易程式化的工作）的職位已被淘汰，資料分類即為一例。銀行交易已電腦化，支票都透過光學識別處理，客服中心也使用軟體來縮短客戶與員工之間的通話時間。許多城市的書店和唱片店也消失不見了。

這些變化令人擔憂。整體而言，新興和低度開發國家一向依賴低薪來吸引業務和就業機會以脫離貧困。如今，機器人、人工智慧（能讓軟體幾乎像人類一樣反應）以及其他取代人力的數位創新，在在威脅著這些國家

的經濟成長。那麼，已開發國家的員工又該如何自處？如果中國的勞動力成本上升，他們的員工未來會是什麼樣子？

麻省理工學院的經濟學教授大衛・奧托爾研究了這些創新所造成的極端化現象。他研究美國的情況長達三十年，現在也擴展到歐洲和其他國家（註26）。資訊科技通常惠及那些本身技能可與資訊科技互補的高素質員工，但顯然減少了可被電腦和機器人取代的工作數量，並在工作分配上形成一個極大缺口，使得高薪的高技術工作與基礎的服務性工作間的差距越來越大。

目前較為常見的低薪工作，包括護理人員、清潔工、餐飲服務人員、服務台人員、保全人員、社會服務工作者等；而高薪工作則有銷售人員、技術人員、管理階層和專業人士等；提供中等薪資的工作，例如行政人員、熟練工人、工匠、維修工人等，其重要性相對也在下降。另外一個顯著的現象是，近 30 年來，美國大學畢業生的薪資與高中畢業生的薪資差距大幅增加。

過去 30 年來，電腦已能輕易取代人類的某些工作。解決問題的「演繹處理」（traitement déductif）就是將一個已知規則套用到實際情況上，從一般原則推理出特定結論，甚至是一種「循環論證（譯註2）」邏輯。例如，自動提款機會確認卡號、密碼、銀行帳戶餘額，並在符合條件後吐出現金，並扣除相應金額；只需設定這些程序就能取代銀行櫃員。

「歸納處理」（traitement inductif）則是從許多具體事實推出通則，難度更高，電腦需要大量數據才能辨識出重複的模式。不過，近年來這方面的技術已取得長足的進步，例如，一些演算法現在已能和專業律師一樣準確預測美國最高法院對專利案的判決。

譯註2　tautologique：亦即「循環論證」，其中結論和前提互相依賴，導致邏輯上看似合理但沒有真正傳遞新資訊或幫助理解。

圖一　職位消失

	邏輯基於規則	結構辨識	人為判斷
類別	演繹式電腦處理	歸納式電腦處理	無法靠寫程式得出原則；數據不足
例子	基本的稅務計算、發放登機證	人聲辨識、預測房貸違約的機率	撰寫具說服力的法律意見、將家具搬到三樓公寓

資料來源：Frank Levy, Richard Murnane, Dancing with Robots, NEXT report 2013, Third Way.

　　對電腦而言，最困難的問題出現在無法預測的情況中，這些問題既無法套用既定程式，也無法利用大量現有情境來進行分析並歸納出經驗法則。麻省理工學院的弗蘭克·李維（Frank Levy）和哈佛大學的理查·穆南（Richard Murnane）（我在圖一複製了他們的圖表）舉出一個例子。假設一輛無人駕駛車前方出現一顆小球，這顆球本身不對車輛構成威脅，因此車輛沒有理由緊急煞車。然而，人類會預見可能有小孩追球而來，因此做出不同反應；無人駕駛汽車則因缺乏這種經驗而無法做出適當的反應。當然，這並不代表無法解決問題，畢竟我們可以將這樣的關聯性教給機器。不過，這個例子充分說明了電腦目前仍面臨的難題。

　　電腦和人類面臨的困難並不相同。電腦執行邏輯性強、可預測的任務時速度更快而且可靠，何況現在可以藉由機器學習處理一些突發情況，但前提是讓它掌握足夠的數據來辨識問題結構。然而，電腦的靈活度不如人類大腦，未必能解決一些連五歲小孩都能回答的問題。李維和穆南認為，最能適應新世界的人是那些擁有抽象知識的人，因為這有助於適應環境；而僅有簡單知識、只適合執行例行性任務的人則可能會被電腦取代。這點對我們的教育體系當然不會沒有深遠影響。來自家庭環境及教育品質的不平等可能會進一步加劇。

工作逐漸消失？

就業轉變的節奏比以往更快，但也具備相似特徵。十九世紀初期曾發生過一個廣為人知的事件：英國的盧德分子（luddites，紡織工人）奮起反抗廠方引入新式織布機，因為這些機器可以由低技術工人操作，威脅到他們的生計。他們破壞這些機器，最終遭到軍隊嚴厲鎮壓。另一個例子是美國農業就業的變遷：在不到一個世紀的時間內，農事從業人員從總勞動力的 41% 下降到 2%。即使農業工作大量消失，美國的失業率仍維持在 5%，這也證實了「消失的就業機會會有新工作加以取代」的觀點。

首先，我們必須了解，科技進步對整體就業並不會造成傷害。它會讓某些工作消失，但也會創造出新的工作（例如在數位化領域，最明顯的新增職位是資訊技術和網站管理的相關工作）。經過兩百多年的技術革命，失業率仍然很低。事實證明，關於就業消失的悲觀預測從未成真（註27）。正如艾瑞克・布倫喬爾森（Erik Brynjolfsson）和安德魯・麥克費（Andrew McAfee）所指出：

「1930 年在電氣化和內燃機興起後，經濟學家約翰・梅納德・凱恩斯曾預言這些創新會帶來物質生活水準的提升，但也會造成「普遍的技術性失業（註28）」。1964 年，在電腦時代開始之際，一群科學家和社會理論家曾聯名致信美國總統林登・詹森（Lyndon Johnson），提出「自動化將帶來幾乎無限的生產能力，但需要的人工也越來越少」的警告。（註29）」

回到不平等議題上，正確的問題應該不是：「是不是還會有工作？」而是：「能提供社會認為像樣薪水的工作是否還充足？」這一點難以預測。一方面，薪資不平等可能讓我們對這個問題的答案感到悲觀。另一方面，大多數人都希望能對社會有所貢獻，而工作，無論是否支薪（例如非營利組織中的工作），都是實現這一目標的一種方式。此外，正如艾瑞

克‧布倫喬爾森和安德魯‧麥克費所提過的，我們也追求與社會的連結，而工作正是建立社交網路的一種途徑。也許，我們會願意為了這種連結而接受較低的薪水。

短期內，工作職位的消失會為失去工作的人造成巨大成本。創新加速破壞，並浮現三個問題：且不論勞動者是否支薪，應如何保護他們？如何透過教育為這個新世界做好準備？我們的社會又將如何適應？很明顯，採取視而不見的態度並不是可行的策略。

第六節
稅務問題

最後，數位化的勞動世界也帶來了新的稅務挑戰，或者無論在國內還是國際層面，既有問題都將變得更為棘手。這裡我僅扼要加以簡述。

國內層面

在國內層面上，我們長久以來一直面臨如何區別商業交易與共享交易的問題。這兩者之間的界線非常模糊，但稅務待遇卻截然不同。如果我請裝潢公司來幫我重新粉刷一個房間，支付的費用會被課以增值稅，且員工和雇主也會依自己的身分繳交各類費用（社會保險、社會貢獻稅〔CSG〕、所得稅、公司稅等）。但是，如果我請朋友幫忙做這件事，並以一箱好酒做為回報，稅務機關和社會保障部門都不會課稅；這不僅因為稅務人員難以偵得這種交易，更因為這不屬於商業性質交易，因此不在課稅範圍內。然而，非商業交易的範疇在哪裡結束，而商業交易又從何處起算？親友間

的商業往來、俱樂部或協會內支持小農的交易，一旦符合生產者與消費者關係的其他所有標準，是否仍屬於非商業交易的範疇？為什麼這樣的分類會導致截然不同的納稅待遇？這些問題在法國尤為顯著，因為勞動所得的稅率相當高。

這些問題對於新興共享經濟而言非常關鍵：這究竟是「共享」還是單純的「商業關係」？正如《勞動法》的例子一樣，我們不應該僅將新式經濟活動套入既有但隨意劃分的分類，而是應重新思考現有稅制。

國際層面

國際稅制也面臨眾多挑戰。這些挑戰並非全是新的，反而是現有問題加劇罷了，特別是跨國企業內部「移轉定價」（prix de transfert）的手法。跨國企業利用移轉定價，將各部門之間的利潤轉移到資本稅率較低的國家，藉此降低稅金支出。例如，公司以高價將位於低資本稅國的部門所提供的服務或產品賣給位於高資本稅國的子公司，藉此將後者所有應稅利潤轉移出去。這類避稅行為始終存在，且在缺乏國際稅制協議的情況下很難杜絕。像星巴克這樣的公司，經常因其在歐洲的稅務優化手法而遭批評。

然而，網路世界與其資產無形的特性讓避稅更加簡單，因為我們難以確定實際交易活動的發生地。例如，企業更容易將賺錢部門設在低稅國家，而虧損的部門則設在高稅國家，並藉由移轉定價來分配利潤。此外，一本書或一張數位唱片的智慧財產權可以設在任何國家，無需考慮實際的消費地點。儘管廣告目標受眾可能在法國，但收入卻可以在愛爾蘭收取。美國的大型公司利用所謂「愛爾蘭雙層架構」（doublette irlandaise）的複雜機制，將智慧財產權轉移到設在百慕達的愛爾蘭子公司（由於愛爾蘭不對境外子公司的利潤課稅，因此百慕達的子公司可享免稅），並透過荷蘭

子公司中轉，以享受歐洲內部的部分稅收豁免。然而，美國本身也無法從中受益，因為美國企業的海外利潤只有在匯回美國時才會被課稅。這些資金通常留存在百慕達，等待美國政府宣布減稅政策時再匯回。據估計，美國最大的 500 家公司約有 2 兆美元資金留存在百慕達等地。

「網路無國界」這點無疑是一大優勢。但國家間實行稅務合作卻相當重要（註 30），這樣才能防止各國透過稅收優惠吸引企業，而非靠健全的環境發展來吸引投資（至於企業稅率的合理水準，則是另一個議題，本文不加討論）。

最近達成的一項協議正是朝這個方向邁進的例子：歐盟內部針對網購商品的增值稅（VAT）進行改革，允許購買者所在國徵收增值稅，藉此消除各國在增值稅稅率上的競爭。在該項政策於 2015 年 1 月 1 日生效前，增值稅是由供應商的所在國徵收，於是促使企業將總部設在課徵低增值稅的國家，以便服務高增值稅率國家的消費者。新制度有效管理了像亞馬遜這類直接向消費者收費的商業模式，但卻未解決雙邊平臺的稅務問題（註 31），例如像 Google 這類平臺，技術上來說可能沒有直接向法國消費者銷售任何東西，但卻向廣告商收費，而廣告商再把產品或服務賣給那些消費者。由於此類交易的稅基不像書籍或音樂銷售那麼明確，目前仍在商討解決對策。

數位化為社會帶來了極大機遇，同時也引入新的風險，並加重原有的挑戰：信任、數據所有權、互助精神、技術進步的傳播、就業和稅務等問題，皆是影響社會福祉的重要課題。

註 1　Cookies 是儲存在我們電腦上的小檔案。透過它們，網站可以收集我們的個人資訊，日後再加利用。例如，網站可以根據這些資訊向我們提供針對性的商業優惠，搜尋引擎可以幫助我們更容易地找到所需內容，或讓我們回到過去曾經瀏覽過的網站。

註 2　這讓人想起亞歷山大・索忍尼辛（Alexandre Soljenitsyne）的一句名言：「我們的自由建立在他人對我們生活的無知上。」

註 3　而且要能重複交易；如果失去了儲蓄（因此無法再委託理財）或者健康，那麼我們對於交易對象（理財專業人士或外科醫生）的了解，就沒什麼用處了。此外，某些商品（如維他命）的效果，即使在消費後也很難具體感知，甚至很難確定其是否真正有益。

註 4　聽聽那句有名的口號：「人生苦短，來一場外遇吧。」

註 5　後來美國聯邦貿易委員會（Federal Trade Commission）和一些司法機構介入，才限制了個資移轉的規模。

註 6　當然，還有其他因素需要考慮，例如美國和歐洲之間的差距，其中一個現象就是歐洲距離真正的單一市場還有一段路要走。

註 7　讓競爭平臺都能自由參閱這些數據是一個選項，但這會引發隱私保密問題。

註 8　在這個新環境中，醫生的角色將會是什麼呢？我沒有能力去預測這一點。說到未來醫學發展最極端的情況，我們可以想像未來的醫生可能只會成為一個保護者，也就是當電腦系統可能遭駭客攻擊時，他們提供常識判斷，同時確保患者可與真人接觸。然而，無論這個職業的前景如何，醫生的工作至少會依賴由軟體根據分析結果得出臨時而全面的診斷。這意味即使醫生的角色有所變化，他們仍然需要借助技術提供的支援來進行醫療判斷。

註 9　有些書籍也提到這些主題中的幾項，比如 Éric Sebban, Santé connectée. Demain tous médecins?, Paris, Hermann, 2015.

註 10　從 2008 年起，隨著「協議終止」（rupture conventionnelle）制度的引入，這種做法在無固定期限契約（CDI）的情況下變得合法。如今，雇主需要支付協議終止補償金，這筆金額至少要等於法定的解雇補償金。協議終止不等同於辭職，因此員工還是可以領取失業補助。

註 11　鎮長及其所屬的地方政府在發放都市開發許可時，若已知縣長制定的防洪風險預防計畫，仍可被追究責任。

註 12　疑病症本身則處於逆向選擇（真實的焦慮症）與道德風險（無法控制自己的行為）之間的灰色地帶。當個人不斷在網路上尋找醫療建議時，這明顯與疾病有關，但我們無法將其歸咎於道德風險，因為這並未對健保系統造成額外負擔。

註 13　更確切說，是由社會保險所涵蓋的部分。

註 14　經濟學家稱這種現象為「赫希萊費爾效果」（effet Hirshleifer），這是根據傑克・赫希萊費爾的一篇文章而命名：Jack Hirshleifer, « The Private and Social Value of Information and the Reward to Inventive Activity », *American Economic*

註 15　關於瑞士制度的分析，參見：Brigitte Dormont, Pierre-Yves Geoffard, Karine Lamiraud, « The Influence of Supplementary Health Insurance on Switching Behavior. Evidence from Swiss Data », Health Economics, 2009, vol. 18, p. 1339-1356.（譯註：原文 Review, 1971, vol. 61, n° 4, p. 561-574.）

註 16　過去，員工在保險方面的貢獻可以從其所得稅中扣除，也就是說，這些貢獻不會計入他們的應稅收入。此外，雇主在參加保險時也無需繳納社會保險的費用。不過，這種從所得稅中扣除的作法在 2014 年便已取消。儘管如此，團體補充保險的制度卻擴大了，現在所有私營部門的員工都能參加這項保險。

註 17　Voir la note « », coécrite avec Brigitte Dormont et Pierre-Yves Geoffard, 請參考本人與 Brigitte Dormont 和 Pierre-Yves Geoffard 合撰的報告〈重構醫療保險〉（Refonder l'assurance-maladie），Conseil d'analyse économique, note 12。

註 18　參見羅伯特‧賴希的部落格：« The Share-the-Scraps Economy », 2 février 2015.

註 19　我們會好奇，為什麼雇主不會把搭乘計程車的額外費用算進員工的薪水裡呢？其實，原因很簡單。使用計程車就像購買那些昂貴的機票（比如可更換搭機日期的機票或商務艙），其實是一種隱藏的薪酬方式。這種薪酬跟我們平常拿的薪水不一樣，它不需要繳社會保險或所得稅。這樣做對雇主有好處，因為他們可以減少實際需要支付的成本。同時，對於一些不想顯示高薪的政府機關來說，這也讓他們能低估給員工的待遇成本。所以，雇主能在不顯示高薪的情況下，實際上還是可以為員工提供更好的福利。

註 20　如想了解集體與個人聲譽的理論，請參考我的論文：« A Theory of Collective Reputations, with Applications to the Persistence of Corruption and to Firm Quality », Review of Economic Studies, n° 63, p. 1-22.

註 21　參見：George Baker, Thomas Hubbard, « Contractibility and Asset Ownership. On-Board Computers and Governance in US Trucking », Quarterly Journal of Economics, 2004, vol. 119, n° 4, p. 1443-1479, 以及 « Make Versus Buy in Trucking. Asset Ownership, Job Design, and Information », American Economic Review, 2003, vol. 93, n° 3, p. 551-572.

註 22　《勞動法》的第七部分主要規範自營工作。

註 23　參見：Anthony Atkinson, Thomas Piketty, Emmanuel Saez, High Income Database.

註 24　參見：Erik Brynjolfsson, Andrew McAfee, The Second Machine Age, New York, Norton, 2014.

註 25　2014 年每位居民可領取 1,884 美元。

註 26　參見：David Autor, « Why Are There Still So Many Jobs? The History and Future of

Workplace Automation », *Journal of Economic Perspectives*, 2015, vol. 29, n° 3, p. 3-30.

註 27　像南歐等勞動力市場具特殊性質的國家是例外（第十章已有交代）。

註 28　在《我們後代的經濟前景》（Economic Possibilities for our Grandchildren, 1931）一書中，他預估這種變化的過程僅影響兩代人。

註 29　發表在 « Will Humans Go the Way of Horses? », Foreign Affairs, juillet-août 2015. 本書作者自行翻譯。

註 30　就像他們過去為了消除重複課稅所做的那樣。

註 31　參見本書第十四章。

| 第十六章 |

創新與智慧財產權

| 第一節 |

創新刻不容緩

　　古典成長理論認為，經濟成長來自資本的累積（如生產資源的累積、能源供應等）以及勞動力的成長（因為人口增加、健康改善和教育提升等）。然而，羅伯特・梭羅在1956年的一篇著名文章中指出，這兩個生產要素的積累只能部分解釋經濟成長，技術進步才是說明國家成長的關鍵因素。比1956年更甚的是，今天技術創新已成為經濟成長的核心動力。二十一世紀的經濟被稱為知識經濟，也是一個科技大變革的時代。

　　當然，過去的成長模式對「追趕型」（de rattrapage）（註1）經濟仍然適用。比如，日本在二戰後有過30年驚人的發展，中國自1980年以來也是如此，法國則有過「光輝的三十年」。但是，模仿外國的技術和累積資本終究會遇到報酬遞減的情況，難以持續發揮效應。到了這個階段，國家必須轉向創新，擴展「技術尖端」的進步。

　　對於那些處於技術尖端的經濟體來說，其所需的創新文化和制度，與那些正在努力追趕的經濟體是不同的。大學不僅要提供高品質的課程，還要進行尖端研究，並鼓勵學生創業。融資對象也不能僅限於大型企業和傳統中小企業，還需要考慮支持企業創新。為了實現熊彼特所謂的「創造性破壞」（創新會使舊的事物過時），主管競爭的各獨立機構必須消除進入

市場的各種人為障礙。這個問題很重要，因為現今附加價值越來越源於創新，各國的財富因此也越來越依賴自身在這個價值鏈中的創造力。

這讓我想到智慧財產權這個備受爭議的話題：這到底是什麼？智慧財產權有哪些好處和壞處？今天，公權力面臨的主要挑戰是什麼？接下來，我會探討一個特別重要的議題，就是專利的累積，這會使每項技術都面臨許多不同的守衛（守門人）。透過經濟分析，我們將找出一些具體的解決方案，讓技術能更廣泛地傳播出去，且不至於減少創新動力。

除了歐元區最近幾年的危機外，西歐另一個讓人擔憂的地方是，如今的創新率不如美國（註2），未來可能還會比一些正積極投入知識經濟的亞洲國家更低。創新需要一個良好的文化和制度環境，所以我會檢視一下促進創新的環境特徵。

最後，我會聚焦於一種合作模式，一種替代傳統智慧財產權的辦法，或者說是基於不同於傳統智慧財產權概念的辦法，亦即自由軟體。這種模式是一種獨特的組織方式；我們將嘗試理解它的特點，並探討不同經濟行為者對它的策略。

第二節

智慧財產權制度背景

相關機構制度

假設你剛從生物技術科系畢業，並計畫從事應用研究，目標是研發新疫苗、利用微生物生產生質燃料，或者開發更耐旱且需水較少的新作物。你需要資金，而能否獲得資金端賴於你的計畫是否能夠展現潛在的財務收

益，以便投資者能夠回本。這裡便引出了核心議題。你生成的知識即所謂的「公共財」。一旦被創造，所有人就可以幾乎不費成本地加以使用。一旦某個分子化學式及其用法被研發，任何公司都可以使用這個化學式並將其投入商業化生產（例如疫苗、生質燃料、種子），結果將使最初研發者的利潤變得微乎其微。我們再次面臨「搭便車」的問題，這在先前關於環境保護的章節中已有論述。如果一切研發都立即進入公共領域，因而所有人都可以免費加以利用，大家都會等別人完成研發，進而使發明創新活動陷入停滯。如果說智慧財產權是一種「惡」，那也是不得不然，因其旨在保證擁有者的收益，以利刺激研發或藝術創作。正因如此，它很以前便出現了，最早的專利可以上溯古希臘時代，並在十五世紀於佛羅倫斯和威尼斯發展起來。

智慧財產權以多種形式呈現：

- **專利**：專利保證其擁有者對所產出的知識具獨占權，是一種排除其他使用的權利。授予專利的內容包括一段特定的保障期間（通常是自申請之日起 20 年），之後該項專利將進入公共領域。根據法律，專利只能授予那些不容易想出來的發明，且這些發明必須是全新，不能與先前技術重疊，以及必須具實用性。專利是一個公開的過程，並允許其擁有者，在無意獨自利用該項創新時，授權他人進行商業化。

- **著作權**：著作權旨在保護一種表達形式（如書籍、電影等），其保障期也是有限的（例如在美國，保障期為作者生前加上其去世後的 70 年）。

- **營業祕密**：顧名思義，營業祕密在於保護發明者免於其智慧財產權被盜，其中通常涉及製程創新（新產品一般是公開訊息，無法保密）。經典的營業祕密例子是可口可樂的配方，該配方並未申請專利。值得注意的是，如果專利制度被廢除，創新者將會系統性地選

擇使用營業祕密來保護自己的創新。因為在缺乏專利保護的情況下，營業祕密成為唯一能夠維持競爭優勢的手段。因此，即使創新者不是生產者，他們也可能需要與生產單位進行垂直整合，以確保這些機密不會被他人輕易獲得。但與專利不同，營業祕密使得授權變得非常困難，因為獲得此類授權的買方合理希望了解其付費知識的性質，而一旦這些知識被揭露了，買方就能在不付費的情況下加以使用它⋯⋯在實際操作中，授權契約主要涉及那些已經獲得專利的發明。

- **商標**：商標讓企業具備一個標識，幫助其區分自家產品與競爭對手的類似產品。

　　不同的智慧財產權保護制度都有一個共同點：透過此一保護措施，給予發明者市場優勢，讓他們能從自身發明中獲得經濟利益。可以透過專利授權來收取授權費（即所謂的「權利金」），或者如果發明者自己生產並銷售產品，則能以高於生產成本的價格賺取利潤。反過來看，如果發明未受保護便直接歸入公共領域，那麼大家都可以免費使用了。這就顯示了智慧財產權的「代價」：為了激勵創新並讓發明者能夠從中獲利，公權力提升了該發明的使用成本，因此限制了它的廣泛傳播，導致實際使用者減少。這就是現行智慧財產權制度下的基本妥協。

　　因此，歷史上曾有人尋求智慧財產權的替代方案。例如在十七至十八世紀的英國和法國，當時的王室設立了獎項，發明人可以藉此獲得獎勵，但無法取得智慧財產權，相關知識也會自動成為公共領域。例如，法國在十七世紀設立了水輪機（turbine à eau）的發明獎，而英國國會在 1714 年也宣布撥出一筆高額獎金，用以獎勵能找出一種在海上精確測量經度方法的人。當時的背景是，西班牙和荷蘭早在十六世紀末也曾設立類似的獎勵制度，只不過那些獎金從未發放出去。儘管最終經過數度爭議才將大部分

獎金頒給了發明家約翰·哈里森（John Harrison），但他從1714年便開始進行研究，最後拿到獎金時，已經是59年後了！

　　設立獎金的辦法相當複雜，因為事先需要明確設定獎勵目標。然而，創新研究常難以預測具體的發明成果，就好比事先明確描述一篇科學論文或一首交響樂該是什麼樣子，創意過程就等於失去意義了。不過在某些情況下，倒是可以明確定義想達成的目標，而無需詳細說明達成的方法（但這會出現獎勵金額恰當與否的問題，如獎金會不會給得太少，無法合理回報研究心血，因而吸引不到優秀人才？或者會不會給得過多，造成公共資金過度浪費？）。近年來，獎勵機制在疫苗及針對開發中國家的特定藥物的領域中再次受到重視（註3）。，這些國家通常因為貧窮而無法吸引所需的私人研究投資。在此機制之下，會先明確設定疫苗的目標，同時附加如副作用比例等的相關限制。

　　近年來，智慧財產保護引發許多社會爭議（註4）。雖然我無法一一列舉所有相關的議題，但還是要特別著墨專利的幾個重要問題，因為這些問題在討論中特別值得關注。當然，還有其他的智慧財產權類型也涉及了一些爭議，但此處我將以專利的討論為主。例如，著作權保護的「追溯延長」（extension rétroactive）就非常引人注目。按理來說，智慧財產權應只是為了促進研發或藝術創作所需的「必要之惡」，因此保護措施應忠實於這一目標。但若針對已經完成的投資進行延長保護，便失去鼓勵創新的作用，已經沒有意義了！這種延長只會降低傳播效果，卻無助於創新。然而，美國立法機關已兩度延長保護著作權的期限：1976年首次延長至作者去世後50年，接著在1988年進一步延長至70年。後面這項《著作權延長法》（Copyright Term Extension Act），有時被戲稱為「米老鼠保護法」（Mickey Mouse Protection Act），因為迪士尼公司曾大力遊說以延長著作權，以防失去高利潤電影及衍生產品的著作權。

　　過去30年來，專利的數量顯著增加，原因有幾個：專利主管機關的

誘因機制不當，特別是在美國，因為在 2011 年《美國發明法》（America Invent Act）改革之前，專利商標局（Patent and Trademark Office）間接受到鼓勵頒發專利，而非加以拒絕；專利範圍擴展至新的領域，例如軟體、生物技術、生命科學及商業方法。如果冗餘專利不致造成負面影響，那麼專利數量的激增倒也不嚴重，例如，有種狗用手錶獲得專利，因為它的走速比普通手錶快七倍，以便反映狗的壽命⋯⋯網路上不乏列舉荒謬專利的網站。然而，專利數量激增所帶來的經濟後果可能相當可觀。有些專利能夠賺取經濟利益，但並不表示能帶來重大的社會進步。例如，亞馬遜的「一鍵購買」（One Click）專利，聲稱網路商家可以保留客戶個資（如寄送地址、帳單地址和信用卡號），這樣在下一次交易時就不需要再次詢問，但這其實只是模仿許多實體商店行之有年的運作模式（註 5）。即使以前沒有這種做法，但它未免過於簡單易懂，並不值得授予專利。因此，在三項可授予專利的標準中，此一專利僅滿足「實用性」這一標準。幸好這項專利很快就被法院判定無效，但若情況相反，不難想像亞馬遜將藉此獲取多少專利權利金，進而成為所有電子商務的主宰！

第二個值得探討的危險是，對於某項技術而言，專利持有人的數量增加，其使用者需支付的權利金也隨之增加。

第三節
管理疊加之專利權利金

生物技術和軟體領域的特點，是擁有許多重要性不一的專利，且由不同的相關者持有，並成為技術的管理人。這種「專利叢林」（patent thicket）會導致權利金的疊加（經濟學術語又稱「多重邊際化」

〔marginalisation multiple〕）。

競合與專利池

要理解權利金疊加的問題，可以用一個比喻來幫助說明。這個想法由法國的安端－奧古斯丁・庫爾諾於1838年清楚解釋，而最近再由加州大學柏克萊分校的經濟學家卡爾・沙皮羅（Carl Shapiro）進一步深入探討（參考圖一）〔註6〕。我們試想回到中世紀的歐洲，當時航行河流不便，因為必須一段一段分繳航權費。在圖一，有四個人依序對行經的船隻收取航權費，因此船隻必須支付四筆費用，獲得同意後才能沿著河流繼續向前航行，可以說，繳納費用後所獲得的航行權是互補的（complémentaires）。如果缺繳這四筆權利金中的任何一筆，船隻將無法從河流源頭航行到河口。以十四世紀的萊茵河為例，當時沿河有64個航權費收費點（註7）。每個收取航權費的人都會基於如何最大化自己收益的考量來設定收費標準，而不考慮此舉對於航行者及其他收費者的影響（較高的航權費會減少河流的交通量，並對其他收費者造成影響）。這是「公有地悲劇」（註8）再度上演，和導致過度漁撈和放牧或過度排放溫室氣體的情況類似！歐洲直到1815年維也納會議及隨後的法律通過後，這種航權費疊加的做法最終才消失（註9）。

高科技產業目前正致力於消除這種「多重邊際化」的現象。為了讓專利授權更方便一起納入商業運作，各國主管競爭的機構近來已制定新的指導方針，推動建立專利池（patent pool）。專利池是一種企業間的協議，目的是將屬於特定技術的多項專利予以整合，統一授權給用戶。這種方式可讓技術使用者一次獲得整套的專利授權，省去以前須分別取得五、十甚至十五個不同專利授權的麻煩，杜絕了由於某些專利持有者漫天要價而無法獲取技術的窘境。專利池的建立就是經濟學所說的「競合」

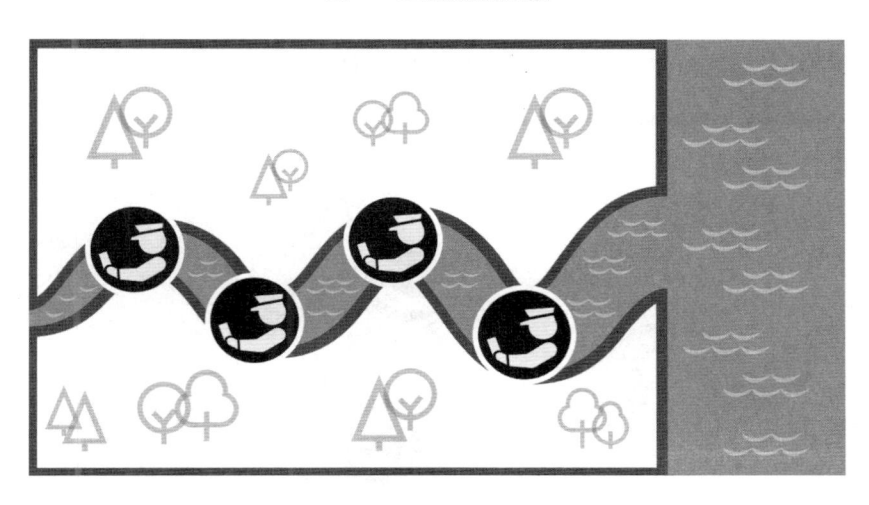

圖一　互補的航行權

（coopétition），即「合作」與「競爭」相結合。在這裡，一些可能在市場上互為競爭對手的公司選擇合作以推廣專利。好比多個航行權收費方達成協議（如圖一），專利池可降低互補專利的總授權費用，畢竟使用者需要整合專利授權才能發揮技術的價值。專利持有者同意各自調整權利金，以便刺激需求的增長，使授權費下降，讓專利持有者與消費者雙方共同受益。

然而，專利池以及更普遍的共同行銷，也可能讓企業趁勢抬高價格。以可彼此替代的兩項專利為例，其中一項專利既已滿足用戶的需求，額外的授權並不會增加技術效能。再以河流比喻，想像兩個收費點分別位於兩條分支的航道上（如圖二），這時船隻可以選擇走北路或南路，不會因通行兩路而增加任何效益。兩個收費方若能彼此協商，既可避免競爭，也能提高通往下游的航權費。對於這類的替代性專利，專利持有人可以透過專利池的形成，抬高授權費，其行為類似卡特爾或企業合併後所形成的獨占。因此，專利池有分「好」和「壞」（前者可以降低技術使用成本，而

後者只會墊高該項成本）。

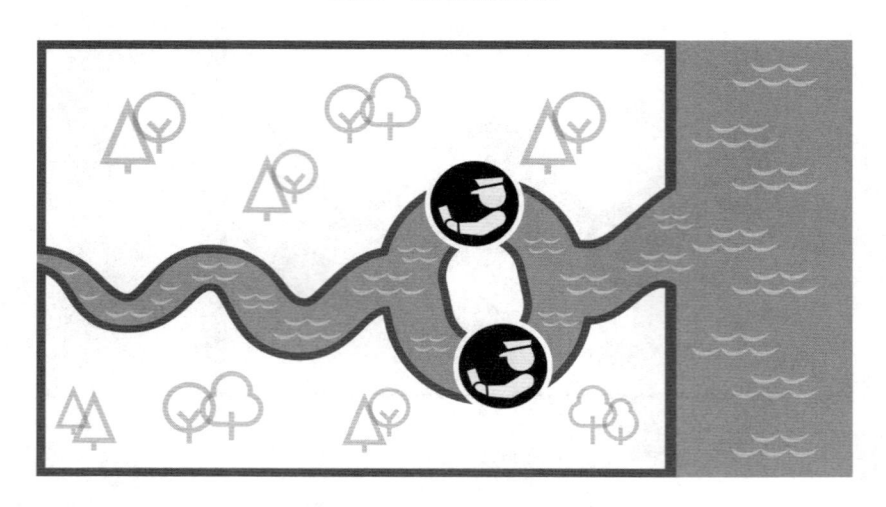

圖二　替代的航行權

　　回顧歷史很有幫助。許多人不知道，1945 年以前，大部分的主要產業（如航空、鐵路、汽車、電視、廣播、化學工業等）其實是靠專利池來運作的。然而，由於擔憂聯手銷售（commercialisation conjointe）可能掩蓋卡特爾行為，美國最高法院在 1945 年對其作出反對的裁決，導致專利池消失，直到 1990 年代末才重獲重視。當時管制競爭的機構不鼓勵專利池，原因之一是專利池有時會被用來排除競爭，而這種競爭通常發生在持有相似功能專利的各方之間。結果，接下來的 50 年間，專利池幾乎完全消失（註 10）。事後來看，這尤其令人遺憾，因為在那期間技術發展越變越複雜了。

　　主管競爭的機關難道不能乾脆禁止抬高價格的「壞」專利池，只准許降低價格的「好」專利池嗎？可惜的是，主管機關並不具備足夠的相關數據來區分這些專利池，他們往往僅能取得少量的過去數據，難以據此充分掌握市場對專利許可的需求情況。此外，技術的可替代性或互補性的特

質，會隨著技術應用方式的不同而變化（註11）。

因此，主管機關可採取一些不需要資訊的簡單規範來進行篩選。首先可以考慮允許個別專利的單獨授權，也就是說，專利持有者可以選擇不透過專利池，而是各自出售自己的專利許可（參見圖三，例子是兩個各持有一項專利的人）。哈佛商學院的喬許・雷爾納（Josh Lerner）和我合撰的一篇文章指出，單獨授權可以在專利池也許推高價格的情況下重新引入競爭，進而消除壞專利池的影響，讓好專利池繼續調低價格。

這個推理在兩個完全可相互替代專利的情況下非常容易理解。當市場上存在競爭時，授權的價格幾乎會降到零，因為持有智慧財產權的人在授權用戶使用他的技術時，實際上幾乎不會付出成本。為了在市場上獲得優勢，各家公司會願意降低自己的價格，甚至降低到沒有利潤的程度，以吸引更多用戶及增加市場占有率。

然而，當專利池形成時，這種競爭的狀況可能會被打破。專利池的設置可以使多個專利持有者聯合起來，共同控制價格，這樣一來，授權的價格就可能抬高，達到壟斷價格的水準。此一壟斷價格是指可以讓這些智慧

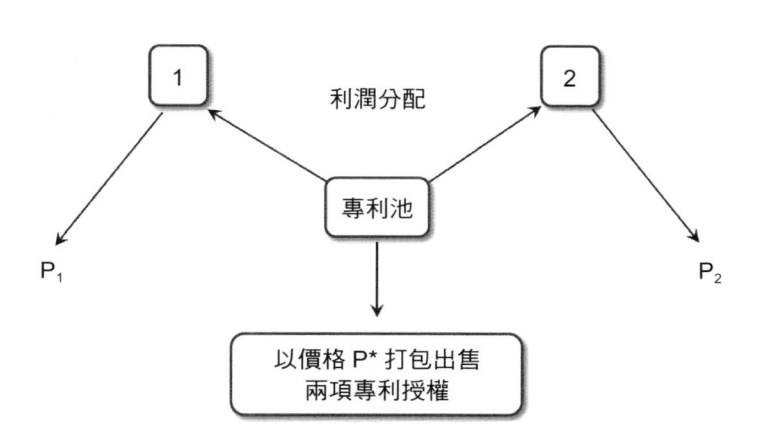

圖三　個別專利授權

```
        1                           2
              利潤分配
              ┌──────┐
              │ 專利池 │
              └──────┘
   P₁                              P₂
              ┌──────────────┐
              │以價格 P* 打包出售│
              │  兩項專利授權  │
              └──────────────┘
```

圖四 拆分個別授權

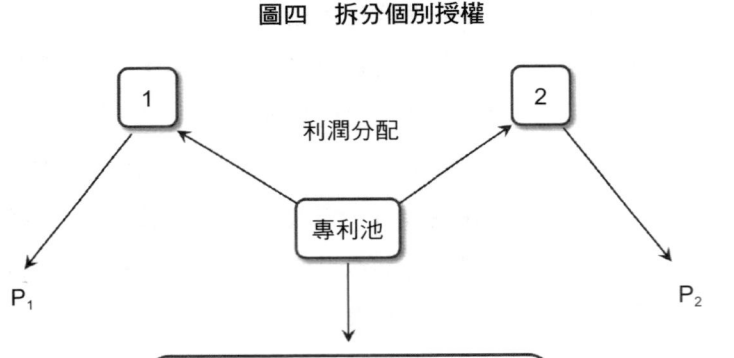

```
    1                    2
      ↖  利潤分配  ↗
          專利池
    ↙        ↓        ↘
  P₁                    P₂
         以約定價格 P*1 和 P*2 分別出售
              兩項專利授權
         （整套價格 P* = P*1 + P*2）
```

財產權持有者的總利潤達到最大化的價格，通常被稱為聯合壟斷價格。專利池的形成不僅改變了市場的競爭格局，還會對最終用戶的成本產生重大影響。

　　這個推理在兩個完全可互代之專利的情況下很容易理解。競爭下的許可價格接近於零（即智慧財產權持有者授權用戶使用其技術的成本）：各公司為了拿下市場，會願意降價，一直降到沒有利潤為止。而專利池可能會破壞這種競爭，使價格升高到獨占價格，也就是讓智慧財產權雙方持有者的總利潤達到最大值，即所謂的「卡特爾價格」（prix de cartel）（註12）。

　　現在來談談個別授權的情況，並假設這個專利池想要設定一個價格 P（例如與獨占價格一樣高），再將獲得的利潤平均分配給兩位持有者（註13）。這就意味，每位專利持有者若僅依賴這種方式，他們可能發現，與其每人只分到專利池裡的一半利潤，還不如將自己的個別授權價格定得稍微低一點，低於這個專利池的價格 P。這樣一來，他們就能夠搶到整個市

場，並且幾乎可以將所有利潤都納入私囊（註 14）。

不過，讀者可能會想，假設專利持有者會彼此競爭並把價格壓到低於專利池的價格，這種想法是不是過於天真？確實，如果有一家公司選擇降價，並因此在短期內獲得更高的利潤，可能會遭到其他公司的激烈反擊，導致這些公司可能也跟著降價。這樣的情況就會觸發一場可能不值一打的價格戰。因此，經濟學家和競爭法主管機關特別關心所謂的「默契勾結」（collusion tacite，註 15），也就是《競爭法》所稱的「協同效果」（effets coordonnés）。在這種情況下，企業可能不願意單獨和專利池競爭，因為他們擔心會引發一場價格戰。

為了防止默契勾結的威脅，需要增加一項不需特定資訊、稱為拆分（unbundling）的第二項要求。如果專利池被迫將其產品拆分，使用者就可以從專利池單獨購買每個授權，而專利池對一組授權的定價則是單一授權價格的總和（見圖四）。個別授權加上拆分機制可以防止專利池提高價格（註 16）；實際上，此一要求將專利池的角色限制為僅對每一個授權的價格設定上限（註 17）。因此，專利池的形成不會對社會產生負面影響（不會導致價格上漲），且若這些專利是互補的，將讓用戶能以比沒有專利池時更低的價格獲得授權，同時也讓專利持有人獲得更多利潤，也等於進一步鼓勵了創新。值得注意的是，這些源於經濟理論，且競爭法主管機關不需要任何特定資訊的原則，已被納入歐洲的指導方針中（2004 年針對個別授權，2014 年針對拆分）。

技術標準

關於專利大量增加所造成的後果，我想以標準制定（standard-setting）的主題來結束討論。尤其在資訊技術領域，不同的技術用戶必須彼此協調，以便進行互動。如果你的手機沒有採用相同的 4G 標準，或者沒有依

循先前同一系列的標準，我就無法用我的 4G 手機撥打你的電話。同樣，為我的智慧手機開發應用程式的企業也必須遵照現行標準。互通性要收斂到特定標準。那麼，這種收斂是如何實現的呢？有時，一家企業的市場優勢地位如此強勢，以至於它能夠強加其技術為產業標準。然而，更常見的情況是，標準係由一個專業機構或標準制定組織（standard setting organization，註 18）制定，該機構會研究不同的可能組合，並制定一個標準，包含一組各方的使用者（包括電腦或智慧手機製造商、基礎設施提供商〔如電信公司、有線電視公司或衛星通訊公司、應用程式開發者〕）必須在其技術選擇中加以考慮的功能。

圖五　獨占的形成

在決定技術標準時，解決某技術問題的方式往往不只一種，而這些方式可能都同樣可行，但標準制定組織通常只會選擇其中一種。這樣的選擇可能產生獨占利潤，換句話說，一項在特定功能上具備替代技術的專利，可能因為被納入標準而變得不可或缺，即我們所稱的「標準必要專利」（standard essential patents）。這些專利之所以成為必要，不是因為技術

上無可替代，而是因為標準的選擇，使得這些專利成為標準中唯一的選項。因此，這些專利的持有人可以收取較高的權利金，即便其他專利本來也能提供相似價值，只是因為標準選擇的不同而被排除。

以河流的比喻來看（見圖五），政府可能在北河道上建造一道水閘，使得該路線成為唯一可通行的河道；或者在岸上設置一座大型市集，讓北河道成為更具吸引力的路徑。一旦水閘或集市設在北河道，北路的過路收費點便得以訂下獨占價格，而在此之前，南河道與北河道的通行效益其實並無太大差異。

為了避免因納入標準必要而使某些專利持有人成為「非他莫屬」的獨占者，許多標準制定組織通常會要求專利持有人在標準制定前承諾以公平、合理且不歧視的條件（通常簡稱為 Frand，英語為 fair, reasonable, and non-discriminatory）對待其專利的使用授權。然而，Frand 這種承諾本身很模糊，例如該如何定義「公平」和「合理」的費率？實際上，全球各地越來越多的大型訴訟都在挑戰這些承諾的具體意涵。像是蘋果、谷歌、微軟、三星等大企業都捲入其中，彼此爭論標準制定中未精準載明的公平、合理和不歧視條款該如何解釋和落實。這些訴訟不僅件數眾多、範圍廣泛，牽涉到的企業很多且利益龐大，以致法庭很難判斷某一專利授權費是否「合理」，因為它根本無法掌握所有相關訊息。

另一種由智慧財產權理論研究衍生出的處理方式在於，要求專利持有人在標準制定前先行承諾其專利授權的最高價格。如此一來，標準制定組織便能根據已知條件來設定標準。

就像沒有人會在尚未查明土地的價格前就蓋起房子，技術也是如此。因此，我們建議專利持有人，在技術標準最終決定前，先行承諾授權條件。我們也試著解釋，為什麼這樣的承諾義務，不太可能在標準制定組織之間彼此自由競爭時出現。（註 19）。

第四節

創新機構

談創新就避不掉發明家和資金這兩個重要元素。以下我們來探討這兩項組成因子。

企業研發 vs. 獨立研發

如今，創新越來越多源自像新創公司那樣的小型組織，而非大型企業。這背後有多重的原因。在大型企業中，研究人員有時會遭遇來自高層的阻力。高層擔心新產品可能會損害現有產品的市場地位，因此不願承諾支持某些創新計畫，要是新舊產品存在「自相競爭」的風險時尤其如此。此外，研究人員若僅處於創意的初步階段，往往難以說服管理階層認同其構想的價值。再者，與創業家相比，企業的這些研究人員一般追求利潤的動機沒那麼強（註 20）。儘管企業有時會在成功創新後提供獎勵，然而這些獎勵通常難以真正反映其貢獻的巨大價值。舉例來說，2014 年諾貝爾物理學獎得主中村修二（Shuji Nakamura）因為發明了藍色 LED 而獲此殊榮（該技術讓白光得以產生，從此深深改變我們的日常生活），但當初他只從其雇主日亞化學公司（Nichia）那裡獲得 180 美元的酬勞，而他的發明已為公司帶來數億美元的收益（註 21）。

當然，企業希望透過外部的企業創投基金來複製創業方法的優勢。根據薩姆·科圖姆（Sam Kortum）和喬許·雷爾納的研究（註 22），這些基金並不保證成功，失敗原因與企業內部的研發相似。由於企業管理層擔心新舊產品可能相互牽制，研究人員和外部合作夥伴則擔心計畫可能無法完成。此外，企業內部的薪酬也限制了這些基金吸引人才的能力。

當知識上的投入比資金更重要時，也就是當初期資金需求相形不大時，創業型公司比起大型企業內部的研究單位更具競爭優勢；潛在客戶間的競爭也能保護獨立創新，防止單一使用者恣意掌控，從而促進創業活動。創業結構的起源不一。比方，在生物技術這個高科技領域，科學研究的品質至關重要，因此創業活動力往往源自大學環境。但創新並不總需要高水準的科學。正如艾德蒙·菲爾普斯（Edmund Phelps）所指出（註23），創新並非專屬於受過高等教育的精英。舉幾個十九世紀知名的創新者為例，托馬斯·愛迪生（利用電力）出身平凡，喬治·史蒂芬森（George Stephenson，發明鐵路）是文盲，約翰·迪爾（John Deere，發明農業機械）是鐵匠，以撒·梅里特·辛格（Isaac Merritt Singer，發明縫紉機）是機械師。在法國，同一時期的拉法基（Lafarge）、米其林（Michelin）、施耐德（Schneider）以及許多名列巴黎券商公會指數大企業的前身，創業的企業家在當年並非占有技術尖端（註24）。

　　如今，優步、臉書、網飛和Airbnb都是建立在以聰明的方法找出市場利基（譯註1）、以及尚未開發的服務，並不需最尖端的科學知識。這些創業機構可能，但並不一定要出現在大學校園中。重要的是要有創業文化加以孕育。此外，許多半導體領域的創新企業本身就來自具有創業精神的公司，後者會支持員工或團隊創辦新的公司，而這一過程也可稱為「孵化育成」（spawning），對於這類企業是非常普遍的做法。

融資

　　企業內的研發人員不需要尋找外部資金，他們只需說服管理高層相

譯註1　approche intelligente d'identification de niches：旨在找出市場中尚未被滿足的需求或特定消費者群體的需求。這種方法幫助企業發掘出可提供獨特產品或服務的機會，以吸引在其他地方找不到合適選擇的消費者。

信自己的想法可以實現。而新創企業通常僅依賴少量的個人資金（例如創業者的儲蓄，有時加上親友的資助）。如果這些新創企業具有潛力，很快就需要尋求其他資金的挹注：最初來自「天使投資人」（business angels），通常是成功、富有的個人投資者，他們目光獨到，擅長發掘未來值得投資的計畫；接下來進場的是創投資金，其運作是由創業投資家〔venture capitalist〕（稱為「普通合夥人」〔lead partner〕）投入其所掌管的資金，出資者則稱為「有限合夥人」（limited partners），例如退休基金、證券集體投資機構（OPCVM）、保險公司、企業或半公營單位等。與創業投資家相比，這些被動合夥人要求的報酬率通常會稍微低一些。

　　創業投資家不只投入資金來支持新創公司，在管理上的首要貢獻是降低「逆選擇」風險，也就是從一開始就篩選出有潛力的項目。一旦找到最有前途的項目，創業投資家會規劃其管理架構，密切追蹤發展進度，並提供重要的諮詢服務。舉例來說，掌握尖端技術的創業者可能缺乏管理或市場定位的專業知識，於是創業投資家在這方面給予指導。此外，創業投資家會逐步投入資金，每一筆資金的撥付都取決於項目是否已達成特定的預設目標，這種方式即稱為「階段性融資」（financement par étapes）。創業投資家至少會在一定時間內保留控制權，如果預期目標未能達成，他們可能會更換創業者或其團隊成員；反之，只要團隊達成目標，其管理自主權則獲提高。

　　這裡再補充一些說明。這類新創公司在開辦後的頭幾年通常無法獲利，因此不建議以借貸取得資金，以避免承受無法還款的壓力。創業投資家一般會選擇「優先股」（preferred stocks）這其實類似一種債務形式，支付的利息可以延後，只要公司不向股東發放股利即可。此外，他們還會選擇「可轉換債券」（convertible debt，可以根據情況由持有人或公司決定是否將其轉為股票）或普通股（actions ordinaires）。

在初期的投資契約中，一項重要條款是安排資金提供者（主要指創業投資者）的「退場」時機。如果新創計劃成功，公司可以考慮上市。上市一方面能幫助公司取得更多資金，促進發展，另一方面也讓早期投入資金的創業投資者可以逐步退出。這種抽身操作得以讓最初的投資者回收資金，將其投入其他新創計劃。此外，上市的時間並不固定，而是選在市場上資金充裕、投資氣氛良好時進行，以達成最佳效果。

創業投資也有其限制。首先，這類投資需要具備相當財力的專業人士參與。他們之所以能獲得信任，是因為他們也將自己的資金投入新創公司，這樣的主動投入讓主要供應資金的被動投資人願意跟進支持。然而，創業投資的資金流動受經濟情勢的影響很大，例如在網路泡沫時期，公司上市的價格普遍偏高，使得創業投資擁有大量自有資金；反之，如果新法規對退休基金的風險承受能力有所限制，可能會讓這些基金在新創公司上市時不再投資。總體而言，創業投資的資金模式呈現周期性波動的缺點。

在許多國家裡，創業投資中也包含公共資金。鑑於前述缺點，公共資金在特定條件下可做為有益的補充。然而，根據產業政策分析（註25），這個資助過程應由專家參與（註26），並且要限制政治因素的影響。例如，美國的「小型企業投資研究基金」（Small Business Investment Research Fund）就因政治人物的介入而支持某前景不佳的項目。理想的情況下，公部門應當補足民營創業投資，而非與之競爭，並在經濟低迷時進行逆週期投資，但實施這樣的政策有一定難度。

第五節
合作發展與自由軟體

　　自由軟體（logiciel libre，又稱「開源軟體」〔open source software〕）的生產和創新方式，或許與經濟學家的預期相去甚遠。傳統上，私人企業支付員工薪水、規劃其工作任務，並取得員工所創造的智慧財產權。但在自由軟體的計畫中，貢獻者通常不支薪，其參與是自願的，且可以自由選擇投入適合自己能力或興趣的子計畫。儘管如此，自由軟體的組織方式並非完全不講秩序，而是有一定的組織架構。計畫的領導者將工作分解為明確的模組，並只接受符合「官方版本」的貢獻，以確保交付的成果具備實用性與連貫性，同時避免計畫朝不統一的方向發展。此外，自由軟體的智慧財產權相當有限。例如，自由軟體的授權條款可能規定，任何使用該軟體的人都必須將他們對原始軟體所做的所有改進以相同的條件公開。

　　如今，自由軟體在許多領域都扮演重要角色，以下是一些為人熟知的案例：Linux（註27）（一種用於電腦的作業系統，與微軟的 Windows 和蘋果的 MacOS 競爭）及安卓（一種用於手機的作業系統，主要競爭對手是蘋果 iPhone 使用的 iOS 系統）；不過，自由軟體在管理伺服器的軟體中也占有重要地位（自1990年代中期以來，開源軟體計畫 Apache 主導了用於發布網頁的伺服器軟體市場），還包括腳本語言（如 Python、PERL、PHP 等）、網頁瀏覽器（如 Firefox 和 Chromium，後者則是 Chrome 開放的原始碼版本）、資料庫（如 MySQL）、電子郵件（如 Thunderbird）、辦公軟體（如 LibreOffice）、雲端計算（如 OpenStack）以及大數據（如 Hadoop）。這顯示了自由軟體在多個領域中的廣泛應用及其對這些技術的重要影響。

程式設計師的動機：在開源軟體的開發過程中，不同人的誘因與所扮演的角色是什麼？對於程式設計師來說，參與自由軟體開發的成本在於所投入的寶貴時間。若程式設計師是自由業業者，則必須放棄原本可在商業公司或大學工作所能獲得的金錢報酬；而對隸屬於商業公司、大學或研究所的程式設計師而言，在自由軟體上的投入會妨礙其專注於其他任務。舉例來說，這可能影響他們學術研究成果的產出，或使論文的進展放緩。

2000 年代初期（註 28），我和喬許・雷爾納對於開源軟體的日益成功產生興趣，同時對於一些解釋此現象的原因，以及商業軟體在面對這種現象時未來可能採取的策略感到懷疑。當時解釋程式設計師參與編寫自由軟體的動機有兩種主流說法，第一種觀點認為，自由軟體編寫者的天生個性使他們比商業界同儕更為慷慨、或追求利益的動機較弱。實際上，利他行為在許多經濟領域中確實扮演著重要角色，因此這種假設在邏輯上是合理的。然而，這也引出另一個問題：實際上，商業軟體的程式設計師是否真不像自由軟體的程式設計師那麼關心公共財？對於這一問題，我們掌握的資訊非常有限（僅聚焦於動機的調查結果並不可靠，因為人們普遍會在此類調查中給出自滿的回答）。

第二種觀點嘗試從經濟邏輯以外的角度切入，認為參與自由軟體專案編寫的人期待自己的貢獻能觸發基於普遍互惠的良性循環，透過吸引許多其他參與編寫的人，幫助開發出可以供自己使用的自由產品；這使得個人選擇參與編寫變得合理。然而，這個基於個人利益的解釋，相悖於公共財理論、以及在其他情境中實際觀察到的「搭便車」行為。例如，政府、企業或家庭通常不會指望克制自身的溫室氣體排放，能夠引發一系列的正面效果，進而解決全球暖化的問題（儘管歐洲只占全球溫室氣體排放的 10%，仍試圖以身作則，響應《京都議定書》的減排呼籲，希望藉此開創良性循環，但結果行不通）。

我們認為，還有多種其他動機可以解釋自由軟體的合作編寫。首先，

受雇於企業或大學的自由軟體程式設計人員，一旦在這方面做出貢獻，往往能夠提升而非降低工作表現。這對為自家公司尋找特定解決方案的系統管理員（administrateurs système）尤其適用。研究顯示，驅動許多自由軟體設計師奉獻心力的原因，在於滿足其本身在程式設計方面的需求。其次，設計師可能覺得挑到一個很「酷」的自由軟體編寫計畫，本身就是樂事一樁，認為這比雇主強加的日常任務更有趣。第三，參與自由軟體程式編寫的設計師也得以藉此展示自己的才華。

關於這第三點，經濟學中的「訊號理論」確實顯示，當程式設計師希望自己的貢獻被公眾看到、讓對方留下深刻的印象時，他們就更有動機參與自由軟體專案的編寫。這些公眾可能包括與大學學術圈類似的「同儕」，也就是他們所屬的程式設計師社群，畢竟任何專業領域的人都希望得到同儕的認可。不過，值得注意的是，這並不是自由軟體程式設計師唯一關注的公眾對象，他們還關注就業市場（商業軟體公司會從對編寫自由軟體的程式設計師中挑選那些貢獻最出色的人）和創業投資界。創業投資公司在某些情況下（特別是針對自由軟體專案的領導者），會為自由軟體的商業應用提供資金。

值得注意的是，開源軟體非常適合這種「訊號傳遞」（譯註 2）的需求。專案分解為不同的模組，讓外界可以清楚了解任務的難度、解決方案的品質，以及解決問題的具體負責人。收集到的資訊對評估自由軟體設計師的表現格外有用，因為他們通常在少有上級干涉的情況下，全權負責專案某個子計畫的成敗。此外，自由軟體專案還設立了多層級的認可制度（例如不同級別的程式設計師、專案經理、相關基金會的董事會成員），

譯註2　在經濟學和社會學中，「訊號傳遞」指的是個體向他人展示某些特質或技能，以便在特定的評價過程中脫穎而出。這通常發生在某些資源或機會有限的環境中，例如就業市場、學術圈或專業社群。訊號傳遞讓人能向「觀察者」（例如潛在雇主、合作者或評審機構）展示自己具備特定的能力或特質。

藉此加強區分，進一步刺激訊號傳遞的效果。有一個間接證據可以支持這種「訊號傳遞」的假說，即商業軟體公司已意識到這種希望能在專業領域或市場上展現自我、獲得認可的需求，並設法模仿自由軟體的做法，為其程式設計師在專案子項目中的貢獻提供認可。

商業軟體公司的策略：我們可以來探討商用軟體公司面對自由軟體時所採取的應對措施。起初它們對自由軟體持敵對態度，但隨著時間推移，這些公司逐漸接受這個現象，甚至發現其中隱藏的機會。

- 正如上文所述，公司可能希望讓現有員工參與自由軟體的編寫，這樣不僅能讓員工提升技術水準，還能透過他們參與的社群進一步發掘外部人才。藉此，公司不僅培養內部的專業能力，還能借助這些平臺吸引優秀的開發人員，將其納入公司團隊。

- 公司可能藉由保密協議挑選出一些使用者，並與其共享程式碼，這樣便可以借助外部力量來修正程式中的錯誤。

- 此外，商業公司也可能透過學術授權的方式開放其原始碼（註29）（如微軟長期以來的做法），讓外界的程式設計師熟悉其技術。這些程式碼可以用在學校和大學的教學上，進而產生一種學習效果（即「校友效果」〔alumni effect〕）。由於學生很早就接觸並熟悉這些軟體，公司能享有像 Linux 這樣的自由軟體所帶來的好處。

- 最重要的是，商業公司可以選擇不直接靠程式碼，而是從程式碼的周邊產品或服務中獲得收益，這是基於對自由軟體的專業知識來實現的。例如，谷歌讓人免費取得安卓的開源軟體版本，並藉由收集安卓使用者的數據來獲利（這些數據補充了谷歌搜尋、谷歌地圖、YouTube 等服務所收集的資訊）。IBM 也將開源軟體納入其戰略核心，並透過其諮詢業務來創造價值。其他商業公司（如 Red Hat 針對 Linux 或 Scientific Workplace 針對 LaTeX〔註30〕）則提供

客製化且（或）更容易操作的開源軟體版本。

如果營利企業想成為自由軟體專案的核心推動者，往往會面臨許多挑戰，商業公司可能無法完全接受或符合自由軟體社群的共同目標。尤其，他們可能無法做出所有程式碼都公開在公共領域，且適當彰顯重要貢獻的可信承諾。隨著版本演進，安卓系統加深對於谷歌各項服務的依賴；甚至，安卓系統手機的製造商，若沒有與谷歌的合作協議（尤其若無法進用谷歌 Play 商店應用程式），會面臨產品功能嚴重受限的窘境。雖然這類的考量未必實現（谷歌可能想建立中立形象），但疑慮依然存在。

這些困難也解釋了為什麼惠普（Hewlett-Packard）選擇透過 Collab.Net 來發布其程式碼。Collab.Net 是由開源軟體程式設計師創立的企業，專門幫助商業公司開展開源軟體專案，以確保其軟體保持開放。Collab.Net 提供了某種認證機制，讓企業可以確實承諾其專案的開源性質。

智慧財產權制度的選擇：上述觀點讓我們回頭探討開源軟體程式設計師的動機。這些程式設計師的動機也取決於管理開源軟體計劃的授權條款。事實上，開源計劃若要繼續保持開放，必須加以適當保護。某些授權條款，例如柏克萊授權條款（Berkeley Software Distribution，簡稱 BSD），屬於寬鬆型，允許用戶隨意取用。這類授權允許程式設計師將代碼轉變為商業化的專有軟體，但同時也可能帶來分裂的風險，使計畫產生多個分支，甚至彼此不相容的版本。在這方面，谷歌對安卓的策略特別值得注意。谷歌採用非常寬鬆的授權，讓使用者可以隨意修改，以增加安卓做為開源軟體的吸引力（註 31）。然而，如果智慧型手機製造商或電信業者各自做出不同修改，最終可能導致安卓系統出現相容性問題，這對谷歌來說將是災難一場。為避免這種情況發生，安卓剛推出時（註 32），谷歌即創立了一個由製造商、電信業者和軟體開發商組成的聯盟，並承諾隨著安卓的發展，必須始終維持一個核心架構，以確保基本的一致性。

「通用公眾授權條款」（General Public License，簡稱 GPL，註 33）則與此相反，因為這類授權嚴格要求與商業軟體的互動方式。根據 GPL 條款規定，所有修改後的版本除非完全僅限個人使用，否則必須分享給社群。GPL 之所以具標誌性，一來因其創始人理查・史托曼（Richard Stallman）的人格特質，二來因 Linux 從早期便採用這一授權。然而，如今 GPL 類型的「病毒性（譯註 3）」授權條款已不再是所有開源軟體的標準選擇。許多開源項目轉而選擇較為寬鬆的授權條款，如 BSD、MIT 或 Apache 等，使得程式設計師和商業公司在運用開源代碼時擁有更多自由。

如何選擇開源授權？一個專案必須能吸引程式設計師，他們才會樂於參與。如果這個專案由商業公司主導，或對自由軟體的原始碼介入過深，程式設計師通常會更為謹慎。若採用 GPL 授權，參與者便比較不擔心可能發生破碎化和搭便車行為。值得注意的是，程式設計師非常重視自身貢獻的能見度。如果專案吸引了大量其他的程式設計師，而且使用這些軟體的不僅是終端用戶，還包括其他開發者，他們的貢獻就更容易被看見。授權的選擇並非不理性，也與經濟理論一致。針對 4 萬個出自「原始碼鍛造」（SourceForge）資料庫之開源專案的分析顯示，當程式設計師認為開源專案的吸引力不大時，限制性授權的出現便會顯著增加。這通常發生在以下幾種情況：一是針對大眾市場的應用程式，例如遊戲或辦公軟體；二是運行於商業環境或在專有作業系統上執行的專案；三是使用非英語之自然語言的專案。

此外，自由軟體還有很多其他有趣的議題值得探討（限於篇幅我無法一一著墨），例如：我們應該對這一現象採取何種公共政策？專利及防範

譯註3　這類特定的開源授權條款要求使用或修改原始代碼的派生作品，也必須以相同的授權方式釋出。這意味如果有人基於這些「病毒性授權」的原始代碼開發新軟體，那麼這個新軟體也必須保持開源，且不能轉為專有軟體。

專利侵權訴訟的保險對自由軟體有多重要？開源模式能否轉移到其他產業，而不僅限於軟體領域？簡要介紹開源軟體後，我最後想提出兩點意見。首先，和其他領域一樣，重要的是，讓不同的組織形式可以在公平的環境中競爭並發展，才能讓人挑選最適合每種情況的模式，因此不能強制推行單一的組織模式。其次，正如我一直想設法證明的，乍看之下，開源軟體可能讓經濟學家感到困惑，但這一現象在經濟學上並非奧祕。經濟學無處不在。

第六節

其他諸多議題

目前關於智慧財產權的熱門話題很多，出於篇幅考量，我無法一一討論。

例如，專利蟑螂（trolls de brevets）這種不從事研發的實體，僅專門購買專利組合以坐收專利授權費，在 2011 年即占美國專利訴訟案的 61%。這類專利蟑螂是否創造了一個有效率的專利二級市場（因為新創公司缺乏法律能力及獲利能力，無法迫使使用者支付專利授權費）？還是說由於專利主管當局授予專利的標準過於寬鬆，才使得這些公司可以輕易地獲得許多專利，然後利用這些專利對其他公司遂行敲詐，迫使後者支付高額的授權費用？

此外，在智慧財產權已然成為價值鏈核心的世界中，我們應該如何設計競爭規範？我們是否應該限制「禁制令」（injonctions）的使用呢？這種做法是指，若某家公司沒有支付專利費用，便無法合法出售其產品。對於部分大型公司，例如蘋果或微軟，這樣的禁制令是一種非常有效的手

段，可以迫使它們支付專利費用，否則將面臨無法銷售產品的嚴重後果。舉個例子，當 RIM（現在的黑莓）受到禁制令的威脅時，因為無法承受長期的法律訴訟和銷售停擺的風險，最終被迫支付 6.125 億美元給專利蟑螂。此一情況引發許多討論，包括：濫用禁制令是否會損害公平競爭？我們是否應該不惜傷害智慧財產權的持有人而強制實施授權？這些問題只是當前全球在智慧財產權領域所面臨眾多議題中的少數幾個。

註 1　我在此處使用菲力浦·阿吉翁和彼得·豪伊特創造的術語。
註 2　參見：Edmund Phelps（2006 年諾貝爾獎得主），« What's Wrong with the West's Economies », New York Review of Books, 13 août 2015.
註 3　這要歸功於哈佛經濟學教授麥可·克雷默（Michael Kremer）的啟發，正是他的研究引導出這些疫苗市場的構想（參見：Making Markets for Vaccines. Ideas to Action, Center for Global Development », 2005）。此領域一位重要的參與者是由多國政府和比爾及梅琳達·蓋茲基金會共同組成的全球疫苗與免疫聯盟，其目標在於推動疫苗的普及化。
註 4　若想了解對制度抱持批判態度但結論卻差異頗大的觀點，可以參考如下著作：Adam Jaffe et Josh Lerner, Innovation and its Discontents. *How our Broken Patent System is Endangering Innovation and Progress, and What to Do about It*, Princeton, Princeton University Press, 2004 以及 Michelle Boldrin et David Levine, *Against Intellectual Monopoly*, Cambridge, Cambridge University Press, 2008.
註 5　一般來說，許多專利授予給在網路之前便存在的做法，有時甚至幾個世紀前便已存在。例如，線上所採用的「荷蘭式拍賣」（enchères à la hollandaise），其中拍賣師從高價喊起，然後逐步調降價格，直到有人接受出價為止。
註 6　參見：Carl Shapiro, « Navigating the Patent Thicket. Cross Licenses, Patent Pools, and Standard Setting », in Adam Jaffe, Joshua Lerner, Scott Stern (dir.), *Innovation Policy and the Economy*, vol. 1, Cambridge, MA, MIT Press, 2000, p. 119-150.
註 7　僅在美因茲（Mayence）和科隆（Cologne）間的河段就設有十三個航權費收費點，易北河（Elbe）及法國的河流（如隆河、塞納河、加倫河和羅亞爾河）的情況也是如此。參見：voir Robert Spaulding, « Revolutionary France and the Transformation of the Rhine », *Central European History*, 2011, vol. 44, n° 2, p. 203-226.

註 8　這個詞出自生物學家加勒特·哈丁在 1968 年《科學》期刊中的一篇文章，文章的標題即用該詞。

註 9　事實上，萊茵河沿岸所有的航權費收費點已完全撤除。

註 10　老實說，當年我開始研究產業經濟學並撰寫博士論文時，自己並不了解「專利池」的意思。

註 11　另一個問題是，專利在價格較低時可能是互補的（使用者會以該價格採用整組技術，因此若允許價格上漲，對整體技術的需求就會下降），但在價格較高時可能是替代的（權利金價格上升可能使需求轉向其他專利）。

註 12　假設我們把賣出授權的成本當成零，則獨占價格就是可以使授權費 P 和對技術需求 D(P) 的乘積 PD(P) 達到最大值的價格。其中，隨著價格 P 的上升，用戶的需求 D(P) 會逐漸下降，也就是說，價格越高，想要使用這項技術的人就會越少。

註 13　如果分配並非均等，專利持有份額較小的人會有更強的動機去降低價格。因此，此一推理在這種情況下更加適用。

註 14　在個別授權的競爭均衡中，如果存在兩個以上的專利，或者這些專利不能完全互代，那麼對於一個壞的專利池，競爭水準將會恢復到專利池建立之前的狀態。不過，當專利數量超過兩個時，可能會出現協調問題，這可能導致多個競爭均衡的狀態。因此，雅列珊德拉·布廷（Aleksandra Boutin）在論文《 Screening for Good Patent Pools through Price Caps on Individual Licenses 》，American Economic Journal（即將刊登）中指出，增加拆分的要求（將在下文詳細解釋）能夠幫助我們選出一個能夠恢復競爭的均衡狀態。

註 15　之所以稱為「默契」，是因為企業不需要簽署卡特爾協定（accord de cartel，這種協定幾乎在世界各地均為非法），甚至不需要聚在一起，商討如何在行為上達成一種「平和」的協調方式。

註 16　請參考我與派翠克·雷合撰的《 Price Caps as Welfare-Enhancing Coopetition 》，Toulouse School of Economics，未正式發表論文。

註 17　實際上，專利池形成的一個障礙在於利潤的分配，因為各持有人在這方面的利益明顯存在差異。根據持有專利的數量來按比例分享利潤，而不考慮它們對技術所貢獻之價值的高低，可能導致一些特別重要之專利的持有人選擇不加入該池。這裡所描述的互相調節的協議（例如，「如果你同意將你的授權費限制在某個水準，我就同意將我的授權費降低到某個程度……」）在某種程度上決定了紅利的分配方式。

註 18　例如，法國的 Afnor、ETSI、ISO、W3C 和 IEEE 等。這些標準制定組織數量

眾多，且在許多方面存在差異（如認證的技術、用戶和專利持有者相對的政治影響力等），它們在一定程度上相互競爭，同時又努力保持其公信力。客戶會挑選場域（forum shopping）以選出合適之標準制定組織（即尋找一個相對寬容的組織），關於該現象的實證分析，請參閱我與 Benjamin Chiao 和 Josh Lerner 合撰的文章 The Rules of Standard Setting Organizations: An Empirical Analysis »，*Rand Journal of Economics*, 2007, vol. 38, n° 4, p. 905-930。正如理論所預測的那樣，那些有信心，認為自己的智慧財產權會被納入標準的專利持有人，傾向於選擇在決策過程中賦予專利持有人更多權力、且在專利使用費和資訊揭露方面要求較少的組織。

註 19 要求專利權持有人就授權價格作出承諾的目的，在於避免未來成為標準必要專利的授權價格過於高昂；但這對於專利權持有人而言未必有利。然而，標準制定機構需要依賴這些專利權持有人方能辨識相關專利並且建立標準。此外，專利持有人通常可以選擇不同的標準制定機構，如果某個機構對價格有約束要求，他們可能會轉向要求更寬鬆的機構。詳情可參見我與喬許·雷爾納合撰的論文 « Standard-Essential Patents »，*Journal of Political Economy*, 2015, vol. 123, n° 3, 以及 « A Better Route to Tech Standards »，*Science*, 2014, vol. 343, p. 972-973

註 20 參見：Frederik Neumeyer, *The Employed Inventor in the United States. R&D policies, Law and Practice*, Cambridge, MA, MIT Press, 1971.

註 21 後來打了一場官司，他獲得大約 900 萬美元的補償。

註 22 兩位作者比較了資金來源是創投基金或企業資金，在專利活動方面的差異。參見：Sam Kortum et Josh Lerner, « Assessing the Impact of Venture Capital to Innovation »，*Rand Journal of Economics*, 2000, vol. 31, n° 4, p. 674-692.

註 23 參見：« What's Wrong with the West's Economies »，*New York Review of Books*, 13 août 2015.

註 24 參見：Gaspard Koenig, *Le Révolutionnaire, l'Expert et le Geek*, op. cit., p. 89.

註 25 參見本書第十三章。

註 26 政府因為無法提供像私人企業那樣的高薪，所以未必能找到最優秀的專家。

註 27 從技術上看，Linux 只是一個作業系統（OS）的核心（kernel）。而安卓作為一個完整的作業系統，其實是基於 Linux 核心建立的。完整的作業系統通常被稱為「GNU/Linux」。這些作業系統隨後以便利的形式被打包成我們所稱的「Linux 發行版」（distribution Linux），例如 Ubuntu 可能是最為大眾所熟知的，而 Red Hat Enterprise Linux 則是企業中最知名的。

註 28 以下的討論源於我們的論文：« Some Simple Economics of Open Source »，*Journal *of Industrial Economics*, 2002, vol. 50, n° 2, p. 197-234, 以及 « The Scope of Open Source Licensing », Journal of Law, Economics and Organization, 2005, n° 21, p. 20-56.

註 29　原始碼是用程式語言所撰寫，接著這段程式碼會被轉換成一種可執行的二進制格式，是由微處理器執行的一系列指令。通常來說，對外公開的主要是這些二進制碼，而不是實際的程式設計工作本身。這意味著，雖然程式碼的原始版本是用人類可以理解的語言所編寫，但最終用戶接觸到的是已經轉換過的二進位檔案，而非原始的程式碼本身。

註 30　自那時起，像是 LyX 等自由軟體都在嘗試模仿 Scientific Workplace 容易上手的特性。.

註 31　Apache 2.0.

註 32　2007 年底；iPhone 則是在 2007 年初推出。

註 33　較寬鬆通用公眾授權條款（Lesser General Public License，簡稱：LGPL 授權）是一種修改過的版本，在與專有軟體共存的情況下，其使用限制較少。

| 第十七章 |

產業管制

1982年，當我還是橋梁學校（l'école des Ponts）的年輕研究員時，有幸與土魯斯經濟學院的創辦人讓－賈克・拉豐展開長期合作。我們的研究重點放在產業管制，尤其是網路產業（industries de réseau，譯註1）和公共市場的管制。由公權力管制的傳統老牌獨占企業，其提供的公共服務品質低、成本高，全球普遍都對這個問題感到不滿。以美國為例，當時卡特總統剛對航空運輸放鬆管制，而其他行業（包括電信、電力、天然氣、鐵路和郵政服務）也面臨類似政策。顯然地，僅將歐洲的大型公共獨占事業加以民營化並不足以解決所有問題；如同自二十世紀初以來，美國受管制民營公用事業公司（public utilities）的效率低落例子所顯示。必須同時改變老牌傳統營運商的誘因機制，以及引入競爭。

然而，除了那些意識形態上支持自由放任政策的人以外，開放競爭並不受青睞。缺少競爭倒也不是全不合理。尤其是，潛在競爭者在某些所謂的「關鍵瓶頸設施」（goulots d'étranglement）上重複建設是非常昂貴的。這些基本設施在《競爭法》的術語中稱為「基礎或關鍵設施」或「自然獨占」（monopoles naturels），其中包括：電力運輸網路、郵件配送網路（如50公克以下的信件）、天然氣輸送管、鐵路及其車站、本地迴路（一條從住家或辦公室延伸出去的電話線，連接到你所選用之網路服務提

譯註1　指的是依賴於大型基礎設施和網絡來提供服務的行業。這些行業通常涉及到物理基礎設施的建設和營運，並且通常具有自然壟斷的特徵，電信、電力、汙水處理均屬之。

供商的第一層設備，也就是離你最近的網路接點，早期是銅線，如今可能是光纖或本地無線迴路）。例如，我們很難想像有個新的鐵路營運商能夠新建一條巴黎與里昂之間的高速列車軌道，並且在巴黎和里昂興建新的車站！這些基本設施當時由「傳統老牌營運商」掌控，例如法國電力公司、法國電信、法國國鐵以及法國郵政等。

我們和其他研究此一領域的學者面臨了許多挑戰（註 1）。首先，需要建立一個一致的概念架構，以制定政府和受管制企業之間的誘因契約，並藉由確立進用那些掌握在老牌營運商的關鍵設施之定價原則，在網路產業導入競爭。此外，還要全面規劃那些對於經濟至關重要產業的管制措施，並界定國家作為「管制者」的新視野。

第一節

四重改革及其合理性

自二十世紀末以來，電信、能源、鐵路和郵政等產業的改革，主要是針對這些產業過去管理上低效表現的反應。事實上，這些企業在某些領域具有顯著的規模經濟，無論在法律或實務上都享受獨占地位，往往能向沒甚麼選擇的消費者收取高額費用或提供低品質的服務。直到 1980 年代，在全世界，這些產業都是面對微弱誘因的獨占事業（在歐洲為公營企業，在美國則是民營企業，但將幾乎所有風險以及高成本都轉嫁給用戶），並且往往出於政治考量，而非經濟邏輯，在不同服務間進行「交叉補貼」（subventions croisées）（簡而言之，交叉補貼是指一項低價格的服務由另一項高價格服務來資助）。

自然獨占的狀況解釋了為何在多數國家，政府長期以來對網路產業獨

占進行管制。然而，如何施行管制，並非顯而易見。在成本、技術選擇及需求方面顯著的資訊不對稱，使得管制機構無法保證為民眾帶來最優惠的價格與最佳服務。換句話說，受管制企業可以策略性地運用手上的資訊──對自己有利時披露資訊，但若透明化可能威脅其收益，則選擇隱瞞。

以經濟學的術語來說，管制者面臨「逆選擇」與「道德風險」兩種資訊不對稱。首先，企業（即代理人〔註2〕）對於自己所處的環境（其中包括技術、進貨成本及市場對其產品與服務的需求）了解得更透徹。其次，企業的各項作為（例如人力資源管理、產能規劃、研究開發、品牌形象、品質控制、風險管理等）都會影響成本與需求。管制機構如果不考慮這些資訊上的不對稱，往往無法有效管制，也無法讓消費者或納稅人以合理價格獲得服務。舉兩個與市場力量無關的例子（第八和第九章已討論過），以行政指令規範環境管制，及用司法手段仲裁解雇案子，最終都證明有損生產力，因為這些措施對產業施加過高的成本，反而傷害政策本應保護的對象（如環境和員工）。在產業管制經濟學中同樣適用此原則。

當然，主管機關必須設法減少資訊不對稱的問題，而且實際上也在這樣做。這可以透過收集數據來達成，也可以透過比較企業和不同市場上類似企業的表現訂定標竿（譯註2）。此外，還可以透過拍賣獨占權的方式，讓企業在競標過程中透露該行業的成本資訊。不過，經驗顯示，這些方法雖然有幫助，但仍無法完全消除管制機構在資訊上的劣勢。

實施改革的第二個挑戰，顯然在於其「政治經濟」的考量。現有企業的股東、經營者和員工會密切關注改革的細節，往往會動員阻止或限制改革的推進。反之，一些使用該產業服務的團體則會為了自身利益而推動市場自由化，但不見得是出於提升整體社會福祉的目的。

譯註2　在企業管理和績效比較中，「對標」是透過與他人（通常是行業內的領先企業）進行比較，設立參考標準，以提升企業自身的表現。

四重改革

部分受到經濟理論啟發，過去 30 年出現了「四重改革」，其特點如下：

- **強化自然獨占企業的效率誘因機制**，並透過一些收益分享機制來促進效率提升（在歐洲，這還包括一些民營化措施）。例如，廣泛採用「價格上限」的做法，要求受管制企業的「平均價格」（prix moyen）不得超過某一上限，企業若在此限制內運作，便可保留其利潤。這一上限通常與通貨膨脹、投入成本（如天然氣價格之於天然氣發電廠）掛鉤。此外，定價上限也可能與一些參考性指標掛鉤（即透過參照相似情境下其他企業的表現來進行「標竿學習」〔benchmarking〕），不過這種做法比較少見。此外，價格上限也隨著預期的技術，進行動態調整。
- **調整資費結構以求平衡**（例如調整個人客戶與企業客戶間的費率、調整月租固定費率和其他計次或計量的服務費、調整本地通訊與跨區、跨國通訊服務的費率）有其必要，因為以前為了分攤網路的固定成本，向高需求彈性的服務高額加價，導致非常無效率的消費不足，並阻礙創新服務的引入。
- **對某些不具自然獨占特徵的市場開放競爭**，一方面向市場的新進場商發放許可證，讓他們能夠進入這些市場，另一方面規範傳統老牌企業所掌握關鍵設施的接取。由於市場本身是一股重要力量，競爭對於企業活力的重要性，無論公營還是民營，再如何強調都不為過。
- 最後，**將管制職能移交給獨立機構**。正如第六章所述，國家角色的定位已經由生產者轉變為管制者。來自不同利益者的壓力，以及鬆散的預算限制（亦即公司虧損由整體預算、增加公債中，或調高用

戶費率等方式來補貼），公部門所控制的事業通常無法以低成本提供高品質服務。過去身兼裁判和球員的國家，正逐步將角色調整為單純的裁判，特別是透過產業管制機構和競爭法執法機關構等獨立單位來執行。

1980 年美國的《斯塔格斯法案》（Staggers Act）說明了誘因措施和合理定價的重要性。在 1970 年代，美國的鐵路（主要是貨運，與法國不同）陷入了困境。雖有獨占，許多鐵路公司仍面臨巨大的財務困難。當時，鐵路在貨運市場上的市占率已降至 35%（1920 年代時一度高達 75%）。基礎設施（鐵軌）嚴重老化，導致行駛速度極慢。該改革賦予貨運服務定價和契約簽署更大的自由（同時保留管制機構督導機制，以防出現「不合理」的高價）。結果，成本和價格下降（生產力，即每名員工所分攤的噸／公里數，自那時起增加 4.5 倍），服務品質提升，貨運鐵路重新贏回市占率，逆轉原本將遭淘汰的預言。

市場內的競爭以及為取得市場而競爭

引入市場競爭的方式有兩種：（事前）爭取整個市場的競爭和（事後）市場內的競爭。爭取市場的競爭是指為了獲得服務獨占市場的權利而展開的角逐，例如，地方政府通常透過競標選出單一營運商，讓它在一段明訂期間內提供該市場服務，其中條件最優的得標者反映了其財務條件（例如，用戶應支付的價格、政府補貼水準），以及其他衡量服務品質的變數，具體取決於招標規格。這種市場競爭的方式是公共採購（commande publique，包括公共工程契約、公共服務外包及公民營夥伴關係的通用術語）機制的一部分。雖然此處不會深入探討這些問題，但它們對經濟體系來說至關重要（註 3）。另一方面，政府部門也可以選擇讓多個營運商在

相關市場內展開競爭。為此，各個營運商必須能使用關鍵的基礎設施，這也是英語 open access（開放接取）一詞的內涵。

　　一般來說，主管機關必須在兩種競爭模式之間作出選擇。例如，如果法國的「鐵路管制局」（Autorité de régulation ferroviaire，簡稱 Araf，負責管制鐵路的獨立公共機構）想要在巴黎與里昂之間的高速鐵路服務創造競爭，它有兩個選擇：其一，鐵路管制機構可以創立特許權，由如法國國鐵（SNCF）、德國鐵路（Deutsche Bahn）和法國交通發展集團（Transdev）等不同的鐵路營運商參與競標；其二，准許多家營運商同時經營同一條路線，共享「時段分配」。在鐵路運輸產業中，例如貨運等業務現已進入傳統的市場內競爭模式，而其他業務，例如區域性的旅客運輸，則仍處於獨占狀態。有關後面這類業務，歐洲與「公共服務義務」（obligations de service public，簡稱 OSP）相關的法規所設想的競爭形式，更傾向於依地理區域進行劃分的「為取得」市場而競爭。

第二節

誘因性的管制

讓企業負責任

　　經濟學家普遍支持給予企業強烈的誘因，讓企業對其表現負起責任。事實上，在引入新的管制契約到網路產業的改革方面，經濟學家也發揮重要作用。從常理看，（比如說）若要建立降低成本的良好誘因，有能力控制成本的那一方應至少承擔部分成本上的責任。這表示，尤其在特許經營中，採用「強效誘因契約」（contrats à incitations fortes），讓經營者不承

擔他們無法控制的變化，但對於他們能掌控的，則需承擔全部或大部分的成本風險。

對於非市場導向的公共建設計劃（例如建設不收通行費的橋梁），一般採用「固定價格契約」，也就是政府支付一筆事先決定的費用，承攬公司則須自行承擔全部成本（也不受管制機構審核）。另一方面，針對市場性服務，強效誘因契約的形式通常為「價格上限」（price caps）契約，且價格不依實際生產成本調整。簡單地說，由管制機構核准一個最高平均價格，只要不超過這個上限，企業可以自由調整價格，因此自行承擔所有生產成本。

與強效誘因相對的還有一種「弱效誘因」（incitations faibles）契約，在這類契約，生產者事先獲得保證，可以藉由增加補貼或者調漲使用者支付的價格方式，來回收成本，或一般來說大部分的成本。這類契約包括非市場型服務的「成本補貼契約」（cost-plus contracts），以及價格隨實際成本變動的「服務成本管制」（cost of service regulation）契約。在美國，這類型的契約曾廣泛用於是管制提供公用服務之民營企業，直到1980年代。

推而廣之，引入強效誘因契約背後的想法，如同我曾提及，是讓企業對其績效負責，進而鼓勵其服務社會。以電力輸送為例，電網營運者（在法國即為隸屬法國電力公司的「輸電系統公司」，〔Réseau de transport d'électricité，簡稱 RTE〕）以其設備投資、維護及電力分配（決定由哪些發電廠來供應終端需求）等功能而扮演重要角色。這些看似不顯眼的決策直接影響到企業和家庭等用電者。例如，一座鄰近用電區域、每兆瓦時發電成本為 100 歐元的發電廠獲得選用，而另一座每兆瓦時僅需 25 歐元成本的遠地發電廠雖也可以供電，卻由於輸電能力不足、或高壓電網穩定性的不確定性，而未被選用。更一般地說，重新調度成本（在此例中為 75 歐元）即便在複雜的電力系統，也可以估算（作為電力領域經濟計算的先

驅，早就進行此類分析）。此一成本造成了經濟損失，最終也墊高用戶的電費。因此，讓輸電系統營運商進行合理的投資以減少網路瓶頸，進而降低整體發電成本，是有益的。在 1990 年代，英國輸電系統的營運者（不同於電力供應商）首次被納入這種誘因機制：如果營運商能緩解自英格蘭北部（低成本產電區）輸電至南部（消費大戶）的網路瓶頸，進而減少從低成本電廠到高成本電廠的再調度成本，就能獲得獎勵。這種誘因促使英國的輸電營運商採用創新方式，以低成本改善輸電網壅塞的情況，進而造福大眾。

問責的局限性

限制企業利潤與提供誘因之間的拉鋸：導入強效誘因的契約時，不能太過天真。首先要考慮的是「無利潤與誘因間的拉鋸」這個問題：誘因越強，潛在的利潤就越大，除非主管機關可以非常準確掌握企業的生產成本（但這不太可能），或是能在非常相似的生產者間建立有效的競爭機制。

管制機構能夠估算企業的成本水準嗎？其實不太行，如前所述，企業本身掌握更多有關自身成本以及潛在改進空間的資訊。在這種資訊不對稱的情況下應該怎麼辦呢？事實上，並沒有一種「一體適用」的管制方法。我們必須讓企業利用它所掌握的資訊。換句話說，管制機關應該正視資訊不對稱的存在，並提供「契約選單」給被管制的企業，以不同的成本分擔方式供其選擇；例如，可以提供「成本報銷契約」（contrat à coût remboursé）和「固定價格契約」（contrat à prix fixe）兩種方案：

- 成本報銷契約：撥給營運商一筆相對較低的固定酬勞，並讓其報銷全部成本。
- 固定價格契約：撥給企業較高的酬勞，但這筆酬勞是毛額，企業需自行承擔所有成本，最終的收益為毛額酬勞減去實際支出後的淨

利。

當選單設計得當時，企業如果預計成本較低，會選擇誘因較強的契約，自行承擔成本以換取更高的利潤；如果預計成本較高，則會選擇報銷比例較高的契約來降低風險。當然，企業在前一種情況下會更加努力降低成本。企業會保有「資訊租」（rente d'information，即因掌握資訊而獲得的額外收益），但只要選項清單設計得當且具有一致性，就能在限制企業利潤與提供誘因之間達到最佳平衡。

這個在「誘因」和「利潤」間的折衷常被忽略。通常，引入「價格上限」時，人們正確地指出這種契約能促使效率；其伴隨而來的高利潤，卻往往被有意無意忽略。而成功降低成本在初期受到熱烈歡迎後，但隨之而來的反彈，導致終止「管制契約」（contrat régulatoire）的政治壓力變大，要求收回由公部門合約決策所創造的利潤。然而，俗話說得好，「魚與熊掌不可兼得」。如果想享受強效誘因契約所帶來的效率提升，企業就必須對政府的承諾有信心，相信政府會遵守契約，不隨便更動規則。像英國的電力管制機構（主管史蒂夫・李特查德〔Steve Littlechild〕是一位經濟學家，也是「價格上限法」的創始人之一），在 1990 年代中期，就曾迫於政治壓力而重新審視當初與區域電力公司簽的契約。世界各地的許多公私部門協力計劃也碰到過類似的問題，並讓人得出錯誤結論，認為問責制是無效的；而實際原因則在於公權力對誘因設計的管理不連貫，特別是在不同時間點上立場不一致。

品質／安全控制有其必要：此外，對企業來說，強效誘因意味提供高品質服務的成本提高，因為必須承擔更高比例的成本支出。這使得企業有相當大的動機來降低服務品質（如果醫院被賦予減少死亡率或提高治癒率的誘因，就會挑選病人）。這論點的原理簡單到讓人驚訝，但往往被管制機關忽略。1984 年，英國電信（British Telecom，簡稱 BT）這家國營獨

占企業私有化,伴隨而來的是更強的誘因;「截至目前,一切都好」(so far, so good),如同英國人所說。然而,管制機關未曾料想到英國電信竟會降低服務品質。不久之後,服務指標不得不被納入誘因機制。另一個案例仍然發生在英國,但涉及不同的領域:鐵路營運方因受強烈誘因的影響,在鐵軌維護方面投資不足,引發安全隱憂。針對這類品質問題,可行的解決方案有兩種:一是理想的情況下,如果可以衡量品質,就是直接控管服務品質;二是如果實際難以控制品質,就調低誘因力道以便矯治企業因追求利潤而降低服務品質的現象。

操控管制:最後,誘因措施的強度與企業所保留利潤之間的關係會產生一些額外的影響。對於相關企業而言,操控管制機構已然成為一個日益重要的目標,若誘因強度越高,遊說成功所帶來的利益也就相應增大。無論操控的原因是什麼(如個人私交或政治立場、產業未來職缺、與金錢相關的利益衝突、財務往來等),若管制機關對企業的影響力越大,企業就越有動機去影響、甚至「收編」管制機關,以獲取更多好處。若無法保證管制機關的獨立性,操控的風險就會傾向於弱效誘因契約的使用,而這會在效率上會產生不利後果。

管制者和受管制企業的機會主義行為

　　管理基礎設施的一個難題在於,契約通常並不完整,針對某些情況,契約並未載明應該做出的決策,或者至少該如何處理決策過程與補償機制。當契約期限越長(通常預測短期內的技術或需求變化要比預測長期變化容易得多),以及不確定越大,越容易出現不完全契約,或者更普遍說,任何允許雙方在事後利用機會來謀取己方利益的投機行為(其中包括政府難以遵守其承諾),都會危及雙方投入於合作關係的誘因,也就是我們所稱的「相互掠奪的危險」(danger d'expropriation réciproque):不是

代理人（企業）的投資被委託方（政府）掠奪，就是委託方的利益遭代理人攫取。

在契約期間，代理人面臨投資被掠奪的方式有很多種：比如完全沒收（未獲足夠補償的國有化）；向用戶收取的費用過低（對於商品而言）或委託人不支付款項（對於非商品而言）；加諸會提高成本的新技術要求或環保限制，但未提供補償；委託人未能提供必要的互補服務（例如，通往高速公路的接駁道路或與自治港口的聯通）；禁止裁減冗員；引入未經事先規劃且未獲補償的競爭。當國家的承諾能力變弱時，這種掠奪的威脅尤為嚴重。

反過來看，若委託人高度重視一個計畫的完成，或提供社會認為必需的服務，那麼代理人可能會提高自己的要求。他們可能會以不得不調整初始計畫為理由，要求大幅提高價格或公共補貼；或者他們還可能以破產要脅，讓社會承擔損失，即使當狀況較佳時，他們可以獲得豐厚利益。

第一個應對這種投機行為的方法，自然是將契約寫得更加完整周密。但契約的複雜度有其極限，受到契約設計成本（例如管理階層、法務人員等耗費的時間），以及達成協議所需的冗長談判等限制。既然重新談判無法避免，那麼最好一開始就商定修訂契約的清晰程序與仲裁機制。另一個降低投機會行為風險的因素是，參與方（無論企業或政府當局）都希望維護自己的聲譽。

補救性的事後競爭（concurrence ex post）也能有效減少投機行為的風險。比方，若授權單位能夠（合法地）以較低成本的競爭者取代現有之受委託公司，就比較能抗拒後者不合理的重新議價要求。這裡，資產的所有權就顯得十分重要了。例如，法國某個地區選定一家鐵路營運商來經營大區公共運輸（TER），若地區政府握有列車設備的所有權，更換營運商會相對簡單靈活——尤其當列車並非標準化規格，也缺乏流通市場時，更是如此（註 4）。所以，讓地區擁有自己的列車設備是合理的，不過這也

帶來了一些難題，包括挑選問題（地區可能不如營運商專業）以及維護問題（需要訂定明確的維護規範，以避免營運商到了契約執行後期暗中節省維護成本）。此外，還可以考慮使用擔保品（註5）來遏止這些行為。擔保品也可以有效替代慢吞吞的法律途徑，確保企業不致違背契約中載明的條款。但當涉及契約的「核心理念」時，擔保品的效果可能比較有限，反而可能成為另一方用來「勒索」的工具。

第三節
受管制企業的收費標準

邊際成本還是平均成本？

在經濟學的入門課中，學生通常會學到，為了達到經濟效率，商品或服務的價格應等於其邊際成本。邊際成本指的是生產額外一個單位產品的成本，而不考慮任何固定支出（例如設備、房地產、管理、研發等），因為這些支出不會隨產量多寡而變動。這些固定成本並不能轉嫁到某一特定消費行為上，因此必須分攤給各產品和消費者，或者以其他資金來源（如政府補助）負擔。邊際成本定價的邏輯很簡單：如果產品的生產成本為10歐元，則只有當其售價也為10歐元時，消費者才能完全理解並承擔此生產行為為社會帶來的真實生產成本。這樣的價格反映了生產的實際支出，讓消費者做出基於生產成本的合理選擇。如果定價是6歐元，即便我只願意付（低於成本的）8歐元，購買行為仍會發生；反之，如果價格是14歐元，就算我最高願意付（高於成本的）12歐元，我也不會買。邊際成本定價能夠促成有利雙方的交易，同時避免無利可圖的交易。

然而，如果一家固定成本偏高的企業以邊際成本定價，便無法從銷售中賺取任何利潤，最終會產生等同於固定成本的虧損。此時，企業需另尋固定成本的資金來源，或者依賴政府補助，或者放棄邊際成本定價。第一種方法，即依賴納稅人，是許多國家（如法國、德國）在鐵路產業中採用的方式。另一方面，讓使用者支付較高的價格則是法國的電信和電力產業所採用的方式；此時，企業會被要求「維持預算平衡」（astreinte à l'équilibre budgétaire）。若無法依賴國家補助，企業就必須以自己的利潤來支付固定成本。

誰該負擔固定成本？使用者還是納稅人？

使用者應該負擔自己所使用服務的所有成本嗎？或者，這些成本也應該由其他人一起分攤，使後者支付比實際使用量更高的費用？這問題可以從多個層面加以探討，可以從整體企業的角度來看，也可以從該企業所提供的特定服務來看。

我們以法國的鐵路運輸為例。首先，鐵路使用者並未全額支付服務成本。鐵路系統每年都面臨龐大的赤字，法國國家鐵路公司（SNCF réseau）累積的債務高達約400億歐元。此外，某條路線的使用者不一定會支付該路線的全部固定成本；例如，某條法國大區地域性鐵路路線的固定成本可能是由納稅人或其他比較賺錢路線的使用者負擔。

基於互助精神的成本分攤，其好處在於，讓某些服務的價格維持在合理水準，使其接近邊際成本，也就是額外每多一位乘客或每增一單位的服務使用量所需的成本。然而，分攤成本也有其缺點，即讓人無法清楚判斷某些服務是否值得保留。以一條使用率較低的鐵路路線為例，問題不僅是如何定價，還涉及是否應該保留這條路線或維持此項服務的問題。自1776年亞當·斯密出版《國富論》以來，經濟學家就開始探討如下問題：

若某項服務的社會價值不明確,應該如何加以定價?若服務以邊際成本定價,消費者剩餘(surplus des consommateurs,註6)是否足以正當化維持該線路營運所需的固定成本?

問題在於,我們通常只知道局部的,在當前定價(此處為邊際成本)附近的需求狀況。如果某一服務部分由納稅人負擔,或由其他服務的利潤交叉補貼,則無法根據所能得到的資訊來判斷是否應繼續提供該項服務,亦即消費者剩餘和企業利潤的總和是否能覆蓋固定成本。這時就需要測試較高價格區間的消費者支付意願(註7)。相反地,若服務的定價能覆蓋其完整成本(即所謂的平均成本定價),則該服務的社會效用無可爭辯,因為消費者剩餘必然是正的(消費者不會因為這項服務的存在而損失,因為他們可以選擇不使用),且企業也不會對納稅人或其他服務使用者造成額外負擔。

從抽象理論到實踐:價格上限

像是法國橙子電信公司、法國電力公司、法國郵政和法國國鐵等企業,提供的服務不只一項。假設費用由使用者負擔而非納稅人,那麼問題就是企業應該在哪些產品上將價格提高到超過邊際生產成本的水準,換句話說,就是在哪些產品上收取額外利潤。對於這個問題,「拉姆齊－博伊特法則」(règle de Ramsey-Boiteux)這個基本的經濟學原則可加以解釋。這條法則是在1956年由任職於法國國家電力公司(EDF)的馬塞爾・博伊特(最有名的工程師/經濟學家之一,曾擔任EDF的CEO,並為EDF的核能計畫之父)所提出,並與1927年弗蘭克・拉姆齊(Franck Ramsey,數學家、哲學家兼經濟學家,凱恩斯的學生,26歲時便英年早逝)提出的稅制建議有許多相似之處。

這個理論教給我們什麼?其實只是常識。高於邊際成本的訂價,會減

少對於商品和服務的需求，因此應該在傷害較小，亦即需求對價格變動不敏感的地方採行這種做法。此一原則的想法就是在需求彈性最低的服務來獲取利潤、回收固定成本，以減少經濟損失。從技術層面來看，這種邊際淨利（即高於邊際成本的利潤，表達成產品售價的比例）應該與需求彈性成反比。而需求彈性是指價格每上漲 1% 時，需求相應減少的百分比。

這一切聽起來很偏理論，根據拉姆齊－博伊特法則，獲利率是需求價格彈性的遞減函數。不過，該理論實際上是一個很直觀的定價策略，因為理論所推導出的定價結構與私人企業的價格結構並沒有太大差異。在民營企業中，負責銷售的部門經常會考量市場能承受的價格，隱含的概念就是需求彈性。民間企業的定價和依據拉姆齊－博伊特法則管制獨占事業，兩者間的主要差別在於價格高低。若缺乏管制，價格通常更高，因為管制的目的就在於限制市場力量。

實際操作和經濟學理論一致嗎？直到最近，情況其實並非如此。反而採用相反的訂價模式：在需求彈性低（因此調高價格傷害較低）時收取低價，而對於需求彈性高（因此高價帶來的損害較大）的服務則收取高價。這其中部分原因是出於政治考量，亦即藉由政府或公共機構制定價格來落實無痛的財富重分配。例如，電力或電話的基本月租需求彈性相對較低，且占低收入家庭支出的比例較大，因此政府便降低這類服務的費用，以援助收入較低的家庭。政府不是直接給予弱勢收入補助，而是以產生經濟扭曲的方式進行重分配，因為針對需求彈性低的服務收取較低的費用，政府不得不將需求彈性高的服務價格抬高，以彌補固定成本。更不用說，這種重分配方式未必方向正確。例如，農村地區月租費用偏低，但受益者不僅只有奧克拉荷馬州的貧困農民，也包括那些在紐澤西州和紐約上州擁有鄉村別墅的富裕紐約客。

因此，即使月租需求彈性很低，電話月租費用卻也依然很低；即便價格上漲，多數用戶依然會保留電話（至於弱勢族群，其實可以直接給予補

貼，例如現在的社會電價方案，就減輕了低收入戶的負擔），也就可以避免補貼富裕家庭，企業也不需要對高需求彈性的服務提高價格（長途電話與國際電話），導致使用量很低——這其實是經濟浪費，人們有昂貴的銅線和電話，但卻很少使用。同樣的，受管制的企業通常對公司收取高價、對家庭收取低價，以此將財富從企業轉移至家庭，雖然企業往往可以找到其他成本更低的替代方案來規避這些價格限制。在多數國家的各類型網路產業，情況大致相同。

儘管馬塞爾・博伊特那篇奠基性的論文目光獨到，但40年間幾乎沒有受到重視。當然，如前所述，政治經濟因素在定價結構的形成中舉足輕重。然而，要落實博伊特所倡導的定價模式，也受到管制機關對需求彈性的資訊掌握不足的妨礙。批評經濟學定價（tarification économique，譯註3）的人以及支持現狀者都正確地指出這一資訊不對稱的問題。

為了更清楚地了解這一點，讓我們回到基本原則：管制的目的在於確保自然獨占的市場力量不會導致過高的價格水準。但傳統上，管制機構的干預遠超過對價格水準的管制。正如上文所述，管制機構也會控制價格結構，也就是價格之間的相對關係。對於這兩種管制，資訊不足都使管制機構處於不利位置；然而，相對來說，干預價格結構的需要並不那麼明確。雖然獨占企業很明顯有訂定高價的動機，但是否會特別針對某些特定用戶群體，則不那麼明確。

受管制的價格應遵循商業邏輯，結構上類似於民營企業的價格，但總體上應該低於未受管制之獨占價格。此外，讓－賈克・拉豐和我本人已經證明，在某些條件下，管制問題可以這樣拆解：一、限制企業利潤與鼓勵

譯註3　基於經濟學原理來制定商品或服務價格的方法，通常是依據需求、供應、成本結構及市場競爭狀況等因素。這種定價方式強調的是如何合理地反映市場條件，通常涉及成本加成定價、需求彈性、邊際成本等概念。

其降低成本，兩者之間的平衡應透過成本或利潤分配規則來管理，即藉由分擔風險來讓企業負責；二、價格結構應遵循拉姆齊－博伊特定價法則。這種「二分法」的結果帶來了重要的實務意涵，特別是它使得企業所擁有的一切資訊得到充分利用。價格上限政策只要求企業將平均價格設得比公部門設定的上限為低，這樣不僅能藉由讓企業關注自身成本而提供強力誘因，還能讓企業根據所掌握的有關生產成本、需求、與彈性的詳細資訊，自由選擇符合民營企業定價原則的價格結構。

總結來看，二十世紀末引入的價格上限政策，是對缺乏效率的定價結構作出的理論與實務回應。正如上文所述，這也引入更強力的誘因。價格上限方案鼓勵被管制的企業採用比改革前更有效的價格結構，因為改革前的定價往往是由政府以行政手段加以設定，與經濟學的定價原則並無太大關聯。企業在「價格結構」上的靈活，使它能夠利用其掌握之各類市場的資訊來確定每個市場區塊所能接受的價格。

第四節

管制網路接取

引入競爭的障礙

誘因鼓勵企業改善表現，競爭壓力同樣如此。然而，由於其特性，在網路產業引入競爭並不容易，因為這些產業的某些區塊本身就是具瓶頸性質的關鍵基礎設施。具體來說，網路產業依賴於一些基礎設施，這些設施使其營運商處於自然獨占的地位：由於建設這些設施的成本極高，重複建設並不是太好的選項，因此（至少在這些業務範圍內）無法實現真正的競

爭。另一方面，在所謂的「互補性區塊」（segments complémentaires），競爭仍可能存在。舉例來說，高壓電與低壓電的輸電網路（亦即電力產業中基礎設施的營運者）是唯一的，但只要能保證公平接取網路，多家發電業者可以彼此競爭，向工業用戶和家庭用戶提供電力服務。

開放網路產業競爭會帶來許多棘手的問題。例如，在一個不受管制的市場，占有中間市場（marché intermédiaire，譯註4）優勢地位的企業（例如傳統的基礎設施營運商）通常傾向於限制下游市場的競爭，以避免利潤遭侵蝕。它可能會透過優待自己的下游子公司，或與某一家下游企業簽訂排他性契約，甚至提供優待的接取條件來達到這個目的。因此，有必要釐清一些原則，據此判斷這樣的排他行為是否正當。例如，如果該企業的獨占地位來自其創新或對社會有重大價值的投資，那麼在一定時期內讓其享受利益是合理的。然而，若獨占地位只是偶然獲得，或僅基於國家賦予的特權（例如機場或港口的營運權），那麼企業就不應該以排除下游競爭者的手段來獲得獨占利潤。這些原則影響了競爭法在港口、機場基礎設施、電腦預訂系統（1980年代）及電腦作業系統方面的發展。因此，也有必要建立一套在網路產業開放競爭的典範。

接取價格

有兩個原因，讓管制接取，也就是原始營運商所設定，接取其基礎設施的「接取價格」（prix d'accès），成為必要，這兩個原因都與關鍵必要設施有關。首先，獨占基礎設施的營運商往往會將接取價格訂得過高，甚

譯註4　產品或服務鏈中處於中間位置的市場。具體而言，它通常位於生產者（或上游供應商）與最終消費者（下游）之間，並為下游市場的參與者（例如零售商、最終用戶）提供必要的商品、服務或基礎設施。

至完全排除一些競爭者，以提高自己在相關零售市場的利潤。這也是管制機構對「關鍵基礎設施」設定合理的接取價格（以及廣義上的接取條件，包括品質、容量、優先順序等）。同時，管制還需在如下兩者間取得平衡：一方面是開放競爭，另一方面是鼓勵原始營運商持續維護並發展其網路。

例如，電信產業很快就面臨如何決定接續費的新挑戰；當 1984 年英國開放電信市場競爭時，並沒有規範或模型來決定水星公司（Mercury，一家長途通信服務供應商）應該支付多少費用給擁有本地迴路（電信的基本基礎設施）並且也提供長途通信服務的既有營運商英國電信。稍後，這個問題也浮現在法國電信的競爭者接取本地迴路的使用費上，以及普遍存於所有開放競爭的國家中。為了解決這個問題，我和同事讓 - 賈克·拉豐、派翠克·雷一起研究了如何平衡以下兩點：在互補性服務（如長途與國際電話、網路等）引入競爭，以及維持傳統營運商投資於基礎設施（如本地迴路）的足夠誘因。法國電信的本地迴路屬於單向接取（one-way access）。隨著行動通信的發展，我們接著探討了多個本地迴路及雙向接取（two-way access）所帶來的新問題，並提出計算接續費用的基本原則。

一般來說，設定接取費用這種價格訊號（signaux tarifaires）有多重目的。以下以鐵路基礎設施為例來說明。

促進資源配置效率：這是指如何有效分配有限的營運時間，以便在需求高峰的鐵路路段（特別是大都市周邊）之間，合理安排各種用途，例如長途客運、郊區列車、貨運，甚至軌道維護保養。這種時段分配還考慮到多個鐵路營運商的需求，從而在各類營運業務之間取得平衡。此外，從動態的觀點來看，分配效率也會引導投資決策。

必須確保提供網路接取的企業能獲得足夠的收益：擁有關鍵設施的廠商必須有足夠的誘因來持續投資網路，以及維護關鍵基礎設施。

為利實際應用，我們需要調整一下馬塞爾·博伊特的理論，而目的在

於將其擴展到包括價值創造鏈中的某些中間財（biens intermédiaires，譯註5），原始論文聚焦於向使用者提供之最終商品和服務的定價）。隨著討論重心轉向傳統營運商應如何為其基礎設施的接取服務設定費率，我和讓-雅克·拉豐發現，為接取而定價的問題與「多產品獨占」（monopole multiproduits，譯註6）的定價問題有相似之處。根據拉姆齊－博伊特法則，接取服務應像其他服務一樣，一起分攤基礎設施的固定成本。由於接取定價與多產品獨占的訂價問題相似，因此我們建議，為了進行誘因管制，對於包括零售商品與批發的接取服務在內的一籃子商品，設置一個「整體的價格上限」。無論在哪種情況，在考量了營運商的成本後，拉姆塞-博伊特的定價公式都反映了市場所能承受的價格。那麼，對於基礎設施的接取價格來說，這代表什麼？答案取決於產業結構。

若要促進下游市場的公平競爭，應使用線性接取定價（tarif d'accès linéaire），即接取費用應精確地與使用量成比例。相較之下，如果收取固定費用（比方年租）外加按次計費，小型的新進業者可能無法與傳統營運商競爭，因為他們的規模不足以支付這筆固定費用。因此，接取定價和行業結構選擇之間是密切相關的。若要讓下游市場有競爭性，接取價格應採用線性方式，且單價應高於上游的邊際成本，以便涵蓋固定成本。但若下游市場呈現獨占，則適合採用兩部分收費結構，即營運方付給網路管理方一筆固定費用以涵蓋固定成本，另外加上反映基礎設施邊際成本的接取費用。根據拉姆齊－博伊特法則的定價公式，接取費甚至可以低於邊際成

譯註5　「中間財」指尚未完成的商品或服務，通常處於生產過程中間階段，並不是最終消費者直接購買的商品。例如，金屬、紡織布料或汽車零件都屬於中間財，這些物品被製造後會被進一步加工，成為最終產品的一部分。

譯註6　「多產品獨占」指一個獨占企業同時生產和銷售多種不同的產品或服務。這類企業在各產品市場上擁有獨占力量，能夠控制價格、產量或其他市場條件，而不受市場競爭的制約。這種企業通常會在定價策略上進行綜合考量，以同時實現各產品的利潤最大化，並合理分攤共同的生產或營運成本。

本，以部分彌補獨占帶來的扭曲效應。

最壞的情況是，一個獨占市場竟採用線性收費的模式。如此一來，設定的價格通常比較高，而對網路的使用率有負面影響！正確的方式應是採用兩部定價（固定收費加上按使用量計費），或者營造出競爭性的市場環境。然而，我們不能拿管理競爭產業的模式來管理獨占市場。

可以再拿鐵路產業為例。目前某些鐵路服務項目（如貨運）已在市場上引入了傳統競爭，這使得市場具備競爭性。與此同時，其他鐵路服務項目（如地區旅客運輸）仍然處於獨占狀態。針對地區旅客的運輸服務，歐盟的「公共服務義務」法規傾向「為取得市場而競爭」的模式，即不同公司競相爭取該地區的服務契約。貨運市場應優先採用線性收費模式，這樣有助於吸引新進業者投入市場，以實現有效的競爭。反之，在地區性的旅客輸運上，若授予單一業者獨占經營，則應該採取兩部定價的模式，其中包括較低的基礎設施使用費。我們需要深入思考這些不同的收費選項：是否希望部分市場維持獨占，而部分市場引入競爭？在高速鐵路的市場上，我們希望採用「市場內的競爭」還是「為取得市場而競爭」的模式？一旦確定了這些基礎問題，即可應用前述的各類收費方案。

電力輸送網路的接取

針對將網路開放給下游競爭業者的議題，學術界已累積了豐富的研究成果，因為不同產業會面臨不同的挑戰。電力產業在 1990 年代開始重新建構，而在此過程中，電力輸送網路特別引起政府和學界的高度關注。一般而言，電力產業分為三個層級：第一是電力生產，包括傳統發電廠和可再生能源；第二是用於遠程輸電的高壓電網；第三則是負責當地電力分配的低壓電網。由於高壓電網是電力批發市場的實際載體，因此一般的共識是，該網路應保持開放、且不應該有差別對待。許多施行自由化的國家都

採用不同的辦法來確保這一開放：大多數歐洲國家和美國創設了獨立於傳統老牌垂直整合業者（譯註7）之外的輸電網路管理機構。（法國和德國仍保留「垂直整合」的結構，但是有義務在內部和外部發電力業者之間保持中立。）

那麼，應該在什麼利益條件下賣出輸電網路的接取權呢？這是一個新課題：過去電力公司都是垂直整合且缺乏實質競爭，所以這樣的問題從未出現過。首先想到的解決方法是「物理輸電權」（droits physiques sur le transport），即視電力為雙邊流動，並以此定義和交易具體的輸電權。例如，甲地的一個發電商若要將電力賣給乙地的消費者（可以是企業或配電商），就需要取得從甲地到乙地的物理輸電權。舉個例子：在跨國交易中，一家法國生產商若要向英國輸出電力，必須先取得跨越英法兩國互連電網的輸電容量。整體來看，所有輸電權的總和必須符合輸電網路的容量及其物理定律（尤其是克希荷夫電壓定律〔lois de Kirchhoff〕）。我們回到以前討論過的例子：假設乙地的電價為 100 歐元／兆瓦時，而甲地的發電商可以用 25 歐元／兆瓦時的價格供應電力。此時，甲地到乙地的輸電線應為滿載，否則兩地的電價理應趨於一致。因此，在物理輸電權的市場上，乙地到甲地之物理輸電權的價格應為 75 歐元／兆瓦時。

另一種稱為「金融輸電權」（droits financiers）的方案則基於目前大多數電力市場所採用的拍賣系統。在這種市場組織中，交易不再是雙邊進行的；相反地，每個參與者（生產者、消費者）會透過在每個電網節點的供給或需求線，表明其支付意願。例如，對於其發電廠有連結到的不同節點，電力發電商會根據個別節點的現行價格，表示在該電網節點上願意提供的電量：「我願意在 B 節點以 25 歐元／兆瓦時的價格供應 x 量的電

譯註7　兼營業務營運（例如發電、配電等）和基礎設施管理（如輸電網絡、基礎設施的維護等）的舊式企業。

力，以 30 歐元／兆瓦時的價格供應 y 量的電力（大於 x）等等。」

電網營運商會根據電網的限制條件來進行分配，以便實現最大的總盈餘。例如，若已知不同節點的需求，系統會在在保證電網可靠性的前提下，儘量降低發電成本，即所謂的「最低成本調度」（least-cost dispatch）。這樣意味，如果輸電網沒有傳輸限制，那麼最低成本調度會優先選擇出價最低的供應商；如果輸電網存在物理傳輸限制，那麼系統會選擇較昂貴的供電商，捨棄較有效率的發電商，以滿足電網的物理法則。這種分配方式，其實是像法國國家電力公司這樣的垂直整合國營企業長期以來就在內部進行的經濟調度辦法，而該公司也是在電力領域中率先採用經濟計算的先鋒。

相較於以前的做法，電力產業的拍賣制度有兩個新特徵。首先，發電是由外部進行，且發電成本係經由拍賣所揭露，而非透過企業內部的層級架構計算出來的。其次，金融輸電權讓生產者和消費者得以對沖風險。比如，假如某鋁業公司（用電大戶）的廠址位於進口電力的地區，擔心輸電網的阻塞會推高電價，那麼它可以購買與其需求相當的金融輸電權來應對。這樣，若發生阻塞導致購電成本上升時，鋁業公司也能從其金融輸電權中獲得補償；反之，若無阻塞情況，該公司可以享受低電價，但其金融輸電權則變得無價值。整體來說，該公司可以規避風險。

回到我們的例子，即使已知乙地的生產成本為 25 歐元／兆瓦時，甲地的消費者仍面臨電網阻塞的風險：如果甲地需求疲軟，甲乙兩地間的輸電線路就不會阻塞，那麼甲地的購電價格會維持在 25 歐元／兆瓦時；反之，若甲地需求增大、或因氣候因素導致高壓線路輸送能力受限，那麼線路阻塞就會讓甲地的電價上漲到 175 歐元／兆瓦時。金融輸電權代表兩地之間的價差（視情況不同，收益為 0 或 150 歐元，若阻塞與否的機會相等，則為均價 75 歐元）。首先，這筆形同「阻塞紅利」（dividende de congestion）的金額會先支付給輸電網公司，再由該公司把這阻塞紅利分

配給金融輸電權的持有者。因此，甲地的消費者可以藉由購買這個項金融輸電權來對沖電價波動的風險，特別是當電網發生阻塞時所導致的電價上漲。也就是說，當乙地的消費者購買的是金融輸電權，而不是實際的物理輸電權時，前者就能幫他對沖所有價格波動的風險。所以，金融金融輸電權基本上就是用來對沖價格波動風險的一個工具。

　　哈佛大學教授威廉・霍根（William Hogan）在一篇開創性的文章中證明，在一個完全競爭市場，金融輸電權（為其持有者帶來的收益等於出電節點與進電節點之間的價差）事實上與物理輸電權等價。我與時任麻省理工學院的保羅・喬斯寇（Paul Joskow，現任史隆基金會〔Sloan Foundation〕主席）合作，一起研究了不完全競爭市場時的情況（由於輸電網的節點處通常會有一個或多個供應商或買家），並且發現，例如，具有本地獨占力量（輸電網中某個節點）的發電商或具有買方獨占勢力的購電商可以策略性地運用其物理輸電權或金融傳輸權來強化其市場力量。我們再這個領域為競爭主管機構提供了一些應遵循的原則。

第五節

競爭與公共服務

　　在網路產業裡，傳統上是透過「公共服務的義務」的原則來達成公平的目標。也就是說，經濟條件好的消費者會透過社會補貼費率補貼那些較缺資源的消費者，而住在服務成本較低地區的人，則在均一的費率（tarifs uniformes，又稱 péréquation，平衡費率）下會補貼住在服務成本較高地區的人。也就是說，比較富裕的用戶多付一些，這些錢就可以拿來補貼那些負擔不起全額成本的低收入者或住在偏遠地區、服務成本較高的用戶。這

是所謂在不同消費者群體間的「交叉補貼」（subventions croisées）。

但在競爭激烈的環境中，這種交叉補貼的資金來源機制就比較難以維持了。因為當營運商在成本較低的地區收取較高費率來補貼虧損的地區時，這就給那些沒有義務去服務虧損地區的競爭對手一個機會。這些效率相等（甚至較低）的競爭對手可能會在成本較低的地區提供更便宜的服務，讓原本負責普及服務的營運商失去客戶。為了抵抗競爭對手「掠取客戶」（écrémage）的策略，負責提供普及服務的營運商必須在競爭激烈的地區降低價格，這樣就破壞了原本交叉補貼的結構。所以，為了解決這個問題，在像電信、能源、郵政等已經放寬管制的行業裡，許多國家會設立「公共服務補償基金」。這一基金在競爭上是中立的，不會偏向特定業者。所有服務商都必須繳納這筆費用，然後用來補貼那些對營運商而言並不划算，但管制基於重分配政策或國土均衡發展政策所指定提供的服務項目。

因此，與一般觀念相反，公共服務與市場競爭完全沒有衝突。引入競爭之後，價格會隨之重新調整，並且伴隨普及服務義務，保護弱勢群體，確保區域平衡。這些義務從此變得更加透明，且能與不同服務業者之間的競爭相容。不過，其他形式的重分配也是可考慮的，例如透過稅收和「直接收入轉移」（transferts de revenus directs，譯註8）。

1976年，經濟學家安東尼・阿特金森（Anthony Atkinson）和約瑟夫・斯蒂格利茨在特定的條件下證明，所有的重分配目標應該透過所得稅的徵收（而非透過公共服務義務）來實現，以避免扭曲經濟行為者的消費選擇。

的確，實施公共服務義務等於強加某些消費選擇給特定公民群體。根

譯註8　透過政府或其他機構，直接將金錢或資源轉移給個人或家庭，以增加其可支配收入的政策或措施。

據阿特金森和斯蒂格利茨的觀點，最好避免這種帶有「家父長主義作風」的方式，藉由徵收直接稅來落實收入重分配，而非採用間接稅或類似於間接稅的交叉補貼。以直接稅進行重分配可以增加低收入家庭的收入，而不致改變他們的消費偏好，這點是間接稅和交叉補貼無法達成的。具體來說，阿特金森和斯蒂格利茨建議，低收入或偏遠地區（例如阿列日省〔Ariège〕農村）的家庭應該有更多收入，但需支付較高昂的電話、電力和郵遞費用，這樣才能讓他們自由選擇自己的消費組合。面對真實價格（譯註9）時，這樣的家庭或許會更願意重新分配消費選項，進而提升其福利與消費者剩餘（surplus，譯註10）。

如果放棄艾金森－斯蒂格利茨定理中的某些假設，做為重分配方法的普及服務反而可能是適合的。例如，消費者有不同偏好（而不是因不同收入階層而產生的消費量不同），或者政府可以無法準確觀察到（這是開發中國家常見現象）特別是在無法取得所有必要資訊、針對性地提供直接財務援助的情況下，對特定商品或服務提供補貼（尤其是目標族群經常購買的商品或服務）可以有效減輕資訊不足的問題。舉例來說，全國性統一費率的普及服務間接幫助了農村家庭，因為這些家庭在郵政服務的使用上受益於補貼。如果沒有這樣的普及服務機制，政策可能會改為直接補助聲稱住在農村地區的家庭。然而這樣一來，可能會誘使部分城市家庭謊報農村住址以獲取補助，結果政策就無法真正幫助需要的人群，原定的目標效果也難以實現。

因此，我們無法為公共服務政策下簡單的結論。兩個理性的人可能會對目標達成共識，但對於實現方式卻有不同看法。不過，他們會同意政策

譯註9　市場上的商品或服務價格應該真實反映其實際生產成本及稀缺性，而不被政府補貼、交叉補貼、或其他形式的干預所扭曲。

譯註10　消費者在購買商品或服務時願意支付的最高價格與實際支付價格之間的差額，這差額代表了消費者的額外收益或滿意程度。

評估的必要性。公共服務的任務必須清楚定義，以便更完善地達成既定目標，並且應該根據相關市場的特徵及其發展狀況，與其他工具進行效率比較。話說回來，涉及的資金如此龐大，也確實值得如此審慎分析。例如，在法國，電力公共服務的各項費用主要出自以下幾個原因：第一，鼓勵購買再生能源，並且予以補貼；第二，地區性的價格平衡需求，不同地區的電價差異藉由補貼得到平衡，避免偏遠或偏高成本地區的用戶承受過高電價；第三，社會性的電價補助，針對經濟困難的家庭提供的優惠。這些公共服務的支出項目，合計佔到家庭平均電費賬單的16%，總支出從2003年的14億歐元增加到2016年的70億歐元。

因此，有兩個主要的問題需要避免。

第一個問題是，如同任何公共決策一樣，政治經濟的考量不應凌駕經濟分析。接受補貼的少數群體對補貼機制通常瞭若指掌，並可能透過選票回報那些支持該補貼政策的政治人物；相對來講，如果該補貼制度不夠透明，多數沒有受益但卻需要負擔補貼成本的群體可能不清楚補貼的實際負擔，因此也不太可能因此透過選票等方式懲罰那些制定不利政策的人。

第二個問題是政策措施的疊床架屋，這在本書中已多次提及。單獨來看，某些措施或許合理，但多項措施疊加後，整體效果反而變得不明確。例如，在幫助弱勢群體、支持再生能源和經濟較弱地區的措施相互疊加時，整體政策體系便不再明確，所以實際上應重新檢視這些措施的整體結構。

無論如何，與其由法國國家電力公司設定購買再生能源的固定價格（註8），不如透過競標系統選出最合適的供應商，這正是歐洲及法國一些政策建議的方向。然而在這之前，我們也必須問清楚目標是什麼：是否是希望透過發展再生能源來對抗氣候變遷？如果是這樣，那麼直接對碳排放予以定價會是一種更有效的鼓勵方式（註9），因為它不會限制能源選擇，並能使整體能源政策更加一致（參見第八章）。此外，這樣的政策會

不會影響其他公共服務的目標？例如，在美國，受益於太陽能發電補貼的主要是富裕家庭，因為這些家庭更有餘力投資於昂貴的家用太陽能設備（註10）。再者，徵稅時所依據的具體對象或計算基準是否正確？或者，根據審計法院的建議，或許更應將能源的使用予以一體徵稅（註11）？這些補貼是否還有其他目的，例如扶持特定產業，並藉由學習曲線來得到成本下降的好處（關於產業政策的思考請參見第十三章）？以上的思考同樣適用於公共服務的其他兩個構成部分：地區性的價格平衡以及社會電價補助。這些方式是否真的能有效幫助所針對的群體？我無法回答這些問題，不過可以確信，只有目標才是重要的，政策工具只是實現這些目標最理想的手段罷了。

如果經濟學已經幫助我們推動改革，讓自然獨占產業降低成本並制定能提升社會福利的價格，如果它讓我們理解如何不拘泥於教條地在這些產業中引入競爭，並且證明公共服務和競爭可以完全兼容，那麼在公共服務的實現上仍有許多工作有待完成，我們也有許多需要學習的地方。一切都為公共利益。

註1　我與讓－賈克·拉豐在誘因管制（régulation incitative）方面的研究（但不包括較晚一些關於開放競爭的研究）都總結在 *A Theory of Incentives in Regulation and Procurement*, Cambridge, MA, MIT Press, 1993 一書中，法文翻譯版為 *Théorie des incitations et réglementation*, Paris, Economica, 2012。

註2　「代理方」是受託執行任務的一方，能藉此獲得相應報酬，而任務內容則由委託方來決定，並支付報酬給代理人。這一對「委託人－代理人」的關係，在英語中也稱為「主從關係」（principal-agent）。

註3　舉例來說，我們可以想想地方政府、醫院、大學的公部門採購市場，以及公共交通、水資源與污水處理、學校、高速公路和橋樑的建設工程，還有體育和文化設施的興建。讀者可以參考我與史蒂芬·索西耶（Stéphane Saussier）合撰的報告 « Renforcer l'efficacité de la commande publique » (Conseil d'analyse économique, note 22), et le livre de Stéphane Saussier, *Économie des partenariats public-privé*, Bruxelles, De Boeck, 2015.

註 4　另一種做法是像英國那樣創辦一個列車設備的租賃市場，透過列車租賃公司（Roscos，Rolling Stock Operating Companies）來提供列車設備。此舉可以讓地區政府或其他業者租用列車，避免必須擁有設備的限制，使營運選擇更加靈活。

註 5　擔保的目的在於確保債權人能夠獲得付款，並防止債務人無法償還債務。擔保可分兩種類型：一是人身擔保（例如作保），二是物權擔保（如質押或抵押）。

註 6　消費者剩餘（surplus des consommateurs）是指消費某項商品所產生的淨效益；如同法國工程師／經濟學家 Jules Dupuit 在 1844 年所提，可藉由需求函數進行。以下例子說明計算方式：假設某商品價格 10 元，有 10 位消費者願意支付超過 10 元來購買這個商品（每位只購買一件商品）。第一位，最想購買的那位消費者最高願意支付 20 元；第二位願意付到 19 元等等，直到最後一位最高願意付 11 元。消費者剩餘的總和即為：（20 － 10）＋（19 － 10）＋（18 － 10）＋…（11 － 10），結果是 55 元。因此，只要固定成本不超過 55 元，提供這項服務就是合理的。

註 7　有關此主題，請參考我與 Glen Weyl 合撰的論文 « Market Power Screens Willingnessto-Pay », *Quarterly Journal of Economics*, 2012, vol. 127, n° 4, p. 1971-2003.

註 8　2014 年，太陽能發電的成本為每兆瓦時 422 歐元（相較於幾年前已明顯下降），風力發電為 88 歐元，生質發電為 133 歐元等。相較之下，同年歐洲電力市場的批發價格平均為每兆瓦時 37 歐元。

註 9　碳定價真的能有效促進減少排放。舉個例子來說，如果在法國，由於電力生產以低碳排放的方式為主，電動車的普及會大大減少排放量；然而，如果在其他地方，尤其是在那些電力來自高污染技術的國家，情況可能完全不同！在這種情況下，電動車反而可能會增加排放，因為所消耗的電力本身就是高碳的，這樣的轉變完全背離了減排的目標！參見：Stephen Holland, Erin Mansur, Nicholas Muller, Andrew J Yates, « Environmental Benefits from Driving Electric Vehicles? », 未正式發表論文。

註 10　普遍而言，2006 到 2014 年間，美國收入排名前 20% 的家庭獲得了政府為綠色能源（如太陽能板、隔熱、混合動力車等）提供之 180 億美元補助中的 60%；而對於電動車，這一比例更是達到 90%。參見：Severin Borenstein, Lucas Davis, « The Distributional Effects of US Clean Energy Tax Credits », 未正式發表論文。兩位作者也計算出，碳定價相比於現有的補助制度，對於低收入家庭而言負擔相對較小。

註 11　再強調一下，我們需要定出明確目標。碳定價實際上更簡單，也更符合邏輯。

創新觀點
邁向共善
諾貝爾經濟學獎得主永續建言，如何實現人類最大多數的幸福！

2025年7月初版　　　　　　　　　　　　　　　　　定價：新臺幣800元
有著作權・翻印必究
Printed in Taiwan.

著　　　者	Jean Tirole	
譯　　　者	郁　保　林	
叢 書 主 編	林　映　華	
副 總 編 輯	陳　永　芬	
審　　　訂	邱　敬　淵	
校　　　對	鄭　碧　君	
內 文 排 版	顏　麟　驊	
封 面 設 計	陳　文　德	

出　版　者	聯經出版事業股份有限公司	編務總監	陳　逸　華
地　　　址	新北市汐止區大同路一段369號1樓	副總經理	王　聰　威
叢書主編電話	(02)86925588轉5306	總　經　理	陳　芝　宇
台北聯經書房	台 北 市 新 生 南 路 三 段 9 4 號	社　　長	羅　國　俊
電　　　話	(0 2) 2 3 6 2 0 3 0 8	發　行　人	林　載　爵
郵政劃撥帳戶第0100559-3號			
郵 撥 電 話	(0 2) 2 3 6 2 0 3 0 8		
印　刷　者	文聯彩色製版印刷有限公司		
總　經　銷	聯 合 發 行 股 份 有 限 公 司		
發　行　所	新北市新店區寶橋路235巷6弄6號2樓		
電　　　話	(0 2) 2 9 1 7 8 0 2 2		

行政院新聞局出版事業登記證局版臺業字第0130號

本書如有缺頁，破損，倒裝請寄回台北聯經書房更換。　ISBN 978-957-08-7711-3 (平裝)
聯經網址：www.linkingbooks.com.tw
電子信箱：linking@udngroup.com

© Presses Universitaires de France/Humensis, Économie du bien commun, 2018.
Complex Chinese edition © Linking Publishing Co., Ltd., 2025
All rights reserved.

國家圖書館出版品預行編目資料

邁向共善：諾貝爾經濟學獎得主永續建言，如何實現人類最大多數的幸福！／Jean Tirole著．郁保林譯．初版．新北市．聯經．2025年7月．560面．17×23公分（創新觀點）

譯自：Economie du bien commun

ISBN　978-957-08-7711-3（平裝）

1.CST：經濟學

550　　　　　　　　　　　　　　　　　　114007031